후강통 시대를 열어갈 55개 히든챔피언 기업

중국주식,
저평가된 강한 기업에
투자하라

정영재 지음

일러두기

- 책 본문에 나오는 지명, 인명, 제품명은 중국어발음으로 표기하되, 외래어표기법에 따랐습니다. (예: 북경→베이징, 뢰군→레이쥔)
- 기업명은 독자의 편의를 위해 한자발음으로 표기하는 것을 원칙으로 하되, 중국어발음으로 더 잘 알려진 기업명은 중국어발음으로 표기하였습니다. (예: 캉스푸)
- 이 책에는 향후 상장될 가능성이 높고 중국의 업계 전반을 이해하는 데 도움이 되는 기업들은 현재 미상장이어도 소개를 하였습니다.

후강통 시대를 열어갈 55개 히든챔피언 기업

중국주식,
저평가된 강한 기업에
투자하라

정영재 지음

이레미디어

'후강통 沪港通 대시대 大时代'에 반드시 읽어야 할 책

■ 중국 본토의 향기가 제대로 흘러넘치다

"중국은 딱 3번 가본 사람이 최고 전문가"란 농담이 있다. 이 농담처럼 3번만 가보면 중국을 다 아는 것처럼 보일지도 모르겠다. 하지만 30번 가면 가고 또 가도 중국을 잘 모르고, 300번 가면 가서 보기만 해서는 여전히 모르겠다는 말이 나온다. 중국은 초반에는 하찮아 보일지 모르지만 3년을 살면 두렵고, 6년을 살면 무섭다는 것을 알 수 있다.

중국이 G2로, 한국의 최대 수출국으로 부상하면서 중국 관련 책들이 홍수처럼 쏟아져 나오지만 실상을 보면 중국에서 살아본 적도, 공부해 본 적도, 일해본 적도 없는 전문가들이 쓴 책이 많다. '카더라' 통신만으로, 인터넷 정보의 짜깁기만으로도 얼마든지 책을 쓸 수 있는 시대이기 때문이다. 그러나 중국은 직접, 보고, 듣고, 느끼지 않으면 제대로 알 수 없는 나라이다. 산동성의 호랑이도 옆집 장쑤성에 가면 고양이에게 지는 나라가 중국이다. CCTV 모든 채널에는 자막이 나온다. 중국 북경의

표준어를 알아듣지 못하는 인구가 4억이 넘는다. 중국은 차이나^{China}라는 한 개의 나라가 아니라 31개의 연합국, USC$^{United\ States\ of\ China}$이기 때문이다.

그래서 중국은 살아보지 않으면 모르는 나라이다. 이 책은 중국에서 살고, 일하고, 공부한 저자가 쓴 책이다. 저자는 살아보지 않으면 알 수 없는 나라 중국에서 일하고, 중국 대학에서 박사를 하고, 중국인을 직접 가르치는 일을 하고 있는, 중국 본토에 제대로 뿌리를 둔 몇 안 되는 중국 전문가이다. 한국의 수많은 중국 관련 책들과 달리 이 책은 중국 본토의 향기가 아주 제대로 흘러나오는 책이다.

▪ 중국 1등주 투자의 맹점을 정확히 집어낸 책

금융위기 전에 한국에 중국 펀드투자 바람이 불었다. 수십조 원을 중국에 '묻지마 투자' 식으로 쏟아부은 것이다. 중국 산업과 기업에 대한 연구가 기반되어 있지 않았기 때문에 무작정 중국을 대표하는 업종 1위주가 편입된 펀드에 돈을 넣었다. 결과는 7년간 지속적으로 하락해 시장에서는 속수무책이었고 투자금은 3분의 1로 토막이 났다.

중국의 유망 산업, 유망 주식을 골라 투자해야 하는데 단순히 '중국 주식회사'를, '바이 차이나$^{Buy\ China}$'를 하면 중국의 성장에 올라타 돈을 벌 수 있을 것이라 생각한 것이다. 하지만 이 생각은 철저히 빗나갔다. 중국은 시장이나 경제성장보다 중요한 것이 정부정책인데, 중국정부의 정책변화를 감지하지 못했기 때문이다. 중국은 정부의 입김이 무소불위인 나라이고, 정책이 바뀌면 "1등도 하루아침에 꼴찌가 되는 나라"라는 것을 잘 몰랐던 것이다. "1등주 오래 가지고 있으면 대박"이라는 것은 중국에서는 잘 맞지 않는 전략이다.

1등은 정상頂上이고, 정상 위의 단계는 천상天上이다. 이 천상은 죽어야만 갈 수 있는 나라이다. 정상에 오르면 창업보다 수성이 어렵고 여차하면 추락할 일만 남는다. 그래서 증시는 1등보다 '1등이 될 2등'에 더 관심이 많다. 이익을 많이 내는 회사보다 '적자에서 흑자로 전환하는 턴어라운드 기업'에 관심이 많은 것이다. 중국의 각 업종 1등주로 만든 펀드의 수익률이 별로인 이유이다.

중국에서 창업보다 수성이 어려운 이유, 1등주가 대박 나기 어려운 이유는 세 가지이다. 첫째, 정책의 잦은 변화이다. 정책이 바뀌면 1등이 가장 먼저 영향을 받기 때문이다. 원자바오 총리 후기 집권 5년간 중국의 경제정책 방향은 5번이나 바뀌었다. 둘째, 중국은 올림픽경기장과 같다. 전 세계 국가 수보다 더 많은 〈포춘〉 500대 기업들이 모두 진출해 있고, 중국 본토 기업만 해도 1,400만 개가 경쟁하는 시장이다. 그래서 순식간에 수많은 프로선수가 등장하고, 시시때때로 구조조정과 합병이 이루어진다. 셋째, 기업들의 자살골이다. 기업의 역사가 일천하기 때문에 CEO의 판단 미숙, 기업운영 노하우 부족으로 순식간에 정상에서 사라지는 기업도 부지기수이다.

이런 중국의 상황을 감안하면 저자가 지적한 '히든챔피언'이 중국 투자에서 강한 설득력을 갖는다. 세상은 2:8의 법칙으로 움직인다지만, 중국은 시장규모가 워낙 커서 꼬리도 길다. 그래서 2등 이하도 먹을 게 넘쳐난다. 그리고 중국은 세계 최대인 12억 7천 명의 모바일 가입자가 있어, 긴 꼬리의 마지막 부분까지도 서로가 연결되어 있다. 모바일과 인터넷을 이용하면 꼬리의 맨 끝까지 모두가 먹을 수 있는 시장이 된다. 그래서 1등주가 아니라 1등이 될 주식을 골라 투자하는 것이 중국 관련 투자에서 더 절실하고 적절한 전략이다. 이 점을 저자는 잘 집어내고 있다.

■ 중국기업의 CEO를 분석한 책

중국에서 대박은 천시天时, 지리地理, 인화人和가 잘 맞아야 한다. 하늘이 기회를 주어야 하고, 환경이 맞아야 하고, 이를 활용한 뛰어난 인재가 있어야 한다. 이 중에서 핵심은 바로 사람, 인人이다. 사람이 모든 것을 좌우한다. 《삼국지》에서 적벽대전의 대승도 동남풍이 불어오는 타이밍을 잘 잡은, 천시와 지리를 잘 활용한 제갈공명이라는 인재가 있었기에 가능했다.

중국은 관시关系의 나라이다. 사람과의 연결로 모든 것을 해결하는 나라이다. 이를 현대식으로 표현하면 진정 인터넷과 SNS의 나라라고 할 수 있다. 사고를 치면 미국은 곧 바로 변호사를 찾지만 중국은 관시, 즉 줄을 찾는다. 중국기업을 판단할 때 기업실적보다 더 중요한 것은, 그 기업실적을 낸 사람의 특성을 보는 것이다.

중국에서 떼돈을 번 CEO들, 중국부자들이 돈을 번 배경은 무엇일까? 크게 7가지 파派가 있다. 첫 번째는 중국공산당 간부 2세들이다. 중국에서 소위 홍2대红二代라고 부르는 이들이다. 대표적인 인물이 중국의 최고 부자 완다그룹의 왕지엔린이다. 왕지엔린 회장의 아버지는 군 출신으로 시장자치구의 부주석을 지낸 고관출신이다.

두 번째는 부자아빠를 둔 부2대富二代, 아버지 잘 만나 부호의 자리에 오른 인물이다. 아버지가 창업한 회사를 단순히 승계함으로써 부호의 반열에 오른 이들이다. 비구이위안碧桂园그룹의 양후이옌杨惠妍이 대표적인 인물이다.

세 번째는 자수성가형 부자들이다. 텅쉰腾讯의 마화텅马化腾이 대표적인 사례이다. 마화텅의 아버지는 정부 공무원이었고 상장회사 임원이었지만, 마화텅에게 가업을 물려주지는 않았다. 마화텅은 순전히 자수성가해 중국 최대의 온라인제국을 만들어 중국 3대 부호의 반열에 올랐다.

네 번째는 신기술로 부호의 반열에 올라선 이들이다. 대표적인 인물은 바이두百度의 리엔홍李彦宏이다. 미국에 유학하고 인터넷기술을 활용해 중국 최대의 검색엔진을 만들어 젊은 나이에 중국 부호 6위에 올랐다.

다섯 번째는 풀뿌리파이다. 보통사람이었지만 맨 밑바닥에서 창업해서 시대의 흐름을 잘 타고 정상에 오른 이들이다. 대표적인 인물이 알리바바阿里巴巴의 마윈马云이다. 중학교 영어선생 출신으로 명문대를 나온 것도 아니고, 컴퓨터나 인터넷기술이 있는 것도 아니고, 돈도 없는 평범한 사람이었다. 영문번역 회사를 창업했다가 인터넷을 접하고, 이를 중국의 트렌드에 접합시켜 중국 최대의 전자상거래 제국을 만들었다.

여섯 번째는 농민출신으로 맨바닥부터 부를 축적한 이들이다. 대표적인 인물은 푸야오유리福耀玻璃의 차오더왕曹德旺 회장이다. 차오 회장은 농민출신으로 담배장사, 과일장사부터 시작해 인생의 밑바닥부터 출발해 유리업종에서 스스로의 제국을 만든 입지전적인 인물이다.

일곱 번째는 군 출신이다. "권력은 총구에서 나온다"는 말이 있을 정도로 중국에서 군의 영향력은 세다. 중국의 부호 중에서 군의 영향력으로 부자가 된 사람도 많다. 대표적인 인물이 미국과 유럽의 통신장비업계를 긴장시키고 있는 화웨이华为의 런정페이任正非 회장이다. 인민해방군 장교출신인 런정페이는 군대풍의 기업문화를 만들고 회사 내부관리도 군대식으로 하는 것으로 유명하다.

중국기업을 볼 때 해당 기업인의 배경과 환경을 조사해보라. 그러면 그 기업의 문화와 성장 특성과 미래가 보일 것이다. 이 책은 한국에서 출간된 중국 관련 투자서 중 유일하게 중국 CEO를 분석한 책이다.

■ 후강통을 대비한 책

    2014년 10월부터 해외 개인투자자들도 중국 상하이 A주를 살 수 있고, 중국 투자자들도 홍콩 상장주를 살 수 있는 후강통沪港通제도가 실시되었다. 지금까지 QFII펀드를 통해서 중국 주식을 간접적으로만 투자할 수 있던 한국 개인투자자들도 홍콩에 계좌만 있으면 바로 중국 상하이 A주식을 살 수 있게 된 것이다. 대략 3천억 위안(54조 원)을 한도로 A+H 동시상장 주식과 상하이 180지수, 상하이 380지수 편입대상종목 568개 종목을 살 수 있다. 568개 종목이면 시가총액의 89%를 차지한다.

    후강통의 시행은 중국이 자본자유화로 가는 큰 변곡점이 될 것이다. 중국은 국제통화 거래에서 현재 2%에도 못 미치는 위안화의 사용비율을 향후 10~20년 내에 적어도 30% 이상으로 끌어올리는 전략을 추진하고 있다. 이는 상하이 금융중심, 위안화 무역결제, 중국 자본시장 개방과 밀접한 상관이 있다.

    위안화를 무역대금 결제통화에서 투자통화로 격상시키는 것이 후강통과 같은 자본시장제도 도입의 이유이다. 이것은 궁극적으로는 위안화를 외환보유통화로 끌어올리려는 시진핑-리커창정권의 '중국 금융의 꿈'이다. 중국은 이미 2002년 QFII와 2011년 RQFII제도를 도입해 외국기관들에게 중국시장을 개방했고, 2014년에는 외국 개인투자자들에게도 시장을 개방한 것이다. 향후 선전과 홍콩 간 주식거래深港通도 개시할 가능성이 크고, 이어서 그 투자규모를 지속적으로 확대하고 MSCI지수에도 중국시장을 편입시킬 가능성이 높다.

    중국 증시의 MSCI지수 편입은 중국에는 초대형 호재지만 한국에게는 악재이다. 후강통으로 인해 한국 증시에서 자금유출보다 더 부담스러운 것은 중국이 MSCI인덱스에 편입되는 것이다. 중국 A시장이 MSCI 신흥시장에 편입되며 10%대 이상의 비중을 차지하게 되고, 그렇게 되면 한국의 비중은 1.7% 정도 하락하게 된다. 그러면 해외 투자자들은 이유 불문하고 한국 주식 비중을 그만큼 줄일 것이다. 세계의 실물경제 대비 주식시장의 비율을 보면 전 세계 투자자들은 중국 A시장이 MSCI지수에 포함되면 자동으로 중국 비중을 높여야 하고, 반면 한국 비중은 그만큼 낮아진다고 말한다. 한국도 해외투자를 늘리고 있는데, 이는 모든 기관투자자의 공통적인 특징이다. 그러므로 한국의 대중국 투자도 선제적으로 늘리는 것이 안전해 보인다.

중국 후강통의 수혜주는 결국 외국인의 시각에서 저평가된 주식이어야 하고, 한 때 유행하는 일시적인 테마가 아니라 정부가 지원하고 중국 사회가 진정으로 필요한 산업과 기업일 것이다. 이제 중국에 투자하려면 제대로 된 투자 아이디어와 기업정보가 필수이다. 이런 측면에서 이 책은 재미있는 아이디어와 인터넷에서는 접할 수 없는 수많은 정보를 제공하고 있다.

중국에서 살고 공부하고 일한 전문가의 책, 중국 1등주의 맹점을 정확히 짚은 책, 중국기업의 핵심인 CEO를 분석한 이 책은 '후강통 대시대'에 중국투자를 생각하는 사람이라면 반드시 일독을 권할 만한 책이다.

전병서
중국경제금융연구소장, 《한국의 신국부론, 중국에 있다》 저자

남들이 모르는 나만의
히든챔피언 중국 주식을 찾아라

    대중에게 잘 알려져 있지 않은 기업이 있다. 각 분야의 시장을 지배하는 우량기업이자 규모는 상대적으로 작지만 역사가 있고, 재정이 튼튼한 히든챔피언 기업이다. 이 히든챔피언 기업이 '대기업'이라는 함정에 빠져 수익률과 성장동력이 하락하는 대기업의 대안으로 부상하고 있다. 2013년 우리나라는 경제성장률 3%, 물가상승률 1.5%, 은행이자율 2%대로 이제 더 이상 예금은 안정적인 투자처가 아니다. 엎친 데 덮친 격으로 부동산 시장 불경기와 국내 주식에 대한 불신으로 스마트한 투자가들은 일찌감치 해외로 눈을 돌렸다. 그런 의미에서 가장 매력적인 해외 투자처는 중국이 단연코 독보적이다. 연평균 7%의 경제성장률과 미국과 어깨를 나란히 하는 G2, 13억 6천 명에 달하는 인구, 4조 달러의 외환보유고 등 안정적인 성장 궤도를 달리고 있다.
    하지만 이렇게 승승장구하는 중국경제와는 다르게 중국의 주식투자는 2007년을 최고조로 세계 금융위기 이후 주가가 대폭 하락하는 경험을 했다. 국내의 수많은 중국 관련 주식 및 펀드수익은 끝없이 나락으로 떨어졌고 중국 투자에 대한 불신이 시작되었다. 이후로 펀드투자가 급감하기도 했다. 그러나 이제 중국경제는 세계 금융위기 이후 일본을 추월하고 미국까지 넘길 기세다. 2013년 미국의 GDP는 16조 달러이고 중국은 10조 달러로 13억 6천만 명의 인구의 중국경제가 미국경제를 추월하는 것은 시간문제일 것이다. 이렇게 승승장구하는 중국경제성장에 탑승하기 위해 펀드가 아닌 중국 홍콩거래소에 직접투자하는 투자자들이 늘고 있다.

이렇게 중국 주식투자가 가장 유망한 투자처로 떠오르고 있지만, 국내에서 직접 중국 주식에 투자하기 위해서는 어려움이 많다. 국내 주식과 다른 패턴의 거래방식, 높은 세율, 언어장벽, 정보의 부재 등이 그 이유다. 국내 투자자들이 투자할 수 있는 종목도 제한되어 있다.

누구나 아는 주식은 투자처로 매력이 떨어진다

맞는 말이다. 누구나 아는 주식으로 어떻게 수익을 올릴 수 있겠는가? 중국 주식으로 만족스러운 수익률을 올리기 위해서는 수많은 종목에 대한 이해가 기초가 되어야 한다. 중국 투자의 대다수가 이미 유통기한이 다 한 예전 정보를 바탕으로 이루어지고 있다. 이미 최고점을 찍고 유망하지 않는 주식에 투자하는 것이 주를 이루고 있는 것이다. 다양한 정보를 알 길이 없는 투자자들의 맹목적인 투자의 손실은 결국 투자자에게 돌아간다. 시중에서 쉽게 접할 수 있는 1등 기업들에 대한 투자는 우리만의 생각이 아니다. 전 세계 투자자가 이전에 투자했고, 그 이전에도 투자했다. 오히려 지금은 하락세에 있는 종목이 많다. 주식시장은 투자시장이기도 하지만 수요와 공급으로 결정되기 때문에 아무리 유명한 기업이라도 수요가 줄어들면 주가가 떨어진다.

1등주 투자해보니 수익률 어떤가? 그저 그렇다는 평이 대부분이다

개미투자들이 몇 종목의 주식에 몰릴 때 스마트한 투자자는 과감히 매도하는 성향이 있다. 정보화시대, 주식시장 역시 누구나 아는 정보는 가치가 없다. 더욱이 홍콩 주식시장은 전 세계 최고 펀드매니저들이 각축을 벌이는 아시아 최대 증권거래소이다. 우리가 알고 있는 일반적인 1등주나 대형주는 강한 펀드멘털로 안정적인 투자는 가능하겠지만, 이미 오를 대로 올라 적당한 매수매도 시기를 놓치면 주가가 떨어져 손해보기 십상이다.

중국경제를 1990년대의 우리나라 경제성장과 비교하는 것은 매우 위험하다. 비록 생김새가 비슷하고 지리적으로 가깝지만 알면 알수록 정치, 경제, 사회, 사람 뼛속까지 다른 민족이다.

1990년대 컴퓨터 산업이 발전할 때 우리나라의 삼성 컴퓨터가 성장하는 것과, 현재 중국 최고에서 세계 최고의 기업인 레노버가 성장하는 방식은 다르다. 국유기업을 민간기업으로 전환하여 재정건전성을 노리는 중국인민재산보험은 주가가 수십, 수백배 상승한 국내 보험회사와 같은 길을 걷기에는 부족함이 많다. 또한 우리나라와 일본은 서울과 동경을 중심으로 대기업 밀어주기를 통해 발전해왔지만, 중국은 정치와 경제가 엄격히 분리된 베이징과 상하이를 통해 발전하고 있다. 또한 13억 6천만 명의 인구를 먹여 살리기 위해서는 대기업만으로는 부족하다. 거대한 시장과 풍부한 소비층은 1등뿐만 아니라 2등, 3등, 4등 기업에게도 충분히 기회를 준다. 뿐만 아니라 중국경제에는 이미 미래 유망 산업 발굴에 한창이다. 이것은 중국경제가 이미 새로운 동력을 찾고 있는 것으로, 기존의 산업과 1등 기업 위주의 발전에 제동이 걸리기 시작했다는 의미로 해석된다.

더 이상 기존 투자종목으로 성공하는 투자를 할 수 없다!

　우리가 일반적으로 접할 수 있는 주식은 우리뿐만 아니라 전 세계의 중국 관련 투자자이면 이미 투자를 했거나, 매도 우선순위에 올랐을 종목이다. 즉 유망한 투자처로서의 매력을 더 이상 찾을 수 없는 것이다. 중국 주식 또한 새로운 유망한 종목을 찾아서 투자해야 하고 적극적으로 찾아나서야 만족하는 결과를 얻을 수 있다. 이 책에서는 국내에서는 쉽게 찾을 수 없고 외국인 펀드매니저도 모르는 종목과 2~3등 기업으로 1등 기업 자리를 호시탐탐 노리는 유망한 기업들 위주로 소개하고 있다. 다양한 종목과 심도 있는 분석, CEO까지 살펴보면서 중국 주식에 대한 이해를 한층 더 높이고, 성공하는 투자를 하려고 한다.

　책을 쓰기 위해서 많은 분들의 도움을 받았다. 중국 10대 경제학자이고 산동성 경제학회 부회장이자 산동대 경제연구원 원장이신 황소안 지도교수님, 북경대 경제박사 황진위, 중국 인민은행과 중국 증권감독원, 중신증권에서 주임으로 근무하는 천치웨이, 양지명, 장위통, 왕회정 등에게 고마움을 전한다. 이밖에도 양질의 정보와 조언을 아끼지 않은 중국의 지인들에게 감사를 표한다. 국내 최고의 중국 전문가 경희대 전병서 교수님과 산동사범대 박석재 원장님, 학자로서 모범이 되는 서울대 경제학부 황윤재 교수님·김재영교수님께도 감사드린다.

　늘 인생과 학업 문제에서 멘토가 되어주신 전 상하이 신한은행장 강철기 박사님, 전 칭다오 포스코 법인장 강인모 선배님, 자식같이 아껴주시던 LG전자 류임수 상무님, 전 상하이인삼공사 이흥범 법인장님에게도 감사인사를 드리고 싶다. 또한 항상 가족 같은 네이버 카페 '중국경제투자연구소' 회원들에게도 감사드리고, 이분들의 가정과 연구에 화목과 성과가 가득했으면 한다. 오랜 해외생활로 지쳐 있을 때 항상 따뜻하게 격려해주시고 걱정해주셨던 부모님과 롯데카드에서 근무하는 누나 정해리에게도 감사를 표한다.

  안목 있는 국내 최고의 경제경영 출판사 이레미디어 이형도 대표님에게도 사업번창하기를 기원드린다.

정영재

차례

추천사 • 4
머리말 • 11

1장 중국 주식의 히든챔피언

1. 히든챔피언이란? • 23
히든챔피언, 1등 아닌 1등 | 중국의 국유기업개혁 3.0 | 중국투자, 현실을 직시하는 것이 중요하다

2. 중국 주식, 이것만은 알아야 한다! • 29
홍콩거래소의 특성 | 중국 주식투자, 이것이 원칙이다

3. 중국 1등주의 함정에 빠지지 말자 • 37
중국과 한국은 다르다 | 1등의 함정에 빠지지 말자

2장 왜 중국 주식에 투자해야 하는가?

1. 저금리·고물가, 중국 주식이 답이다 • 42

2. 안전자산인 중국 주식에 투자하자 • 44
중국은 안정적인 투자처인가? | 앞으로의 10년이 중요하다

3. 중국 주식을 읽으면 한국경제를 알 수 있다 • 48
중국 주식시장, 한국경제와 주식시장의 판단 지표 | 한국기업을 앞지르는 중국 기업들

4. 정부와 개인, 모두에게 이로운 주식투자를 하자 • 53

5. 왜 중국 내수시장인가? • 57
성장 가능성이 큰 중국 내수시장 | 세계경제 주도권을 위한 내수시장 확대

6. 중국 13억 6천만의 먹을거리, 춘절을 주목하라! • 62
중국 내수시장을 파헤쳐보자 | 모르는 주식, 체험하지 못한 주식은 절대 구매하지 마라 | 춘절에는 소비주가 뜬다

3장 13억 인구의 먹을거리를 책임지는 식품업계

1. **통일기업**_소수 제품에 집중하는 식품업계의 전통 강자 • 74

2. **중량그룹**_중국 건국과 함께 시작한 역사 • 84
중국식품_전국에 걸친 넓고 풍부한 유통망 | 중국중량홀딩스_원료 수입과 중간 상인의 역할

3. **우윤식품그룹**_새롭게 떠오른 중국 최대 육제품 생산 기업 • 94

4. **천복홀딩스**_녹차시장을 점령한 중국 최대 찻잎 전문 유통기업 • 99

5. **웨이타나이**_중국 두유업계의 블루칩 • 103

6. **합생원**_소비자들의 까다로운 입맛을 공략하다 • 109

7. **휘원과즙그룹**_100% 과실주스로 홍콩거래소에 상장하기까지 • 113

8. **와하하**_중국 본토 음료기업 • 118

4장 신생아 증가로 호황을 누리는 유제품업계

1. **유제품업계 환경분석**_2자녀 정책 실시, 유제품업계에 날개를 달아 주다 • 123

2. **멍니우**_사회적 책임을 다하는 우유업계 1등 • 127

3. **야스리**_멍니우와의 합병으로 분유시장을 노리다 • 133

4. **현대목업**_중국 유제품 시장의 주요 공급원 • 137

5. **이리**_빼앗긴 1등을 노리는 국유기업 • 142

5장 시진핑의 도시화정책, 대형마트를 주목하라

1. **중국 대형마트 환경분석**_시장의 변화에 대처하는 대형마트들 • 145
2. **화윤창업**_중국 유통업계의 종합백화점 • 148
3. **고흠소매**_소매의 절정을 찍다 • 157
4. **련화마트**_규모 1위, 매출액 1위 • 162

6장 중국 보험시장의 성장은 지금부터이다

1. **보험시장 환경분석**_금융개방을 앞둔 중국 보험시장 • 167
2. **중국인민보험그룹**_고객만족도를 우선으로 생각하는 보험회사 • 174
3. **중국평안보험그룹**_자생력이 돋보이는 종합금융회사 • 179
4. **중국태평양보험그룹**_보험의 다양화로 틈새시장을 노리다 • 185
5. **중국태평화재보험**_중국 최초의 글로벌 금융회사 • 191

7장 제약업계의 히든챔피언을 찾아라

1. **제약업계 환경분석**_앞으로의 성장이 기대되는 중국 의약품시장 • 196
2. **상하이의약**_중국 의약업계의 독보적 1위 • 199
3. **백운산**_주가 500%, 매출액 123,440% 상승의 신화 • 205
4. **동인당** • 212
   동인당 과기_중국 역사와 함께한 300년의 기업 | 동인당국약_해외판매사업을 담당하는 동인당국약
5. **복성의약**_복제약과 신약 개발에 노력하는 기업 • 219

8장 미래의 에너지는 셰일가스

1. **셰일가스 현황분석**_세계적인 기업들의 중국 셰일가스 개발 • 225
2. **페트로차이나**_석유와 관련된 모든 것을 다루는 세계 4위의 기업 • 232
3. **시노펙**_천연가스에 집중하는 글로벌 석유화공그룹 • 236
4. **중국해양석유**_해양유전탐사 전문기업 • 241
5. **곤륜에너지**_중국 최대 천연가스 기업 • 245
6. **신오에너지**_천연가스사업에 특화되다 • 250
7. **화윤가스**_그룹의 자금력을 등에 업다 • 257
8. **화유에너지**_중국 유일의 셰일가스 시추기술 보유기업 • 261

9장 중국 환경오염이 준 기회

1. **중국 환경오염의 심각성**_최악으로 치달은 중국의 환경오염 • 268
2. **베이징수도그룹**_중국 최대 수자원서비스 제공업체 • 274
3. **중국광대국제유한공사**_기술력을 올려 시장경쟁력을 향상시킨다 • 279
4. **톈진창업환경**_중국 내 수자원업 매출 3위 • 287
5. **동강환경보호**_쓰레기처리기업 중 최초로 홍콩거래소 상장 • 293

10장 소득 증가는 여행의 증가, 호텔산업을 주목하라

1. **호텔숙박업계 분석**_소비 수준의 증가는 여행의 증가로 이어진다 • 302
2. **샹그릴라호텔**_모든 서비스 영역을 사업 아이템으로 • 304
3. **홍콩상하이호텔그룹**_프리미엄 호텔, 페닌슐라 • 310
4. **눈여겨볼 중저가형 호텔** • 314
  상하이금강호텔그룹 | 루지아콰이제호텔그룹

11장 해외 경쟁자가 없는 인터넷업계

1. **인터넷시장 환경분석**_3강 구도의 중국 인터넷시장 • 326
2. **인터넷금융시장 환경분석**_인터넷금융을 둘러싼 BAT의 경쟁 • 330
3. **모바일게임시장 환경분석**_준비된 시장, 모바일게임시장 • 333
4. **텐센트**_인터넷업계의 선두주자 • 335
5. **제일채널**_직접 투자할 수 있는 유일한 모바일게임기업 • 339
6. **바이두**_중국 대표 검색엔진 • 345
7. **알리바바**_중국 최대의 전자상거래업체 • 347

12장 다시 보자, 기존 챔피언

1. **왕왕**_중국식품시장을 평정한 타이완계 기업 • 357
2. **중국인민재산보험**_화재보험업계 1위 • 365
3. **캉스푸**_중국의 농심 • 370
4. **칭다오맥주**_대륙에 불어온 치맥 열풍의 수혜주 • 379

13장 스마트폰업계와 기타 주목할 만한 업계

1. **스마트폰시장 환경분석**_무너지는 삼성전자 스마트폰 점유율 • 386
2. **팍스콘**_기다려라 삼성, 팍스콘이 간다 • 387
3. **금산소프트**_샤오미의 레이쥔이 최대 주주 • 393
4. **항안국제그룹**_위생의식 수준이 높아지고 있는 중국 • 397

14장 명품업계의 새로운 시장, 중국

1. 명품업계 환경분석 _ 우량기업의 증거, 홍콩거래소 상장 • 405
2. 프라다 _ 전 세계 명품의 대명사 • 408
3. 록시땅 _ 프랑스 천연화장품 1위 • 414
4. 샘소나이트 _ 이름만큼 단단한 기업 • 420
5. 코치 _ '쉽게 소비하는 명품'의 대명사 • 428

 ## 15장 왕초보도 쉽게 따라 하는 중국 투자공식

1. 중국 투자를 시작하기 전에 • 434
높은 수익률을 위해서 얼마나 노력하는가? | 중국 주식, 투자 대상이 아닌 공부대상으로 생각하자 | 반드시 여유자금으로 투자하자

2. 중국 투자공식 1 _ 선공부 후투자 • 437
3. 중국 투자공식 2 _ 분산투자, 제대로 알고 하자 • 439
4. 중국 투자공식 3 _ 매매타이밍을 읽어라 • 443
5. 중국 투자공식 4 _ 고배당주, 놓치지 말자 • 446
6. 중국 투자공식 5 _ 재무제표는 중문판이 제일 정확하다 • 448
안정성 분석 | 수익성 분석 | 효율성 분석

부록 1 _ 중국 주식 초보자를 위한 질문 베스트 10 • 455
부록 2 _ 중국 중장기투자를 위한 체크 포인트 • 483
부록 3 _ 전격 분석, 히든챔피언 기업의 CEO들 • 489

1장

중국 주식의 히든챔피언

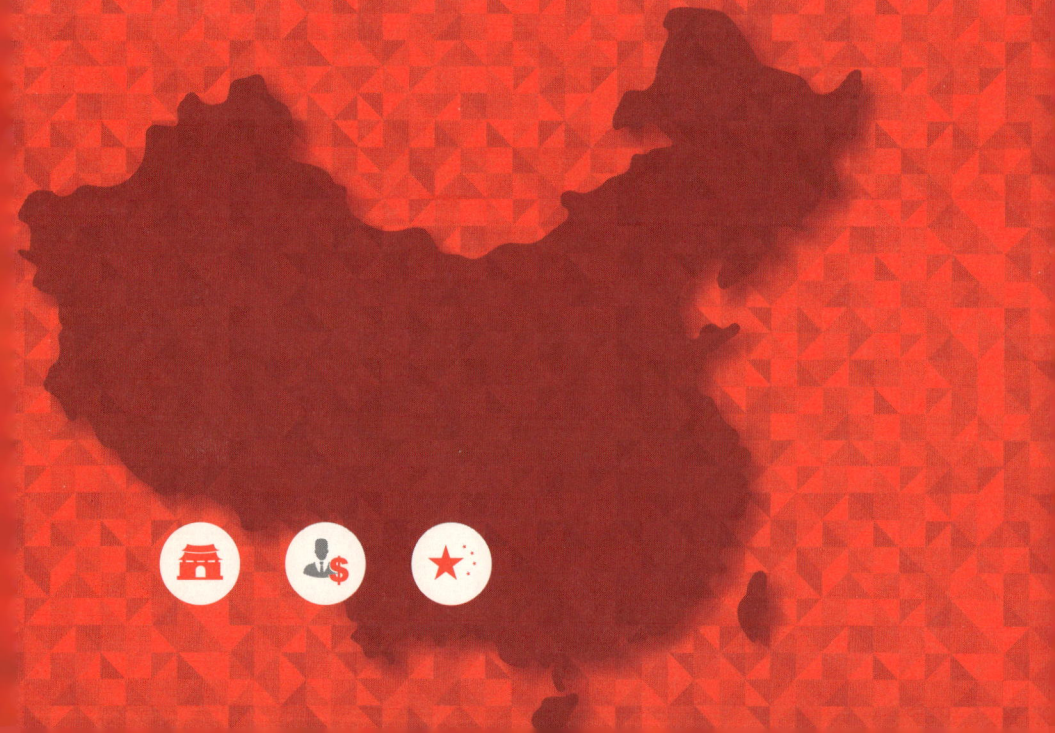

1. 히든챔피언이란?

◆ 히든챔피언, 1등 아닌 1등

　히든챔피언은 대중에게 잘 알려져 있지 않은 기업이다. 그렇지만 각 분야의 시장을 지배하는 우량기업이며, 규모는 작아도 역사가 있고 재정이 튼튼한 기업이다. 이 용어는 유럽의 피터 드러커이자 경영학계의 석학으로 손꼽히는, 독일이 낳은 초일류 경영학자이고 전략·마케팅·가격결정 분야의 최고 권위자로 불리는 경영학자 헤르만 지몬[Hermann Simon]의 《히든 챔피언[Hidden Champion]》에서 비롯된 말이다.

　국내에서는 히든챔피언을 장수기업이라 하는데, 우수한 중견기업과 중소기업을 일컫는다. 본 책에서 정의하는 히든챔피언은 중국 산업 각 분야의 2~5위에 해당하는 기업들로, 잘 알려져 있지는 않지만 시장을 지배하는 우량기업을 설명한다. 히든챔피언 기업들은 장기적인 전망을 중시하여 단기적인 투자 가치보다 지속성에 무게를 두고 경영을 한다. 또한 기업의 집중력을 중시하기 때문에 시장에 여러 가지 제품을 출시하는 문어발식 확장보다 독보적인 기술력으로 전문화된 제품을 생산하는 데 집중한다.

　중국은 13억 6천만 명의 인구와 세계에서 4번째로 큰 국토를 보유한 세계 제2의 경제대국이다. 그만큼 업종마다 기업 풀[pool]이 튼튼하고 다양한 것이다. 중국이 급속히 발전했던 2008년 이전에는 정부 주도의 경제개발이 주를 이루었고, 정부의 지배를 받는 국유기업이 든든한 버팀목이 되었다.

　정부 주도의 경제개발은 국유기업 주가상승의 원동력이 되었다. 2008년 세계 금융위기 이후 6년 동안 중국의 경제규모는 10조 달러로 세계

2위, 외환보유고는 3조 9,600억 달러로 부동의 1위 국가이다. 이러한 중국이 2012년에 들어서서 기존의 고속성장 정책을 탈피하고 품질·환경·안전을 우선적으로 고려하면서, 기존의 10% 이상의 고속성장이 아닌 7%의 안정적인 성장 노선으로 가고 있다. 이러한 안정적인 성장의 흐름에서는 민간기업이 주를 이루는 히든챔피언이 향후 경제성장의 중심이 될 것이다.

특히 2007년 8월 30일, 중국인민대표회의에서 반독점법이 통과되면서 1등 기업들에게 제동이 걸렸다. 2009년에 코카콜라가 중국 고유 기업인 휘원그룹을 인수하려던 것을 반독점법을 근거로 부결시킨 것이다. 휘원그룹은 100% 과실주스 전문기업으로 1992년에 민영자본으로 설립된 회사이다. 2006년은 코카콜라, 펩시, 캉스푸와 같이 사람들의 건강은 생각하지 않은 대규모 자본과 영업력을 등에 업은 합성착향료음료가 판치던 시기였다. 이때 가격은 코카콜라 등의 음료보다 3배 이상 비싸지만 100% 과실주스로 중국인의 건강을 책임지던 휘원그룹이 코카콜라의 자본력에 인수합병된다는 소식이 전해졌다. 그러자 자국의 제품과 기업을 지키려는 여론이 중국인들 사이에 확산되면서 결국 코카콜라 퇴출 시위까지 일어났다. 휘원그룹은 현재 어느 기업도 감히 넘보지 못하는 100% 과실주스업계 1위이다.

캉스푸는 중국 라면시장에서 50% 이상 점유율을 가지고 있는 라면업계 1위이다. 이 업체의 대표적인 라면인 소고기맛 라면은 우리나라의 신라면과 같다고 할 수 있다. 이런 캉스푸가 2010년에 2위인 통일그룹에게 라면시장 1위 자리를 한동안 내주는 등의 고전을 면치 못했다. 사실 캉스푸는 재무제표상으로는 매출액이 나날이 늘어났지만 순이익은 점점 줄어들고 있었다. 시장점유율을 높이기 위해 무리한 경영을 하고 있었던 것이다. 그러던 중 2위인 통일기업이 2010년에 신제품을 출시하여 라면시장을 깜짝 놀라게 했는데, 우리나라의 꼬꼬면 사례와 비슷하다. 이 신제품 출시에 힘입어 주가 또한 5배 이상 뛰면서 주주들에게 큰 이익을 가져다주었다. 원래 통일기업은 캉스푸보다 역사가 오래된 타이완 기업으로 제품의 종류를 무리하게 늘리기보다, 한 가지 제품을 만들어도 위생과 안전에 자본을 캉스푸보다 배 이상 투자하는 곳이었다. 캉스푸보다 오랜 역사를 가진만큼 식품업체의 신뢰도는 매출과 직결된다는 것을 잘 알고 있었던 것이다.

✈ 중국의 국유기업개혁 3.0

2013년 12월 5일에 중국정부는 국유기업개혁 3.0을 발동시켜다. 그러자 1등주의 대부분을 차지하고 있던 국유기업들이 개혁의 철퇴를 맞게 되었다. 해당 기업 CEO들이 줄줄이 사퇴를 하거나 기업을 분할함으로써 경쟁력을 점차 잃어가고, 주가 또한 곤두박질치게 되었다.

우리나라의 중국 관련 투자자들 중 많은 사람들이 중국인민재산보험과 화윤그룹의 주식을 보유하고 있다. 이 두 기업은 업계에서 시장점유율, 자산, 매출 규모가 월등하다. 특히 인민재산보험은 중국 자동차보험시장의 70% 이상을 점유하고 있는데, 향후 중국의 소득과 자동차시장이 확대될수록 매출이 증가할 수밖에 없다. 하지만 중국정부 입장에서 국유기업은 사회주의의 잔재이자 타파해야 할 존재이고, G2에서 G1으로 가기 위해 청산해야 할 장애물일 뿐이었다. 우리나라의 경우만 봐도 해피아, 관피아, 모피아로 불리우며 사회 특권층으로 군림하는 계층은 건전한 경쟁성장의 장애요소로 언급되고 있고, 이 때문에 개혁을 촉구하는 여론이 들썩이고 있다.

인민재산보험공사는 1949년에 현재의 중국(중화인민공화국)이 건국될 당시 재정부 산하의 직속으로, 중국인민공사의 화재보험 업무를 담당하던 기업이었다. 그러다가 중국경제가 발전하고 보험업의 규모가 커지면서 그룹으로 승격되고 2001년 WTO 가입 이후 중국인수보험, 중국인민재산, 재보험회사로 독립하면서 생명보험・화재보험・재보험의 기업 고유 업무만 담당하였다. 하지만 2006년 중국의 보험업 시장규모가 더욱 커지고, 국제경쟁력을 위해서 고유 업무 이외에도 다른 업무를 할 수 있게 법안이 개정되었다. 즉 인수보험도 화재보험 업무를 볼 수 있고, 인민재산보험도 생명보험을 판매할 수 있게 된 것이다. 하지만 업무의 확대는 보험가입 회원수가 상대적으로 떨어지는 인민재산보험에 불리하게 작용하였고, 인민재산보험은 다시 모기업인 인민보험그룹의 자회사로 전락하게 된다.

중국정부는 WTO 가입 조건인 20년 후 금융시장 전면개혁에 대비하여 세계 1위의 중국기업인 공상은행과 재정부 직속의 초상은행이 공동 출자하여 종합금융 회사인 평안보험그룹을 만들었다. 또한 중국 5대 은행인 교통은행에서는 종합금융 회사인 태평양보험그룹을 설립하였다. 이는 모두 중국정부 산하의 기업이거나 정부자본으로 설립된 회사이다. 그렇다고 중국정부의 계획이 자동차보험시장의 70%를 보유한 인민재산보험을 하루아침에 무너뜨리는 것은 아니다. 다만 시장에서 경쟁하는 기업을 늘려 시장의 건전한 발전을 이룩하자는 것이다.

또한 정부 직속의 기업이 줄어들수록 정부의 부담이 민간으로 이양되어 정부의 재정안정성을 다질 수 있다는 장점이 있다. 중국의 7~8월은 역사적으로도 자연재해가 가장 많은 시기로, '보험주의 무덤'으로 불리는 달이다. 인민재산보험의 보험료수익과 보험료지급액의 차액이 마이너스로 돌아서면 중국정부에서 국고를 털어서 부족분을 채워줘야 한다. 평안보험은 종합보험업계 3위로 정부의 자금으로 설립되었지만, 민간업체로 전환한 후 기존의 찾아가는 영업방식인 오프라인 판매의 비중을 줄이고 전자상거래 비중을 대폭 늘리고 있다. 2014년 6월에는 기온보험(온도가 일정 기준 이상 올라가면 보험료 지급), 월드컵보험 등 이색적인 보험을 새로운 상품으로 내놓는 등 경쟁력 있는 경영방식으로 빠르게 변하는 보험시장에 적응하고 있다. 그래서 매출과 주가가 매년 두 자릿수로 성장하고 있다.

국유기업은 부정부패의 온상이다. 우리나라만 해도 국유기업의 급여는 2000년대 이후 계속 상승해 신의 직장이라 불리며 높은 급여와 복리로 구직자들의 로망이 되었다. 하지만 중국의 국유기업은 민영기업보다 기본급이 2배 이상 낮고 복리후생도 만족스럽지 못한다. 중국 국가주석인 시진핑의 월급이 3,146위안(약 56만 원)이다. 우리나라 대통령의 월급인 3,940만 원보다 한참 낮고, 대기업 대졸 임금보다 낮다. 거기다 베이징과 상하이의 물가가 서울보다 평균적으로 1.5배 이상 높은 수준이다. 이런 상황에 정부의 지원을 받는 국유기업 사장의 연봉이 이보다 높을 수는 없다. 그렇기 때문에 국유기업의 부정부패는 암묵적으로 인정되어 관례처럼 되어서, 청렴하고 정직한 경영을 할 수 없는 구조이다. 적당히 부패하자는 풍조가 만연해 있고, 화윤창업의 CEO 송림과 같이 횡령금액이 늘어나 여론에 오르내리면 어쩔 수 없이 사퇴하는 비합리적인 구조이다. 이렇게 관피아의 구조가 너무 촘촘하기 때문에 경쟁 민간업체를 출현시켜서 독점을 방지하는 것이다. 이는 우리나라와 비슷하다.

그러므로 국내 주식투자자들이 중국 1등주나 업계 최고만을 기억하는 것은 오류가 많으며, 높은 수익률을 올릴 수 있는 바람직한 투자가 아니다. 여기에 중국의 반독점법과 국유기업 타파로 1등 기업들이 자리를 위협받고 있다. 자수성가한 중국판 이병철, 정주영, 구인회 같이 훌륭한 오너를 중심으로 하는 민간 히든챔피언들이 1위 자리를 호시탐탐 노리고 있는 것이다.

중국 투자, 현실을 직시하는 것이 중요하다

홍콩 주식투자는 우리나라의 1980년대 투자를 재현하는 것이 아니다. 중국은 비디오테이프를 모르는 나라이다. 비디오테이프라는 중간단계 없이 DVD와 인터넷으로 바로 변화한 나라라는 것이다. 중국은 지금 우리와 동시간대로 한국 드라마나 미국 드라마를 보면서 자라고 있다. 중국 투자에서 무작정 '예전에 우리나라에 이런 종목이 올랐으니, 중국도 오르겠지' 하는 것은 큰 오류를 범하는 것이다. 현실을 직시해야 한다.

홍콩 주식투자자의 50% 이상이 해외투자자들이다. 홍콩은 영국 식민지였기 때문에 유럽자본이 대량 투입된 시장이다. 금융이 발전한 유럽의 투자자와 기관투자자들이 1등주 투자를 통해 주가를 최대한 올린다. 캉스푸의 주가가 21달러, 인수보험이 25달러로 우리나라 돈으로 1주당 2,000~3,000원밖에 하지 않아 향후 몇 만 원으로 오르겠다는 논리로 접근하면 큰 코 다치는 시장이다. 홍콩거래소는 역사가 100년이 넘는 아시아 최고 증권거래소로 주가가 높으면 유동성이 떨어진다는 것을 잘 아는 전문가 집단이다.

2014년 2월 28일, 중국 최고의 게임·메신저 업체인 텐센트의 주가가 5년 만에 200배 이상 상승하여 1주당 646달러를 기록하는 기적 같은 일이 벌어졌다. 하지만 5월에 들어서자 100달러 이상 하락해 523달러를 기록했는데, 주가가 너무 고가로 측정되어 유동성이 떨어진다는 것이

하락 요인이었다. 즉 너무 비싸서 투자자들이 투자하려고 해도 엄두를 내지 못한다는 뜻이다. 그래서 6월 5일에는 대대적으로 주식분할을 해 주식발행수를 늘리고 주가를 100달러대로 떨어뜨렸다.

향후 중국의 주식시장은 1등주보다는 2등에서 5등까지 잘 알려지지 않았지만 선두의 뒤에서 천천히 힘을 키우는 알짜 히든챔피언들이 더욱 주목받을 것으로 보여진다. 홍콩 투자자의 대다수를 차지하는 유럽 기관투자자들 역시 1등 딜레마에 빠진 1등주보다 히든챔피언에 투자하기 위해 혈안이 되어 있다. 이 책을 통해 히든챔피언과 챔피언의 대해 다시금 생각하고, 드넓은 중국 주식시장에서 탁월하게 종목을 선택하여 승리하는 투자자가 되기를 바란다.

2. 중국 주식, 이것만은 알아야 한다!

◆ 홍콩거래소의 특성

2013년 8월에 홍콩 주식이 급락했다. 유럽 경기의 여파 때문이다. 한국은 무역의 절반 이상을 중국과 하기 때문에 흑자를 보지만, 미국의 경기가 나빠져 미국 주가가 떨어지면 중국에서 흑자가 나도 주가는 떨어진다. 홍콩도 마찬가지이다. 홍콩은 150여 년간 영국령이었으며, 외국 자본들이 쉽게 접근할 수 있는 곳이었다. 그것은 곧 유럽 경기가 나빠지면 홍콩거래소의 주가도 떨어진다는 것이다. 유럽의 수많은 기관투자자들이 홍콩거래소에 투자하고 있기 때문이다. 중국경제가 아무리 승승장구해도 홍콩거래소의 유럽 기관투자자들이 투자를 하지 않으면, 주가는 떨어질 수밖에 없는 구조이다.

　우리가 중국 주식에 투자하기 위해 주로 참고할 지표는 중국 상하이종합지수이다. 꼭 주식에 투자하지 않더라도 중국에 관심이 있다면 중국 경기를 판단할 때 상하이종합지수를 기준으로 삼으면 된다. 어디나 마찬가지이지만 경기가 좋아지면 투자와 일자리 수요가 늘어나게 되고 주가도 상승하게 된다. 반대로 경기가 나빠지면 투자가 줄어들고, 경기 악화의 영향으로 주가도 떨어질 수 있다. 우리나라와 중국과의 무역은 전체 무역의 40%를 차지하기 때문에, 중국 주식이 떨어진다는 것은 코스피지수도 함께 떨어진다는 말이 된다.

　중국 경기가 좋지 못하면 우리의 수출 또한 불리해진다. 중국 대부분의 기업 중 60%가 수출입 기업임을 감안하면 실업률에도 영향을 미칠 것이다. 우리나라가 중국으로 수출할 때는 위안화와 원화를 바로 교환하는 게 아니라 달러로 교환한 다음 위안화로 교환한다. 수출로 먹고 사는 우리나라 경기도 나빠지게 되고, 중국 인민폐가 비싸지니 중국으로 여행이나 유학을 가면 비용이 증가한다.

　이렇게 중국 주가가 상승하고 하락할 때 우리의 생활이 어떻게 변하는지 판단할 수 있는 것이 상하이종합지수이다. 하지만 상하이종합지수는 중국경제를 공부·연구하거나 중국 관련 사업에 종사하는 사람들에게 더 중요하고, 주식에 투자하는 우리에게는 참고용일 뿐이다. 상하이종합지수는 우리가 직접 투자하는 것이 불가능한 A주를 모아놓은 것이고, 실제로 투자하는 곳은 중국의 홍콩거래소이다.

　홍콩거래소에서 우리의 투자목표는 H주로, 우량 중국 주식을 모아놓은 곳이다. H주는 상장된 기업수가 400여 개 정도이며, 시가총액은 약 4조 달러이다. 이에 비해 상하이거래소 시가총액은 6조 달러이고, 총기업수가 3천여 개인데, 시가총액에 비해 기업수가 현저히 적은 것을 알수 있다. 이것은 H주에 우량한 기업들이 많기 때문이다. 중국인들이 주로 투자하는 A주에 직접 투자하지 못하는 걸 다행으로 생각하자. 중국인들은 상하이 A주에 자유롭게 투자하지만, 우리가 직접 투자할 수 있는 H주는 오직 펀드를 통해 자금을 조성한 기관투자자만이 투자가 가능하다.

사실 홍콩거래소에 비해 상하이거래소는 상장하는 절차가 복잡하고 시간도 오래 걸린다. 그런데도 왜 모든 중국기업이 H주가 아닌 A주에 몰려 있는지 의문이 들것이다. 간단하다. 홍콩거래소는 우량기업이 쉽게 상장할 수 있지만, 자금력이 약한 중소형 기업은 매출액과 수익률이 상장 조건을 충족하지 못한다. 그중에서 제일 큰 문제는 기업정보 공개일 것이다.

홍콩기업은 역사가 오래되었고, 대주주 한 명 한 명까지 깐깐하게 분석한 정보를 공개할 것을 요구한다. 하지만 일당독재인 공산당정권에서는 기업의 대주주 중 다수가 정부관료인 경우가 많다. 예를 들어 2014년 하반기에 상장하는 중국 최고의 전자상거래기업인 알리바바를 보자. 알리바바의 대주주 중에는 전 증권감독원장, 전 은행감독원장 등이 포진해 있는데, 이것은 기업이 살아남기 위해 정부관료와 대주주의 관계를 맺어 발전해왔기 때문이다. 그래서 향후 이것이 문제가 되는 것을 꺼려 하는 많은 기업들과 관료들은 적당히 익명으로도 등록이 가능한 상하이 A주에 상장하는 것을 선호한다.

중국 13억 6천만 명의 인구 중 약 5억 명은 주식투자를 현재 하고 있거나 했던 경력이 있다. 그렇기 때문에 홍콩거래소에 투자를 즐기는 중국인들이 자유롭게 투자한다면 수요가 늘 것이다. 하지만 홍콩주식의 공급은 한정되어 있으니 우량한 주식이 폭등하는 것은 시간문제이다.

🧭 중국 주식투자, 이것이 원칙이다

■ 주식 종합포인트 확인

중국 주식에 투자하기 전에 우선 항생지수와 상하이지수, 즉 중국 주식종합포인트를 확인하고 투자하자. 일반적으로 대다수의 주식은 종합포인트와 같은 방향으로 흐른다. 중국의 경기가 좋아서 종합포인트가 상승하면 대부분 기업들의 주식은 빨간색으로 상승세이지만, 종합포인트가 하락국면일 때는 개인이 보유한 기업 주식도 떨어진다. 중요한 것은 대세를 읽고 흐름을 탈 줄 알아야 한다는 것이다. 미국의 다우지수와 런던거래소 지표와 유로화를 먼저 확인하자. 명심하자! 우리가 투자하는 홍콩 주식의 주요 투자자는 유럽인이다.

■ 무분별한 분산투자를 피하라

보통 분산투자를 안전한 투자방법이라고 생각하지만 무분별한 분산투자는 독이다. 내수주에 집중하자. 중국 주식에 직접투자할 때 기본적으로 1천만 원의 거금이 필요한데, 많은 사람들이 안전을 위해 분산투자를 한다. 시기를 잘 타서 내수주에 투자하면 보통은 6%, 잘하면 20%의 수익률을 얻을 수 있다. 하지만 위험분산을 위해 철강이나 부동산과 같이 현재 내수주와 반대방향으로 가는 주식에 투자하면, 내수주에서 얻은 수익률이 반감되는 것이다. 즉 한 바구니 안에 계란만 담아야 하는데, 계란과 폭탄을 같이 담는 격이다. 이것만은 절대 피해야 한다.

■ 저가에 사서 고가일 때 팔자

　주식은 기업이 우수하다고 무작정 사는 게 아니라, 기업 주가가 저가일 때 사고 고가일 때 팔아야 한다. 주가그래프를 보면 현재의 주가가 어제에 비해 몇 달 전, 몇 년 전에 비해 얼마나 오르고 내리는지 추세를 읽을 수 있다. 만약 경기가 좋아서 추세가 역대 최고로 높거나 비슷하다면 매입을 고려해야 한다. 반대로 경기가 좋지 않아 바닥일 때는 기회가 오기를 기다리며 자금을 모아야 한다. 그래야 돈을 벌 수 있는 기회가 오는 것이다.

　만약 주가가 1년 동안 바닥을 치고 있다면, 최소한 그 이하로는 떨어지지 않는다. 중국 주식 중 앞에 'ST(Special Treatment 특별처리)'가 붙은 주식이 있다면 그것은 3개월 안에 상장폐지가 임박해 있는 기업이다. 중국 주식에서 이런 기업은 다시 회복할 가능성이 낮은데, 여기에 투자하는 것은 투자가 아니라 도박이라고 볼 수 있다. 'ST'가 붙은 기업에 종사하는 직원들도 기업의 경영이 어렵다는 것은 안다. 그래서 핵심인력들이 자발적으로 살길을 찾게 되고, 중국인 투자자들도 매도에 힘쓰지 매수는 거의 하지 않는다.

■ 주식시장은 고위험 · 고수익의 투자시장

　위험은 주식시장에서 언제 어디에서든 도사리고 있다. 위험을 회피할 수는 없다. 절대적으로 완전한 방법 또한 없다. 현실적으로는 정보와 경험을 바탕으로 리스크를 줄여나가는 과정이 최선이다. 주가포인트를 확인하고, 업종의 추세가 상승하는지 하락하는지 정도는 기본적으로 알고 있어야 한다. 중국이 높은 성장률을 기록하고 있지만, 중국 주식이 고수익 · 저위험이라는 보장은 없다.

주식의 기본적인 특성은 공급과 수요에 있다. 주식을 파는 사람이 많아지면 가격이 떨어지고, 사는 사람이 많아지면 가격이 오르는 기본적인 이치이다. 향후 내수주 중에서 IT, 소비, 환경에 관련된 주식들이 전망이 좋다고 신규투자자들이 늘어나는 것은 아니다. 기존의 부동산·철강·제지에 투자하던 자본들이 이동하는 과정에서 비인기 종목의 주가가 빠지는 것을 인지해야 한다.

■ **장기투자만이 답은 아니다**

주식투자에서 1년 미만에 매매하는 것을 단기, 1년에서 5년을 중기, 5년 이상을 장기로 본다. 우리나라는 장기투자나 가치투자를 강조하며 주식을 묻어두고 있으면 새싹이 필 것처럼 광고를 한다. 하지만 이것은 10년 전 주식시장이 호황일 때의 이야기이다. 현재처럼 새로운 정보와 기술이 범람하는 시기에 고우량 가치주를 찾아서 5년이나 투자한다는 것 자체가 모순이다.

예를 들어보자. 레노버(련상그룹)는 PC와 노트북에서 전 세계 1위 기업이고, IBM의 PC사업 분야까지 인수하는 기염을 토해낸다. 그 결과 기업의 가치와 주가는 폭등했지만 3년도 되지 않아 전 세계 흐름이 PC와 노트북에서 스마트폰으로 이동하게 된다. 예전에 상하이자동차가 쌍용자동차를 인수했다가 다시 판 것 같은 흐름이 된 것이다. 중국정부의 막대한 자금으로 세계 굴지의 기업을 인수했지만, 경영 노하우 부족과 사양산업으로 전락해가는 데스크탑 인수가 미래를 제대로 판단하지 못한 경영 실패로 돌아갔다. 현재 레노버는 모바일시장에 진출해 기술력과 수 만 개의 특허로 승부를 보려고 한다. 하지만 이미 커져버린 규모와 경영부실은 삼성이나 애플, 중국 중저가 스마트폰이 잠식한 시장에서 빛을 보기에는 힘들 것으로 보인다.

우리는 삼성전자, 애플, 노키아의 관계에서도 장기투자의 위험성을 알 수 있다. 7년 전만 해도 중국 핸드폰시장에서 70%에 달하는 점유율을 차지한 것은 노키아였다. 그로부터 3년도 되지 않아 아이폰의 높은 기술력에 중국시장을 내줘야 했고, 또 3년 만에 삼성전자가 중국시장을 차지해서 종횡무진하고 있다. 하지만 현재의 삼성도 중국기업의 높은 기술력과 중저가시장에서의 매달 떨어지는 점유율 때문에 밀리고 있는 실정이다. 중국산 휴대폰을 사용해본 사람이라면 누구나 공감할 것이다. 1년 전의 중국 핸드폰과 현재의 중국 핸드폰의 기술력은 비교가 되지 않을 정도이다.

업종마다, 종목마다 장기·중단기투자로 나눌 수 있다. 현재의 가치가 낮고 미래에 유망한 기업, CEO의 리더십이 기대되는 기업은 장기투자에 유리하다. 하지만 중국 상장기업 중 60% 이상이 국유기업이다. 이러한 현실에서 정권이 바뀌거나 실적이 좋지 못하면 바로 교체되는 월급쟁이 CEO와 재벌 오너가 경영하는 민간기업의 경쟁력은 차이가 날 수밖에 없다. 그래서 중국 주식에 투자할 때는 국유기업에 장기 투자하기보다 민간기업에 장기투자할 때 수익이 날 가능성이 높다. 국유기업은 정부정책에 따라 주가의 희비가 갈리기 때문에 단기투자에 적합할 것이다.

■ 손절매는 잊지 말고 하라

중국 주식을 접하다 보면 중국어 공부가 필요함을 느끼게 될 것이다. 실제로 필자는 '중국경제투자연구소'라는 중국 주식 경제 카페를 운영하면서 많은 질문을 받는다. 특히 수많은 투자자들이 중국 인민재산보험을 구매하고, 그 기업의 전망과 실상에 대해 질문했다.

중국 내수시장이 커가면서 중국 자동차보험의 70%를 차지하고 있는 인민재산보험이 주목받는 것은 당연한 일이다. 마치 우리나라의 삼성화재가 자동차시장이 커질수록 혜택을 많이 받는 것처럼 말이다. 하지만 아무리 좋은 기업이고 전망이 좋다고 해도 실상은 그렇지 못하다. 인민재산보험은 국유기업인만큼 부정부패가 많고, 실제로 2014년 3월에는 항저우의 지점장이 300억 위안을 횡령하여 떠들썩하게 보도되기도 했다.

국유기업이 이렇게 이슈가 된다는 것은 정말 큰 문제이다. 중국은 국유기업 특성상 공안(우리나라 경찰)과 금융감독원과 특별한 관계를 맺고 있고, 웬만하면 이슈화시켜 기업 전체 이익과 주주의 수익에 관여하지 않으려 한다. 한마디로 어지간하면 보도되지 않는다는 것이다. 하지만 이렇게 뉴스로 보도된다는 것은 문제가 갈수록 커지고 있고, 기업 스스로 해결하지 못할 정도까지 왔다는 이야기이다.

2013년 우리나라 한국전력이 부정부패 사건으로 시끄러울 때, 우리나라 주식투자자들은 한전의 주식매입을 꺼렸다. 반면에 실상을 모르는 외국인들은 이때가 기회라고 여기며 매입에 힘쓰는 반전을 보였다. 중국도 마찬가지이다. 시진핑정권이 들어서면서 국유기업의 민영화가 가속화된 마당에, 수면 위로 떠오른 항저우 지점장의 부정부패는 기업에 악영향을 줄 수밖에 없는 것이다.

이러한 정보를 증권사에서 알려주지 않으면, 중국 주식 사이트를 직접 검색하는 방법밖에 없다. 하지만 그래도 간단히 볼 수 있는 방법이 있다. 바로 주가그래프이다. 자신이 매입했던 가격에서 20% 이상 주가가 빠진다면 망설임 없이 주식을 매도해야 한다. 중국 주식투자자는 5억 명에 달한다. 주식이 한번 빠지기 시작하면 막을 새도 없이 쭉쭉 빠진다.

3. 중국 1등주의 함정에 빠지지 말자

◆ 중국은 한국과 다르다

중국 주식도 해외 주식이다. 우리나라는 줄곧 미국 유학파를 중심으로 자본주의의 상징이자 대기업 위주인 미국의 다우산업과 나스닥을 주로 연구하고 투자해왔다. 우리나라 대기업 위주의 발전을 보면 알 수 있듯이, 전 세계 어디서나 1등 기업에 대한 투자는 긍정적이다.

중국과 같은 개발도상국에서 적자생존과 약육강식은 매년 7% 이상의 고속성장을 하려면 반드시 필요한 발판이다. 1987년 덩샤오핑의 강력한 추진으로 대외개방을 실시하고 있고 자본주의가 들어온 지 30년이 다 되어 가지만, 그럼에도 중국의 정치노선은 사회주의인 국가이다. 정확히 말해 특색사회주의 노선을 선택한 국가이며, 상황에 따라 언제든지 사회주의로 전환가능하다는 의미이기도 하다.

중국 사회는 '유전무죄 무전유죄'로 풍자되는 자본주의 사회처럼 돈이 중요하지만, 돈과 삶을 연관 짓지는 않는다. 우리나라 2011년 고용노동부의 완성차업체 근로시간 실태조사에 따르면 연간 근로시간이 약 2,400시간이라고 한다. 회사와 삶이 연계되다 못해 아주 밀접하다. 반면에 중국의 평균 근로시간은 1천 시간 내외이다. 즉 우리는 돈을 벌기 위해 인생의 상당수를 일에 쏟아붓고 있는 것이다. 필자도 우리나라 공기업과 대기업에서 근무했을 때 많은 혜택을 받았고, 급여 수준도 훌륭했다. 하지만 개인시간이 적었고, 토요일 저녁 9시에 상사가 부르면 군말 없이 출근해 일요일 오전까지 보고서를 작성하고 퇴근해야 했다. 우리나라 직장인들이면 누구나 공감하는 내용일 것이다.

그러다가 중국에서 석사졸업 후 지도교수의 추천으로 중국 국유부동산회사에서 근무한 적이 있었다. 업무는 책임제로 할당되어 기간 내에 마쳐야 했지만, 퇴근시간 6시만 되면 사장이든 직원이든 구분할 것 없이 뒤도 돌아보지 않고 퇴근했고 점심시간도 2시간이었다. 비록 급여는 우리나라 대기업 수준에 훨씬 못 미치지만 국유기업인만큼 주택보조, 의료비지원(80%), 연금, 실업보험 등의 우수한 복리제도가 있었다. 더욱이 정규직·비정규직의 구분이 없었고, 법적으로도 1년 이상 근무시 정식 직원으로 자동전환되는 시스템이었다. 대신 개인의 능력을 중시하기 때문에 능력별로 급여 차이가 큰 것이 특징이었다. 퇴근 후 가정으로 돌아간 중국인 동료들은 가족이나 친구와 시간을 보내거나 자기계발을 하는 등 눈치 보는 것 없이 즐기는 문화가 정착되어 있다. 야근을 해서 한 푼이라도 더 벌기보다 일찍 퇴근해 가족과의 시간을 보내는 것은 선택하는 경우가 많았다.

🔸 1등의 함정에 빠지지 말자

중국의 문화 중 가장 인상적이었던 것은 저녁시간이면 넓은 공터나 공원에 삼삼오오 중·노년층의 남녀노소가 모여 댄스에 열중한다는 것이다. 구성원들도 다양하다. 재벌가 회장, 대학 교수. 기업 CEO, 청소부, 식당 종업원 등 사회적 지위의 상하 구분 없이 한데 모여 춤추고 웃고 떠드는 모습이 무척이나 자연스럽다. 우리나라에서는 상상도 할 수 없는 모습이다. 만약 중국처럼 한다면 공터에서 춤판이나 벌인다고 손가락질

받을 것이다. 하지만 중국에서는 일상적인 모습이다.

1949년 마오쩌둥이 중화인민공화국, 현재의 중국을 건국한 이후 사회주의 노선을 밟아 남녀노소 할 것 없이 개인의 평등을 강조하고 있다. 1966년부터 1976년까지 지속된 문화대혁명을 통해 상하관계를 중시하는 중국의 유교사상을 배척하면서 오늘날과 같은 중국 문화가 발전하였다. 그래서 중국에서는 사회적 지위를 돈이 아닌 사람과 사람으로 보는 경우가 많다. 1987년에 자본주의가 중국에 퍼지면서 사회주의 문화가 많이 퇴색되기는 했지만 여전히 기본적인 틀은 유지되고 있다.

이러한 사회풍조는 기업의 경영과도 직접적으로 연계된다. 중국인에게 1등이라는 개념은 꼭 필요하지 않다. 개인에게 적합하고 개성에 맞는 것을 선택한다. 중국의 수많은 기업들 또한 중국인들에게 다양한 선택권을 준다. 업계에서 1등을 하는 기업만이 살아남는 것이 아니다. 2등이나 3등 기업도 중국의 풍부한 소비층을 바탕으로 성장하고 있는 것이다. 1등 기업도 대부분은 국유기업이거나 대기업들로 정부의 비호 아래 성장했다. 또한 중국정부는 꾸준하게 국유기업을 감축하고 있으며, 시장의 안정적인 발전을 위한 반독점법을 실시하고 있다.

예를 들어보자. 중국의 보험업계는 생명보험시장 점유율 40%의 중국인수보험, 화재보험시장 점유율 30%의 업계 1위인 중국인민재산보험이 있다. 이 두 회사는 중국 재정부 산하 기업으로 기존의 중국인민보험공사에서 분리된 기업들이다. 사회주의 체제인만큼 정보공개의 투명도가 떨어지고, 내부적으로는 부정부패가 가장 많으며, 재무상태가 매우 불건전한 국유기업이다. 이런 기업들은 중국정부에게 필요악 같은 존재이다. 하지만 부정부패가 많고 재무상태가 불건전하다고 해서 수억 명의 가입자가 있는 보험회사를 하루아침에 부도처리할 수는 없다.

이에 중국정부는 국유기업을 감축시키기 위한 정책으로 경쟁 국유기업을 등장시키거나 민간기업을 육성하고 있다. 1999년 중국 공상은행과 홍콩 초상국그룹이 출자하여 만든 평안보험은 중국 최대의 보험 위주 민간종합금융회사로 화재보험업계 2위, 생명보험업계 3위의 시장점유율을 가지고 있다. 평안보험은 민간기업의 빠르고 세련된 경영방식을 토대로 1위와의 격차를 줄이고 있다. 정부 주도로 1등 기업을 점진적으로 도태시키고 위험을 분산시키겠다는 전략이다.

이러한 전략이 시행되는 곳은 보험업계 뿐만이 아니다. 유제품업계에도 이러한 정책이 도입되었다. 유제품업계에서 1등 기업은 1949년 중국 건국과 동시에 등장한 이리유업이다. 중국정부는 이리유업의 시장독식을 방지하기 위해 창업 당시 중국 유제품업계 100위권 밖이었던 멍니우를 우회투자하여 육성했다. 그 결과 멍니우는 현재 이리유업을 제치고 1등 민영기업으로 등극했다. 이런 식으로 중국정부는 재정이 부실하고 문제가 많은 국유기업들, 현재의 수많은 중국 1등 기업들을 사냥하고 있는 것이다. 경쟁기업을 육성해 주가를 떨어뜨리고 시장점유율을 줄이는 건전한 기업만들기가 진행되고 있는 것이다.

그렇다고 모든 분야에서 1등 죽이기가 일어나는 것은 아니다. 시장진입이 용이한 식품·보험·은행업계에서는 1등 기업들의 성장세가 한풀 꺾였지만, 기술집약산업인 석유화학·인터넷·환경업계에서는 특정기업과 국유기업, 1등 기업들이 우세에 있다. 그렇기 때문에 성공적인 주식투자를 위해서는 현명하게 시장을 볼 줄 알아야 한다.

2장

왜 중국 주식에 투자해야 하는가?

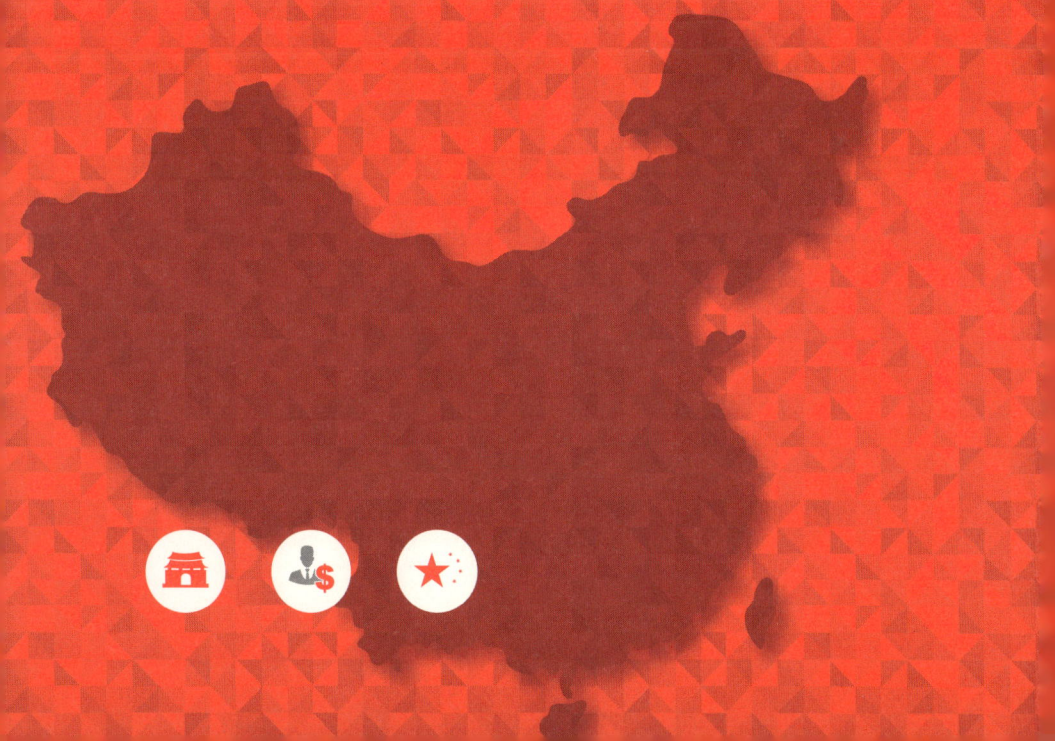

1. 저금리 · 고물가, 중국 주식이 답이다

매년 정부에서는 물가지수를 발표한다. 2014년은 물가상승폭은 1.3%대로 서민생활이 안정되어 있는 것처럼 보인다. 하지만 주부가 시장바구니에 넣었던 물건을 다시 빼고, 직장인들이 점심값과 교통비를 낼 때마다 체감물가는 가파르게 상승하고 있다. 그렇다면 정부에서 발표한 물가지수와 우리가 체감하는 물가가 왜 이렇게 차이가 나는 걸까? 바로 통계방법 때문이다. 우리가 거의 매일 구매하는 필수 소비재인 채소·과일·생선 등 식음료와 교통비·대학 학자금 등은 3% 이상 오르는 반면, 가끔씩 구매하는 전자제품이나 자동차 등의 가격상승폭은 낮다. 그래서 이 물가들을 평균하면 물가상승률이 낮아질 수밖에 없다. 이렇게 물가상승률이 낮으면 경제가 안정되어 보이며, 해외에서는 경쟁력 있는 국가로 평가한다.

대부분의 일반인들은 필수 소비재의 물가상승으로 인해 오늘은 어떻게 필요한 것을 싸게 살까 고민하지만, 정부는 금리를 더 내리지 못해 안달이다. 미국과 일본, 그리고 유럽은 금리를 0% 가까이 낮추어 대출금리를 줄여 투자를 늘리고 저축보다는 소비를 지향해 자국의 경기를 살리겠다고 한다.

우리나라도 0% 이자율을 실현하려고 안달이다. 하지만 2%대의 낮은 금리마저 없으면 해외투자자들이 우리나라에 대한 투자를 줄일 가능성이 있기 때문에 더 이상 낮추지는 않는다. 대신 2% 이하로 낮출 수 있는 여지를 만들어놓고 투자가 축소될 경우를 대비한다. 향후 금리가 낮아졌으면 낮아졌지 오를 가능성이 없는 것이 우리의 현실이다.

글로벌 시대는 국내경제가 해외경제의 영향을 받을 수밖에 없게끔 만들고 있다. 최근에는 일본 엔화의 평가절하로 원화 가치가 상승하여 우리나라 수출경쟁력이 낮아졌다. 환율이 지속적으로 떨어지는 것은 눈으로 확인할 수 있다. 그렇다면 이러한 글로벌 시대가 우리에게 가져다준 것은 풍요인가, 재앙인가?

한미 FTA(자유무역협정)로 매년 농수산물 가격과 수입제한을 조금씩 철폐하기로 했기 때문에, 국산 농산물은 가격경쟁력을 잃어가고 있다. 이런 식으로 외국 농수산물에 자리를 내주게 되면 미국이나 중국 등 우리가 주로 농수산물을 수입하는 국가의 경기에 따라 우리나라 농수산물 가격도 요동치게 된다. 한미 FTA로 자동차나 전자 쪽은 좋은 제품을 싸게 이용할 수 있게 되었을지 몰라도, 필수 소비재 가격은 더욱 비싸질 가능성이 높아진 것이다.

이것은 우리에게 어떤 위협으로 다가오는가? 젊어서는 고정적인 소득이 있어 괜찮겠지만, 늙어서는 연금이나 저축해놓은 돈으로 살아야 한다. 그런데 거의 매일 써야 하는 필수 소비재 가격이 올라가고 이자율이 계속 떨어진다면, 우리의 노년은 불안해질 것이다.

요즘은 오히려 적금이 재테크의 대세라고 한다. 적금의 이자율은 2.7~3% 정도로 낮지만 원금 손실 가능성이 큰 주식에 비해 훨씬 안정적으로 자산을 불릴 수 있다. 하지만 경제상황에 따라 금리가 변동되는 상품들도 많기 때문에, 안정자산이라는 적금도 언제든지 이자율이 하락할 수 있다.

우리보다 빨리 경제침체를 겪고 20년을 지내온 일본인들은 물가가 오르고 경기가 나빠져도 먹고 살 구멍을 만들어놓았다. 일찍이 자국의 경제성장률이 둔화되고 금리가 0%대로 낮아질 것을 예측하고 해외자산을 마련해놓았던 것이다. 그 해외자산이 바로 중국 주식이다. 일본의 대표적 경제연구소 노무라 종합연구소만 보더라도 일본인들이 얼마나 중국 주식에 관심이 많은지 알 수 있다. 노무라 연구소가 분석해 발표하는 내용은 중국인들도 참고할 정도이다.

국내투자로 높은 물가 문제를 해결하기에는 한계가 있다. 2013년 우리나라 1인당 GDP는 2만 3,837달러로 세계 33위이다. 경제성장률은 2%로 이제 성장할 만큼 성장해서 신성장 동력을 만들기도 힘들다. 반면에 중국은 1인당 GDP가 약 7천 달러정도이다. 경제도 매년 7% 이상의 고속성장을 하고 있다. 우리나라보다 GDP가 3배 이상 낮다는 것은 다시 말하면 경제성장의 가능성이 넘쳐난다는 이야기이다. 7% 이상의 경제성장은 중국 주식시장을 끌어올리는 주요한 동력이 될 것이다. 중국 주식 중에서도 필수내수재는 매년 20% 이상 꾸준히 성장하는데, 이것은 지속적으로 증가하는 중국인의 소득을 대변하고 있는 것이다. 전문가들은 향후 10년까지는 필수 소비재의 가격이 꾸준히 상승할 것으로 예상하고 있으며, 관련 주식 또한 호황을 맞을 것이라 보고 있다.

2. 안전자산인 중국 주식에 투자하자

● 중국은 안정적인 투자처인가?

우리나라에서 중국 소식을 접할 때면 좋은 소식보다, 좋지 않은 소식 위주일 때가 많다. 중국의 경기침체, 대기오염, 인권문제, 티베트 독립운동 관련 소식 등 대부분은 부정적인 뉘앙스의 소식들이다. 필자가 중국에서 7년 동안 생활하면서 이런 우리나라 뉴스를 볼 때마다 편파적인 보도가 아닌지 생각하곤 했다.

　대기오염도가 높다며 이것이 문제라고 언론에서 떠들어대지만, 산동성에서 살면서 황사 대비용 마스크를 쓰고 다니는 중국인들은 얼마 보지 못했다. 실제로 쓰고 다니는 사람들은 외국인들이나 몇몇 젊은 중국인들이었다. 더욱이 중국은 세계에서 국토 면적이 4번째로 큰 나라이다. 필자가 살고 있는 산동성 또한 중국의 22개 성 중 하나일 뿐이지만, 인구가 9천만 명이고 면적은 우리나라보다 1.5배 크다. 국내에서 보도되는 중국 관련 뉴스는 대부분 자연재해, 특히 일부 지역에 편중되어 있다. 이런 뉴스를 보고 걱정한 나머지 연락하시는 부모님의 전화를 받다 보면 중국에 대한 이해도가 높지 않음을 깨닫게 된다. 설날에 귀국할 때마다 친척들이 만나기만 하면 중국에 사는 필자를 걱정할 정도이니, 얼마나 편파적인 보도를 하는지 알 수 있다.

　어쩌면 국내 언론에서 중국에 대해 나쁘게 생각하는 것은 당연할지도 모르겠다. 초기에는 국내 100대 대기업뿐만 아니라 대부분의 기업들이 중국을 좋은 투자처로 생각했다. 중국에 법인과 생산기지, 판매거점을 만들고 진출하는 것은 20년 전부터 계속되어 왔다. 국내에 많던 공장들이 중국으로 가버린 것이다. 국가적으로 보면 납세의 80%를 차지하는 기업이 해외로 생산기지를 옮겨가 세수가 줄어들고, 일자리가 없어진 것이다. 갈수록 국내 사정은 불리해지니 정부 입장에서는 재정이 부족해 국민들에게 재분배하기도 힘든 것이다. 이러니 국민과 정부를 대변하는 언론에서 중국에 대한 좋은 뉴스를 전하기가 어려운 것인지도 모른다. 국내에 재투자하지 않고 해외로 나가버리는 기업들을 누가 반기겠는가?

　따라서 이렇기 때문에 중국 주식이 안정성이 높다고 할 수 있다. 무엇보다 중국 주식이 안정성이 높은 것은 세계 2위의 경제 규모와 13억 6천만 명의 인구, 3조 8천억 달러의 외환보유고가 뒷받침하기 때문이다. 앞으로 이 책에서 알아볼 내수소비재는 13억 6천만 명의 인구를 먹여 살리는 기업들이다. 철강・부동산・조선업계는 경기가 좋지 않으면 주가가 폭락하지만, 필수소비재 같이 먹고 마시는 산업은 전 세계 인구 4분의 1에 달하는 규모라면 충분히 시장성이 있다. 혹여 경기가 나빠지더라도 우리와 마찬가지로 중국인들도 자동차나 스마트폰 구매를 망설이지 결코 자녀들에게 먹일 음식을 아끼지는 않는다. 결국 안정적인 중국 주식 투자는 필수 소비재에 있다.

🔻 앞으로의 10년이 중요하다

필자가 기업에 투자할 때 반드시 지키는 원칙이 있다. 바로 투자할 기업의 제품을 직접 보고 느껴야 한다는 것이다. 중국에서 7년간 생활하면서 중국의 필수소비재를 보고, 만지고, 사용해왔다. 중국인 친구와 동료들에게 "이 제품 어때?" "이 기업은 알아?"라고 물어가면서 추려낸 우수하고 잠재력 있는 기업들이 이 책에 소개되어 있다. 독자들 또한 국내 백화점이나 대형마트, 인천이나 부산의 차이나타운에 가면 볼 수 있는 기업의 제품들이다. 혹은 인터넷에서 관련 홈페이지를 방문해 정보를 얻을 수도 있을 것이다.

기업이 최종적으로 생산한 제품은 궁극적으로 기업의 가치를 대변한다. 기업의 가치가 제품인 것이다. 훌륭한 제품을 생산해 수많은 사람들이 쓰고, 외국인인 우리들까지 그것을 접할 수 있다면 그 기업의 경영・전략・인사・재무는 우수한 것이라 할 수 있다.

1992년 한중수교 이후 우리나라의 대중무역은 줄곧 흑자였다. 주요 수출 품목은 중간재로 인건비가 덜 드는 제품의 가공단계까지 생산하여, 중국의 값싼 노동력으로 완제품을 생산하여 마진을 챙기는 것이 대표적이었다. 하지만 현재 중국의 기술 수준은 이미 우리나라를 앞질렀고, 인건비도 저렴하며, 13억 6천만 명의 인구를 보유한 초대형 시장이기도 하다. 이제 중국을 통한 무역흑자폭은 2009년을 정점으로 매년 5% 이상 줄어들고 있다. 기업들도 중국에 진출해 공장을 세워 인건비를 절감하려 하고, 동시에 13억 6천만 인구의 시장을 노리면서 한국보다 중국에 재투자한다.

중국은 향후 10년간 경제성장률이 5~7% 사이를 꾸준히 유지하겠지만, 우리나라의 경제성장률은 중국의 경제성장률이 높아질수록 낮아질 것이다. 삼성전자가 산시성에 2조 원, 저장성에 5천억 원을 투자하는 것도 이러한 맥락이다. 현대자동차 또한 중국에 공장을 증설하였다. 이렇게 국내 대기업들이 해외에 진출하고 투자하면, 주로 대기업의 협력업체로 존재하는 중견·중소기업들까지 중국에 진출·확장하는 것은 당연한 것이 된다. 중국 경기가 좋아질수록 국내 경기는 안 좋아질 것이다. 국내 대기업들이 해외에서 벌어들인 수익을 국내에 공장을 짓거나 투자하지 않는 이상 당연한 이치이다. 대기업만 부자가 되고, 대기업과 관련 없는 업무에 종사한다면 점점 힘들어질 것이다.

1인당 GDP가 2만 달러가 넘고 세계 33위의 소득수준이라고 해도, 상위 10%의 소득만 늘어날 뿐이다. 일반 서민들에게는 식품, 전기세, 교통비가 오르고 금리도 계속 낮아지며 부동산 경기도 나빠져 10년 전에 비해 살기가 더욱 힘들어지고 있다. 빈부격차가 점점 심해지는 것이다.

이러한 현실을 직시했다면 이제 투자에 대한 마인드를 바꿔야 한다. 적금, 예금, 부동산에 돈만 넣어놓으면 편하게 살면서 가치도 오르고 이자도 늘 것이라 기대할 수 있는 시대는 지났다. 제품도 유행을 타듯이 재테크도 흐름을 탄다. 돈이 유망하고 수익률이 높은 쪽으로 이동하는 것이 이치이다. 이제 중국 주식에 투자하는 시대가 온 것이다. 세계 어디를 가든, 어디로 눈을 돌리든 중국 주식만큼 유망하고 발전 가능성이 있는 투자처가 없다는 것을 워렌 버핏 같은 투자자들이 증명하고 있다. 세계 각국의 기관투자자들이 중국에 대한 투자를 늘리고 있다. 우리도 이제 갈아탈 때가 된 것이다. 그러니 알아야 하고 배워야 한다. 재테크는 무작정 자금을 넣어놓고 오르기를 기다리는 것이 아니라 흐름을 타는 것이다. 지금은 중국 주식이 최고의 투자처이다.

3. 중국 주식을 읽으면 한국경제를 알 수 있다

중국 주식시장, 한국경제와 주식시장의 판단 지표

국내 코스피지수가 1990포인트로 떨어졌고, 중국 주식 또한 2000포인트로 떨어졌다는 소식을 듣는다. 혹은 코스피지수가 2000포인트를 회복했고 중국 주식시장 또한 침체기를 벗어났다는 기사를 접하기도 한다. 혹시 우리나라 주식과 중국 주식은 연동되는 것일까? 두 나라의 주식 간에 어떠한 연관성이 있는지 알 필요가 있다. 혹여 주식에 투자하지 않는다고 하더라도 국내 거의 모든 기업이 중국과 직간접적으로 연계되어 있다. 그렇기 때문에 중국경제를 한눈에 읽을 수 있는 중국 주식시장의 동태를 파악하는 것은 필수적이다.

우리나라 경제의 중국에 대한 의존성은 매우 높다. 시장이나 마트에서 물건을 사는 것, 식당에서 식사를 하는 것, 자녀들에게 사주는 학용품·인형, 더 나아가 자동차와 스마트폰 부품까지 중국과 연결되어 있다. 저렴한 중국산 제품의 수입 없이는 고물가시대를 살기 힘들게 되었다. 중국에서 수입한 상품이 국내 물가상승률을 낮추는 데 한 몫 하고 있다. 신토불이라고 하면서 국산 제품을 찾는 것도 이제 옛일이 되어버렸다. 국내산 제품이라도 매번 사용하기에는 가격이 비싸다. 우리가 사용하는 대부분의 상품은 지리적으로나 문화적으로나 인접한 중국산이며, 국내산 제품과의 차이도 별로 없다.

일상생활에서 알게 모르게 사용하는 제품들이 대부분 중국산이니 수출 또한 많다. 상위 300개 대기업 대부분은 중국에 법인, 생산기지, 영업사무소 정도는 기본적으로 갖추고 있다. 우리나라 기업이 중국에 투자하는 직접투자액도 매년 꾸준히 증가하고 있다. 1992년 중국과 수교한 이후 대중수출액이 2013년에 1조 달러를 돌파했다. 우리나라가 미국이나 일본보다 수출을 많이 하고 흑자를 보는 국가 1위도 중국이 된 지 오래이다.

2008년에 미국발 세계 금융위기를 겪으면서 우리나라의 중국에 대한 의존도는 더욱 높아지고 있다. 대중무역은 2000년도에 전체 무역에서 11%에 불과했지만, 2008년에는 20%에 달했고 2013년도에는 26%를 기록했다. 매년 중국에 대한 의존도가 높아지고 있는 것이다. 우리나라 기업이 중국에 직접투자하는 금액도 2002년 40억 달러에서 2013년 500억 달러로 늘어난다.

이처럼 양국 간의 높은 무역수지로 인해 주식시장도 과거와는 달라졌다. 중국 주식시장이 변할 때마다 우리나라 주식시장도 변해 국내 주식에 투자하는 기관투자자와 일반투자자의 중국 주식시장에 대한 관심도

커졌다. 연구에 따르면 중국 통계청에서 발표하는 제조업에 대한 구매관리자지수^{PMI}(중국은 제조업이 산업에서 차지하는 비중이 70% 이상으로, 이 비율의 증감으로 경기를 예측)가 변하면 중국 주식 변화율이 30%이고, 국내 주식은 29%의 영향을 받는다. 즉 중국경제가 활황일 때는 중국산 제품의 가격경쟁력과 시장점유율이 올라가 주식시장을 끌어올리고, 중국과의 무역이 가장 많은 우리나라 주식 또한 같이 상승하는 것이다. 중국 주식의 상승과 하락으로 국내 기업의 실적을 예상할 수 있는 것이다.

◆ 한국기업을 앞지르는 중국기업들

세계 제일의 스마트폰 소비국인 중국시장에서 삼성전자 스마트폰 점유율이 2013년에 19%를 기록했다. 3년 만에 20% 아래로 떨어진 것이다. 이는 중국 스마트폰 업체인 레노버, 화웨이, 중싱전자 등이 자국 브랜드의 점유율을 올리고 있기 때문이다. 매년 10억 대의 스마트폰을 소비하는 세계시장에서 중국은 3억 6천 대, 즉 1/3을 소비하고 있다. 중국시장에서의 승패가 곧 세계시장에서의 승패인 것이다. 중국시장에서 성공하지 못하는 스마트폰 제조업체는 세계시장에서도 승리를 장담할 수 없다.

삼성전자 스마트폰의 중국 시장점유율이 떨어진 것은 삼성전자 주가에서도 확연히 드러난다. 중국 내 시장점유율이 20% 아래로 떨어지자 주가가 10만 원 가까이 떨어지기도 했다. 2위인 레노버는 시장점유율 16%로 2012년에 비해 3% 상승하면서 삼성전자 뒤를 바짝 따라가고 있고, 주가 또한 2012년부터 줄곧 상승세이다. 그러다가 2014년 3월에 삼성전자가 신제품 갤럭시S5를 공개하자마자 삼성전자 주가가 상승하고, 레노버는 소폭 하향하는 모습을 볼 수 있다.

철강업계에서도 한국기업이 더 이상 앞도적인 우위를 점하지 못하고 있다. 우리나라 전통적인 철강업체로는 포스코와 현대자동차·현대중공업의 주 거래처인 현대제철이 있다. 2014년 현재 두 철강 업체 모두 3년 전에 비하면 주가가 반 토막이 난 상태인데, 이것은 두 기업의 내부적인 문제보다 외부 요인인 중국 제철기업으로 인해 주가가 감소하고 있는 것이다. 중국은 바오강, 우강이라는 제철기업이 규모가 제일 크다. 규모의 경제를 실현하고자 포스코보다 5배 이상의 설비를 갖추어 대량생산을 하고 있다. 품질도 향상되어 포스코 제품과 큰 차이가 없기 때문에, 세계 주요 조선 기업과 자동차 기업에 저렴하게 납품하고 있다. 한국기업이나 중국기업이나 전 세계 시장을 대상으로 영업을 하기 때문에, 세계 경기가 좋지 못하면 주가가 동반하락하는 것이다. 더욱이 우리나라 기업은 중국기업에 비해 가격경쟁력도 떨어져 매년 주가가 폭락하는 것이다. 그래서 국내 대기업의 외부환경보고서에서는 중국 경쟁업체의 현황이 필수적으로 들어간다. 전 세계시장에서 우리나라와 경쟁하는 제품이 60% 이상 동일하기 때문이다.

이것은 단지 기업만의 문제가 아니다. 중국 주식을 통해 일반인들도 우리 생활이 어떻게 변할지 예상할 수 있다. 앞으로 알아볼 중국 내수주가 바로 우리 생활과 관련이 깊다. 식품주 중 중국 최대 과자 제조업체인 왕왕旺旺과 라면업계 1위이자 중국점유율 50%의 캉스푸康师傅, 점유율 1등의 유제품업체 멍니우蒙牛의 주가를 눈여겨 볼 필요가 있다. 왕왕과 캉스푸는 13억 6천만 인구가 먹을 제품을 만들기 위해 전 세계에서 원료를 수입하고, 대도시뿐만 아니라 중국 벽촌까지 유통망을 형성할 정도로 큰 기업이다. 멍니우는 유제품을 만들고 과자를 만들 때 사용하는 대량의 우유를 왕왕과 캉스푸에 납품하고 있다. 만약 이들 주식이 오르면 중국 물가가 안정되어 있다는 것이고, 우리 일상생활에서 사용하는 중국산 제품의 가격상승률도 안정되어 있다는 것이다. 또한 소맥분 시장도 안정되어 있어 국내에서 과자를 생산하는 기업들이 과자가격을 올리지 않을 것이다.

다시 말하면 중국의 물가가 안정되면 중국에서 수입하는 물품도 저렴하게 구매할 수 있다. 그러면 중국산 제품을 사용하는 우리나라 가계의 살림살이가 나아지고, 이는 소비를 촉진시켜 국가경제에 이바지할 수 있게 되는 이치이다. 중국 식품 관련 주식이 상승하면 우리나라 물가도 안정된다. 물론 미국 경기가 국내에 미치는 영향력도 여전히 크다. 실물경쟁력 또한 여전히 높다. 미국 화폐인 달러가 전 세계 시장에서 통용되기 때문에 무시할 수 없는 것이다. 하지만 대미수출 비중이 2000년 23%에서 2013년 10%까지 떨어졌다는 것은 미국이 우리나라에 미치는 영향력이 나날이 감소하고 있다는 증거이다. 그러므로 향후 중국과의 FTA와 RCEP(역내포괄적경제동반자협정)가 중요해질 것이다. 실제로 2014년 4월 보아보포럼에서 중국 총리 리커창李克强의 발표처럼 중국이 주도하는 한중일, 아세안 10개국, 호주, 인도 등의 다자간 자유무역협정 RCEP를 통해 중국과의 관계는 더욱 긴밀해지고 있다.

이제는 더 이상 미국경제로 한국경제를 논할 수 없다. 중국은 예전부터 역사적, 지리적, 문화적으로 긴밀한 관계였다. 1900년대 초에 잠시 영향력이 주춤했을 뿐이지 줄곧 한반도에 지대한 영향력을 행사해왔다. 우리는 중국의 거대한 시장을 통해 살아온 국가이기에 중국경제와 시장에 당연히 관심을 가져야 한다. 이를 한눈에 분석할 수 있는 중국 주식에 관심을 기울여야 한다.

4. 정부와 개인, 모두에게 이로운 주식투자를 하자

전 세계의 해외 증권 투자규모는 GDP의 58%이다. 우리나라는 9.2%, 그중 주식이 차지하는 비중은 6.4%밖에 되지 않는다. 이에 반해 국내 주식에 투자하는 비율은 88.4%로 작은 한국 땅에서 서로의 돈을 차지하겠다고 피터지게 주식을 매매한다. 반면에 미국은 자국 주식 비중이 GDP 대비 74.6%로 낮으면서, 미국 주식시장이 전 세계 주식시장의 33%를 차지할 정도로 크다. 상장된 기업도 많고 전 세계 다양한 기업들로 구성되었기 때문에 자국 주식투자에 대한 비중이 낮은 것이다. 일본 역시 자국 주식 비중이 GDP 대비 73%로 낮고, 주식시장도 아시아에서 제일 크다.

자국 주식 편중도가 90%에 가까운, 이른바 신흥국인 인도(95%), 브라질(97%), 러시아(93%)도 비슷하다. 물론 신흥국의 경우 자국의 경제성장률이 고성장 중이기 때문이라 할 수 있지만, 우리나라의 경우는 다르다. 커져가는 경제 규모에 비해 2012년 2%, 2013년 2.7%로 성장률이 저조하다. 주식시장 또한 성장동력을 잃어가고 있는 추세여서 국내 주식에 투자해도 기관투자자나 전문투자자가 아니고서야 수익을 보기 어려운 구조이다. 이런 구조에서 제대로 된 수익률은커녕 오히려 저조한 게 현실이다.

1997년 외환위기와 2009년 외환위기와 금융위기를 겪으면서 절실히 느꼈던 것은 우리나라 화폐가 외국 화폐에 비해 변동이 크다는 것이다. 예를 들어 2009년 미국발 세계 금융위기로 국내기업의 수출이 저조해지고 수익이 낮아지자, 원달러 환율이 800원에서 1600원으로 2배 이상 오르고 물가가 폭등했다. 우리의 목숨 같은 재산이자 전부인 화폐 가치가 반값이나 떨어져나간 것이다. 그렇다고 달러를 사놓자니 달러발행국인 미국은 2009년부터 2013년까지 자국의 본원화폐를 3배 이상 늘렸다. 달러의 가치가 엄청 떨어진 것이다.

일본도 2014년에 엔화의 가치를 떨어뜨린다고 하는데, 우리와 수출품목이 70% 이상 동일한 무역경쟁국이 바로 일본이다. 일본은 GDP 중 무역의 비중이 30%밖에 되지 않으니 엔고이든 엔저이든 자국에 미치는 영향은 미미하다. GDP 중 무역이 110%를 차지하는 우리와 비교할 수 없는 것이다. 어쩌면 다른 나라 화폐들이 가치를 낮추어 수출경쟁력을 올리니, 우리나라도 원화 가치를 낮추면 되지 않냐고 할지도 모르겠다. 실제로 우리나라도 본원화폐를 금융위기 이후 1.5배 정도 늘렸지만, 현금 가치만 떨어졌다. 시장규모가 작아 힘이 약한 화폐는 선진국처럼 대대적으로 찍을 수 없는 것이 현실이다. 자칫하면 엄청난 경제혼란이 발생할 수 있다.

이런 상황에 비추어볼 때 해외 증권 투자는 투자기능 외에도 분산투자 효과가 있다. 해외 주식을 사서 수익을 내는 것뿐만 아니라 변동이 심한 우리나라 원화 가치에 대한 대비책도 된다. 일단 미국이나 유럽, 중국과 같이 우리나라가 먹고 사는 데 중요한 주요 수출국에 경제위기나 금융위기가 발생한다면 달러 가치는 끝없이 올라가 금달러가 되기 때문이다. 실제로 우리가 중국 주식에 투자하기 위해서는 홍콩달러를 구매해야 하는데, 홍콩달러는 미국달러에 묶인 페그제$^{peg\ system}$를 줄곧 실시하고 있다. 홍콩달러와 미국달러는 같이 상승하고 하락하기 때문에, 달러가 귀해지는 시기에는 해외 주식 투자금을 회수하고 높은 환율로 원화를 구매할 수 있는 효과가 있다. 환위험에 대비하는 것이다.

우리나라의 해외 증권 투자는 국내 증권 투자 90%에 한참 못 미치는

6.4%이다. 6.4%에서 미국(33.7%), 유럽연합(24.9%), 중국(5%), 일본(4%) 순으로 투자가 이루어지고 있다. 특히 매년 7%의 경제성장률을 기록하고 있고, 신흥국 중 최고의 성장률을 보이는 중국에 대한 투자가 저조하다. 이것은 중국 증권 관련 정보가 적기도 하지만 국내 주식시장이 발달하지 못했음을 시사한다.

매년 고령화 속도가 빨라지고 있다. 은퇴에 대비하기 위해 국민연금이나 연기금과 같은 금융상품에 투자를 많이 하고 있다. 그런데 이들 연기금의 주요 투자 시장인 국내 주식시장에서는 치열한 정보전을 벌여도 변화가 적다. 작은 시장에서는 거대 자금을 보유한 연기금 회사들의 손실만 커지는 것이다. 이런 자금들이 해외로 진출해야만 투자자의 수익 증진에 힘쓸 수 있고, 국가 차원에서는 제2의 외환보유액 기능도 할 수 있다. 2013년 기준으로 국민연금 규모는 401조 원에 달한다. 이 큰 규모의 자금이 해외에 투자되면, 환위험이 큰 우리나라에 환해지를 해줄 수 있는 기능을 할 것이다.

은행도 이제 안전한 투자수단이라고 할 수 없다. 은행에 돈을 넣는 순간 원금이 조금씩 깎이고 있다는 것을 잊지 말아야 한다. 물가는 2011년부터 1%대의 저성장을 하고 있고, 은행이자율은 2%대이니 플러스 마이너스 1%로 돈을 벌고 있다고 착각한다. 우리나라에서 물가란 정부가 민심의 동요를 억제하기 위해 기업들의 가격인상을 강제로 억제하고, 벌금을 매겨 기업의 수익구조를 악화시켜 부실을 가중시키는 것이다. 정부는 세금을 투입해 풍년으로 팔지 못한 농산물을 사주거나 흉년인 과수원에 보조금을 지급하면서까지 물가를 안정시키고 있지만, 이 모든 것이 정상적인 경제흐름이라고는 할 수 없다. '이번 정권에서만 막고 보자' '업적을 만들자' 식인 것이다. 정부의 이런 임시방편은 나중에 반드시 독이 되어 돌아온다.

물가를 상승시키지 못하는 이유는 간단하다. 기업들이 해외에서 돈을 벌어오지만 제대로 분배가 되지 않고, 수출로 벌어온 달러 가치가 매년 떨어져 100달러면 사던 제품을 이제는 150달러 주고 사야 될 정도가 된 것이다. 달러 가치가 떨어졌다고 수출업자들이 상대국 기업에게 더 많은 달러를 요구할 수도 없다. 기업들은 을의 위치에 있기 때문이다. 아직도 기업이나 국민들은 1980년대 한강의 기적 같은 것을 바라고, 국내 주식투자가 답이라고 생각할지 모르겠다. 하지만 경제성장률이 2%대인 국가에서 기업들이 투자를 해 수익을 낸다는 것은 쉽지 않은 이야기이다. 성장률이 2%대인 국가는 이미 복지와 부동산과 인건비가 오를 대로 올라서 조금이라도 이익을 내려면 저렴한 동남아나 중국을 찾을 수밖에 없다.

그렇다고 해외에 공장을 설립하고 중국 13억 6천만 인구를 대상으로 세일즈를 한다고 다 성공하는 것도 아니다. 삼성전자는 중국 스마트폰 업계에서 2011년 25% 이상의 시장점유율을 찍으며 최고의 기업이 되었지만, 그 후 혁신 없는 고사양과 비싼 가격 때문에 중국에서도 조금씩 외면받고 있다. 그러다가 결국 2013년에 시장점유율이 19%로 떨어진 것이다. 이런 삼성전자의 뒤를 고사양·중저가의 중국기업 레노버가 시장점유율 15%로 바짝 추격하고 있다. 한국 주식시장에서 삼성전자의 시가총액은 코스피지수에서 15%에 달한다. 그렇기 때문에 삼성전자가 성장하지 못하면 국내 주식도 2000포인트 이상 오를 수 없는 것이다. 이런 상황에서 국내 주식이 항상 2000포인트 내외를 맴돌고, 국내 주식에 투자하는 개미투자자들이 손해를 보는 건 당연한 것일지 모른다. 더 큰 문제는 이러한 손실이 발생하면 401조 원 이상을 보유한 연기금들이 국내 주식시장 보호를 위해 무분별하게 투자된다는 것이다. 정말 업친 데 덥친 격이다.

결국 이런 상황을 타파할 길은 해외투자, 30년 넘게 7% 이상의 안정적인 성장을 하는 중국 주식에 투자하는 것이다.

5. 왜 중국 내수시장인가?

● 성장 가능성이 큰 중국 내수시장

앞에서 우리는 왜 중국이 새로운 길인지 알아봤다. 그렇다면 많은 시장 중 왜 내수시장인가? 2013년에 중국의 국가 주석이 후진타오에서 시진핑으로 바뀌면서 중국 내수시장이 핫이슈로 떠올랐다. 시진핑정권이 들어서자마자 중국의 도시화율을 높이겠다고 공언한 것이다. 여기서 도시화율을 높인다는 것은 농촌의 인구가 도시로 이주하도록 유도하거나 농촌을 도시로 승격시키는 것이다. 중국의 농촌인구는 도시인구 5억 7천만 명보다 많은 7억 명이고, 농촌의 소득수준은 도시 최하층의 소득수준보다 낮다. 이 도시화 계획은 중국정부가 소득수준이 높은 수준에 달한 도시보다, 전체 인구의 60% 이상을 차지하는 저소득층 농촌인구의 소득수준을 높여 중국경제의 전체적인 규모를 키우겠다는 것이다.

그렇다면 도시화와 내수시장은 어떠한 관련이 있는가? 현재 우리나라의 도시화율은 95%로 세계 어느 국가보다 높다. 우리나라 어디를 가더라도 도시라서 고급 의료·식품 서비스를 쉽게 받을 수 있다. 하지만 중국은 도시화율이 50%밖에 되지 않아 7억 명에 달하는 농촌인구는 제대로 된 식품·의료 서비스를 받을 수 없고, 버스나 자동차로 30분 이상 이동해야 시내가 나오는 불편함을 겪고 있다.

도시화율을 높이기 위해서 중국정부는 농촌의 소득수준을 끌어올리고 소비를 촉진시키려 한다. 대표적인 것이 2011~2013년에 백색가전 업체에 보조금을 지급하여 농촌에서 가전제품을 구매할 때 200위안에서 500위안까지 차등지급하는 정책이다. 농촌시장의 활성화를 꾀한 것이다. 2013년부터는 10조 원의 채권을 발행해 중국 각 지역 농촌에 오래된 가옥을 철거하고 평수에 맞추어 염가에 정부공공아파트를 공급하고 있다. 또한 농산품(채소, 과일, 균류 모두 포함) 생산을 위한 화학비료, 농약, 유통 등에 발생하는 세금을 100% 면제해주면서 농촌경제 활성화와 물가안정에 노력하고 있다. 중국의 도시 거주인들이 저렴하게 농산품을 구매할 수 있게 한 것이다. 우리나라가 중국산 농산품을 저렴하게 구매할 수 있는 이유도 이 농산품 면세 덕분이다.

중국정부의 도시화정책 덕분에 매년 농촌소득이 10% 이상 증가하고, 이 증가한 소득이 소비로 나타나고 있다. 연평균 소득이 5천 달러 미만이었던 농촌가정이 부동산, 농산품면세, 보조금으로 소득이 살아나면서 내수제품, 식품, 의약, 음료, IT 등의 소비도 살아난 것이다. 여기에 관련 주가도 꾸준히 상승하고 있다. 중국은 13억 6천만 인구의 국가이기 때문에 소득층 또한 다양하게 분포하고 있다. 그중 60%가 매년 소득 6천 달러 이하인 농민이고, 도농중산층은 3억 명에 이른다. 이들의 소득이 증가하면서 늘어난 소비는 우리나라 1980~1990년대 소비풍조와 유사하다. 당시 우리나라도 소득이 상위인 인구 비율은 10% 안팎이었고 대부분은 중산층과 저소득층이었다. 이런 구조에서는 명품 같은 사치성 제품보다 식품이나 의료 같이 실생활에 꼭 필요한 제품·서비스의 수요가 증가하고, 관련 기업의 주가도 상승하게 된다.

시진핑정권의 이러한 정책으로 2020년까지 중국의 농촌 인구는 7억 명에서 4억 명으로 줄어들고, 국가경제의 근간이 되는 중산층은 5억 명 이상 증가할 것으로 예상된다. 그렇게 되면 10억 명 이상의 중·저소득층 소득증가로 인해 내수시장은 100조 위안 규모로 성장할 것으로 예상된다.

세계경제 주도권을 위한 내수시장 확대

정부의 아낌없는 농촌경제 지원으로 도시경제도 한층 더 활성화되고 있다. 도시와 농촌 간의 소득격차는 갈수록 줄어들고 있다. 중국정부가 이렇게 도시화를 통해 도시와 농촌 간의 소득수준 격차를 줄이려는 이유는 국민경제 안정에도 있지만, 중국 공산당의 장기집권을 위한 발판이기도 하다. 1949년 현재의 중국(중화인민공화국)이 건국된 이후 중국 도농 간 소득격차는 2배 정도로 늘 일정한 수준에 머물렀다. 하지만 1987년에 덩샤오핑이 국가주석이 되면서 당시 서방국가들에게 종이호랑이로 불리던 중국의 위상을 높이고, 마오쩌둥 시기 경제실패로 인한 국민들의 거센 저항을 해결하기 위해 공산주의 고유의 공동생산·분배정책을 버리고 시장경제체제로 전환하였다. 덩샤오핑의 개방경제는 성공적이었고 중국경제를 단숨에 세계 10위권으로 진입시켰다. 2014년 현재 중국은 G2로 군림하며 미국이 정치적·군사적으로 가장 견제하는 국가가 되었다.

세계에서 4번째로 큰 국토면적과 많은 인구를 가진만큼 중국은 사회적인 문제도 많은 나라이다. 가장 큰 문제는 바로 지역 간 소득격차와 도농 간 소득격차이다. 1949년 최상위 계층과 농민의 소득차가 평균 2배였던 것이 1980년대에는 5배, 1990년대에는 50배, 2000년대에는 100배에 이르렀다. 그리고 가장 최근인 2013년에는 200배 이상으로 부익부 빈익빈이 세계에서 가장 심한 국가가 되었다. 국가를 운영하는 데 극심해지는 소득격차는 인구의 80% 이상을 차지하는 중·저소득층이 정권에 반발하는 계기가 된다. 정치에 대한 불만은 데모와 시위 등으로 표출되며 정국안정에도 큰 방해가 된다. 그렇기 때문에 도시화로 인한 소득재분배는 집권당인 공산당의 존재 여부를 판가름하는 중요한 정책이고, 중국정부 또한 이를 잘 알기에 농촌에 퍼다주기식 경제정책을 실시하고 있는 것이다.

세계경제에서 주도권을 잡으려면 내수시장 확대가 필수적이다. 중국의 외환보유고는 2014년 기준 3조 8천억 달러로, 우리나라 외환보유고와 비교하면 10배 이상 차이가 나는 수치이다. 하지만 2008년 세계 금융위기 이후 미국은 자국산업을 보호하기 위해서 양적완화$^{QE,\ Quantitative\ Easing}$정책을 1~3차에 걸쳐 실시했다. 이것은 미국의 본원화폐 규모를 3배 이상 늘려 수조 달러를 시장에 공급해 자국경제를 살리려는 것이다. 달러는 미국에서만 사용되는 국지적인 화폐가 아니다. 전 세계 국가에서 무역지불과 석유구매에 사용하는 세계의 화폐이다. 그렇기 때문에 미국달러가 시장에 많아질수록 달러의 가치는 떨어지게 된다. 중국이 가장 많은 미국달러를 보유한 만큼, 달러 가치가 떨어지면 가장 많은 손해를 보는 국가 역시 중국이 될 수밖에 없다. 다행히 중국이 금융시장을 대외에 완전히 개방하지 않아 손실이 적을 것이다. 하지만 아무리 인구 3억에 세계 1위의 군사력을 보유한 미국이라도 눈뜨고 손해 보는 중국 입장에서도 반가운 일이 아니다.

중국은 이러한 피해를 줄이기 위해 미국달러로 거래되는 무역시장에서의 성장률 상승폭을 줄이고 내수시장으로 발을 돌리고 있다. 중국의 GDP 중 무역이 차지하는 비율이 60%나 되는데, 이것은 중국경제가 우리나라와 마찬가지로 국가경제 대부분을 무역에 치중하고 있다는 뜻이다. 반면에 미국과 일본은 일찍이 무역이 자국경제에 영향을 끼쳐 실업률 상승 등에 변수로 작용함을 일찍이 경험하였다. 그래서 자국의 내수시장을 외수시장인 무역보다 매년 확대하려고 노력하고 있다. 자국경제에서 무역이 차지하는 비중을 미국은 20%, 일본은 30% 정도로 조정해 두고, 내수시장이 차지하는 비중을 70% 이상으로 발전시켜 정치안정을 꾀하고 있다. 세계시장에서 달러 가치의 변화와 중동권에서 일어나는 전쟁 등은 무역을 기간산업으로 하는 나라에 큰 영향을 끼친다. 해당 국가의 내부적인 요소가 아닌 외부적인 요소로 인해 실업률이 증가하고, 그로 인해 거리로 나온 실업자들은 정부의 무능을 규탄하며 정권을 위협하는 존재가 된다. 한마디로 달러가격이 오른다고 해서 일본의 정권 안정에는 큰 지장이 없다는 것이다.

이에 중국은 2030년까지 내수시장이 전체 경제에서 차지하는 비중을 50% 이상으로 늘리려고 하고 있다. 중국 전체 경제에서 내수시장이 차지하는 비율을 50% 이상 늘린다는 것은 무역 규모를 줄인다는 것이 아니라 전체적인 경제시장을 키워 무역과 내수의 비율을 조정하겠다는 것이다. 우리나라도 GDP의 110%를 차지하는 무역규모 때문에 대외적인 요소로 국내 경기가 자주 들썩거린다. 그래서 내수시장을 키우려고 하지만 5천 만에 불과한 작은 인구와 시장으로는 한계가 있다.

중국의 국내외 정치적·경제적 상황으로 인해 내수시장이 더욱 부각되었지만, 사실 중국의 1인당 GDP는 매년 20% 이상 상승하고 있다. 중국 1인당 GDP는 2013년 기준 약 6,500달러로, 2020년에는 1만 달러에 이를 것으로 예상된다. 이렇게 소득이 6천 달러 이상 늘어나면 장바구니에 담는 물건의 양이 증가하고, 1만 달러 이상 늘어나면 질이 바뀐다. 이것은 중국보다 경제성장이 빠른 우리가 직접 경험했던 사실이다. 당시의 우리가 선호했던 물품과 잘 팔렸던 제품을 생각하면서 해당 중국기업의 주식을 구매한다면, 미래를 내다보는 선견지명을 이미 가지고 있다고 할 수 있다.

6. 중국 13억 6천만의 먹을거리, 춘절을 주목하라!

● 중국 내수시장을 파헤쳐보자

뉴스와 신문에서 중국 내수시장이 커지고 있다는 기사를 자주 접할 수 있을 것이다. 해외 유명 기업들이 중국 내수시장 공략에 박차를 가하고 있다. 국내 최고 기업인 삼성·현대·SK·포스코·LG뿐만 아니라 락앤락·정관장·BBQ·오리온 등 우리에게 친숙한 기업들이 중국 내수시장에 진출하기 위해 사력을 다하고 있다. 언론에서는 중국 내수시장이 발전할수록 이들 기업의 수익력이 커지고 발전할 것이라고 한다. 하지만 우리는 내수가 정확히 무엇인지 아직도 잘 모른다.

내수란 무엇인가? 간단하다. 내수시장은 우리가 소비하는, 즉 국내에서 소비하는 시장을 말한다. 반대로 외국으로 수출하는 것은 외수라고 한다. 국내에서 먹고, 입고, 살면서 창출되는 모든 소비가 내수시장의 규모를 만든다. 국내에서 소비되는 식품, 의류, 건설, 철강, IT, 서비스, 금융 등이 내수에 포함된다. 인구 5천만의 우리나라 1인당 GDP는

2만 달러로, 수치상으로 따지면 중국의 6,500달러보다 3배 이상이다. 하지만 중국 13억 6천만 인구의 총 GDP는 10조 5천억 달러로 일본의 총 GDP 5조 5천억 달러보다 2배 이상이며, 미국의 16조 달러에 못 미치는 수준이다. 미국이 아직은 GDP 1위를 차지하고 있지만, 13억 6천명의 인구와 매년 7% 이상 경쟁성장을 보이는 중국에게 곧 추월당할 것으로 보인다. 전문가들도 2020년에는 중국이 미국의 총 GDP를 넘어설 것으로 보고 있다. 세계 인구의 4분의 1을 차지하는 대통합 국가 중국의 도시화로 인한 발전은 중국의 소비규모 덩치를 더욱 키울 것이다.

중국정부 또한 내수시장의 규모를 키우기 위해 발 벗고 나서고 있다. 2008년에 개최된 베이징올림픽으로 중국의 도약이 현실화되면서, 매년 10% 이상 유지하고 있던 성장률과 경제발전에 세계의 관심이 집중되었다. 이것은 GDP 성장률과 무역대국 3위인 독일을 능가하면서 증명되었다. 하지만 2009년 세계 금융위기로 중국경제도 위기에 직면했다. 미국과 유럽에 주로 수출하던 중국기업들이 납품대금을 제때 지급받지 못했고, 달러 가치가 떨어지면서 3조 달리 이상 외환보유고를 가지고 있는 중국의 자산 가치가 떨어진 것이다. 이에 올림픽 이후 중국경제가 급속히 안 좋아질 것이라는 의견이 분분했다. 선진국인 미국과 일본은 무역이 국가경제에서 차지하는 비중이 작고 내수시장이 크지만, 중국은 무역의 비중이 컸기 때문이다. 해외시장에 문제가 생기자 중국 수출기업들의 자금유동성이 나빠지고 도산하는 기업이 생겼다. 이에 중국정부는 6조 위안의 경기부양금으로 성장률을 유지하고, 기업 도산을 차단하기 위한 정책을 시행하게 된다. 즉 세계 금융위기로 인해 내수 주도 발전의 포문을 연 것이다.

2013년 중국 GDP 성장률은 7.6%에 그쳤지만, 가계부분 소비지출은 2005년 이후 매년 30% 이상의 두 자릿수 성장을 한다. 가계의 지출이 매년 평균 40%에 달하는데, 이는 소득의 40%를 식료품·의료·의복·부동산을 구매하는데 사용하고 나머지는 투자한다는 뜻이다. 가계 지출이 미국 70%, 우리나라 55.1%, 프랑스 82.2%인 것으로 볼 때, 중국의 소비가 커질 수 있는 여력이 많다는 것을 알 수 있다. 향후에 중국은 저축률이 낮아지고 소비가 증가할 것이라 예상할 수 있는 것이다. 무엇보다 정부에서 국내 경기를 통한 시장발전을 도모하기 위해서는 국내 시장의 덩치를 키우는 것이 선행되어야 하고, 중국 내에서 소비가 왕성해져야 한다.

국가가 발전하기 위해서는 투자와 소비가 큰 역할을 한다. 국가는 국민들이 여유자금을 은행에 저금하게끔 은행이자율을 높이고, 이렇게 은행에 모인 자금이 기업에 투자되게끔 해야 한다. 중국은 이러한 과정을 1978년 개혁개방 이후 계속 주도하였다. 하지만 2014년, G2로 등극한 중국의 경제규모는 이제 세계 2위이다. 혼란스러운 대외 무역시장에 투자해서 성장률을 높이는 방법은 더 이상 자극이 되지 못한다. 이제 저축보다 국민들의 소비를 증가시켜 중산층을 늘리고 경제의 부피를 더 크게 키워야 한다. 다수의 중산층을 고급교육을 통해 엘리트 인재로 육성하여 국가경제 성장의 장기적인 안목을 도모하겠다는 것이 중국정부의 판단이다.

이를 위해 중국정부는 2011년 제12차 5개년 계획을 통해 다양한 내수 강화정책을 실시하였다. 이 중에서도 소비재, 즉 우리가 생활하는 데 꼭 필요한 일상적인 제품 중 성장잠재력이 큰 제품들의 산업규모를 늘리겠다는 것이다. 대표적인 것으로 식품, 제약, 의료, 보험, IT산업이 있다. 이 규모를 늘리기 위해 매년 13%의 최저임금 인상, 의료비의 70%를 의료보험으로 보장하는 의료보험적용 확대, 소비세 인하, 도시연금 확대 등의 정책을 실시하고 있다. 특히 유통 인프라 확충을 위한 세제면제로 제품의 가격하락을 유도하는 것은 중산층의 구매력을 올리고, 이를 통해 내수시장을 확장하겠다는 맥락으로 볼 수 있다.

2009년 6조 위안 경기부양금과 2010년 10조 위안 대출을 통한 2~3선급 도시개발과 서부대개발은 중국이 내수시장 확대를 얼마나 중요하게 생각하는지 보여준다. 또한 13억 6천만의 인구를 가진 대국에서 당연히 거쳐야 하는 과정이다. 중국의 국내경제는 세계경제의 5분의 1을 차지할 만큼 규모가 크다. 국내 경기만 잘 관리해도 목표 경제성장률 7%는 쉽게 달성할 수 있다. 더 이상 저가제품 무역 등으로 전체적인 규모를 키우거나, 7% 이상의 경제성장률을 유지할 수 없다. 여기에 위안화절상이라는 변수도 있다. 위안화에 대한 미국의 압력과 갈수록 오르는 물가와 임금을 해결하기 위해서라도 내수시장의 발달과 규모확대는 당연하다. 위안화 가치가 올라가면 중국의 수출기업이 물건을 아무리 내다 팔아도 벌어들이는 수익은 적어질 것이고, 이는 주된 경제발전 방식인 무역에 치명적이다. 중국기업 60% 이상이 수출에 직간접적인 영향을 받고 있다. 안정적인 기반을 위해 수출기업은 우량기업으로 유지·발전시키고, 발전가능성이 높은 내수시장으로 눈을 돌려야 한다.

필자는 7년간 중국 현지에서 생활하면서 중국 소비자들의 지갑이 두터워지는 것을 느꼈다. 대도시가 아닌 2~3선급 도시의 소비증가가 그것을 증명한다. 중국은 1선급 도시이자 인구 1억 3천만의 4대 직할시(베이징, 상하이, 톈진, 충칭)보다 광둥성(1억 1천만 명), 산둥성(9,800만 명), 허난성(9천만 명) 등의 2~3선급 도시에 거주하는 인구가 더욱 많다. 후베이성 우한, 허난성 정주, 산시성 시안 등은 얼마나 사람들이 많은지 유동인구가 가장 많은 시내뿐만 아니라 버스를 타고 2시간가량 시외로 나가도 사람들로 붐빈다. 베이징이나 상하이 같은 대도시는 이미 2008년에 소비수준이 정점을 찍어 소비증가가 그다지 크지는 않지만, 중국에서 이곳만 도시인 것은 아니다. 13억 6천만 인구 중 3억 명만이 대도시에 거주하고 있고, 시진핑정권의 도시화에 발맞추어 농촌이 도시로 변하고 있다. 도시인구의 규모도 더 커지고 있다. 도시화가 진행되면서 주요 대도시 외의 지역도 전체적인 소비규모가 늘어나면 국내소비가 늘어나고, 정부지원을 받는 기업들의 투자도 늘어나면서 주가도 올라갈 것이다. 이것이 시진핑이 말하는 도시화이다.

점점 늘어나는 중국의 소비 수준은 필자도 많이 체험했는데, 실제로 살았던 산둥성을 예로 들어보겠다. 2007년 중국에 첫발을 내딛었을 때만 해도 한국인이 운영하는 한국음식점은 해외에서의 고급 마케팅으로 가격이 일반인들이 쉽게 감당할 수 없는 가격대였다. 하지만 2014년 중국의 1인당 GDP가 7천 달러를 돌파하면서 한국음식점은 쉽게 갈 수 있는 곳이 되었다. 백화점과 대형마트도 많이 생기고, 금요일과 주말에 계산을 하려면 30분 이상 기다리는 것이 당연해졌다.

현재 중국의 1인당 GDP는 1990년대 우리나라 1인당 GDP 수준과 비슷하다. 2009년에 베이징과 상하이가, 2010년에는 광둥성이 GDP 1만 달러를 넘었지만, 우리나라의 2만 3천 달러에 비하면 낮다. 하지만 그 속을 들여다보면 역시 통계상의 숫자일 뿐이다. 상하이를 예로 들어보자. 상하이의 2,005만 명 인구 중 1천만 명 이상이 원화 10억 원에 해당하는 자산을 가지고 있다. 이들은 상하이에 원래부터 거주하며 부모로부터 부동산과 같은 자산을 물려받았거나 각 지방의 부호들이 호적을 위해 상하이로 등기를 이전한 경우이다. 나머지는 농민공이나 지방에서 이주해 일하는 지식인층이다. 1970년대에 서울에 부동산이 있었던 사람들이 그것을 기반으로 돈을 번 것처럼, 상하이의 고소득층도 부동산으로 자산을 불려온 것이다. 상하이의 평균소득이 1만 달러라면 이러한 빈부격차를 감안했을 때 고소득층의 실제 개인 GDP는 2만 달러 이상일 것으로 추측된다. 이것을 중국 전체로 놓고 생각해보자. 13억 6천만의 1인당 평균소득이 7천 달러이다. 이 중 4만 달러 이상 고소득층 1억 명과 7천 달러 이상 중산층 3억 9천만 명을 평균하면 우리나라의 2만 3천 달러에 근접하는 소득과 그에 상응하는 소비 수준을 가지고 있다고 할 수 있다.

이것은 1990년대 일본이 호황일 때와 비슷하다. 중국 여행객이 우리나라와 미국, 유럽 등을 방문해 명품을 싹쓸이 할 것이라는 추측이 성립하는 것이다. 고소득층의 자산은 더욱 증가할 것이고, 중국경제 전체도 폭발적으로 성장할 것이다. 중국이 성장할수록 중산층의 비율 또한 늘어날 것이다. 현재의 3억 9천만에서 2020년에는 6억 명으로 성장할 것이다. 6억의 중산층 소비는 사치품에서 일반 소비재 즉, 의식주 위주로 발전할 것이다.

국민소득이 늘어나면서 좋은 음식을 찾게 되고 외식 횟수가 증가한다. 여유자금이 생기면 국내여행뿐만 아니라 해외여행도 즐기게 된다. 병원을 좀 더 쉽게 찾게 되고, 노령화와 2자녀 정책으로 병원 이용률과 의약품 소비가 증가할 것이다. 휴대폰이 통신을 위한 도구에서 패션 소품 기능으로 변할 것이다. 어떻게 보면 당연하고 일반적인 현상이지만 인구의 기본 단위가 1억 명인 베이징, 상하이 같은 대도시에서의 생활 패턴 변화는 엄청난 규모의 소비 움직임이며, 전국적인 변화이다.

상하이나 톈진 같은 대도시가 아니라도 2선급 도시인 지난에서도 스마트폰 이용자가 급격하게 늘어나고 있다. 이것은 필자가 중국 학생들을 가르치면서 느끼는 변화이다. 삼성과 애플 제품이 절반을 차지하고, 가격 대비 성능이 좋은 레노보, 중싱전자 등의 스마트폰도 많이 사용하고 있다. 의복 또한 나이키나 아디다스 같은 스포츠브랜드는 일반적이고, 샤넬이나 루이비통 등의 고가 명품을 사용하는 모습도 자주 본다. 이런 것들을 보면 관련 기업 주가가 상한가를 치고 미래 성장가능성이 높다는 것에 동의하게 된다.

◆ 모르는 주식, 체험하지 못한 주식은 절대 구매하지 마라

중국 주식을 공부하면서 실물보다는 증권회사에서 떠도는 재무제표와 업계보고서를 통해 내용을 접하지만, 아무리 우수한 증권회사의 보고서도 본인이 실제로 기업문화를 체험하고 판단하는 것만큼 정확한 것은 없다. 물론 기업을 찾아가서 CEO를 만나 이야기를 나누고, 공장을 탐방하면서 브리핑을 듣는다는 것은 현실상 불가능하다. 하지만 내수소비재는 조선, 화학, 은행, 신에너지 등 우리가 일상에서 접할 수 있는 상품들이 많으므로 쉽게 접근해 공부할 수 있다. 아무리 뉴스에서 좋은 기업이고 유망하다 떠들어대도 사용해보고 경험해보지 못했는데 어떻게 안단 말인가? 어려운 보고서와 전문 용어들로 더 혼란스러워져 무분별한 투자로 이어질 뿐이다.

예를 들어 언론에서 태양열 발전의 미래가 유망하다고 한다. 그렇다면 당신은 태양열 관련 제품을 가정에서 사용해본 적이 있는가? 언론에서 떠드는 것을 믿고 무작정 투자해서는 수익이 나지 않는다. 투자를 하고 싶다면 최소한 태양열 제품을 사용해보거나, 사용 중인 곳을 찾아가 업계는 어떠한지 잘 팔리는지 정도는 물어봐야 한다.

필자도 실제로 태양광 발전에 투자하기 위해 태양열 발전을 사용하는 중국 일반 가정집을 방문한 적이 있다. 집주인은 처음에는 전기도 절약되고 간편하고 좋다고 말했다. 하지만 어느 정도 친해지고 속내를 털어 놓을 정도가 되자 태양열의 문제점에 대해 줄줄이 털어놓는다. 실수다, 애물단지다, 100% 태양열 발전이 아니다, 목욕물 데우는 데 오히려 전기를 사용해야 한다, 날씨가 흐리면 소용이 없다 등 정말 많은 불평불만을 들었다. 그래서 충전기를 사서 날씨가 좋을 때 전기를 충전하면 되지 않냐고 하자, 고효율 충전기 가격이 태양열 설치가격보다 비싸다는 것이다. 배보다 배꼽이 큰 격이다. 언론에서 보도하는 내용으로는 알 수 없는 실상이다. 그렇기 때문에 중국 주식에 투자하기 위해서는 기업의 경영, 인사, 전략, 전망 가치 외에도 실제 제품을 먹고 쓰고 이용하면서 얻는 만족감이 어떠한지 따져보는 것이 주식투자 성공의 지름길이다.

우리가 주로 사용하고 애용하는 상품의 주가 역시 높게 평가받고 있다. 대부분은 필자처럼 중국에서 생활하고 있는 것이 아니니 직접적으로 느끼지 못하겠지만, 의외로 많은 중국 제품을 우리 생활 곳곳에서 찾을 수 있다. 중국 과자업체인 왕왕과 캉스푸의 제품이나 칭다오 맥주 같은 중국산 맥주들이 이마트 같은 대형마트 수입 코너와 백화점 수입 코너에 잔뜩 진열되어 있다. 항공은 어떠한가? 중국국항, 동방항공, 남방항공 등은 중국이나 동남아를 여행할 때 자주 이용하는 항공사이다. 매년 민족의 명절 설날과 5월 1일 노동절, 10월 1일 중국 국경일에 중국 여행객들이 우리나라를 방문할 때 이용하는 중국 저가항공이기도 하다. 우리가 자주 이용하는 우황청심환은 중국 최대 약국인 동인당의 특허제품으로, 코스피 상장을 준비 중이다. 이것 뿐만이 아니다. 아시아 인구 3억 명이 사용하는 차세대 모바일메신저 '위챗', 스타크래프트를 제치고 최고의 매출과 2년 연속 업계 1위를 차지하고 있는 '리그오브레전드'를 보유하고 있는 기업이 바로 중국 최대의 IT 기업인 텐센트이다. 더군다나 텐센트는 우리나라 모바일메신저 카카오톡의 2대 주주이기도 하다.

이렇게 알게 모르게 우리 생활에 다가온 중국 제품은 "중국 제품, 좋아봐야 얼마나 좋겠어?" 하는 저가 싸구려 인식을 벗어나 실용적이고 유익한 제품으로 인정받고 있다. 오히려 우리나라 제품보다 더욱 고급스러운 것도 많다. 중국 산둥성의 칭다오맥주는 프리미엄 맥주로, 일본 아사히맥주와 함께 아시아 최고의 맥주로 뽑히기도 했다.

3장에서 자세하게 소개할 중국기업들은 필자가 7년 동안 중국에서 생활하면서 직접 보고 먹고 체험한 것들 위주이다. 어쩌면 먹고 쓰는 제품은 소위 주식에서 말하는 '안전빵 주식'일지도 모르겠다. 하지만 매년 7%의 성장이 예상되고, 중국정부의 지원으로 2025년까지 꾸준히 성장하고 유지된다면 상당히 매력적이다. 우리나라에서 즐겨먹는 새우깡이나 신라면을 생각해보자. 이 상품들이 20년 이상 히트칠 수 있는 이유는 식품에 대한 믿음과 안정성이 높아서이다.

우리는 의외로 먹거리에 보수적이다. 당장 동창회에서 야유회를 가더라도 늘 마시던 브랜드의 음료나 술을 마시지 이것저것 새로운 것을 마시지는 않지 않는가? 식당에 가서 소주 한 병을 시키더라도 애용하는 브랜드의 술을 달라고 한다. 중국도 다를 바 없다. 부모 때부터 먹던 음식이나 브랜드를 찾을 것이다. 소비가 늘어나면서 일주일에 한 번 먹던 것을 두 번 먹게 될 것이고, 맘껏 마시지 못했던 맥주도 맘껏 마실 것이다. 이것은 필연적으로 기업의 매출증가로 이어지고, 그 기업의 주가에 직접적인 영향을 미칠 것이다.

중국 내수주의 성장은 이제 확정된 미래이며, 당연한 것이 되었다. 앞으로 중요한 것은 투자 타이밍이다. 중국 내수소비재 관련 주가들이 상승세를 탈 것이다. 그러나 이것은 누구나 다 아는 정보이고, 앞으로 중요한 것은 우리가 언제 중국 주식을 매수하는가이다. 아무도 알려주지 않은 중요한 포인트이다.

🔻 춘절에는 소비주가 뜬다

주식은 기본적으로 가격이 쌀 때 사서 비쌀 때 파는 것이 정석이다. 내수주는 직접 마트나 백화점 인터넷 상거래를 통해서 소비되기 때문에 제품이 잘 팔려 매출이 올라갈 때가 있고, 내려갈 때가 있다. 드라마 〈별에서 온 그대〉에서 전지현이 먹던 치킨과 맥주 때문에 칭다오맥주소비량이 늘어나는 것 같은 예외적인 현상도 있겠지만, 중국 식품업계는 기본적으로 춘절(중국의 설날) 2달 전에 주가가 최고점을 찍는다.

중국에서 춘절은 우리나라의 추석과 설날처럼 멀리 떨어져 있는 부모와 친척들을 만나기 위해 민족대이동이 있는 날이다. 그래서 명절 당일에는 상품을 구매하기가 어렵다. 지금이야 365일 영업을 하는 마트들이 많지만, 대부분은 명절이 시작되기 전에 음식을 하고 제품을 구매한다. 그래서 빠르면 한 달, 늦어도 일주일 전부터는 상품을 대량구매하고, 마트들 역시 시장점유율을 높이기 위해 각종 판촉행사가 한창이다. 춘절 한 달 전에 대량으로 소비될 제품을 위해 기업들은 석 달 전부터 대량생산을 한다. 그러다보니 밀, 쌀, 설탕 같은 관련 원자재가격이 대폭상승하고, 기업의 주가 역시 춘절이 시작되기 3개월 전부터 상승하기 시작한다. 그러다가 춘절 한 달 전부터 주가가 떨어지는데, 이는 투자자들이 주식을 팔아 춘절에 필요한 현금을 얻기 위한 것이다. 이러한 현상을 '춘절 랠리'라고 한다.

물론 소비재 관련이라고 해서 주가가 무조건 오르는 것은 아니다. 춘절 소비는 고소득층보다 중산층이나 저소득층의 소비가 주류를 이루기 때문에 대형마트는 매년 9월부터 안정적으로 주가가 상승하다가 11월에 들어서면 주가가 하락하는 비슷한 패턴을 보인다. 하지만 필수 소비재를 제외한 상품은 매년 희비가 엇갈린다. 체면을 중시하는 중국문화 때문에 선물도 당시에 가장 핫한 제품이 잘 팔리고 주가도 같이 오르는 경향이 있다. 전통적으로 춘절 선물은 홍빠오(세뱃돈)와 건강식품, 술, 담배, 옷, 화장품, 보석류가 인기였다. 그러다가 2010년부터는 20세 이상 30대 이하 젊은이들을 중심으로 전자제품과 스마트폰을 선물로 주고받는 것이 유행하고 있다. 2013년에는 IT 관련주가 트렌드로 떠올랐는데, 런상그룹의 스마트폰·PC·게임, 텐센트의 메신저 등이 유행해 관련 주가가 큰 폭으로 상승하였다. 매출도 2배 이상 상승하였다.

　7일 이상의 긴 연휴에는 해외여행을 하는 트렌드도 생겼다. 항공권이나 여행상품은 최소 3달 전에는 예약해야 할 정도다. 비단 춘절뿐만이 아니다. 2월 14일 발렌타인 데이, 4월 5일 청명절, 5월 1일 노동절, 7월 7일 중국식 발렌타인 데이인 칠석, 음력 9월 9일, 10월 1일 국경절, 11월 11일 빼빼로 데이, 12월 12일 쇼핑데이, 12월 25일 크리스마스 등 각종 연휴 때가 되면 소비와 여행업계가 호황이다. 관련 주식도 크게 영향을 받는다.

3장

13억 인구의 먹을거리를 책임지는 식품업계

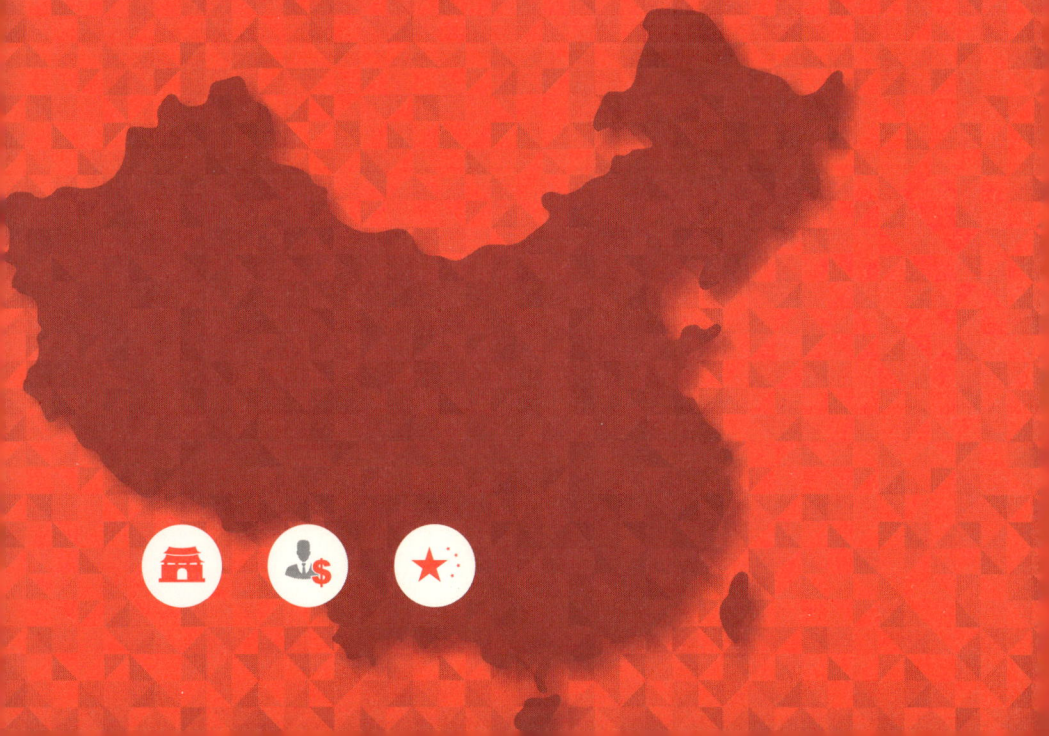

1. 통일기업

- **한글명** : 통일기업중국홀딩스
- **중문명** : 统一企业中国控股有限公司
- **영문명** : Uni-President China Holdings Ltd.
- **코드번호** : 00220
- **홈페이지** : www.uni-president.com.cn
- **매출액** : 233억 위안(2013년)
- **PER** : 18.957
- **업계위치** : 음료매출 2위, 인스턴트 라면매출 2위
- **업종** : 식품 및 음료
- **시가총액** : 339억 700만 홍콩달러
- **CEO** : 뤄즈쉬안 罗智先, 1956년 9월 타이완 출생

🔴 소수 제품에 집중하는 식품업계의 전통적인 강자

　1967년 설립된 통일기업은 식품제조업계의 전통적인 기업으로 타이완계이다. 라면업계의 경쟁자 캉스푸보다 25년 먼저 설립되었다. 통일기업은 캉스푸와는 다른 경영전략을 구사한다. 캉스푸가 제품의 다양성을 늘리는 데 주력한다면, 통일기업은 소수의 제품에만 집중하는 전략으로 캉스푸와 중국 라면시장을 양분하고 있다. 우리나라 라면의 시초인 삼양라면처럼 통일기업도 캉스푸의 50%보다 훨씬 낮은 16%의 시장점유율을 유지하고 있다. 하지만 오랜 노하우로 마진을 적게 남기는 저가 전략을 구사하기 때문에 판매량은 캉스푸 라면과 30% 밖에 차이가 나지 않는다.

　통일기업은 인스턴트 라면뿐만 아니라 녹차 · 밀크티 · 생수 등의 음

료와 프랑스, 스페인, 칠레에서 수입한 포도주를 중국시장에 유통시킨다. 중국과 타이완시장에만 국한되어 있는 캉스푸와 달리 동남아에서 라면과 음료업계에 상당한 영향력을 행사한다. 통일기업의 본사는 타이완과 상하이에 있고, 중국 모든 시장에 골고루 분포되어 있다. 베트남, 필리핀, 인도네시아에도 진출해 법인을 설립했다. 이 기업은 주로 중소형 마트와 식품점을 위주로 상품을 공급하고 판촉하는 전략을 실시한다. 상품을 간소화하고, 기업 브랜드보다 상품 브랜드를 알리는 것이 통일기업의 모티브이다. 현재는 식품과 음료의 생산·판매뿐만 아니라 금융·무역·엔터테인먼트·오락·광고업계까지 진출한 종합기업이다.

통일기업은 위기관리 능력도 탁월하다. 2010년 타이완에서 통일기업의 알로에주스에서 인체에 유해한 환경호르몬이 검출되었다. 이에 언론과 소비자들이 통일기업을 끊임없이 규탄하기 시작했고, 해당 제품뿐만 아니라 통일기업 전 제품의 매출이 급감하는 현상이 나타났다. 이에 통일기업은 타이완 토속기업답게 정부와의 커넥션을 이용해, 현 타이완의 총통이 언론에 자신은 통일기업 제품을 마시며 해당 기업 제품은 문제가 없다는 성명을 발표하게 했다. 그만큼 타이완경제에서 통일기업이 차지하는 비중이 큰 것이다. 또한 오랜 기간 사회봉사 활동을 통해 정부와 긴밀한 관계를 유지하고 있다.

중국시장에서도 통일기업은 강력한 위기관리 능력을 보여준다. 2013년 6월 4일, 통일기업 음료에 문제가 발생하자마자 보도 6시간만에 기업 이미지를 우려해 중국 전역 530개 매장에서 해당 제품을 판매하지 않도록 조치하기도 했다. 통일기업은 지도부의 힘이 막강하고 기업지배력 수준이 높아서 향후 기업경영에도 긍정적 요인이 될 것으로 보인다. 이것은 통일기업의 효율적인 내부관리체계 덕분이다. 매년 신제품이 끝없이 쏟아져나오는 캉스푸와 달리 통일기업은 모든 관리자들에게 직급에 상응하는 권한을 주어서 극도로 중요한 사안을 제외하고는 스스로 실행할 수 있게 한다. 또한 미국의 선진적인 경영방식을 받아들여 직원들에게 스톡옵션을 제공하고 있다. 기업의 이득을 직원들에게 돌아가게 하는 인센티브 제도를 적극적으로 실시해 구성원들의 충성도를 높이고 있다.

통일기업의 통일용기면

● 차 음료와 인스턴트 라면에서 두각을 보이는 통일기업

5천년의 차茶 역사를 가진 중국은 식후에 도자기 잔에 차를 마시던 문화에서 현대에는 페트병에 든 녹차를 마신다. 중국 음료시장에서 차 음료는 20%를 차지하고 있다. 차 음료는 1970년대에 탄산음료가 처음 중국에 진출하기 시작하면서 페트병에 담아 팔았다. 처음에는 도자기 잔에 천천히 마시던 문화에 익숙한 중국인들에게 외면받았지만, 1980년대부터 캉스푸, 통일기업, 와하하 등의 타이완기업들이 중국시장에 본격적으로 진출하면서 시장이 급성장하기 시작했다. 중국의 차 음료 시장은 매년 30% 이상 성장하고 있다. 건강한 이미지의 차 음료는 저당·저지방 식품으로 출시된다. 주요 고객층은 성장기의 청소년과 미용을 중시하는 여성이고, 페트병이라 쉽고 편하게 마실 수 있어 바쁜 도시인들이 선호하는 제품이다. 중국 차 음료업계에서 캉스푸는 35.5%, 통일기업은 26%의 시장점유율을 가지고 있다. 업계 3위는 중국 본토기업인 와하하娃哈哈이며 그 뒤를 네슬레차이나$^{Nestle\ China}$, 코카콜라, 일본 기업인

기린^{KIRIN} 등이 잇고 있다.

통일기업은 라면과 전체 음료시장에서는 캉스푸에 이어 2위이지만, 차 음료 부문에서는 전통적인 노하우와 경영 스킬로 시장점유율이 캉스푸와 크게 차이가 나지 않는다. 유통망 또한 캉스푸 못지않게 넓다. 또한 역사가 긴 만큼 잠재적인 발전가능성이 크다. 매년 신제품을 쏟아내는 캉스푸와 달리 자사제품을 지속적으로 보안하고 문제를

해결해나가면서 품질과 고객만족도를 높이고 있다. 역사가 오래된 만큼 관리하기 힘든 수만가지의 제품군을 생산하는 것은 관리가 소홀해지고 문제가 발생할 수 있음을, 또한 안전과 위생을 중시하는 식품기업 이미지의 중요성을 잘 아는 것이다. 소수 제품군에 집중하는 경영이 50년 역사의 통일기업을 있게 했을 것이다.

세계적인 시장조사 기업인 닐센 리서치에 따르면 2013년 중국의 인스턴트 라면시장은 2012년 대비 매출이 2.6% 증가했고, 판매량은 1.3% 감소했다. 앞으로 중국 라면시장에서는 저가의 라면보다 중·고가 라면의 매출이 늘고 향후 주력 상품으로도 등장할 것으로 보인다. 통일기업도 2008년 하반기부터 중·고가 라면전략을 통해 가격보다 품질에 초점을 맞추고 있다. 고객에게 차별화된 제품을 제공하고, 기업은 고부가

가치 제품을 생산함으로써 매출을 상승시키겠다는 것이다. 이러한 추세를 받아들여 출시한 제품이 바로 라오탄쏸차이면老坛酸菜牛肉面다. 이 라면은 중국의 라면업계를 바꾸었다고 할 만큼 큰 변화를 가져왔다. 1위인 캉스푸의 소고기맛 라면에 이어 2번째로 판매량이 높은 상품이다.

　통일기업은 중국의 매운맛 라면시장에서 라오탄쏸차이를 지속적으로 홍보하고 있다. 현재 중국시장은 수많은 기업들이 서로를 모방하는데 통일기업은 정통임을 내세우고 있다. 상품력에서도 중국식품발효연구원과 공동으로 연구해 제품의 경쟁력을 더욱 향상시키고, 모방 제품들과 품질에서 차이를 두어 소비자들에게 꾸준히 호평을 받고 있다. 동시에 각종 프로모션을 실시하며 자사가 정통임을 내세우고 있다.

　다른 상품인 루러우미엔来一桶卤肉面 또한 지속적으로 성장시키기 위해 광고를 통해 원조임을 내세우고 있다. 시식을 늘리고 인터넷광고, 웨이보, 위챗 등 주요 메신저들과 연계된 광고를 활발히 하고 있다. 뿐만 아니라 일반 라면시장을 독점하고 있는 캉스푸의 소고기맛 라면과 유사한 제품을 만들되, 컵라면에 가공된 계란과 햄 등을 넣는 차별화된 방식을 택하고 있다. 매운맛 라면과 일반 라면시장을 공략하기 위해 노력하는 것이다.

　식품안전을 위해 2013년부터는 내외 포장지 모두 종이를 사용해 업계 선두가 되었다. 2005년부터는 매년 중국식품안전검사 CNAS의 인가를 받았다. 2013년까지 국제표준품질관리 인가 ISO9001 20개, ISO22000 국제식품안정시스템에 19개 자회사가 인가를 받았으며, 매번 문제가 불거지는 중국식품안전에 힘쓰고 있다. 또한 확장을 위해 사람들이 많이 모이는 고속도로 휴게소, 기차역, 공항, 관광지 등에 집중적으로 통일제품을 납품하고 있다.

필자는 중국에서 7년을 살았지만 4년 전까지만 해도 통일기업의 제품을 애용하지 않았다. 캉스푸에 비해 부족한 맛을 가진 라면이라 생각했고 초등학교 앞 불량식품을 연상시키는 과일음료는 별로 찾고 싶지 않던 것이다. 하지만 2년 전에 라오탄쏸차이가 나오면서 통일기업 제품에 대한 인식이 바뀌었다. 라오탄쏸차이 외에도 홍차(빙홍차), 녹차, 아사무 밀크티는 적어도 일주일에 한 번은 구매하는 제품이다. 통일기업의 라면은 우리나라 돈으로 400원, 음료는 700원 수준으로 상당히 저렴하고 재중 한국인들도 좋아하는 음료이다. 우리나라에 수출해도 손색없는 제품이라고 생각한다.

2013년 통일기업은 집중경영, 경영단순화 전략으로 인스턴트 라면과 음료 시장에서 안정적으로 성장하고, 수익증가폭도 업계평균 이상이었다. 인스턴트 라면의 주력 브랜드인 라오탄쏸차이가 매운맛 라면시장에서 1등을 하고, 음료 부문에서도 차 음료가 불황임에도 과실음료와 밀크티 수익이 안정적이다.

➤ 통일기업의 재무업적

통일기업의 2013년 매출액은 233억 위안으로, 2012년 매출 214억 위안 대비 9%가 성장한 것이다. 2011년에서 2012년에는 35% 이상 매출액이 급증했는데, 이는 당시 신제품이었던 라오탄쏸차이면이 중국시장에서 성공했기 때문이다. 라오탄쏸차이면이 대박 행진을 거두며 2010년부터 이어지던 적자에서 벗어나는 계기가 되었다. PER도 19배로 안정되었는데, 소수 제품에 투자를 집중하는 경영방식이 제품에 미치는 영향이 크기 때문이다. 2011년에 처음으로 선보인 라오탄쏸차이면은 매년 꾸준한 매출을 올려 효자상품으로 등극하였다.

인스턴트라면 및 음료의 수익은 각각 7.7%, 8.9%로 증가했다. 각 매출액은 78억 위안, 15억 위안이다. 통일기업 총 수익에서는 각각 33.5%와 64.9%를 차지한다. 그룹의 영업이익은 5.1% 증가한 77억 위안이다. 마진률은 2012년에 비해 1.3포인트 낮아진 33.3%로 자원과 상품경쟁력 향상에 위한 자금투입 결과이다.

통일기업은 2013년에 브랜드 가치를 향상시키기 위해, 시장 내 광고선전비용 및 시장개척에 68억 2,500만 위안을 투자하였다. 이는 2012년의 60억 4,300만 위안보다 12.9% 증가한 것이다. 또한 행정지불비용에 84억 위안(2012년 7억 2,290만 위안)을 투입하여 생산기지를 확충했고, 중국 라면업계 4위 진마이랑今麦郎에 투자한 주식이 진마이랑의 경쟁력 하락으로 8,840만 위안(2012년 1억 3,160만 위안)으로 떨어지면서 행정비용이 상승하였다.

2013년의 주주 수익은 9억 1,640만 위안으로 2012년 8억 5,590만 위안보다 7.1% 증가했다. 주당순이익은 25.46위안으로 2012년 23.78위안보다 증가하였다. 2013년 인스턴트 라면판매를 통한 수익은 78억 2,590만 위안으로 2012년보다 7.7% 증가했고, 2012년에 15.8%였던 시장점유율이 2013년에 17.2%로 증가하였다. 인스턴트 라면업계에서는 매우 빠른 성장률을 보이고 있다. 통일기업의 2013년 음료부문 수익은 151억 5,150만 위안으로 2012년보다 8.95% 증가했다. 2014년부터는 핵심 판매처에 냉장고와 보온기를 투자하여 제품의 판매력을 높이고 있어 실적이 좋아질 것으로 전망된다.

- **차 음료**

2013년 중국 차 음료업계의 판매액과 판매량은 감소추세이다. 유제품은 11.2%로 상승했으나 차 음료시장은 5.7% 감소한 것이다. 하지만 2013년 통일기업의 차 음료 매출액은 61억 4,310만 위안으로 2012년보다 9.8% 증가했고, 시장점유율도 2012년 22.6%에서 2013년 24.6%로 2.0포인트 증가했다.

2013년 차 음료의 주요 원료인 찻잎 가격이 하락하면서 원가 압력이 감소되자, 각 업체들이 높은 마진율을 위해 차 음료 시장에 뛰어들었다. 많은 경쟁 상대의 출현은 치열한 경쟁으로 이어졌지만, 통일기업의 차 음료 브랜드는 오히려 시장점유율이 상승했다. 높은 브랜드 가치와 유동인구 높은 기차역, 공항 등에 판매를 집중한 덕분이다. 또한 포장을 업그레이드하고, 유명 팝가수인 에이브릴 라빈을 광고모델로 기용해 주요 고객층인 20~30대를 타깃으로 광고활동을 벌였다. 인터넷 메신저나 텔레비전 등 기존 매체뿐만 아니라 새로운 매체까지 적극적으로 활용하여 인지도를 높였다.

2013년에는 통일냉홍차统一冰红茶와 통일녹차统一绿茶를 주력상품으로 하고, 밍밍스차茗茗是茶와 즈줴愼覚를 고급 차 음료로 새롭게 출시해 상하이, 화동, 화남지역에서 좋은 반응을 얻고 있다.

- **과실주스**

2013년 과실주스의 매출액은 42억 5,880만 위안으로 2012년 대비 6.6% 증가하였고, 과실주스업계 전체 매출은 1.8% 증가했다. 통일기업의 주요 상품인 통일오렌지주스统一鲜橙多, 얼음설탕유자차冰糖金橘, 얼음설탕배주스冰糖雪梨는 시장점유율이 0.7포인트 상승했다. 우리나라 배우 장근석이 광고를 하는 상품이기도 하다. 젊은층과 노년층 모두를 공략한 제품으로 '얼음설탕冰糖'을 넣어 건강함을 부각시켰는데, 중국인들은 이 얼음사탕이 열을 내리고 진정효과가 있다고 여긴다. 주력 상품인 통일오렌지주스는 중량코카콜라의 미닛메이드 다음으로 높은 판매율을 보이고 있다.

- 밀크티

밀크티는 통일기업 음료부문의 주력 상품으로 62.4%의 높은 시장점유율을 차지하고 있다. 2012년 대비 매출도 8.7% 증가했다. 아사무밀크티阿萨姆奶茶는 음료업계의 베스트셀러로 40년 넘게 통일그룹의 음료매출을 책임지는 효자상품이다. 신제품인 지엔차밀크티煎茶奶绿를 출시함과 동시에 2013년 홍콩여배우 아사阿Sa를 모델로 전국적으로 광고를 실시하였다. 2013년에는 고급 밀크티 시디希蒂를 출시해 폭넓은 고객층을 확보하기 위해 노력하고 있다. 신제품인 지엔차밀크티의 프로모션은 모바일, 인터넷메신저 등으로 확대하고 있다. 2014년에는 기존의 500ml에서 1.5L의 대용량의 밀크티를 만들어 마트뿐만 아니라 식당에도 판매하고 있다.

- 커피

커피 음료는 2013년에 11.4% 성장했다. 야하雅哈는 통일기업의 주력 제품으로 학생과 젊은층을 타깃으로 한다. 2013년에는 직장인들을 타깃으로 280ml 용량의 이태리식 커피를 출시했다. 중·고가 고품질전략으로 소비자들에게 높은 수준의 커피를 제공함으로써 크기가 커지고 경쟁이 치열해지는 커피시장에서 우월한 위치를 선점했다.

● 통일기업 재무제표

재무년도	2013. 12	2012. 12	2011. 12	2010. 12
유동비율^{CR}	84.50	99.40	90.80	151.60
당좌비율^{QR}	56.10	73.40	65.70	112.30
장기부채 대비 순자산비율	62.70	46.40	22.20	0.00
총부채 대비 순자산비율	73.70	51.80	45.50	2.50
자본 대비 부채비율^{DR}	44.00	34.30	35.80	2.50
자기자본이익률^{ROE}	11.30	11.20	4.60	7.80
투하자본순이익률^{ROIC}	6.70	7.40	3.60	7.80
총자산순이익률^{ROA}	4.80	5.20	2.30	5.40
경영자본이익률^{OER}	4.00	4.10	1.50	4.40
세전이익률	4.80	5.00	2.30	5.40
매출액이익률^{ROS}	3.90	4.00	1.80	4.10
재고품회전율	15.41	16.66	13.29	11.05
배당률	0.20	0.20	0.30	0.30
최고가^{HKD}	10.22	10.4	5.6	—
최저가^{HKD}	6.6	4.42	3.59	—
최대^{PER}(배)	31.36	35.1	52.406	—
최저^{PER}(배)	20.252	14.917	33.596	—
최고배당수익률	0.99	1.34	0.89	—
최저배당수익률	0.64	0.57	0.57	—

2. 중량그룹

- 한글명 : 중량그룹
- 중문명 : 中粮集团有限公司
- 영문명 : COFCO Corporation
- 코드번호 : 중국식품, 중량홀딩스 지주회사
- 홈페이지 : www.cofco.com
- 매출액 : 약 2천억 달러(2013년)
- PER : 미상장
- 업계위치 : 중국 최대 국유식품회사의 지주회사
- 업종 : 무역, 금융, 부동산, 제조
- CEO : 위쉬보 于旭波, 1966년 산둥 웨이하이 출신

▶ 중국 건국과 함께 시작한 역사

중량그룹은 1949년에 중국이 건국되면서 설립된 국영기업이다. 60년 넘게 중국인과 함께한 중국 최고의 농산품 생산기업이자 공급기업이다. 음료부문에서 코카콜라와 합작하여 경영하는 중량코카콜라의 65% 지분을 보유하고 있다. 산하에는 탄산음료 1위인 코카콜라, 유제품업계 1위인 멍니우, 와인업계 1위 창청포도주长城葡萄酒 및 푸린면식용유福临门食用油, 금제초콜릿, 오곡라면, 차 음료, 밀가루 제조, 육고기 가공, 쇼핑몰 등을 자회사로 두고 있다. 산하 제품은 중국인의 할아버지, 할머니 세대부터 함께한 제품으로, 중국 식품업계에 없어서는 안 될 존재가 중량그룹이다. 국유기업인만큼 각종 사회적 책임을 다하는 기업으로, 2008년 쓰촨성 대지진이 발생하자 빈곤가정 학생들에게 무상으로 물자를 지속적으로 기부하여 중국인의 신뢰가 두텁다.

국유기업인 중량그룹은 매출증대 이외에도 정부정책 실현의 중요한 루트가 되는 기업이다. 중국시장에 안정적으로 농산품을 공급하는 중요한 역할을 한다. 중국은 전 세계의 4분의 1에 달하는 인구가 있지만 농사를 지을 수 있는 면적은 국토의 9%에 불과하다. 또한 대다수의 농토가 높은 인구밀도로 오염이 심해 농사를 지을 수 없어 농산물을 수입하는 것은 필수가 된 지 오래이다. 2011년부터는 미국을 넘어서는 세계 최대 농산물 수입국이 되었다. 2012년에 중국이 수입한 농산물만 약 1억 톤으로 국내 소비의 13%를 수입으로 대처한다.

중량그룹은 2014년 2월에 네덜란드의 세계적인 곡물무역업체 니데라Nidera를 인수했고, 4월에는 아시아 최대 곡물거래 회사인 노블Noble그룹 산하의 농업부문을 인수했다. 중국정부가 중량그룹을 세계 최고의 곡물회사로 키우려고 하는 것이다. 2014년 2월에 인수한 니데라는 100년 역사의 곡물 무역업체로 지분의 51%를 14억 달러에 인수했다. 니데라는 1920년에 네덜란드, 인도, 독일, 영국, 러시아, 아르헨티나, 6개국에 거점을 둔 유럽계 주요 곡물상이 합작해 설립한 회사이다. 연간 매출은 170억 달러이다. 노블그룹도 지분 51%를 15억 달러에 인수한 회사이다. 중량그룹은 노블그룹과 합작회사를 세우고 이를 통해 국제시장에서 곡물을 구입하고 거래할 예정이다. 노블그룹 본사는 홍콩에 있지만 싱가포르 증시에 상장되어 있다. 노블농업은 1998년 설립돼 농산물 무역 및 가공 등을 담당하는 자회사이다.

노블농업과 니데라의 인수는 중국 농식품 기업으로는 해외 인수합병 최대 규모로, 중국정부를 든든한 배경으로 둔 중량그룹의 업계 위상을 확인할 수 있다. 중량그룹이 니데라와 노블농업을 인수하기 전의 중국은 세계 최대 농산물 수입국가이면서도 글로벌 무역업체를 통해 농산물을 공급해왔다. 하지만 이제는 국제시장에서 직접 구매할 수 있게 되었다.

중량그룹은 2013년 〈포춘〉이 선정한 세계 500대 기업(357위)이다. 식품, 식품포장, 부동산, 무역, 금융, 부동산, 호텔 등 다양한 분야에 진출해 있고 상장된 자회사만 해도 6개에 이른다. 식품생산을 전문으로 하는 알짜배기 자회사 중국식품中国食品(00506)과 농산물 가공·유통을 담당하

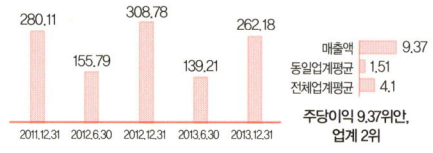
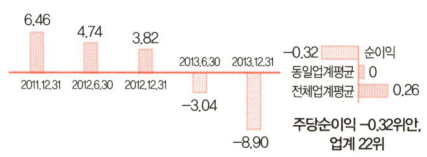
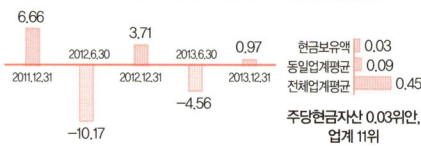

는 중량홀딩스中粮控股(00606), 멍니우蒙牛乳业(02319)는 홍콩거래소에 상장되어 있어 우리가 직접 투자할 수 있다. 나머지 부동산, 호텔을 담당하는 자회사는 상하이거래소와 선전거래소에 상장되어 펀드형식으로 투자가 가능하다.

- 한글명 : 중국식품
- 중문명 : 中国食品有限公司
- 영문명 : China Foods Limited
- 코드번호 : 00506
- 홈페이지 : www.chinafoodsltd.com
- 매출액 : 262억 홍콩달러(2013년)

- PER : 없음(산출불가), 실적이 좋지 않음
- 업계위치 : 코카콜라 중국 내 유통업체
- 업종 : 식품 및 음료
- 시가총액 : 85억 6,000만 홍콩달러

전국에 걸친 넓고 풍부한 유통망

　중국식품은 중량그룹의 음료·주류·과자를 생산하고 공급하는 자회사로, 미국 코카콜라 제품들의 중국 내 유통을 담당한다. 2012년까지 매년 10% 이상 성장세였지만, 2012년 말 중국식품의 안정성 문제로 주가가 급격히 떨어졌다. 이로 인해 일주일간 매매중지 사태까지 벌어졌다. 매년 발생하는 조류독감과 돼지콜레라, 국유기업의 방만한 관리 등으로 여론의 도마에 올랐고 개인 및 기관투자자들의 매도가 끊이지 않았다. 2013년도 매출액은 262억 홍콩달러로 2012년 308억 홍콩달러보다 15.09% 하락하였다. 주가 또한 8홍콩달러에서 2.5홍콩달러로 3배 이상 떨어졌다.

　하지만 2013년부터 중국정부와 모회사의 노력으로 노후한 설비와 경영에 혁신을 가하고 있다. 코카콜라 유통과 식용유·와인에서 시장점유율 1위를 차지하고 있어 안정적인 수입이 기대되는데, 이는 향후 주가상승의 동력으로 볼 수 있다. 2014년 초에는 모그룹의 니데라와 노블그룹 농업 부문 인수로 주가가 소폭상승했다. 웰빙문화로 인해 중국 도시지역에서의 탄산음료 소비는 하향곡선을 그리고 있지만, 향후 7억 명의 농촌인구 소득상승은 소비를 증가시킬 것으로 보인다. 또한 소득의 상승으로 중저가 와인매출도 늘어날 것으로 전망된다.

　무엇보다 중국식품의 장점은 전국에 걸친 넓고 풍부한 유통망이다.

1978년 개혁개방 이후 자본주의 시장개방 노선을 선택하였지만, 여전히 일당독재인 공산당 체제에서 전국의 관공서와 학교 및 유통망들은 공산당의 눈치를 보게 된다. 그러니 국영기업인 중국식품의 제품을 우선적으로 공급받는다. 실제로 중국의 대학에서 근무하면서 학교 매점이나 마트에 가보면, 중국식품 제품들이 우선적으로 배치되어 있음을 볼 수 있다. 제품의 품질도 캉스푸나 통일기업에 못지않으며, 중국인들이 어릴 때부터 믿고 먹었던 상품이라는 강점이 있다. 그래서 그런지 유통업자들이 1순위로 찾는 것이 바로 중국식품이다.

또한 타이완기업인 캉스푸, 통일기업, 왕왕과는 다르게 중국 고유 국유기업인 점을 감안하면 발전가능성은 커 보인다. 타이완과의 정치적인 관계를 중시하기 때문에 타이완계 기업에게 자국기업에 버금가는 혜택을 주지만, 우리나라와 마찬가지로 중국 또한 애국심이 기본적으로 강하다. 2008년 베이징올림픽 성화봉송을 할 때 프랑스에서 문제가 발생하자 프랑스 유통업체인 까르푸 불매운동이 일어났고, 2013년에 일본과 해상영토분쟁이 일어나자 일본 자동차를 길에서 무작위로 부수는 일이 일어났다. 타이완의 중국시장에 대한 의존도가 높아질수록 중국정부는 타이완기업에 대한 혜택을 줄이고 시장장벽을 높일 것으로 예상한다.

● 중국식품 재무제표

재무년도	2013. 12	2012. 12	2011. 12	2010. 12
유동비율^{CR}	114.60	118.70	119.50	122.30
당좌비율^{QR}	61.00	69.10	58.80	71.20
장기부채 대비 순자산비율	26.00	16.20	4.50	8.30
총부채 대비 순자산비율	68.10	45.60	27.20	25.50

자본 대비 부채비율^{DR}	41.70	31.00	20.30	18.60
자기자본이익률^{ROE}	−14.50	5.60	9.70	7.20
투하자본순이익률^{ROIC}	−8.90	3.80	7.20	5.30
총자산순이익률^{ROA}	−4.20	1.90	3.50	2.90
경영자본이익률^{OER}	−1.90	2.30	4.10	4.10
세전이익률	−1.50	2.50	4.30	4.40
매출액이익률^{ROS}	−3.40	1.20	2.30	2.10
재고품회전율	4.47	6.08	4.91	5.72
배당률	−	0.45	0.36	0.36
최고가^{HKD}	7.57	8.95	7.08	8.19
최저가^{HKD}	2.57	5.9	4.33	4.19
최대^{PER}(배)	−23.805	65.472	30.623	53.494
최저^{PER}(배)	−8.082	43.16	18.728	27.368
최고배당수익률	−	1.04	1.92	1.32
최저배당수익률	−	0.68	1.18	0.67

- 한글명 : 중국중량홀딩스
- 중문명 : 中国粮油控股有限公司
- 영문명 : China Agri-Industries Holdings Limited
- 코드번호 : 00606
- 홈페이지 : www.chinaagri.com/cn
- 매출액 : 945억 4,300만 홍콩달러(2013년)
- PER : 10.448
- 업계위치 : 중국 1위 식용유 · 밀가루 · 쌀 가공 무역회사
- 업종 : 곡류, 식품제조
- 시가총액 : 158억 5,500만 홍콩달러

🔸 원료수입과 중간 상인의 역할

중국중량홀딩스는 중량그룹의 자회사로 생화학에너지사업부, 맥주원료사업부, 중량선물거래회사, 식용유사업부 등 6개의 사업부로 구성되어 있다. 칭다오맥주, 화윤맥주 등 맥주업계 1~2위 기업들이 중국중량홀딩스를 통해 원료를 공급받는다. 식용유도 중국중량홀딩스가 해외에서 구매한 원료로 생산을 한다. 주로 원료를 수입하고 국내에 공급하는 중간상인 역할을 하고 있다.

매년 10% 이상의 매출 성장세를 보이고 2013년에는 326억 홍콩달러의 매출을 올렸지만 2012년부터 성장세가 둔화되고 있다. 주가 또한 2010년 10홍콩달러를 정점으로 현재는 3홍콩달러 근처에서 머무르고 있다. PER은 10.8배로 업계평균 50배에 비하면 상당히 저평가되어 있다. 중량홀딩스의 주가하락은 중국 국유기업이 선물거래에 미숙한 것이 큰 원인이다.

원자재와 농산품 등은 주로 선물거래소를 통해 구매하거나 낮은 가격으로 구매해 적정 수준의 마진을 남기고 생산업체에게 판매해 마진을 남기는 구조이다. 하지만 중량홀딩스가 국유기업인 것을 생각하면 전혀 다른 이야기가 된다. 중국은 매년 3% 이상 상승하는 높은 물가상승률을 보이고 있다. 그런데 만약 중국 농산물 유통의 80%를 차지하고 있는 중량홀딩스가 마진을 많이 남기려고 한다면 매출이 늘어날수록 물가는 필연적으로 상승하게 된다. 그래서 중국정부는 자국의 안정적인 경제성장을 위해 중량홀딩스의 마진폭을 조정하고 있다.

미국과 브라질, 아르헨티나 등지의 일조량과 날씨 등이 옥수수, 대두 작황에 영향을 미치고 중량홀딩스의 주가상승과 하락에도 영향을 받는다. 농산물 작황이 좋으면 저렴한 가격으로 수입해 마진폭이 올라간다.

하지만 2013년에 발생한 미국의 토네이도와 폭설로 인해 작황이 최악인 경우도 있다. 이때 중국정부의 물가상승률 압력과 농산물 가격상승으로 마진이 2012년에 -13%, 2013년에 -4%를 기록했다. 하지만 니데라와 노블그룹 인수로 세계시장에서 더욱 저렴한 가격으로 농산물을 공급받을 수 있게 되었고, 향후 점진적인 금융시장 개방으로 선물거래의 수준 또한 상승하여 미리 농산물을 구매하여 가격변동의 폭을 줄여나갈 것으로 예상된다.

■ **식용유 제조업**

중량홀딩스는 중국 최대 식물성 기름 생산업체이기도 하다. 대두유, 옥수수유, 포도씨유, 올리브유, 해바라기유 등 각종 식용유를 생산한다. 대표적인 식용유 브랜드로 푸장구이福掌柜, 쓰하이四海, 시잉잉喜盈盈, 구화谷花가 있다.

2013년은 남미의 주요 대두 생산지가 줄곧 작황이 좋아 가격이 많이 떨어지고 공급은 원활한 상태이다. 돼지 도살량의 증가로 사료 수요가 줄어들어 사료의 주원료인 대두와 옥수수 가격도 하락추세이다. 이렇게 낮아진 원자재 가격 때문에 식용유 시장에서 시장점유율 상승을 노린 각 기업들의 경쟁이 치열한 상황이다.

중량홀딩스의 식용유 가공 및 판매로 인한 매출액은 575억 3,570만 홍콩달러로 2012년 대비 1.7% 상승하였다. 적극적인 판매망 확장으로 판매량은 2012년에 비해 21.3% 증가한 약 359만 톤이다. 하지만 식용유를 짜고 남은 찌꺼기로 만든 돼지사료 판매량은 2012년에 비해 14.2% 감소한 540만 톤으로, 돼지 수량 감소에 직접적인 영향을 받은 것으로 보인다. 2013년 말 기준으로 장쑤성, 산둥성, 톈진시, 광시성 등지에 14개의 식용유 제조공장과 유지 가공공장을 보유하고 있고, 매년 1,092만 톤을 생산할 수 있는 설비를 갖추고 있다. 또한 식용유 종류를 지속적으로 다각화하고 고품질 생산으로 고마진을 경영목표로 한다.

■ **옥수수 및 사탕수수 가공**

중량홀딩스는 옥수수를 가공해 옥수수전분, 맥아당, 과당, 옥수수기름, 조미료, 사료 등을 생산한다. 옥수수 가공업은 시장경쟁이 치열해지고 있지만 옥수수전분 수요는 줄어드는 형국이다. 반면에 과당류의 판매량은 증가하고 있다. 과당의 원료인 국제 사탕수수 가격이 하락하고, 단 음식에 대한 수요가 증가하고 있기 때문이다. 옥수수 가공업의 매출은 89억 6,500만 홍콩달러로 2012년 대비 2.7% 성장했다. 옥수수전분 판매량은 9.3% 감소한 145만 5천 톤, 과당류는 64.9% 증가한 57만 8천 톤이다. 지린성, 상하이, 후베이성 등지에 8개의 옥수수 가공공장을 보유하고 있고 연간생산량은 245만 톤이다. 과당은 104만 톤으로 국내 최고 규모를 자랑한다.

■ **쌀가공 및 무역 업무**

쌀가공은 중국시장뿐만 아니라 한국, 홍콩, 마카오, 일본에 수출하고 있다. 주요 브랜드로 푸린먼福临门, 우후五湖, 진잉金盈 등을 보유하고 있다. 2013년의 경우에는 중국의 벼농사가 풍년이었다. 공급과잉으로 쌀가격이 떨어졌지만 정부의 지원으로 시장가격이 안정되었다. 가공부문에서는 안정된 가격을 바탕으로 경쟁기업들이 적극적으로 시장에 참여하면서 마진과 이윤이 상대적으로 저조했다. 하지만 지속적인 해외시장 개척과 상품의 고급화로 마진상승이 기대된다.

2013년 판매량은 108.1톤으로 2012년 대비 29.3%가 감소했고, 매출 또한 12.7% 감소한 77억 4,490만 홍콩달러이다. 하지만 신제품 개발과 경영구조 혁신으로 마진율이 2012년 6.2%에서 2013년 8.3%로 상승하였다. 중량홀딩스의 쌀시장 점유율은 16.2%이다. 중국 내에 총 16개의 쌀가공 공장이 있고 연간생산량은 226.5만 톤이며, 2014년 하반기에 연간 33만 톤급 가공공장을 만들 예정이다.

- 밀 가공사업

중량홀딩스는 중국 최대 밀 가공업체이기도 하다. 밀가루, 튀김가루, 빵을 생산한다. 주요 브랜드로는 샹쉐香雪, 푸린먼이 있다. 식습관이 서양화되면서 밀 소비량은 꾸준히 증가하고 있는데, 이런 추세에 발맞추어 신속하게 설비확대를 실시하여 판매량이 대폭 증가하였다. 2013년 밀가루 생산량은 177만 1천 톤으로 2012년보다 36.7% 상승하였고, 강력분과 빵 생산량은 2012년보다 각각 30.3%, 16.9% 상승했다. 매출은 45.7%가 증가한 85억 6,020만 홍콩달러이다. 하지만 시장경쟁이 다각화되고, 신설공장 운영이 매끄럽지 못해 마진율이 6.4%로 떨어졌다. 중국 내 13개의 가공공장을 보유하고 있고 연간 밀 가공제품 생산량은 345만 1천 톤, 강력분 17만 7천 톤, 빵 2천만 톤에 이른다.

- 맥주원료 업무

맥주원료인 맥아 생산과 판매도 중량홀딩스의 주요 업무이다. 중국시장뿐만 아니라 동남아시장에도 수출하고 있다. 2000년까지는 중량홀딩스의 맥주원료가 중국 맥주업계 1, 2위를 다투는 화윤창업과 칭다오맥주에 납품되었으나, 맥주시장 규모가 커지고 각 생산기업들의 규모가 커지면서 독자적인 맥아 수입 및 생산망을 보유하게 된다. 상대적으로 중간상인 역할을 했던 중량홀딩스의 맥주원료 생산업무는 갈수록 규모가 작아지고 있다. 2013년 맥주원료 판매량은 49만 5천 톤으로 2012년보다 18.9% 감소했으며, 매출액은 21억 7,010만 홍콩달러이다.

3. 우윤식품그룹

- 한글명 : 중국우윤식품그룹
- 중문명 : 中国雨润食品集团有限公司
- 영문명 : China Yurun Food Group Limited
- 코드번호 : 01068
- 홈페이지 : www.yurun.com.hk
- 매출액 : 214억 4천만 홍콩달러(2013년)
- PER : 159.2(2012년 쓰레기 돼지고기 파동으로 인한 고PER)
- 업계위치 : 육가공업 2위
- 업종 : 식품가공업
- 시가총액 : 62억 5천만 홍콩달러
- CEO : 위장리俞章礼, 허난대 경영학과 졸업, 1996년 3월 우윤식품입사

◆ 새롭게 떠오른 중국 최대 육제품 생산 기업

우윤기업의 자회사이기도 한 우윤식품그룹은 가공업체로서 냉장육·냉동육 및 돼지고기 가공품을 주로 판매하는 기업이다. 대표적인 브랜드로 우윤雨润, 복윤福润, 왕윤旺润, 대중육련大众肉联이 있다. 중국 최대의 육제품 생산기업이다. 모회사인 우윤기업에는 200여 개의 자회사가 있

는데, 그중 서열 2위에 해당되는 기업이다. 2011년 기준 우윤식품그룹은 총자산 315억 위안, 직원 10만여 명으로 중국 식품음료업계 2위이기도 하다. 중국 민영기업 순위 9위이며, 기업 브랜드 가치로는 52위이다.

화동지역에서 처음 시작했고 개혁개방 이후 국유기업들이 정리되는 과정에서 10개의 국유기업을 인수하였다. 매년 800만 마리의 돼지를 소비하며, 가공육 생산량은 25만 톤이다. 1999년 2월에는 ISO9001 국제 품질경영시스템의 국제규격을 통과하였다. 2002년에는 HACCP를 통과하여 국내뿐만 아니라 해외에도 수출할 수 있게 되었다. 우윤·왕윤·복윤덕福润得·설윤雪润·복윤·법향法香 6개 브랜드와 1천여 개의 상품을 전국 200여 개 매장에서 판매하고 러시아, 동남아, 홍콩, 마카오, 북한 등에 수출한다.

2013년 현재는 중국경제성장률이 둔화됨에 따라 육가공업체들의 전망이 밝지 못하다. 거기다 시장의 경쟁이 갈수록 치열해지고 있다. 2012년에는 급속한 확장으로 기업경영 비용이 상승해 주가가 하락하기도 했다. 하지만 우윤식품그룹은 업계의 높은 장벽에 맞서 기업브랜드를 강화하고 소비자와의 소통을 확대하고 있다. 또한 식품안전검사를 엄격하게 시행하고, 기업의 음식점 체인과 전매점을 늘리는 전략을 구사하고 있다. 신제품을 개발하고 상품의 다원화 및 신중한 투자전략으로 안정적인 발전을 꾀하고 있다.

매장 내 우윤식품 햄 제품 사진

우윤식품그룹의 재무업적

우윤식품그룹은 소비자에게 최고의 제품을 가공하기 위해 질 좋은 육고기를 사용한다는 고집이 있다. 이런 이념은 그룹 CEO의 엄격한 지휘 아래 계속 이어져왔으며, 그 결과 2013년에는 제3회 중국식품건강대회에서 최고의 상품으로 인정받았다. 또한 자사 브랜드인 대중육련이 중국정부에게서 중국 대표상품 브랜드로 인정받아 우수한 품질을 입증했다. 이는 꾸준한 신제품 개발로 시장에서 경쟁력이 높다는 반증이기도 하다.

냉장육과 저온가공육은 부가가치가 높은 식품으로, 기업매출에 큰 기여를 한다. 2013년 냉장육의 매출은 165억 2,800만 홍콩달러로 2012년 210억 700만 홍달러보다 21.3%나 감소했다. 하지만 기업의 총 매출액에서 차지하는 비중이 2012년보다 75%로 1%밖에 낮아지지 않았다. 저온가공육 매출액 26억 3,300만 위안으로 9.9% 상승하여 손해분을 상쇄하는 역할을 하였다.

우윤식품그룹은 생산설비와 생산능력 관리도 탁월하다. 돼지고기 공급과잉으로 인해 업계경기가 하락하고 고품질 육제품에 대한 수요가 증가하자, 그룹은 엄격한 투자감독을 실시한다. 시장의 변화를 주시하면서 도축업을 확장해 속도를 늘린 것이다. 2013년에는 새로운 공장에 투자하여 낡은 생산설비와 낙후된 생산방식을 바꾸었다. 2013년 도축한 돼지는 5,545만 마리로 2012년 5,665만 마리에서 120만 마리가 감소했다. 하지만 가공육제품의 생산량은 31만 2천 톤으로 2012년에 비해 5천 톤 증가했다.

2014년은 우윤식품그룹이 도약할 수 있는 좋은 시기라고 판단된다. 관리층부터 기업업무가 정상화되고 도축량이 늘어나며 마진율이 개선

될 것이다. 관리비용 지출을 엄격하게 감독하고, 신중하게 자금을 투자하면서 안정적으로 발전할 것이다.

PER은 162.9배이다. 우윤식품그룹은 2011년도 매출액은 323억 홍콩달러로 전년대비 50.49% 증가했고, 매년 꾸준히 50% 이상 성장하는 기업이었다. 하지만 2013년 매출은 214억 홍콩달러로 2012년 267억 홍콩달러에 비해 -20% 성장하였다.

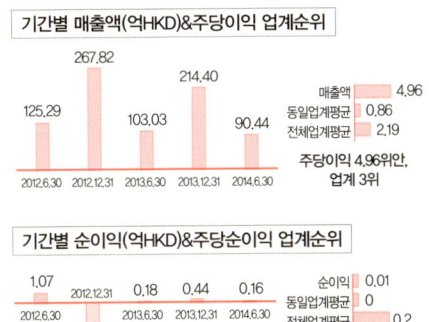

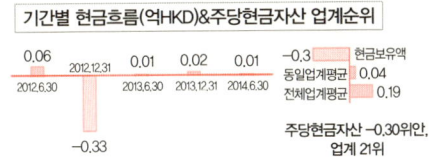

이것은 2012년 쓰레기 육고기 파동으로 매출이 급감하고 기업 이미지가 하락했기 때문이다. 그 후 2년간의 노력 끝에 2013년 영업이익이 92.5% 상승한 7억 6천만 홍콩달러를 기록했다. 2010년부터 이어오던 마이너스 성장을 탈출한 것이다. 그렇지만 2013년의 인건비 상승과 세금의 증가로 순이익은 여전히 감소추세이다. 그래도 희망은 있다. 민간기업 8위로 중국 내에서 높은 인지도가 있으며, 넓은 유통망을 보유하고 있다. 또한 우윤기업의 자회사로 그룹 차원의 지원을 받을 수 있다는 장점이 있다.

● 우윤식품 재무제표

재무년도	2013. 12	2012. 12	2011. 12	2010. 12
유동비율^{CR}	112.10	105.50	102.00	177.20
당좌비율^{QR}	91.50	79.00	84.20	151.90
장기부채 대비 순자산비율	31.90	23.60	6.00	4.90
총부채 대비 순자산비율	53.30	47.00	37.90	26.70
자본 대비 부채비율^{DR}	39.90	37.60	35.30	25.10
자기자본이익률^{ROE}	0.30	−3.90	11.20	18.90
투하자본순이익률^{ROIC}	0.20	−3.10	10.40	17.80
총자산순이익률^{ROA}	0.20	−2.40	7.10	13.40
경영자본이익률^{OER}	1.20	−1.60	6.00	13.80
세전이익률	0.50	−2.10	5.90	13.60
매출액이익률^{ROS}	0.20	−2.30	5.60	12.70
재고품회전율	18.319	16.083	22.234	16.93
배당률	−	−	0.222	0.256
최고가^{HKD}	6.98	14.2	29.85	34.4
최저가^{HKD}	4.32	4.56	7.45	18.28
최대^{PER}(배)	290.833	−42.771	30.182	21.981
최저^{PER}(배)	180	−13.735	7.533	11.681
최고배당수익률	−	−	2.953	2.188
최저배당수익률	−	−	0.737	1.163

4. 천복홀딩스

- **한글명** : 천복홀딩스
- **중문명** : 天福(开曼)控股有限公司
- **영문명** : Tenfu(Cayman) Holdings Company Limited
- **코드번호** : 06868
- **홈페이지** : www.tenfu.com
- **매출액** : 16억 6,100만 위안(2013년)
- **PER** : 11.851
- **업계위치** : 찻잎 생산·가공·유통 종합 1위
- **업종** : 식품유통
- **시가총액** : 40억 홍콩달러
- **CEO** : 리웨이허 李瑞河, 1935년 타이완출생, 본적 중국 푸젠성, 17세부터 가업인 차 제조업에 몸담은 베테랑

녹차시장을 점령한 중국 최대 찻잎 전문 유통기업

　천복홀딩스는 중·고급 찻잎을 생산·가공·유통·직영판매·가맹판매를 전문적으로 해온 기업으로 중국 최대이다. 중국의 차 문화는 역사가 오래 되었는데 찻잎의 가격대는 한화로 2천원부터 몇 백, 몇 천만 원까지 하는 등 다양하다. 종류 또한 수백 가지 종류이다. 천복홀딩스는 중국 전역에 1,315개의 직영점과 가맹점을 보유하고 있어, 천복녹차 간판이 있는 찻잎 매장을 대도시나 중소도시, 심지어 농촌에서도 쉽게 찾아볼 수 있다. 가짜와 사기에 가까운 품질의 찻잎이 판치는 중국에서 천복녹차 매장만큼은 외국인들도 안심하고 찻잎을 구매할 수 있는 곳으로 유명하다. 고급 찻잎도 믿고 구매할 수 있는 중국 최대 찻잎 판매 소매체인이다. 가격대도 2만 원에서 10만 원대의 중·고가 상품 위주로 판매

되고 있다.

천복녹차의 모회사 천복홀딩스는 대대로 찻잎을 제조하여 판매해온 오래된 역사의 기업이다. 미국계 중국인인 리웨이허가 세운 기업으로, 리웨이허는 중국 이씨 종친의 명예회장이자 미국 링컨대학 명예박사이기도 하다. 집안 대대로 찻잎을 재배하고 판매해왔는데, 7대 걸쳐 가업을 잇고 있다. 1953년에 천인명차天仁茗茶의 첫번째 전매점을 개설한 이후, 현재는 타이완에만 60여 개의 체인점이 있다. 타이완의 천인명차를 중국에 개설한 매장이 천복녹차이다.

천복홀딩스는 푸젠성에 위치하고 있고, 1,500헥타르의 찻잎농장을 보유하고 있다. 2001년 상하이와 2005년 부산에서 개최된 APEC 회의의 공식 녹차 공급상으로 선정되기도 했다. 중국 농업부가 지정한 AAAA급 명승지인 천복녹차 녹차 역사 박물관이 있으며, 차에 대한 지식과 가공법을 교육하는 천복녹차 직업기술 전문대학까지 2007년에 설립되었다. 명실공히 차업계의 1인자로 독보적인 길을 걷고 있다.

천복녹차공원

천복홀딩스 브랜드는 타이완과 동남아뿐만 아니라 중국에서 소비자들에게 가장 인지도가 높다. 이런 인지도와 18년 이상 중국시장에서의 경험을 토대로 전통적인 중국식 찻잎시장에서 유리한 위치에 있다.

🔺 천복홀딩스의 재무업적

2013년 매출액은 16억 6,100만 위안으로 2012년 17억 600만 위안보다 2.6% 감소하였다. 영업이익도 10억 9,400만 위안으로 2012년에 비해 7.1% 감소하였고, 마진율도 61.2%로 2.9% 감소하였다. 순이익은 2억 6,700만 위안으로 9.3% 감소하였다.

천복홀딩스는 시장점유율과 판매망 확대에도 지속적으로 노력하고 있다. 2013년 기준으로 1,315개의 직영점·대리점·전매점을 보유하고 있는데, 2012년보다 매장이 108개가 증가한 성과이다. 마일리지카드 도입해 매출의 80%를 차지하는 기존 고객의 재구매율 향상에 힘쓰고 있다. 또한 직원교육과 복리후생을 증진시키고, 각종 낭비성 비용을 줄이는 데 중점을 맞추고 있다.

2013년 중국 차 업계 1위에 선정되었으며, 20년 이상 중국 내 영업을 통해 가장 높은 브랜드 인지도를 보유한 기업이다. 특히 전통 중국식 찻잎시장에서 절대적인 우세에 있는 기업이다. 2013년에 32개의 직·가맹점을 확보하면서 총 1,347개의 유통망을 보유하고 있다. 2~4선급 도시의 영업망 증가에도 지속적으로 노력할 것으로 보인다. 2013년 9월에는 영업망

확대를 위해 천복그룹이 100% 지분을 보유한 천복녹차판매회사가 중국 남방지역과 동남아 시장에 넓은 유통망을 보유한 샤먼천옥무역회사厦門天钰商贸有限公司를 인수하였다.

중국 전통 휴일에 차도 공연과, 전시회, 신제품시음회, 차 예술 교육활동으로 소비자와의 소통을 늘려 지속적으로 제품 이미지를 상승시키려 노력하고 있다. 2013년 11월 13일에는 타이완자회사 천인차업天仁茶業과 함께 샤먼텐톈식품관리 회사를 설립하였다(등록자본금 2억 1천만 달러). 기존의 찻잎유통에서 벗어난 신규사업으로 중화권과 한국, 일본 등지의 밀크티시장에 뛰어들었다. 밀크티는 우유와 홍차를 믹스한 것으로, 천복홀딩스는 찻잎의 종류가 풍부하고 역사가 오래된 만큼 다양한 맛의 밀크티를 구사하는 것이 주된 사업전략이다.

또한 2013년 기업자원관리프로그램 ERP Enterprise Resource Planning를 업그레이드하면서 제품의 판매와 재고관리업무효율이 증가하였다. ERP는 국내 대기업들도 널리 쓰는 자원관리 프로그램으로, 기업 전체를 경영자원의 효과적 이용이라는 관점에서 통합적으로 관리하고 경영의 효율화를 기하기 위한 수단이다. 또한 상부에서 하부로 효율적인 지시를 내릴 수 있다. 천복홀딩스 본사에서도 이를 통해 중국 내 매장의 일일 판매현황과 재고를 파악하고 효율적으로 지시를 내릴 수 있어 기업매출 증진 기여할 것으로 보인다.

● **천복녹차 재무제표**

재무년도	2013. 12	2012. 12	2011. 12	2010. 12
유동비율 CR	340.70	478.40	347.40	138.90
당좌비율 QR	243.00	331.50	281.10	103.70

장기부채 대비 순자산비율	–	–	–	0.10
총부채 대비 순자산비율	6.40	5.70	17.20	60.20
자본 대비 부채비율^{DR}	6.40	5.70	17.00	58.90
자기자본이익률^{ROE}	14.10	16.10	15.50	33.60
투하자본순이익률^{ROIC}	14.00	16.00	15.40	32.90
총자산순이익률^{ROA}	11.40	13.80	11.80	14.60
경영자본이익률^{OER}	21.40	23.90	24.30	25.80
세전이익률	22.20	23.90	23.30	25.20
매출액이익률^{ROS}	16.10	17.30	16.70	17.90
재고품회전율	3,922	3,956	4,614	4,168
배당률	0.71	0.736	0.841	–
최고가^{HKD}	4.53	6.03	–	–
최저가^{HKD}	3.6	3.96	–	–
최대^{PER}(배)	16.087	20.165	–	–
최저^{PER}(배)	12.784	13.242	–	–
최고배당수익률	5.557	5.557	–	–
최저배당수익률	4.416	3.649	–	–

5. 웨이타나이

- 한글명 : 웨이타나이 국제그룹
- 중문명 : 维他奶国际集团有限公司
- 영문명 : Vitasoy International Holdings Limited
- 코드번호 : 00345

- 홈페이지 : www.vitasoy.com
- 매출액 : 40억 5,100만 위안(2013년)
- PER : 35.203
- 업계위치 : 홍콩 및 중국 화남지역 가공두유업계 1위
- 업종 : 식품 및 음료
- 시가총액 : 103억 홍콩달러
- CEO : 뤄여우리罗友礼, 1941년 광둥성 출생 미국유학파, 웨이타나이그룹 설립자 뤄구이상罗桂祥의 6번째 아들

🔺 중국 두유업계의 블루칩

　중국은 우리나라와는 다른 아침식사 문화가 있다. 필자가 2007년에 중국에 와서 생활할 때 익숙하지 못해 고생했던 것이 바로 아침식사 문화였다. 중국의 아침식사는 오전 6시부터 8시까지이다. 꼭 그 시간에 아침식사를 해야 한다고 정해진 것은 아니지만, 대부분은 식사시간으로 여긴다. 많은 중국인 가정이 맞벌이 위주의 생활을 하기 때문에 가정에서 식사하는 빈도가 우리나라보다 낮다. 그래서 길거리 노점상에서 아침식사를 판매하는 것을 볼 수 있다. 우리나라 식으로 생각하면 토스트나 김밥 같은 것이지만, 종류는 다양하다.

　중국인의 아침식사에 빠질 수 없는 음식이 바로 유탸오油条와 떠우장豆浆이다. 유탸오는 밀가루를 반죽해서 기름에 튀겨낸 꽈배기이고, 떠우장은 우리나라로 치면 두유이다. 일반적으로 유탸오를 떠우장에 찍어 먹는데, 필자도 오랫동안 중국생활을 하다 보니 아침에는 바삭바삭하면서도 느끼한 유탸오와 떠우장, 그리고 계란 하나를 매일 먹는다. 아침부터 기름기 가득한 튀김을 어떻게 먹냐고 한국 친구들이 말하지만, 중국인에게 기름이란 비웰빙 식품이 아니라 아침을 깨우는 식품이다. 차 문화

가 발달되어 있다 보니 기름을 이용한 요리가 많다.

유탸오와 함께 중국인의 아침을 깨우는 떠우장은 콩 제품이다. 중국은 악조건에서도 잘 자라고 영양이 풍부한 콩을 이용한 두유와 두부제품이 다양하게 발전되어 왔다. 이러한 배경 때문인지 2013년에 평균 GDP가 2만 달러에 도달한 베이징, 상하이, 홍콩과 같은 대도시를 중심으로 가공된 두유제품이 웰빙식품으로 각광받고 있다. 대도시 두유 판매량은 매년 20% 이상 증가하고 있고, 2~3선급 도시에서도 가공두유 판매량이 15% 이상 급속히 증가하고 있다. 중국의 두유시장은 분말두유·팩두유·병두유로 분류하는데, 대도시일수록 팩용기에 보관된 멸균두유제품 판매량이 높다. 홍콩시장에서 멸균두유제품의 시장점유율 50% 이상을 차지하는 웨이타나이가 두유업계의 블루칩으로 떠오르고 있다.

웨이타나이의 광고

▶ 웨이타나이의 재무업적과 해외시장

웨이타나이의 2013년 매출액은 40억 5,100만 위안으로 2012년 37억 1,700만 위안보다 9% 상승한 수치이고, 순매출액은 30억 3천만 위안으로 8% 증가하였다. 마진율은 48%이다. 2013년 9월 5일에는 주주회의를 통해 연말배당을 주당 16.6센트, 중기배당을 3.2센트로 해서 주당 배당액이 19.8센트로 높게 책정되었다.

기존에 종이용기에 판매하던 두유제품을 2013년부터 페트용기를 바꾸자 매출이 증가했고, 중국시장에 적극적으로 진출하면서 중국 내 매출이 16% 증가했다. 웨이타나이는 광동성의 제조업 중심지인 포산佛山 지역에 공장을 신설하면서 중국대륙 진출에 박차를 가하고 있다. 또한 유럽, 싱가포르 등 해외시장을 적극적으로 개척하면서 전 세계적인 유제품 소비증가에 발맞추고 있다.

홍콩과 마카오시장은 웨이타나이의 중심 판매처로 홍콩에서 시작한 만큼 중국 남부지역(광동성, 홍콩, 선전)에서 인지도가 높다. 이미 시장에서의 점유율이 성숙되었고, 인구와 소득수준이 일정한 만큼 안정적인 매출은 올리고 있는 현 상태를 꾸준히 유지하고 있다. 2012년과 2013년 판매량과 매출액이 각각 6%와 7% 증가하면서 업계평균 수준을 유지하고 있다. 수출을 통한 이익은 8% 증가했으며, 마카오시장에서는 매출이 12%나 증가하였다. 특히 웨이타나이가 운영하는 음식점은 4% 증가한 3억 1,600만 위안의 매출을 올렸다. 이 음식점은 유탸오와 두유제품을 주로 판매하는 소형 음식점으로, 310개의 매장에서 웨이타나이의 매출 상승에 긍정적인 요소로 작용하고 있다. 중국 남부지역 이외의 지역에서는 경쟁이 치열하지만, 우수한 품질과 인지도로 매년 10% 이상 두자릿수 성장을 하고 있다.

웨이타나이는 해외시장에서도 두각을 나타내고 있다. 유럽과 뉴질랜드에서는 3%의 매출성장이 있었다. 뉴질랜드 대형 유통업체 라이온Lion과 협력해 유통망을 확작하고 있다. 유럽에는 'Cafe for Baristas'와 'Oatmilk' 시리즈의 신제품을 출시하여 적극적으로 시장을 개척하고 있다. 미국시장에서의 매출액도 6% 성장하였다. 검은색 두부제품인 'tofuplus'와 저열량 파스타면 'PASTA ZERO'가 북미시장에서 매출상승에 큰 기여를 하였다. 2013년 초에는 북미의 폭한과 허리케인 등으로 매출증가폭이 낮았지만, 향후 개선될 것으로 전망된다. 싱가포르에서는 적극적인 광고와 프로모션을 통해 39%의 매출성장이 있었다.

두유제품은 평균 마진율이 50%로 일반 음료의 100%보다 낮고, 대도시 위주로 직장인, 학생 등 특정 대상에게 주로 판매된다. 그렇기 때문에 중국 내 음료시장 대기업인 와하하, 캉스푸, 통일그룹이 적극적으로 투자하지 않는 틈새시장이기도 하다. 물론 판매가 중국의 남방지역

에 치우쳐 있다는 단점이 있다. 하지만 홍콩·상하이·저장성·광동성 지역이 중국 GDP의 60% 이상을 차지하고 있고, 4억 이상의 인구가 있다는 것을 생각하면 지역권 내에서 꾸준히 성장하는 알짜기업이 될 것으로 예상한다.

나중에 캉스푸, 통일기업, 와하하 같은 대기업이 두유시장에 적극적으로 진출하게 된다면, 자금력이나 규모면에서 작은 웨이타나이의 성장에 제약이 걸릴 것이 명백하다. 하지만 적극적인 해외진출과 품질향상, 소형 음식점 확대를 통한 매출증가 등은 해마다 터지는 식품안전사고로 식품에 대한 요구조건이 높은 중국시장에서 긍정적인 요소로 작용할 것으로 보인다. 또한 우수한 품질을 기반으로 대기업인 화윤창업, 고흠소매, 련화마트 등과 협력한다면 가망성 있는 기업이다.

● 웨이타나이 재무제표

재무년도	2013. 12	2012. 12	2011. 12	2010. 12
유동비율^{CR}	140.00	117.30	149.10	197.80
당좌비율^{QR}	94.50	79.00	107.00	152.60
장기부채 대비 순자산비율	6.20	5.90	9.00	1.20
총부채 대비 순자산비율	15.50	26.60	19.30	6.40
자본 대비 부채비율^{DR}	12.70	21.80	15.50	5.60
자기자본이익률^{ROE}	18.70	18.80	20.10	19.20
투하자본순이익률^{ROIC}	15.30	15.40	16.10	16.80
총자산순이익률^{ROA}	10.30	9.60	10.70	11.70
경영자본이익률^{OER}	11.00	11.40	12.80	12.60
세전이익률	10.50	11.00	12.60	12.40
매출액이익률^{ROS}	7.50	7.60	8.50	8.60
재고품회전율	9.281	8.779	8.939	9.922
배당률	0.669	0.665	0.656	1.039
최고가^{HKD}	9.2	6.92	7.5	6.63
최저가^{HKD}	5.4	4.75	5.126	3.11
최대^{PER}(배)	31.081	25.164	26.882	25.898
최저^{PER}(배)	18.243	17.273	18.373	12.148
최고배당수익률	3.667	3.853	3.57	8.553
최저배당수익률	2.152	2.645	2.44	4.012

6. 합생원

- **한글명** : 합생원국제홀딩스
- **중문명** : 合生元国际控股有限公司
- **영문명** : Biostime International Holdings Limited
- **코드번호** : 01112
- **홈페이지** : www.biostime.com.cn
- **매출액** : 45억 6,130만 위안(2013년)
- **PER** : 27.112
- **업계위치** : 영유아 유산균제품 1위 분유 브랜드 13위, 고급분유업계 3위
- **업종** : 식품 및 음료
- **시가총액** : 149억 홍콩달러
- **CEO** : 뤄페이 罗飞

➤ 소비자들의 까다로운 입맛을 공략하다

합생원 合生元은 영유아 분유, 영양제품, 유아용품을 전문적으로 생산·판매하는 기업이다. 프랑스의 거대 식품기업 랄망 Lallemand 그룹, 몽테규 Montaigu 유제품회사, 다이아나 내츄럴스 Diana Naturals 및 미국의 케리 Kerry와 기술합작을 통해 중국 내에 고급 영유아제품을 공급하고 있다. 주요 제품인 영유아분유 婴幼儿奶粉·마마분유 妈妈奶粉와 유산균 및 영양 보충제 아가에게 총명한 IQ 给宝宝聪明IQ·애심EQ 爱心EQ·활력PQ 活力PQ를 생산한다. 2010년 영유아용품 전용제품 브랜드인 보애 葆艾를 출시했다. 또한 마케팅의 일환으로 마마100 妈妈100 브랜드를 통해 고객과 온·오프라인에서 소통할 수 있는 공간을 설립하고, 자체적으로 육아 자문 및 마일리지제도를 도입하고 있다.

합생원은 1999년 설립되었다. 2006년에는 광주경제기술개발구에 유

산균 GMP 공장을 설립하면서 자체 연구개발팀과 품질검사팀을 보유하게 되었다. 2010년 12월 17일에 홍콩거래소에 상장하였고, 중국 전역 12개 대도시에 77개의 유통대리점을 보유하고 있다. 2010년에 상장한 후 매년 54.6%의 고속 성장을 보이고 있다. 2013년에 매출액 45억 6,130만 위안과 순수익 9억 8,360만 위안을 달성하면서 2012년보다 34.9%, 32.4% 증가했다. 또한 매출액과 판매량이 50.1%, 38.2%나 증가하였다. 같은 해 8월에 새로 출시한 브랜드 쑤자素加는 고소득층을 타깃으로 3억 4,760만 위안의 매출을 올렸다. 제2의 매출품목인 유산균은 합생원 제품 중 가장 마진이 높은 상품이다. 2013년 유산균 제품의 판매는 20.8% 증가하였고, 이는 그룹 총수익의 10%이다.

합생원이 2012년에 출시한 영유아용품 전용 브랜드인 보애는 제품라인을 다각화하기 위한 시장확대 제품으로 2013년 매출액이 1억 5,220만 위안을 기록했다. 동기대비 43.6% 증가한 것이다. 합생원은 영유아용품 품질을 향상시키고 시장을 확대하기 위해, 2014년 1월에 영유아전문회사인 항저우의 커카오可靠护理用品와 합작해 일회용 기저귀 생산라인을 5개로 늘렸다. 늘려 향후 시장확대에도 기여할 전망이다. 또한 점점 까다로워지는 중국 부모들이 요구하는 영유아 분유 품질을 맞추기 위해 2013년 7월에 프랑스의 유명 유제품 생산회사인 ISM[Isigny Sainte Mère]과 2천만 유로 규모의 합작을 실시하였다. 합생원 지분의 20%를 ISM에서 보유하는 합작이다. 현재 신규공장을 설립하고, 분유생산과 배합은 ISM에서 전문적으로 관리하기로 협약했다.

중국의 분유시장은 춘추전국시대를 방불케 할만큼 외국기업과 중국 기업들이 얽히고설킨 전쟁터와 같다. 아직 성숙하지 못한 분유시장에 시장점유율을 높이려는 기업들의 경쟁이 치열한 것이다. 2013년 6월에 합생원은 광고선전비용 지출을 늘리면서 인터넷과 텔레비전, 잡지 등에 자사광고를 늘리고 있다. 마케팅도 적극적으로 실시하여 2013년에 고객자문 전화 27만여 통, 마마100을 통한 영유아잡지 68만부를 발행하였다. 인터넷상거래의 증가로 O2O^{Online to Offline}를 통해 온라인과 오프라인 시장을 연계해 마일리지를 적립하고 상품권을 지급해 상품 인지도와 매출증가에 힘쓰고 있다. 2013년 12월에는 영국황실인가위원회^{UKAS}와 중국국가인가위원회^{CNAS}의 안전관리인 ISO/IEC 27001:2005 및 GB/T 22080:2008을 획득하면서 영유아 제품 안전문제에도 자유로워졌다.

합생원은 시장확대에도 힘쓰고 있다. 중국 내 대리유통망을 104개로 늘렸고, VIP 영유아제품 전매점도 1만 3,952개로 34.1% 증가했고, 백화점 마트입점 5,235개로 2012년보다 25.4% 증가하였다. 직접적인 시장확대 이외에도 관련 기업을 인수합병하여 기업을 확장하고 있다. 2013년에 3억 5천 만 위안을 투자해 분유회사 창사잉커长沙营可를 인수하였다. 이로써 고급분유가 상대적으로 부족한 중국의 4~5선급 도시와 농촌시장에 적극적으로 진출해 점유율을 늘리고 있다. 이뿐만이 아니다. 경영과 업무의 확대에 따라 중국과 홍콩, 프랑스에 3천 명 이상의 직원을 신규로 고용했고, 직원의

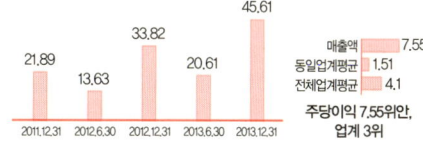

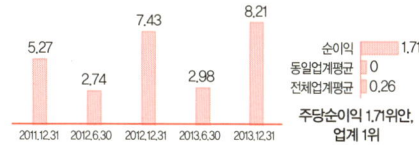

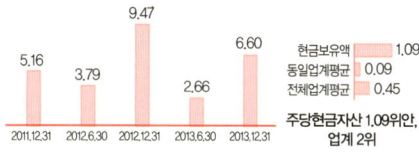

복리후생에도 신경쓰고 있다. 2013년 11월에는 중국 광동시의 우수근무환경기업으로 선정되었다.

합생원은 제품의 고급 품질과 높은 인지도 및 놀라운 성장추세로 평균 주가가 50홍콩달러를 상회하는 고평가 종목이다. 이미 기업의 우수성과 잠재력을 인정받았고, 외국 브랜드가 판치는 중국시장에서 멍니우, 이리, 야스리와 함께 몇 개 되지 않는 고급분유 생산업체이다. 자금면에서는 국유기업인 멍니우와 이리에 미치지 못하지만, 고급화전략과 우수한 품질로 이미 합생원 제품에 충성하는 고객층이 형성되어 있다. 가격이 비싸더라도 아이에게 제일 좋은 것을 먹이고 싶은 것은 중국이나 우리나라나 마찬가지이기 때문이다. 분유를 비롯한 식품 관련 기업 주가가 폭락하는 가장 큰 요인은 안전문제인데, 제품에서 나쁜 물질이 검출되면 걷잡을 수 없이 폭락한다. 이런 면에서 합생원은 앞으로가 기대되는 기업이다.

● 합생원 재무제표

재무년도	2013. 12	2012. 12	2011. 12	2010. 12
유동비율^{CR}	140.20	202.20	518.10	787.90
당좌비율^{QR}	92.60	156.00	446.40	743.00
장기부채 대비 순자산비율	–	–	–	–
총부채 대비 순자산비율	29.80	11.60	–	–
자본 대비 부채비율^{DR}	29.10	11.30	–	–
자기자본이익률^{ROE}	32.60	32.00	26.70	16.00
투하자본순이익률^{ROIC}	31.90	31.00	26.10	16.00
총자산순이익률^{ROA}	17.80	21.00	21.60	14.00
경영자본이익률^{OER}	29.00	31.10	32.60	27.10

세전이익률	25.50	31.10	32.60	27.10
매출액이익률ROS	18.00	22.00	24.10	21.50
재고품회전율	4.693	6.463	7.361	11.627
배당률	0.69	0.699	0.701	0.292
최고가HKD	72	24.55	18.5	-
최저가HKD	23.16	11.73	9.94	-
최대PER(배)	41.058	15.89	17.057	-
최저PER(배)	13.207	7.592	9.165	-
최고배당수익률	5.224	9.207	7.645	-
최저배당수익률	1.681	4.399	4.108	-

7. 휘원과즙그룹

- 한글명 : 중국휘원과즙그룹
- 중문명 : 中国汇源果汁集团有限公司
- 영문명 : China Huiyuan Juice Group Limited
- 코드번호 : 01886
- 홈페이지 : www.huiyuan.com.cn
- 매출액 : 45억 위안(2013년)
- PER : 30.03
- 업계위치 : 종합 과실음료업계 4위, 100% 과실주스업계 1위
- 업종 : 식품 및 음료
- 시가총액 : 73억 1,100만 홍콩달러
- CEO : 쑤잉푸苏盈福, 호주 화교, 말레이시아 출신

100% 과실주스로 홍콩거래소에 상장하기까지

휘원그룹은 덩샤오핑이 남순강화시절 개혁개방이 한창일 때인 1992년에 상하이에서 창립되었다. 2013년 현재 중국 전역에 130개 대리점, 1천 만 헥타르 이상의 우수한 과일채소 재배기지를 보유하고 있다. 판매망도 전국적으로 보유하고 있다. 과실음료의 생산 및 판매가 주 업무이며 과실주스사업부・생산가공부・농업사업부, 3개의 사업부로 구성되어 있다.

휘원그룹은 1992년 창립 당시부터 독일에서 과실주스 제조기술을 도입하여 철저한 품질・안전・환경관리시스템을 보유하고 있다. ISO001, HACCP, ISO22000, OHSAS18000, ISO14001 등 세계적인 식품안전 관련 인증도 보유하고 있다. 또한 미국 식품안정청 FDA와 영국 BRC, 유럽연합 SGF에서 인증받은 믿을 수 있는 업체이기도 하다. 100% 과실주스 및 혼합과실주스업계에서 1위이며, 중국뿐만 아니라 세계 30여 개 나라에 농축과즙을 수출하는 기업이기도 하다.

휘원그룹은 1995년 100% 과실주스 판매를 시작했는데, 2004년 중국정부가 인증한 과실주스 대표 브랜드이기도 하다. 2005년 타이완의 통일기업이 3천만 달러를 투자해 전체 주식의 5%를 보유하고 있다. 2008년에는 코카콜라가 휘원의 우수성과 잠재력을 인정해 인수하려고 했지만, 여론의 반대와 중국정부가 반독점법을 이유로 인수합병을 부결시켜 중단된다. 당시 코카콜라는 중량기업과 합작한 상태였으며, 중국 음료시장의 30% 이상을 차지하고 있었다. 여기에 거대 자금력을 통원해 100% 과실주스 기업인 휘원까지 합병하게 되면, 일반 음료뿐만 아니라 웰빙 트렌드로 매출이 급증하는 과실음료시장까지 외국계 기업으로 넘어가게 되는 상황이었다. 중국 본토기업이 시장에 설 자리가 없어지는 것이다. 휘원은 농업의 비중이 갈수록 줄어드는 중국에서 농산물을 공급하는 중요한 역할을 하기 때문에, 중국정부 또한 휘원에 대한 관심이 높다. 매년 우수상품상이나 중국우수기업 등에 선정되고 있으며, 휘원 또한 사회적 책임을 중시해서 빈곤지역이나 재해지역에 지원을 아끼지 않는다. 중국의 국민기업인 것이다.

휘원의 과실주스는 합성감미료와 액상과당이 판치는 중국 음료시장에서 얼마 되지 않는 건강한 먹거리이다. 코카콜라와 타이완계 기업이 중국 음료업계를 장악하자 2008년에 중국정부는 대대적으로 휘원을 부각시킨다. 100% 과실주스와 액상과당·합성감미료로 과일맛을 흉내낸 일반 제품의 차이점을 알리기 시작한 것이다. 휘원이 고집스럽게 지켜왔던 안전한 먹거리에 대한 노력이 국민들에게 인정받기 시작한 것이다. 그래서 중국에서 매년 식품안전 문제가 대두되어도 휘원의 주가는 상승세를 보인다. 2010년에 조류독감이 유행할 때는 37억 위안의 매출을 올리며 성장했다.

중국은 내수와 소득의 상승으로 더욱 건강한 먹거리를 찾는 추세이다. 이러한 추세에 따라 휘원의 매출도 성장하고 있다. 2013년에는 45억 위안의 매출액을 올리며 2012년 대비 13.1% 성장하

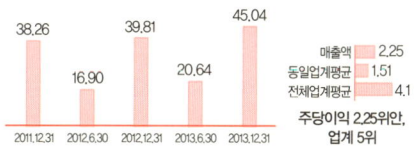

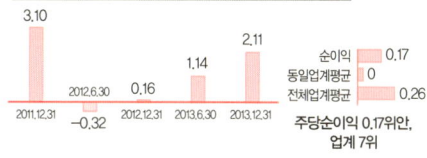

였다. 영업망 확대와 인력증가로 인해 감가상각비용이 작년 대비 20% 증가한 4억 위안이나 지출했지만, 건강한 먹거리에 대한 수요증가에 발맞춘 공격적인 투자로 생각된다. PER은 32배로 다소 높게 평가되었지만, 중국정부와 중국인들의 신뢰가 높고 소득상승으로 건강한 먹거리를 즐기는 추세를 생각하면 매력적인 주식으로 보인다. 일반 음료주와 마찬가지로 춘절과 같은 연휴 3~5개월 전에 매출이 늘어 주가가 상승한다. 하지만 현재로서는 연휴와 계절적인 요인보다 건강한 먹거리를 찾는 대세를 따라 주가가 변동하는 것을 볼 수 있다. 현재 매출액 기준 중국 과실주스 제품 순위는 1위 통일기업鲜橙多, 2위 캉스푸冰红茶, 3위 코카콜라美汁源果粒橙, 酷儿, 4위 휘원汇源果汁, 5위 농푸과원农夫果园, 6위 와하하娃哈哈果奶이다.

휘원의 2013년 매출은 45억 390만 위안으로 작년에 비해 13.1% 상승했고, 영업이익은 13억 8,300만 위안으로 2012년 28%에서 31%로 상승했다. 순수익은 2억 2,850만 위안으로 1,620만 위안 상승했다. 2013년에 휘원은 원료제공 업체인 휘원과업汇源果业을 인수합병하였다. 훼원과업은 과실주스 제조의 주요 원료 공급상이자 중국 굴지의 농축과즙 생산기업이다. 인수합병을 통한 수직경영으로 장기간 안정적으로 원료를 공급받을 수 있게 되었다. 또한 제품의 품질과 안전성을 높일 수 있으며, 불필요한 중간유통단계 감소로 마진향상을 기대할 수 있게 되었다. 운영효율도 높일 수 있을 것이라 본다.

2013년 7월에 세계적인 식품회사 크래프트 푸드Kraft Foods 아시아 지사 사장이었던 쑤잉푸가 CEO가 되었다. 그는 재임 후 석 달이라는 짧은 시간 동안 판매·시장·생산·연구개발·공급상과의 연계에서 우수한 실적을 보여줬는데, 향후 리더십이 더욱 기대된다. 2013년에는 성도와 상하이에 있는 공장의 부동산 가치가 상승해 매각하였고, 이 매각으로 6억 5천만 위안의 자금을 확보했다. 제품의 판매뿐만 아니라 부동산과 금융자산 매각으로 향후 기업의 재무와 생산효율에 긍정적인 요소로 작용할 것으로 보인다.

● 휘원과즙그룹 재무제표

재무년도	2013. 12	2012. 12	2011. 12	2010. 12
유동비율^{CR}	103.20	96.20	69.30	103.00
당좌비율^{QR}	74.10	54.10	39.80	51.30
장기부채 대비 순자산비율	17.40	37.00	14.80	31.40
총부채 대비 순자산비율	43.70	71.20	61.00	58.40
자본 대비 부채비율^{DR}	36.50	51.20	52.40	44.00
자기자본이익률^{ROE}	2.20	0.30	5.90	4.00
투하자본순이익률^{ROIC}	1.80	0.20	5.10	3.00
총자산순이익률^{ROA}	1.30	0.10	3.10	2.10
경영자본이익률^{OER}	7.30	−0.20	0.40	4.50
세전이익률	7.10	−	9.30	6.30
매출액이익률^{ROS}	5.10	0.40	8.10	5.30
재고품회전율	3.40	2.48	3.33	3.47
배당률	−	−	−	0.24
최고가^{HKD}	5.72	3.49	5.58	6.26
최저가^{HKD}	2.65	2.18	1.95	4.89
최대^{PER}(배)	33.102	254.633	21.559	39.244
최저^{PER}(배)	15.336	159.054	7.534	30.655
최고배당수익률	−	−	−	0.80
최저배당수익률	−	−	−	0.62

8. 와하하

- 한글명 : 항저우와하하그룹
- 중문명 : 杭州娃哈哈集团有限公司
- 영문명 : Hangzhou Wahaha Group Co.,Ltd.
- 코드번호 : 미상장
- 홈페이지 : www.wahaha.com.cn
- 매출액 : 782억 7,800만 위안(2013년)
- PER : 미상장
- 업계위치 : 중국계 음료 1위, 우유 3위, 요거트 2위
- 업종 : 식품 및 음료
- 시가총액 : 미상장
- CEO : 종칭허우 宗庆后

중국 본토 음료기업

중국 음료시장이 미국 코카콜라와 타이완의 캉스푸・통일기업이 득세하고 있다면, 중국 고유의 브랜드는 와하하이다. '와하하'라는 상표를 보면 알 수 있듯이 어린이를 상대로 제품을 판매하는 기업이다. 와하하그룹은 1987년 설립된 중국 최대 음료생산 업체이자, 전 세계 5번째로 생산량이 많은 기업이다. 자산규모, 생산량, 판매수입, 이윤을 보면 단연코 중국 최고 기업이라 할 수 있다.

요즘 중국에서 와하하그룹은 '어린이 음료 제조 기업인 와하하'보다 삼성 이건희 회장보다 많은 자산인 16조 원을 보유한 아시아 제1의 부호인 현 회장의 그룹으로 유명하다. 하지만 이것보다 더 놀라운 것은 와하하 그룹이 미상장 회사라는 것이다. 홍콩거래소나 상하이거래소에 상장되지 않아 투자할 수 없지만, 경쟁기업인 중량의 코카콜라・타이완계 캉

스푸・통일기업의 시장점유율이 향상되어 앞으로는 와하하도 자금수급이 중요해질 것으로 본다. 치열해지는 중국 음료시장에서 와하하가 살아남는 길은 은행대출보다 상장하는 것이다. 고집스럽게 비상장 상태를 유지하는 CEO 종칭허우宗庆后도 기업을 운영하는 데 한계에 부딪칠 가능성이 크다. 와하하그룹이 상장을 하면 중국 본토기업으로 주가가 폭등할 가능성이 높으므로 미리 와하하에 대해 알아두는 것이 유리하다.

와하하그룹은 1987년에 상하이에 판매처를 두고 3명의 직원과 14만 위안의 자금으로 시작했다. 2013년 기준으로 전국 20개 성에 58개의 판매 대리처를 두고 있으며, 총자산은 300억 위안으로 3만 명의 직원이 근무하는 기업으로 성장했다. 상품・설비・서비스・품질에서 일류를 목표로 100억 위안을 투자해 미국, 프랑스, 독일, 일본, 이탈리아 등에서 자동화설비를 수입하였다. 생수, 과실음료, 차 음료, 건강음료, 통조림, 과자 등 360여 가지 식품과 음료를 생산하고 있다. 뿐만 아니라 상품의 품질이 매출상승에 큰 역할을 할 것으로 판단하여, 와하하 그룹소속이자 중국정부 중점 연구기관인 와하하기술센터와 1천여 명의 박사로 구성된 식품연구원을 산하에 두고 있다.

와하하의 창업주이자 현 회장인 종칭허우는 학력이 중졸밖에 되지 않지만, 자산 16조 원으로 세계 자산순위 46위의 중국 최고 부자이다. 1980년대 학교매점을 운영하면서 어려웠던 과거의 경험을 교훈으로 지금까지 항상 검소하고 예의바른 생활을 하고 있다. 중국인들에게 존경받는 기업가이기도 하다.

종칭허우는 친구 2명과 함께 은행대출로 마련한 14만 위안으로 아이스크림 배달업에 뛰어들었다. 첫해에 10만 위안의 매출을 올리면서 사업가로서의 두각을 보였다. 사업을 시작한 지 2년째에는 개혁개방 이후 늘어난 소득으로 어린이 제품이 성장할 것을 예상하고, 어린이 식욕과 성장에 도움이 되는 건강음료를 개발하였다. 이것으로 490만 위안의 매출을 올리고 다음해에는 전년 대비 5배 이상 증가한 2,700만 위안의 매출을 올렸다. 1989년에는 항저우에 공장을 세우고 '와하하(어린이들이 하하 웃는 모습에서 가져온 이름)'라는 상표를 내세워 어린이 음료로 거듭났다. 이 어린이 유산균 음료를 필두로 생수, 통조림, 분유, 건강식품까지 진출하면서 연매출이 680억 위안으로 성장했다.

1996년 와하하는 프랑스의 다농그룹과 합작해 제품의 질과 생산방식에 선진적 변화를 꾀했다. 두 기업은 10년 동안 30개의 합작회사를 설립했는데, 다농이 와하하의 지분 51%를 갖게 되었다. 하지만 와하하의 종칭허우 회장은 계약과 달리 비합작기업 제품에도 자신들의 브랜드를 사용하는데, 와하하의 같은 제품에 서로 다른 상표가 찍혀나오는 등 다농과 갈등이 심화되었다. 그러다 결국 상표권과 제품생산 권리를 위해 3차 법적공판까지 가게 되고, 치열한 논란 속에서 중국정부와 여론은 와하하에 지지를 보냈다. 결국 프랑스의 다농은 2009년에 자본과 기술을 와하하에게 넘겨주고 자국으로 돌아가야만 했다. 어찌되었든 다농의 선진 기술과 넓은 시장을 바탕으로 와하하의 브랜드 가치가 상승하였고, 이것은 매출로 이어졌다. 이 사례로 중국 내에서 외국계 기업이 당하는 차별이 문제가 되었지만, 어릴 때부터 먹고 자라온 와하하를 지키려는 중국인들의 애착을 엿볼 수 있다.

와하하는 대리점과 중국의 전형적인 관계를 형성하고 있다. 각 성에 있는 6,200개 이상의 자회사에 제품을 직접 공급하면, 1차 대리점이 약 2만 개 이상의 2차 대리점과 소매상에 공급하는 방식이다. 와하하는 대리점에 미리 보증금을 받고 납품한 뒤, 분기단위로 은행 금리보다 높은 이자로 상품을 공급하고 연말에 납품원가를 받는다. 또한 경영이 우수한 대리점에게 물품으로 인센티브를 주어 와하하 제품의 판매동기를 높이고 있다.

중국의 13억 6천 인구 중 2억 명 이상이 하루에 1번은 찾는 것이 와하하 제품이다. 현재 20~30대 젊은이들이 어릴 때부터 마시면서 성장한 제품이기에 중국인들이 애정을 많이 느끼는 상품이기도 하다. 와하하는 음료사업 이외에도 2013년 항저우에 쇼핑몰을 개장했고, 2014년에는 10개 이상의 매장을 늘릴 계획이다. 또한 5년 안에 100개의 매장을 열어 쇼핑과 엔터테인먼트를 동시에 즐기는 복합쇼핑몰을 건설할 계획이다. 와하하의 글로벌화와 쇼핑몰 건설 등의 자금압박이 가중될수록 상장할 가능성이 높아지기 때문에 주목해야 한다.

4장

신생아 증가로 호황을 누리는 유제품업계

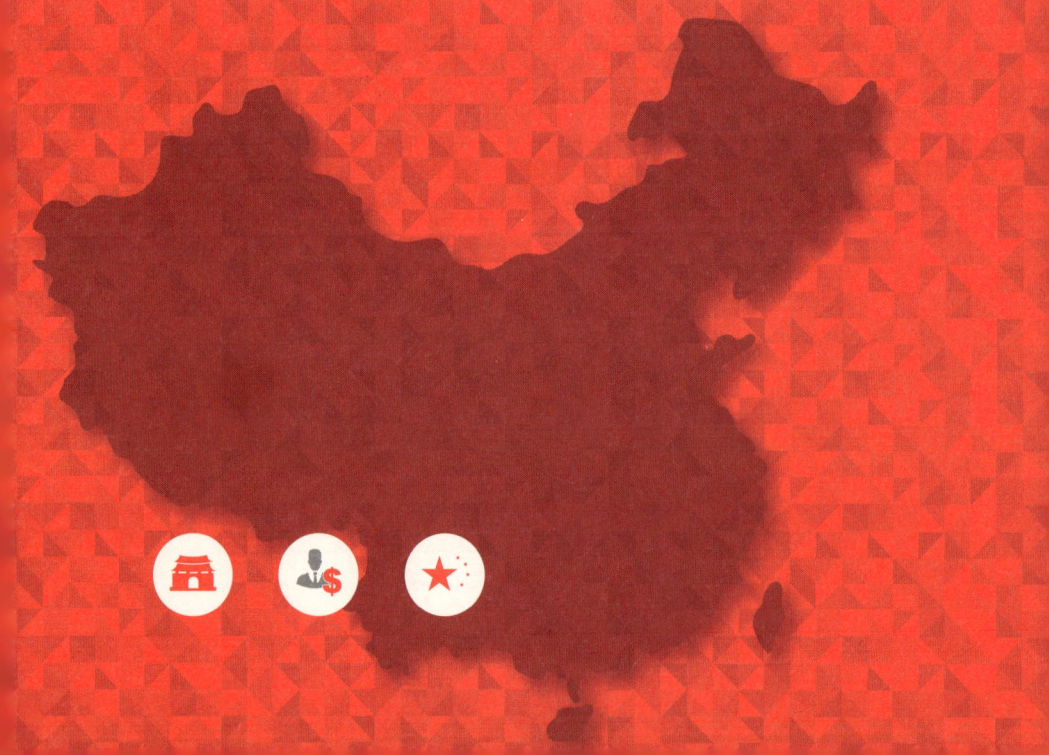

1. 유제품업계 환경분석

● 2자녀 정책 실시, 유제품업계에 날개를 달아주다

2014년 2월, 중국의 세계적인 영화감독 장이모우張艺谋의 숨겨둔 아이가 공개되었다. 중국은 자녀 한 명만 인정하고 2번째 자녀부터는 3년치 소득에 해당되는 벌금을 책정하는데, 장이모우 감독은 600억 위안의 벌금을 부과받았다. 중국에서는 1980년대부터 폭증하는 인구를 억제하기 위해 1자녀와 쌍둥이만 법적으로 허용하고 있다. 이를 어길 시 벌금뿐만 아니라 자녀의 사회적 진출과 보험과 학업에도 불이익을 준다. 중국 국가주석 시진핑도 하버드대학에 다니는 딸 하나가 전부인데, 정치권에서는 1자녀를 낳아야 국민들에게 인정받는다. 일반인들도 30년간 이어져 온 1자녀 정책에 익숙해져 있다. 하지만 2014년 8월 현재 중국은 지방의 거의 모든 성이 2자녀 정책(부부 가운데 한쪽이라도 독자일 경우 해당)을 실시하고 있다.

중국이 무역 위주의 발전에서 내수 위주의 발전으로 전환함에 따라 부동산, 건설, 식품, 보험, 여행 등의 상품매출이 중요해지고 있다. 자식을 한 명 더 낳게 되면 그만큼 부동산 수요가 증가하게 되고, 부동산·건설경기가 살아나게 된다. 자동차시장과 보험, 식품, 여행 등 모두 2자녀 정책에 수혜를 받을 것이다. 우리나라도 그렇지만 중국도 부동산이 재산의 80% 이상을 차지하고 있다. 신생아의 증가는 부동산가격 상승으로 이어지고, 부동산가격 상승은 가처분소득의 증가로 이어져 소비시장이 살아나게 되는 원리이다. 무엇보다 신생아 증가로 향후 10년간 가장 많은 수혜를 입을 종목은 유제품, 즉 분유업계이다.

매년 중국에는 2천만 명에서 3천만 명의 신생아가 태어나고 있다. 중국 통계청에 따르면 중국 내 16세 이하 아동 인구는 4억, 12세 이하의 인구는 2억 명 이상이다. 1~4세인 영유아가 7천만 명이고 신생아는 매년 5% 이상 증가추세이다. 분유시장의 규모는 2014년 현재 1,040억 위안으로 세계 최대 규모의 시장이다. 2015년에는 1,370억 위안(24조 원) 규모일 것으로 전망된다. 분유시장의 약진에 유제품업계 또한 소득의 증가로 겹경사를 치르고 있다. 향후 10년간은 업계가 호황을 이룰 것으로 전망된다.

◆ 유제품업계의 현황

유제품은 우리가 즐겨 먹고 마시는 우유, 요거트, 치즈, 분유 등의 1차 가공품과 빵, 과자와 같은 2차 가공품에 사용된다. 식품에서 매출 10% 이상을 차지하는 것이 유제품으로, 중국시장만 해도 500억 달러 규모이다. 중국 유제품시장에서 시장점유율은 멍니우(4.9%)와 이리(4.7%)가 양분하고 있다. 중국은 서양문화가 들어오면서 유제품 소비량이 급증하고 있다. 2008년 멜라민분유 파동으로 국내산 분유와 유제품에 대한 신뢰가 바닥으로 떨어져 수입산 유제품이 증가했지만, 2011년부터 중국정부가 유제품 관련 기업을 정리하고 시장조정을 하면서 중국산 유제품시장이 다시 각광받기 시작했다.

중국에서 생활하려면 우유와 요거트는 필수 식품이었다. 2007년에는 가격이 우리나라 원화로 치면 보통 200원, 비싸면 500원 정도였다. 우리나라에서 우유, 요거트 가격에 비하면 3배 이상 저렴하다. 또한 중국 요거트는 150~200ml로 우리나라의 작은 용기에 든 제품과 맛이 비슷하다. 저렴하고 건강에도 좋아서 식후에 꼭 하나씩 사서 먹었는데, 종류도 다양하다. 멍니우, 이리, 광명이 전국구 브랜드로 우리나라로 치면 서울우유나 매일우유 격이다. 가격은 지역 브랜드보다 50원 정도 비싼는데, 맛은 별 차이가 없어서 필자는 싼루三鹿라는 브랜드의 요거트를 즐겨 먹었다. 그러다가 2008년 멜라민 파동 때 멜라민이 가장 많이 들어 있는 브랜드가 싼루라는 발표에 경악을 금치 못하기도 했다. 이후 싼루는 시장에서 퇴출되었다.

그렇게 한동안 유제품을 멀리하다가 현재는 멍니우와 이리의 요거트와 우유를 즐겨 마신다. 이리는 플레인 요구르트가 부드럽고 맛있어서 즐겨 먹었고, 멍니우는 대추맛 건강 요거트가 정말 맛있다. 광명 브랜드는 유통망이 소형마트까지 확충되지 않아서 대형마트가 아니면 찾을 수 없지만, 2008년 멜라민 파동 때 유일하게 멜라민을 사용하지 않은 업체로 중국인들의 사랑을 독차지했다. 하지만 당시에는 워낙 국내 브랜드에 대한 신뢰가 바닥이라 멜라민을 사용하지도 않았어도 '국산 브랜드는 아니다'라는 인식이 팽배해 경영이 어려웠다. 무엇보다 30년이나 된 기업이 일반 슈퍼와 중형마트까지 진출하지 못했다는 것은 유통망 확장에 문제가 많다는 것이다. 아무리 신제품을 만들어도 매출상승에 한계가 있다고 판단된다.

유제품시장에서 61.4%는 우유, 23.1%는 요거트, 8.5%는 아이스크림, 3%는 치즈와 버터가 차지하고 있다. 우유시장에서 점유율 1위는 멍니우(23.6%), 2위는 이리(20.4%), 그다음으로 와하하(9%), 왕왕(5.7%) 순이다. 중국에서 우유를 마시려면 보통 유통기간이 5일 이내이다. 만약 5일 이내에 마실 수 없다면 45일 이상 보관이 가능한 멸균우유를 마셔야 한다. 그 이유는 국토가 넓기 때문이다. 우유를 대량생산하려면 생산의 주요 기지는 대초원이 펼쳐진 먼 지역일 수밖에 없다. 젖소를 기르기 유리한 지역은 네이멍구 대초원으로 네이멍구에서 가장 먼 하이난다오까지 기차로 3일, 비행기로 4시간 이상이 걸린다. 또 중간에 트럭으로 운송하는 기간까지 잡으면 최소 4일 이상의 시간이 걸리는 것이다. 여기에 냉장보관 비용까지 발생한다. 그래서 멸균우유가 중국 우유시장의 90%를 차지할 수밖에 없다. 물론 각 지역 로컬기업들이 소단위로 신선한 우유를 생산하기도 하지만, 어릴 적부터 익숙해진 멸균우유의 맛과 신선우유 위생에 대한 불신으로 멸균우유가 주를 이룬다.

중국에서 생활하다 보면 길에서 중국인들이 비닐팩에 든 제품을 쪽쪽 빨아먹는 광경을 볼 수 있을 것이다. 중국의 일반적인 우유와 요거트는 150~200ml 비닐팩에 담겨져 한화로 400원~800원에 유통된다. 이 제품이 유제품시장을 60% 이상 차지하고 있는 것이다. 이 비닐팩에 든 것은 요거트로, 마시는 요거트라고 생각하면 된다. 종이팩과 플라스틱 용기에 익숙한 우리에게는 낯설 것이다. 주로 플레인 요거트로 딸기, 블루베리, 포도 등 다양한 과일을 넣은 요거트로 발전하고 있다. 가격대도 저가에서 중가까지 다양하다. 요거트시장의 1위는 멍니우, 2위는 와하하, 3위는 브라이트 푸드^{Bright Food}, 4위는 이리이다.

향후에도 유제품업계의 순위 변동은 적을 것으로 예상된다. 멍니우와 이리가 1, 2위를 번갈아 하면서 시장을 양분하고 있다. 2000년 전까지만 하더라도 이리유업이 중국 유제품시장에서 유일무이한 존재였다. 그러다가 부사장이었던 니우건성牛根生이 부패와 독점으로 얼룩진 이리유업을 나와 멍니우를 세운다. 그리고 유제품 유통망을 개혁하고 과일을 첨가한 신제품을 출시해 연달아 성공하면서 10년만에 유제품시장을 양분하게 되었다. 이리 역시 2008년 8월 베이징올림픽을 공식후원하면서 업계에서의 위치를 지키려 했지만, 기업경영과 품질 등 내실에 충실한 멍니우에 결국 1위 자리를 내주어야 했다. 이리는 상하이거래소 A주에 상장되어 있어 직접투자할 수는 없지만, 멍니우는 홍콩 H주에 상장되어 있어 투자가 가능한 종목이다.

2. 멍니우

- **한글명** : 중국멍니우유업유한공사
- **중문명** : 中国蒙牛乳业有限公司
- **영문명** : China Mengniu Dairy Company Limited
- **코드번호** : 02319
- **홈페이지** : www.mengniu.com.cn
- **매출액** : 434억 위안(2013년)
- PER : 33.737
- **업계위치** : 우유 및 유제품 업계 1위
- **업종** : 유제품
- **시가총액** : 628억 6,400만 홍콩달러
- CEO : 닝가오닝宁高宁, 1958년 산동성 청산 출생, 산동대학 경제학과 졸업, 전 화윤 창업 CEO

▶ 사회적 책임을 다하는 우유업계 1등

멍니우는 중국 네이멍구를 주요 생산기지로 두고 있으며 우유와 요거트, 아이스크림 및 유제품을 생산하는 1등 기업이다. 1999년 창립되었고, 2005년에는 이리伊利에 이어 2위에 그쳤으나 경영혁신을 통해 2010년에는 1위 자리에 오른다. 상하이거래소에 상장된 이리와는 다르게 우리가 투자가능한 홍콩거래소에 상장되어 있다. 2013년에 434억 위안(약

7조 8천억 원)의 매출을 기록했고, 중국정부의 내수기업 지원과 중국인의 소득증가로 매년 20% 이상 성장하고 있다. 2008년 7월에는 중국 내 코카콜라 제품 유통업체로 유명한 중량그룹이 멍니우 주식 20%를 매입하여 최대 지주로 있다.

멍니우는 창업 7년만에 중국시장은 물론 네이멍구, 동남아, 홍콩, 미국시장까지 진출하는 업적을 이룬 기업이다. 대기업인 만큼 사회적인 책임과 환원에도 힘써 전국 빈곤지역 500개 학교에 무상으로 우유를 공급하여 중국인들의 신망이 높은 기업기도 하다. 2009년에는 세계 유제품업계 19위에 들면서 중국 유제품업계 최초로 세계시장에서 인정을 받기 시작하였다.

멍니우를 창업하고 꼴등기업을 1등기업으로 이끌어온 사람은 전 CEO 니우건성이다. 니우건성은 네이멍구 출신으로 국유기업인 이리유업에서 20년간 근무하면서 일반 공장 생산직원에서 부사장까지 승진한 인물이다. 학벌과 인맥이 판치는 국유기업을 벗어나 스스로 창업해서 무에서 유를 창조한 중국판 정주영이기도 하다. 1958년에 출생한 니우건성은 부모가 가난을 이유로 50위안에 입양시켰다. 입양을 간 집이 목축업에 종사하는 곳이었는데, 목축업에 대한 노하우가 매우 뛰어났다고 한다. 그러다가 이리유업에 병 닦는 직원으로 입사한 이후 양아버지에게서 배운 기술을 인정받아 부사장까지 오른다.

니우건성은 1999년에 이리그룹을 나와 멍니우유업을 창업하는데, 5년만에 유제품업계 1116위에서 2위로 끌어올린 내공 있는 인물이기도 하다. 멍니우를 매일 4,500톤, 연간 150만 톤을 생산하는 기업으로 성장시킨 것이다. 이러한 스토리를 가진 기업이기에 교육열이 높은 중국 부모들은 멍니우를 자식에게 마시게 한다. 자식들이 제2위 니우건성이 되기를 바라는 마음이다.

현재 멍니우는 중량그룹이 지분의 50% 이상 보유하고 있으나 경영권은 독립된 상태이다. 반면에 현대목업은 경영권과 지분 모두 중량그룹의 지배하에 있다. 이렇게 서로 얽히고 얽히면 주가에 영향을 끼치는 것이 당연하지만, 현실적으로 영향력이 크지 않다. 중국기업의 특성상 아무리 자회사이고 모회사의 지배하에 있어도, 모회사가 국유기업이면 경영권의 독립성을 보장한다. 중량그룹도 국유기업이기 때문에 자회사의 경영자를 사외에서 임명하여 경영권의 독립성을 철저히 보장한다.

중량그룹이 멍니우의 제1 주주이면, 덴마크우유로 유명한 세계적인 유제품회사 알라푸드Arla Foods는 제2 주주로 있다. 멍니우는 2012년 6월에 알라푸드와 전략적인 합작관계로 들어섰다. 멍니우의 제2 주주로 실질적인 운영에 참가하는 것이다. 이 기술합작을 통해 멍니우는 제품의 품질향상 및 품질관리, 안전문제에서 성장을 기대할 수 있게 되었다. 또한 알라푸드의 국제표준화 목장설계와 품질관리시스템 확보, 젖소관리 및 직원교육을 적극 반영할 수 있게 되었다. 여기에 알라푸드의 제품인 고급우유와 분유, 치즈, 버터 등이 멍니우 유통망을 통해 판매되고 있다.

멍니우의 제품광고

🔻 위기를 기회로 만들다

2008년 멜라민 파동을 겪으면서 멍니우는 1등 기업의 자리에 오른다. 멜라민이 성인보다 어린이에게 치명적인 영향을 끼치는 것으로 알려지면서 중국산 유제품 매출이 50% 이상 떨어지고, 특히 소비자의 95%가 외국산을 사용하기에 이르렀다. 소득이 낮은 중국 가정에서 1kg당 5만 원 이상 하는 외국산 분유를 사용하면서 가격보다는 질이 중요하다는 인식이 강하게 확산되었다.

당시 멜라민 파동의 원흉으로 꼽히는 이리유업은 2008년 베이징올림픽 스폰서로 세계 유제품 시장에 진출하려 했지만 결국은 2위인 멍니우에게 1위 자리를 내주어야 했다. 이리유업에서 장기간 근무했던 멍니우의 CEO 니우건성은 인터뷰를 통해 이리유업의 멜라민 파동은 10년 전부터 예정되어 있었다고 말하며, 성과 위주의 국유기업 경영방식을 비판했다. 사실 멍니우 또한 맛과 원가절약을 위해 멜라민을 사용했었지만, 창업주 니우건성의 빠른 조치로 멜라민 파동을 잠재울 수 있었다. 멍니우는 반성하는 모습을 보여주면서 전국 빈곤지역 학교에 유제품을 기부하고, 유제품의 가격을 3년간 동결시켰다. 매년 3%의 높은 인플레이션에서도 우유가격을 올리지 않아 중국인들의 신뢰를 얻은 것이다.

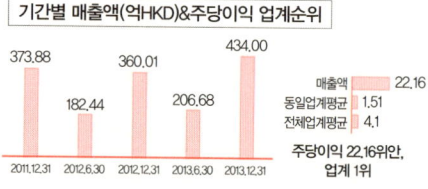

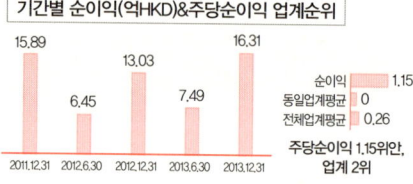

멍니우는 2013년에 고급 분유 생산업체 야스리雅士利를 인수하면서 멸균우유와 요거트 아이스크림뿐만 아니라 분유까지 아우르는 유제품업계 최강자를 목표로

하고 있다. 더군다나 2자녀 정책이 시행되면서 분유사업이 폭발적으로 성장할 것으로 예상된다. 멍니우는 공격적으로 야스리를 인수하여 우유(23.6%)·요거트(23.6%)시장 점유율 이외에도 분유시장 점유율을 20% 이상 높이려 한다. 중국 분유시장은 2008년 멜라민 파동 이후 뉴질랜드와 호주에서 수입하는 제품이 양분하고 있다. 그러다가 2013년 국무원에서 국내 분유업계를 조정하는 것을 합의하게 되었다. 이 조정을 통해 야스리와 같은 작은 기업은 인수합병되거나 퇴출되었고, 멍니우와 이리 같이 우수한 기업만 살아남게 되었다. 정부의 업계 조정이 끝나고 국산품을 애호하는 동양권의 풍조가 살아나면, 야스리까지 인수한 유제품업계 최강자인 멍니우의 질주는 아무도 막을 수 없을 것으로 본다.

멍니우와 이리는 유제품업계를 양분하는 기업이지만, 부정부패의 대명사인 국유기업과 참신한 경영의 민간기업으로 대립한다고 할 수 있다. 기업의 규모가 아무리 커도 결국에는 사람이 중심이다. 말단직원에서 업계 1위의 CEO까지의 길을 걸어온 니우건성은 바쁜 일정에도 최소 한 달에 한 번은 목장을 방문해 생산공정을 검사하는 모범을 보인다. 7조 원이 넘는 매출액과 20% 이상의 성장률보다, 자수성가의 아이콘이며 직원들에게 모범적인 CEO 니우건성이 있기에 멍니우의 미래가 밝다고 할 수 있겠다. 필자도 중국에서 생활하면서 오늘도 멍니우 우유 한 잔으로 아침을 시작한다. 영양이 풍부한 우유를 마시며 열심히 살아야겠다는 정신을 다시금 되새기게 된다.

● 멍니우 재무제표

재무년도	2013. 12	2012. 12	2011. 12	2010. 12
유동비율^{CR}	90.40	143.60	143.70	154.90
당좌비율^{QR}	76.10	123.70	120.40	136.10
장기부채 대비 순자산비율	21.10	–	–	1.50
총부채 대비 순자산비율	76.40	4.60	4.70	8.60
자본 대비 부채비율^{DR}	52.70	4.10	4.10	7.60
자기자본이익률^{ROE}	10.60	10.40	13.90	12.70
투하자본순이익률^{ROIC}	7.30	9.30	12.20	11.20
총자산순이익률^{ROA}	4.00	6.20	7.90	7.10
경영자본이익률^{OER}	4.30	4.50	5.10	4.80
세전이익률	5.10	4.80	5.50	5.10
매출액이익률^{ROS}	3.80	3.60	4.30	4.10
재고품회전율	16.82	26.42	22.19	25.73
배당률	0.22	0.22	0.22	0.23
최고가^{HKD}	38.45	24.4	28.9	28.65
최저가^{HKD}	20.6	18.1	18.02	20.05
최대^{PER}(배)	33.229	26.571	25.824	34.054
최저^{PER}(배)	17.803	19.71	16.102	23.832
최고배당수익률	1.24	1.10	1.35	0.94
최저배당수익률	0.67	0.82	0.84	0.66

3. 야스리

- **한글명** : 야스리국제홀딩스
- **중문명** : 雅士利国际控股有限公司
- **영문명** : Yashili International Holdings Ltd
- **코드번호** : 01230
- **홈페이지** : www.yashili.com
- **매출액** : 38억 위안(2013년)
- **PER** : 24.21
- **업계위치** : 고급분유업계 2위
- **업종** : 유가공품
- **시가총액** : 76억 1,700만 홍콩달러
- **CEO** : 쑨이핑孙伊萍, 1967년 푸젠성 출생, 중국농업대학 졸업, 전 중량그룹 부 CEO(2007년)

멍니우와의 합병으로 분유시장을 노리다

　야스리는 일찍이 대외개방을 한 광둥성을 필두로 발전한 식품전문업체이다. 유제품을 포함한 식품과 건강식품의 생산과 유통을 필두로 1983년에 창립되었다. 주요 제품으로 분유, 두유, 오트밀로 200여종의 제품을 생산하고 중국뿐만 아니라 동남아와 유럽에도 수출한다. 2004년에 중국 국민브랜드로 인정받았고 ISO9001 품질관리시스템, HACCP 식품안정관리시스템 등을 통과하면서 우수한 품질을 보유한 브랜드로 인정받아 왔다. 2013년에는 중국 최대 유제품업체인 멍니우가 야스리의 주식 70%를 인수했는데, 멍니우의 전국적인 유통망과 사업수완으로 매출이 10% 성장했다. 야스리는 2008년 멜라민 파동 때도 고품질과 신뢰로 살아남았는데, 향후 멍니우와의 시너지 효과가 기대된다.

야스리는 2009년부터 매년 10% 이상의 매출액 상승이 있었지만, 수입산 분유가 판치고 국내 브랜드에 대한 신뢰가 떨어지면서 2011년 영업이익이 -47%까지 떨어지기도 했다. 이에 과감히 분유사업 규모를 축소하고 일반식품에 대한 비중을 늘리면서, 2012년에 영업이익이 78%로 상승하고 경영이 정상적으로 회복되었다. 2013년에는 매출이 적은 매장을 정리하는 구조조정을 실시해 수시로 변하는 업계에 대처하기 위한 현금보유량을 8억 위안까지 늘렸다. 이 금액은 2011년에 비해 100% 이상 늘어난 금액이다. 분유생산과 유통업에 멍니우와 협력하고, 웰빙으로 전환하는 중국시장에서 두유와 오트밀 같은 건강식품분야에 투자하여 사업의 다각화를 모색하고 있다.

야스리는 수입우유를 주원료로 하는 제품을 생산해낸다. 대표 브랜드로는 야스리雅士利, 시은施恩, 정미正味, 우이优怡가 있다. 고급 분유 브랜드인 슈퍼알파-골든스테이지超级α-金装系列奶粉와 시은의 Meria美儿乐 시리즈는 고급 소비자들을 타깃으로 한 고급원료 사용 제품이다. Newwit能慧 시리즈와 시은의 Scient 제품은 중산층 소비자를 타깃으로 한 분유제품이다. 또한 HTS 제품은 중산층·저소득층 소비자를 타깃으로 한 분유이다. 우이优怡는 성인과 청소년을 대상으로 한 브랜드로 분유, 오트밀, 가루형 두유제품을 판매한다. 고령화에 따른 노년 소비층 상승을 타깃으로 고칼슘 오트밀, 중·노년 고칼슘 분유 등을 생산한다.

야스리는 1,900개 이상의 중간대리상에게 제품을 판매하고 있으며, 총 10만 5천 개 점포에 납품되고 있다. 특히 영유아제품전문 판매처는 2만 8천 개에 달하며, 중국 3~4선급 도시의 소비상승과 농촌소득의 증가에 따른 시장확대로 매출증진을 기대해볼 수 있다. 2013년에는 1만 명의 산부인과 관련 의사들을 대상으로 '중국영유아의학'에 관한 활동을

20회 이상 실시하였고, 소비자들에게 영유아교육을 실시하고 있다. 이 교육은 1,700회 이상 진행되었으며 참가자는 7만 명에 달한다. 같은 해에 중국 분유생산회사로는 최초로 중국을 대표하는 500대 기업 브랜드상을 2년 연속 받았다.

중국정부는 2009년 발생한 멜라민 파동을 계기로 영유아분유시장에 대해 국가표준안전을 확고히 실시하고, 안전기준을 충족하지 못한 중소기업은 퇴출시키거나 대기업과 합병시키고 있다. 이를 통해 시장 내 불필요한 경쟁으로 품질이 떨어지는 것을 사전에 방지하고 있는 것이다. 중국산 분유에 대한 소비자의 신뢰도 점차 돌아오고 있다. 야스리도 안전검사에서 엄격한 제도를 도입하여 향후 시장확대를 통한 브랜드 가치와 매출향상에 힘쓰고 있다. 100% 수입원유를 사용하고 국제식품안전품질위원회, 영유아전문가, 국제표준에 따라 제품을 생산한다. 야스리는 지속적으로 원유를 수입하는 동시에 뉴질랜드의 목장과 가공설비를 확장할 계획이다. 여기에 2014년부터 거의 모든 중국 지방에서 실시하는 독자 2자녀 정책으로 인해 유아인구가 늘어날 것으로 예상된다. 중국의 농촌과 3~4선급 도시에 국유기업의 자회사인 야스리의 진출이 더욱 활발할

야스리_01230

기간별 매출액(억HKD)&주당이익 업계순위

2011.12.31	2012.6.30	2012.12.31	2013.6.30	2013.12.31
29.58	16.89	36.55	21.53	38.90

매출액 1.09
동일업계평균 1.51
전체업계평균 4.1
주당이익 1.09위안, 업계 10위

기간별 순이익(억HKD)&주당순이익 업계순위

2011.12.31	2012.6.30	2012.12.31	2013.6.30	2013.12.31
3.06	2.19	4.68	2.94	4.38

순이익 0.16
동일업계평균 0
전체업계평균 0.26
주당순이익 0.16위안, 업계 9위

기간별 현금흐름(억HKD)&주당현금자산 업계순위

2011.12.31	2012.6.30	2012.12.31	2013.6.30	2013.12.31
4.58	2.18	7.72	0.14	1.41

현금보유액 0.04
동일업계평균 0.09
전체업계평균 0.45
주당현금자산 0.04위안, 업계 10위

것으로 보인다.

　인터넷을 통한 분유 구매량도 대폭 늘어날 것으로 전망된다. 업계는 향후 인터넷을 통한 판매액이 100억 위안 이상 성장할 것으로 보고 있다. 특히 유통망이 부족한 2~3선급 도시의 인터넷 구매율이 점차 상승하고 있다. 중국과 같이 땅덩어리가 큰 나라는 대부분의 고급 분유 매장이 대도시에 집중되어 있어, 2~3선급 중소도시에서는 다양한 제품을 쉽게 접할 수 없다. 그래서 아이를 키우는 집은 자주 마트를 이용하기 어렵고 분유와 같이 정형화되어 있는 제품의 인터넷 구매시장이 성숙되고 있는 것이다. 이것은 자연스럽게 소비 상승으로 연결된다. 야스리는 2009년부터 중국 최대의 전자상거래업체인 타오바오에 매장을 열고 온라인 판매를 늘리고 있다. 중국의 전자상거래 인구는 2020년에 8억 명에 달할 것으로 예측하고 있다. 인터넷을 통한 고급분유의 매출은 꾸준히 상승할 것으로 보이고, 멍니우와의 합병으로 야스리는 날개를 달 것으로 예측한다.

● 야스리 재무제표

재무년도	2013. 12	2012. 12	2011. 12	2010. 12
유동비율^{CR}	178.80	275.80	447.00	501.10
당좌비율^{QR}	112.40	230.80	375.30	444.90
장기부채 대비 순자산비율	1.50	–	–	–
총부채 대비 순자산비율	7.60	8.90	0.80	4.20
자본 대비 부채비율^{DR}	7.40	8.80	0.80	4.20
자기자본이익률^{ROE}	14.10	11.50	8.10	13.50
투하자본순이익률^{ROIC}	13.80	11.40	8.00	13.30
총자산순이익률^{ROA}	9.70	8.40	6.60	11.20

경영자본이익률^{OER}	12.40	15.30	10.60	20.00
세전이익률	14.80	17.70	12.70	20.00
매출액이익률^{ROS}	11.20	12.80	10.40	17.00
재고품회전율	4.39	5.60	5.12	7.56
배당률	0.30	2.97	0.65	0.41
최고가^{HKD}	5.54	1.833	3.06	–
최저가^{HKD}	1.523	0.643	1.02	–
최대^{PER}(배)	35.188	11.061	28.537	–
최저^{PER}(배)	9.674	3.88	9.512	–
최고배당수익률	3.10	76.66	6.86	–
최저배당수익률	0.85	26.89	2.29	–

4. 현대목업

- 한글명 : 중국현대목업홀딩스
- 중문명 : 中國現代牧業控股有限公司
- 영문명 : China Modern Dairy Holdings Ltd.
- 코드번호 : 01117
- 홈페이지 : www.xiandaimuye.com
- 매출액 : 19억 124만 8천 위안(2013년)
- PER : 39.294
- 업계위치 : 원우유 생산 및 공급 업계 1위
- 업종 : 목축
- 시가총액 : 177억 1,600만 홍콩달러
- CEO : 위쉬보 于旭波, 1966년 산둥 웨이하이 출신, 중량그룹 CEO

🔻 중국 유제품시장의 주요 공급원

현대목업은 2005년 9월에 창립된 이후 전문적으로 젖소를 사육하고 우유를 생산하는 기업이다. 중국 전역에 22개의 목장과 20만 마리의 젖소를 보유하고 있으며, 고품질우유 하루 생산량이 2,700톤인 기업이다. 중국 1위의 우유공급업체이며 양과 질을 모두 갖춘 기업이다. 멍니우 전용목장이라는 이야기가 있을 정도로 우유의 70%를 멍니우에 공급하고 있다. 멍니우뿐만 아니라 유제품업계 2위인 이리유업, 3위인 광명유업, 우유가 반드시 필요한 과자업계 1위 왕왕도 현대목업에서 우유를 공급받는다.

현대목업은 유럽의 선진화된 유제품생산시스템을 도입하고 있다. 젖소의 사료공급과 분뇨처리에 위생적인 시설을 보유하고 있으며, 여기에 중국정부에서도 전염병 등에 대한 방역과 소독에 힘쓰고 있다. 각 목장에는 전문적인 수의사들이 배치되어 젖소의 건강상태 및 우유의 질과 청결을 수준 높게 관리하고 있다.

주요 매출은 멍니우나 이리 같은 대기업에 수주하여 우유를 공급하는 것이지만, 2008년 멜라민 파동으로 인한 유제품업계 지각변동을 기회로 친환경우유, 자연방목한 젖소에서 나오는 유기농우유 같은 프리미엄우유을 생산하여 사업의 다각화를 추구하고 있다. 중국의 평균소득이 증가하면서 일반우유보다 프리미엄우유의 소비가 늘었는데, 이로 인해 멍니우와 이리, 왕왕 등에 공급하는 우유량도 늘어났다. 2013년에는 19억 위안의 매출을 올리며 2012년에 비해 74%나 성장하고, 우유소비 증가에 따라 매년 50% 이상 고속성장을 하고 있다. 2013년 감가상각액 비율이 57%로 2012년 37% 증가와 비교해도 대폭 늘어난 것을 확인할 수 있다. 향후 유제품업계의 규모가 커질 것으로 예상해, 사업의 규모를 2010

년에 비해 2배 이상 확장하고 있기 때문이다.

현대목업은 중국 유제품시장의 주요 공급원으로 규모의 경제를 실현하고 있는 기업이다. 젖소는 하루에 25리터의 우유를 생산하는데, 매년 기본임금이 10% 이상 올라가고 있어서 인건비 상승으로 인한 우유가격 상승이 우려된다. 크고 넓고 복잡한 유통망과 시장에서 경쟁하면서 살아남기 위해서는 기업이 한 가지 업무에 중점을 두는 것이 중요하다. 다시 말해 현대목업은 우유생산을, 멍니우는 가공과 판매에 집중하는 것이 유제품시장에서 가격경쟁력을 유지하는 비결이 될 것으로 보인다. 그런 의미에서 현대목업을 주목할 만하다.

현대목업은 2013년에 매출액이 최고점에 달했다. 중국 소비시장 규모 증가와 고급유제품 소비증가가 매출상승에 큰 기여를 했다. 현대목업은 2014년 초에 22개의 목장과 2개의 합작회사와 건설 중인 목장 2개를 보유하고 있다. 18만 6,838마리의 젖소를 사육하고 있다. 2013년 기준으로 기업의 우유 총생산량은 37만 2,647톤으로 2012년 26만 906톤에 비해 42.8% 증가한 것이다. 멍니우의 고급유제품인 터룬쑤特仑苏에 우유를 70% 이상을 공급한다. 다른 유제품생산기업에도 고급우유를 공급하고 있다. 도

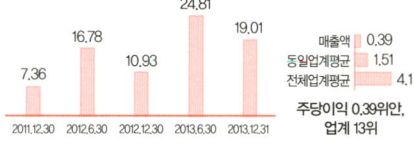

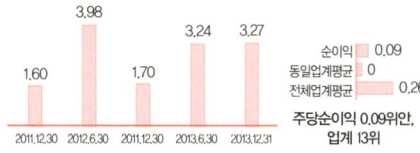

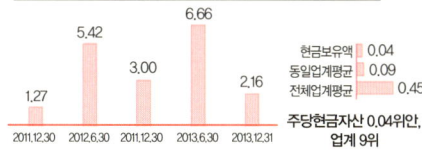

농간의 소비증가로 고급유제품 소비가 매년 15% 이상 꾸준히 증가하고 있다.

젖소의 일일 생산량은 이익상승과 직접적으로 연계되어 있다. 현대목업은 10년 전부터 지속적으로 젖소의 품종, 유전자, 사료배합 등을 과학적으로 관리하고 있다. 2013년 젖소의 한해 평균 우유 생산량은 8.51톤으로 2012년 7.94톤보다 7.2% 상승했다.

2013년 9월 23일에 현대목업과 석세스 다이어리Success Dairy는 합작회사를 설립하여 신규목장 건설에 투자하였다. 현대목업이 18%, 석세스 다이어리가 82%의 지분을 보유한다. 총 투자액은 1억 4천만 달러이다. 현대목업은 합작을 통해 현금유동성을 늘리고 신규목장 건설을 통해 1만 3,200마리의 젖소를 늘릴 계획이다. 석세스 다이어리는 뉴다이어리 투자사New Dairy Investment Ltd와 크라운다이어리 홀딩스Crown Dairy Holdings Limited의 합작회사이다. 뉴다이어리 투자사는 KKR 중국성장펀드KKR China Growth Fund L.P.의 자회사이고 KKR 중국성장펀드는 아시아 내에서 운용되는 중화권 투자회사이다. 두 회사 모두 2008년에 현대목업에 투자해 당시 3개의 목장과 2만 4천 마리의 젖소만을 보유한 현대목업을 2014년 기준 22개의 목장과 약 18만 마리의 규모로 성장시켰다. 2010년에는 홍콩거래소에 상장시키기도 했다. 2013년에 재투자를 했는데, 이는 급격히 성장하는 중국 유제품시장의 주요 공급원인 현대목업의 가치를 인정하고 있는 것으로 보인다. 현대목업의 젖소와 새끼 젖소의 비율은 53 대 47로, 향후 2년간 60 대 40으로 늘어 생산량이 증가할 것으로 예상된다. 2015년 연간목표 우유 생산량은 100만 톤이다.

● **현대목업 재무제표**

재무년도	2013. 12	2012. 12	2011. 12	2010. 12
유동비율^{CR}	45.40	46.10	73.20	209.70
당좌비율^{QR}	30.00	35.80	55.60	182.80
장기부채 대비 순자산비율	34.10	41.60	38.00	26.10
총부채 대비 순자산비율	86.20	79.10	51.10	32.60
자본 대비 부채비율^{DR}	61.80	54.40	36.20	24.90
자기자본이익률^{ROE}	5.70	6.00	7.90	4.80
투하자본순이익률^{ROIC}	4.10	4.10	5.60	3.70
총자산순이익률^{ROA}	2.60	2.90	4.60	3.30
경영자본이익률^{OER}	18.20	13.60	28.50	27.20
세전이익률	18.40	14.10	24.30	21.90
매출액이익률^{ROS}	17.20	13.10	23.80	20.20
재고품회전율	2.75	7.25	6.36	5.23
배당률	–	–	–	–
최고가^{HKD}	4.4	2.9	2.5	2.88
최저가^{HKD}	1.95	1.82	1.34	2.35
최대^{PER}(배)	50.626	34.054	24.649	45.951
최저^{PER}(배)	22.436	21.372	13.212	37.495
최고배당수익률	–	–	–	–
최저배당수익률	–	–	–	–

5. 이리

- 한글명 : 네이멍구이리실업그룹유한공사
- 중문명 : 内蒙古伊利实业集团股份有限公司
- 영문명 : Inner Mongolia Yili Industrial Group Co.,Ltd
- 코드번호 : SH600887(상하이 A주 상장)
- 홈페이지 : www.yili.com
- 매출액 : 130억 위안(2013년)
- PER : 19.86
- 업계위치 : 유제품생산가공 종합 2위, 분유 1위
- 업종 : 유제품
- 시가총액 : 787억 위안
- CEO : 판강潘刚, 1970년 7월 네이멍구 출신

빼앗긴 1등을 노리는 국유기업

이리유업은 중국의 유제품의 고유 강자 혹은 조상이라는 별칭이 있다. 2008년 멍니우에게 1위를 빼앗기기 전까지 중국인의 건강을 지켜오던 유제품 관련 국유기업이다. 비록 상하이 A주라서 우리가 직접투자하지는 못하지만, QFII(적격외국인투자자) 인가를 받은 증권사를 통해서 펀드 형식으로는 구매가 가능하다. 2014년 10월 상하이주식에 직접 투자할 수 있는 후강통이 실시되면 상하이거래소에만 있는 중국유제품 알짜기업으로 주목받게 될 것이다.

이리유업은 멍니우와 같은 계열의 제품을 생산하는 경쟁업체로 60년의 역사가 있는 기업이다. 우유, 음료, 분유, 요거트, 치즈 등을 생산한다. 1956년에 설립되었으며, 긴 역사가 증명하듯 멍니우보다 3배 이상 많은 1천 가지가 넘는 제품군을 보유하고 있다. 국유기업답게 정부와의

연계도 많아 2008년 베이징올림픽 공식스폰서로 전 세계 선수들에게 유제품을 공급하기도 했다. 사회봉사 사업도 많이 하여 환경과 빈곤가정 학생들을 위해 2013년까지 7억 위안을 기부한 국민기업이다.

2008년 멜라민 파동 때 멍니우에게 1위 자리를 내주었다. 하지만 정부의 지속적인 지원이 있고, 국내시장에서 해외시장으로 진출하려는 노력을 하고 있다. 시진핑이 유럽순방을 할 때 이리유업의 CEO가 매년 동행하는데, 유제품기업으로는 최초이다. 2014년 3월에는 네덜란드와 식품안전보장시스템 전략을 협의하고 공동개발을 실시하고 있다.

이리유업은 우유시장에서 20.4%의 점유율을 차지하고 있는데 멍니우와의 차이는 3% 뿐이며, 3위인 와하하(9%)와 4위인 왕왕(5.7%)에 비해서는 높은 수준이다. 비록 2위이지만 1위와의 차이가 거의 없고 제품군이 풍부하여 언제든지 1위를 되찾을 가능성이 높다. 2013년 매출액은 478억 위안, 순이익은 32억 위안이다. 2012년에 비해 각각 14%, 86% 증가했다. 2014년 1분기 매출액은 130억 위안, 순이익은 11억 위안으로 각각 11%, 123% 증가했다.

이리유업의 매출증가는 폭발적인 분유매출 상승과 관련이 있다. 중국의 분유시장이 정부 주도로 업계가 개편되고 있기 때문이다. 야스리는 멍니우에 합병되었고, 이리 또한 중소 유제품기업들을 흡수하면서 덩치를 키우고 있다. 이리그룹의 분유제품은 업계 1위로 중국의 중산층에게 중저가의 분유를 제공하고, 정부에서 안정성을 보장하고 있다. 그래서 분유제품 매출이 2012년에 비해 100% 이상 상승한 것이다. 분유시장의 업계순위도 1위이다.

5장

시진핑의 도시화정책, 대형마트를 주목하라

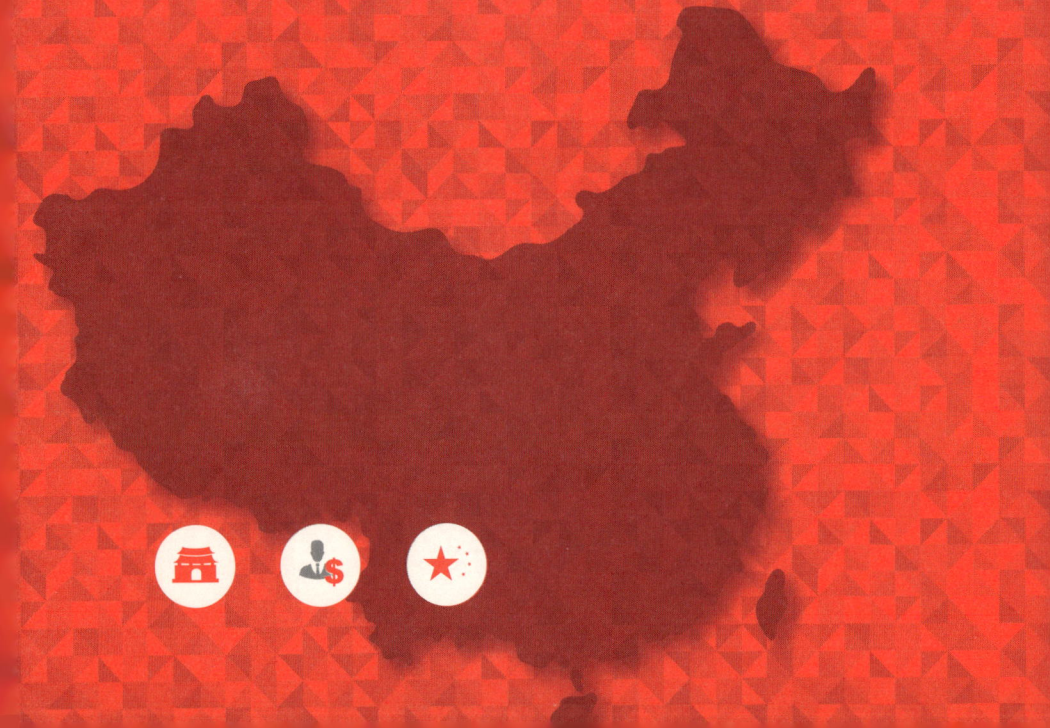

1. 중국 대형마트 환경분석

◆ 시장의 변화에 대처하는 대형마트들

2013년 중국 대형마트의 매출은 8.9% 성장하였지만 2012년보다 성장추세가 둔화되었다. 하지만 인터넷구매 총액은 1만 8,500억 위안에 달하면서 2012년보다 42% 고속성장하고 있다. 국내총생산은 7.7% 성장했고 금액으로는 56조 8,845억 위안이다. 2013년 소비자 물가지수는 2.6% 상승하였고 도시화율은 53.73%로 2012년보다 1.16%p 상승하였다. 도시거주자의 가처분소득은 2만 6,955위안으로 2012년보다 9.7% 성장했고, 실제로는 7%(명목물가 9.7%-CPI 2.6%) 성장했다 소비품 판매 총액은 23만 4,380억 위안으로 2012년보다 13.1% 성장했다. 증가폭은 2012년보다 1.2%p 감소한 수치이다. 무엇보다 중국정부의 반부패정책인 삼공소비三公消費(공무원의 접대비·출장비·교통비에 제한규범을 정함) 억제로 고급 담배와 술, 고급 레스토랑 등 사치품시장이 하락추세이다. 그 대신 인터넷 구매, 여행 및 일반 소비가 새로운 소비 이슈로 등장했다.

1990년대 이후부터 프랑스의 까르푸와 미국의 월마트가 중국에 진출하면서 중국의 로컬기업들도 대형마트를 설립하기 시작하였다. 20여 년 동안 중국의 대형마트업계는 베이징, 상하이, 톈진 등의 직할시와 각 성의 중심도시로 발전하였다. 2010년 쯤에는 1~2선급 도시의 대형마트는 포화 상태에 이르렀다. 2014년 현재는 중국 내 외국계 마트 중 까르푸와 월마트만이 살아남았다. 이 두 기업은 초기에 진출했기 때문인 것으로 보인다. 한국계 대형마트인 이마트와 롯데마트, 영국계 테스코TESCO 등은 만년적자로 중국에서 퇴출되는 분위기이다. 이 업체들은 2000년 중국시장 진출 이후 단 한 해도 흑자전환이 없었다.

2013년 시진핑정권의 도시화와 농촌 내수시장 살리기 정책을 통해 3~4선급 도시와 농촌에도 대형마트들이 들어서고 있다. 대형마트업체들은 3~4선급 도시에서 시장점유율을 높이려고 각축전을 벌이고 있다. 뿐만 아니라 1~2선급 도시의 대형마트들도 소득상승을 통한 시장확대를 예상하고 마트의 규모를 늘리거나 고급 대형마트를 개설하는 등의 노력을 하고 있다. 급격히 변화하는 시장에서 높은 시장점유율과 매출효율을 위해 빠르게 움직이고 있는 것이다.

1990년대에 시작된 중국 마트업계는 2005년까지는 까르푸와 월마트, 그리고 중국 로컬기업들이 시장을 3등분해 보유하고 있었다. 하지만 2013년 기준으로 중국의 대형마트시장 판도는 크게 바뀌었다. 기존에는 우수한 유통과 경영을 보유한 까르푸와 월마트가 중국시장에서 1, 2위를 다투며 경쟁하였지만, 중국정부의 지원과 보호 아래 전국에 가장 많은 매장을 두고 있는 롄화마트가 2013년 매출 규모 500억 위안으로 1위에 올랐다. 2위는 까르푸로 매출액 338억 위안이며, 중국에 236개 매장이 있다. 3위는 타이완계 신성 다룬파 大润发로 매출액 335억 위안으로 2위 까르푸를 바짝 추격하고 있다. 4위는 매출액 334억 위안의 화윤창업이다. 이 기업은 중국의 롯데그룹으로 불리는데, 엄청난 자금력을 바탕으로 중저가 시장은 물론 2010년부터는 고급화전략을 통해 시장의 다양화를 꾀하고 있다. 5위는 중국 쑤궈마트로 소득수준이 중국에서 제일 높은 저장성을 위주로 발전하고 있다. 303억 위안의 매출을 올렸다. 6위는 월마트로 278억 위안이다. 전 세계 1위의 마트기업이고 중국 내에 390개의 분점이 있지만, 중국과 우리나라에서는 고전을 면치 못하고 있다.

중국 대형마트업계는 정부 주도의 3~4선급 도시와 농촌의 소득상승을 근거로 매장을 확대하고 향후 매출증가를 예상하고 있지만, 소득상승에 따른 물가상승과 인건비상승은 마트업계에도 부담으로 다가와 성장률과 마진폭이 줄어들게 될 것이다. 련화마트가 매출액은 1위라고 하지만 무분별한 매장확장과 소득상승 여파가 확실하지 않은 중소도시까지 진출하면서 단기적인 자금압박이 매우 심하다. 반면에 3위인 다룬파는 중국 현지화를 성공적으로 마쳤으며, 매일 실시되는 염가할인 판매를 통해 2013년에 30%가 넘은 성장률을 기록했다. 화윤창업 또한 2010년부터 기업의 전략을 소득수준 향상이 가시적이지 못한 농촌보다 이미 성숙된 대도시를 타깃으로 하고 있다. 일반 마트보다는 30% 이상 비싼 고급대형마트 브랜드 Ole와 BLT를 신설하면서 2013년 매출이 40% 이상 성장하였다. 특히 Ole의 연매출액 성장률이 11%에 달하는데, 주로 수입식품과 유기농식품을 판매하고 있다. 전국에 Ole만 24개에 이르며, 매출액도 20억 위안 이상이다. 화윤창업의 고급 대형마트 성공으로 련화마트도 씨티라이프^{Citylife}라는 브랜드를 신설하여 고급 대형마트시장을 노리고 있다. 하지만 아직까지 가시적인 성과는 보기 어려운 실정이다.

● 중국 마트업계 순위

구분	기업 명칭(중문)	기업 명칭 (한글명)	로고	매출규모 (만 위안)	증가율
1	联华超市股份有限公司	련화마트	世纪联华 CenturyMart	5,004,726	8.2
2	家乐福(中国)管理咨询服务有限公司	까르푸	Carrefour 家乐福	3,381,912	14.1
3	康成投资(中国)有限公司(大润发)	다룬파	大润发 RT-Mart	3,356,700	31.1
4	华润万家有限公司	화윤창업	华润万家 vanguard	3,344,200	39.8

5	苏果超市有限公司	쑤궈마트	3,035,800	15.1
6	沃尔玛(中国)投资有限公司	월마트	2,782,197	30.6
7	农工商超市(集团)有限公司	농공상마트	2,667,544	20.7
8	物美控股集团有限公司	우메이마트	2,080,098	9.7
9	新一佳超市有限公司	신이쟈 마트	1,749,260	4.4
10	好又多管理咨询服务(上海)有限公司	하오요우뚜어마트(Trust-mart)	1,640,000	17.1

• 자료 : 코트라

2. 화윤창업

- **한글명** : 화윤창업유한공사
- **중문명** : 华润创业有限公司
- **영문명** : China Resources Enterprise Limited
- **코드번호** : 00291
- **홈페이지** : www.cre.com.hk
- **매출액** : 1,464억 홍콩달러(2013년)
- PER : 22.05
- **업계위치** : 마트업계 3위
- **업종** : 소매, 주류, 음료
- **시가총액** : 449억 2,400만 홍콩달러
- CEO : 천랑 陈朗

중국 유통업계의 종합백화점

화윤창업은 2013년 중국 내 기업순위 20위로 직원이 약 14만 명이다. 화윤그룹이 가진 사업부문으로 대형마트업계 2위인 화윤마트, 맥주업계 1위인 설화^{Snow}맥주, 생수업계 4위인 이바오가 있다. 또한 화윤물류, 화윤소매를 보유하고 있으며 중국 유통업계의 종합백화점이다.

화윤마트는 베이징, 톈진, 광주, 선전, 홍콩, 마카오 등지에 대형마트, 종합마트, 편의점 2,600개 매장을 보유하고 있다. 필자가 2009년 톈진에서 생활할 때 주로 가던 화윤마트는 창고형으로, 임대료와 인건비가 비싼 톈진에서 가격절하를 위해 힘쓴 모습을 볼 수 있었다. 화윤마트는 중국 4대 직할시의 하나인 톈진지역에서만 80%의 점유율을 차지하고 있다. 중국인들과 외국인이 주로 이용하는 마트로 시장점유율과 제품가격에서 경쟁력이 있으며, 중국의 유명의류 브랜드 매장도 입점하여 마트의 가치를 더욱 올려주고 있었다.

중국의 대형마트는 지역마다 희비가 엇갈리는데, 전국구로 활동하는 다룬파·화윤마트·롄화마트가 중국 4대 직할시와 각 성의 수도에 포진하고 있다. 인구비율이 적은 3~4선급 도시에는 해당 지역의 고유 마트가 있지만, 중국 3대 마트들도 2010년부터 농촌의 소비가 상승하고 중산층이 늘어감에 따라 진출하고자 노력하고 있다. 이렇게 중국의 로컬 브랜드가 상승함에 따라 우리나라 이마트·롯데마트나 테스코나 월마트 같은 외국계 마트의 위치가 불안해지고 있다. 이들 마트들이 중국인에게 맞는 서비스를 제공하지 못하고 소비 애국주의, 즉 신토불이 문화의 확산으로 정부와 소비자단체가 불매운동 등의 압력을 가하고 있기 때문이다. 그래서 중국의 외국계 대형마트는 거의 모두가 적자이며, 그나마 유일하게 제일 먼저 중국에 진출한 까르푸가 이익을 내면서 명맥을 유지하고 있다. 하지만 2008년 베이징올림픽 당시 까르푸의 국적인 프랑스에서 올림픽 성화봉송을 방해했다고 알려지면서 까르푸와 프랑스 와인 매출이 급감하였다.

필자는 톈진·상하이의 이마트와 산둥성 칭다오의 롯데마트를 여러 번 방문한 적이 있다. 실제로도 이 마트들은 로컬마트에 비해 관리와 경영에 여러 가지 문제가 있었다. 가장 기본적인 고객유치 상품인 우유가격조차 로컬마트보다 비싸고, 평일에는 고객보다 직원이 더 많은 기이한 현상도 종종 목격되었다. 개선과 혁신이 필요해 보였다.

화윤창업의 맥주는 인지도에서는 칭다오맥주에 뒤지지만 시장점유율 1위를 달리고 있는 제품이다. 전국에 60개의 맥주공장이 있으며 연간 생산량은 1,200만 리터이다. 맥주 브랜드로는 설화뿐만 아니라 중화, 블루소드도 있는데 이는 상품의 다양화를 꾀하는 것이다.

생수업계에서도 화윤창업은 빛을 발한다. C'estbon怡宝이라는 브랜드로 생수를 판매 중이다. 필자가 가장 즐겨 마시는 생수이기도 한데, 녹색의 디자인으로 물맛이 광천수들과 다르게 깔끔하다. 부드러운 목넘김 때문에 좋은 물로 만든 맥주라고 생각해 중국인들도 이 생수와 설화맥주를 즐겨 찾는다. 중국의 생수업계 1위는 캉스푸, 2위는 농푸산천, 3위는 와하하, 4위는 이바오이다. 여기서 농푸산천과 와하하는 상장하지 않았고, 낮은 가격에 품질이 중급인 캉스푸에 반해 이바오는 중간 가격대에 품질이 고급이다.

➤ 화윤창업의 재무업적과 각 부문별 업무

대형마트업계는 1~2선급 대도시의 마트가 포화상태이기 때문에 3~4선급 소도시와 농촌으로 매장을 늘려 규모를 키우려 하고 있다. 하지만 화윤마트는 이 흐름에 신중한 태도를 보이고 있다. 중국의 경제성장 속도가 둔화되고 있어 소도시와 농촌에 대규모로 투자하는 것보다 기존의 1~2선급 마트경영에 더욱 힘쓰겠다는 것이다. 실제로 농촌의 소비가 10년 전에 비해 2배 이상 늘어났다고 하지만, 소도시와 농촌일수록 중산층이 적고 빈부격차가 커서 마트의 주요 고객층인 중산층이 적다. 그렇게

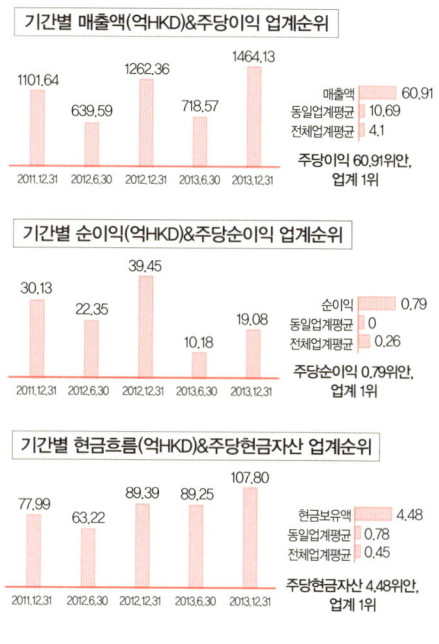

되면 대형마트의 향후 감가상각비용이 올라가게 되는데, 이것은 기업경영에 문제가 될 수 있다. 화윤창업의 2013년도 매출액은 1,464억 홍콩달러이며, 2012년 대비 16%가 상승한 것이다. 화윤창업은 매년 15% 이상 성장하고 있다.

2013년도 영업이익은 373억 홍콩달러로 전년대비 22.93% 상승하였다. 화윤창업은 홍콩거래소에서 블루칩인 항생지수 상위 30에 드는 규모와 성장률을 가진 초우량 가치주이다. 또한 대형마트 위주의 발전이기 때문에 소득증가와 중산층이 두터워질 중국에서 향후 발전이 기대된다.

■ 소매업무

　화윤창업의 2013년 소매업(마트운영) 매출액은 951억 위안으로 2012년 대비 14% 증가하였다. 소매업은 그룹 총 매출에서 39.8%를 차지하고 있으며, 순수익은 100억 위안으로 2012년보다 65.2% 감소했다. 주요 원인은 사업확장으로 인한 감가상각의 증가와 비핵심사업 정리로 인한 손해를 상계하였기 때문이다. 화윤창업의 주요 소매분야는 화윤만가 대형마트 华润万家 CR Vanguard, 귀금속소매점 중예 中艺 Chinese Arts &Crafts, 건강식품전문점 화윤당 华润堂 CR Care, 화장품 매장 VIVO 采活 및 커피전문점 태평양커피 太平洋咖啡 Pacific Coffee 등으로 구성된다. 2014년 초 기준으로 현재는 4,600개의 점포를 보유하고 있는데 그중 83%는 직영점이고 나머지는 가맹점 및 수권사업체이다.

　2013년 각 점포들의 평균성장률은 4.7%로, 이는 적극적인 신설 매장 확대 때문인 것으로 보인다. 하지만 소매업계는 인건비 비중이 높은 산업으로 중국의 최소임금 상승은 기업매출과 이윤성장에 압력으로 다가올 것이다. 또 저장성 우시 无锡과 항저우 杭州 포산 佛山에 VIVO 화장품 매장을 개설하고 상하이에 고급대형마트 Ole를 개설하였다.

　2013년 10월에는 영국계 대형마트인 테스코와 중국 내 소매업무 합작을 협의해 실시하고 있다. 테스코는 중국 내 134개의 대형마트 및 19개의 창고형마트를 보유하고 있는 기업으로, 이 합작에 43억 2,500만 위안을 투입하였다. 지분은 테스코 80%, 화윤창업 20%이다. 테스코와의 합작으로 화윤창업은 시장점유율에서 까르푸와 다룬파를 제치고 업계 2위로 올라섰다. 몸집 부풀리기에만 바쁘고 만년적자인 1위 롄화마트와 비교하면 중국 대형마트계의 실질적인 최강자라고 볼 수 있다.

■ 식품업무

 화윤창업의 2013년 매출액은 120억 홍콩달러이며 순이익은 5,300만 홍콩달러이다. 이는 2012년에 비해 각각 16.3% 증가하고 84% 감소한 것이다. 순이익의 감소는 신주발행보다는 기업의 자본을 통해 신사업에 투자하였기 때문이다. 식품업무는 전국적인 대형마트를 기반으로 PB상품을 제조하고 판매한다. 이것은 단순히 저마진의 상품을 만드는 것이 아닌, 제품의 품질을 향상시켜 브랜드화한 다음 전국적으로 판매하는 것이다. 하지만 대형마트 저가정책의 일환으로 경쟁력 상승용 PB상품 위주로 구성되어 있어 다양하지 못하다.

 2013년에 중국 돼지고기 가격이 폭락함에 따라 화윤창업에서 가공하는 돼지고기 가공업이 적자를 기록했다. 화윤창업은 우펑五丰이라는 고급 쌀 PB상품을 위해 중국의 쌀 생산기지인 흑룡강성에 있는 총 30만 톤의 쌀가공업체를 인수하였다. 또한 메이저우梅州의 꿀 생산공장을 인수하여 꿀도 직접 PB상품으로 제조하여 납품할 계획이다. 이는 PB상품을 다양화하기 위한 일환이다.

■ 음료업무

 화윤창업의 2013년 음료업무 매출액은 73억 홍콩달러이며, 순이익은 1억 홍콩달러이다. 이는 2012년 대비 각각 53.3%, 23.3% 증가한 것이다. 음료판매량은 2012년보다 41% 증가한 49억 3천만 리터로, 생수 브랜드 이바오怡宝 C'estbon을 중국 전역에 적극적으로 마케팅한 덕분이다. 생수는 고소득지역인 화남지역 광둥성과 후난성 쓰촨성을 핵심 시장으로 한다.

- **한글명** : 화윤설화맥주
- **중문명** : 华润雪花啤酒(中国)有限公司
- **영문명** : Snowbeer Enterprise Limited
- **코드번호** : 00291(직접투자불가)
- **홈페이지** : www.snowbeer.com.cn
- **매출액** : 329억 홍콩달러(2013년)
- PER : 22.05
- **업계위치** : 맥주업계 1위
- **업종** : 주류
- **시가총액** : 화윤창업의 자회사로 따로 표시하지 않음
- CEO : 천랑陈朗

🔸 중국 맥주 매출액 1위

　1994년에 설립된 설화맥주는 맥주 매출액 1위의 기업이다. 화윤창업에 소속된 자회사로 화윤창업과 SAB밀러가 최대 주주로 있다. 설화맥주 주식은 바로 구매할 수는 없다. 아직은 화윤창업에 소속된 자회사이기 때문에 화윤창업 주식을 통해 간접적으로 투자할 수는 있다.

　설화맥주의 전신은 1936년 선양의 한 작은 양조장에서 시작되었다. 70년 뒤 중국 1위의 주류기업으로 거듭날 것이라 생각 못할 정도로 작은 양조장이었다. 제품의 질보다 생산량과 시장점유율에만 힘쓰던 경쟁업체들과 달리, 적자를 보더라도 풍부한 맛과 향을 가진 제품을 생산하겠다는 일념으로 우수한 제품을 생산하던 곳이었다. 그 결과 1964년 중국 맥주품질대회에서 고유의 브랜드를 제치고 1등을 차지하였다. 당시 맥주전문가들이 부드러운 맛과 넘치는 향이 눈꽃 같다고 해서 '설화'라고 불렀으며, 이 이름이 고유 브랜드가 되었다.

　1979년 개혁개방을 시작하기도 전에 홍콩, 미국, 프랑스, 뉴질랜드,

일본으로 수출을 시작하였다. 1993년에는 선양화윤설화맥주공사를 설립했다. 2006년에는 기업 가치가 111억 8,500만 위안, 5년 후 2011년에는 기업 가치가 463억 6천만 위안으로 성장했다. 2008년과 2011년에 중국정부와 관계 부처에 납품하는 맥주로 지정되었으며, 2013년 3월에는 칭다오맥주를 제치고 1위로 올라선 저력 있는 기업이다.

칭다오맥주를 제치고 1위로 올라선 비결은 주로 젊은이를 공략하는 세련된 디자인과 다양한 향을 첨가한 제품라인을 갖추고 있기 때문이다. 또 칭다오맥주보다 1~2위안 정도 낮은 가격에 판매된다. 칭다오맥주가 상대적으로 비싸고 마진을 많이 남기는 구조라면, 설화맥주는 박리다매 전략 및 도전과 혁신을 모티브로 젊은 층을 공략하여 성공했다. 설화맥주의 2013년 매출액은 329억 홍콩달러이며 순이익은 9억 4천만 홍콩달러이다. 2012년에 비해 17.6%, 14.6% 성장했다. 2013년 맥주 판매량은 11억 리터로 2012년 10억 6천만 리터에서 10% 이상 증가했고, 여러 제품군 중에서 주력 상품인 '설화^{snow}'의 매출이 90%를 차지한다.

설화맥주가 안정적으로 성장하게 된 배경에는 지속적인 브랜드 역량 강화와 판매망 확대가 있었다. 특히 2013년은 중국의 기온이 전국적으로 상승하면서 맥주의 소비가 늘었다. 여름철에 집중되는 맥주소비는 평균기온이 1도씩 상승할 때마다 당월 매출이 10% 이상 상승하는 효과가 있다. 2013년 맥주업계 경쟁은 여전히 치열하며, 매년 심화되고 있다. 이에 따라 광고비용도 증가하고 있다. 설화맥주는 이미 칭다오맥주와 시장을 양분하고 있기 때문에 누가 더 큰 자금력으로 광고에 힘쓰느냐가 매출에 직접적으로 연결될 것이다.

중국 내 광시성, 안후이성, 후베이성, 저장성 및 구이저우성에 95개의 맥주공장이 있고, 매년 190억 리터를 생산한다. 2013년 9월에 금위맥주의 맥주공장 7개를 인수하였는데, 145만 톤의 생산량 증가가 예상된다. 설화맥주는 중국 북방 쪽에 매출이 집중되어 있었는데, 중국 남방의 맥주종가인 금위맥주를 인수함으로써 영향력이 전국적으로 커질 것으로 보인다.

● **화윤창업유한공사 재무제표**

재무년도	2013. 12	2012. 12	2011. 12	2010. 12
유동비율 CR	85.80	88.50	95.50	98.20
당좌비율 QR	51.90	52.00	56.60	56.50
장기부채 대비 순자산비율	43.90	32.80	22.30	25.40
총부채 대비 순자산비율	51.50	43.50	41.10	38.30
자본 대비 부채비율 DR	27.80	25.60	25.70	23.70
자기자본이익률 ROE	4.30	9.70	8.00	17.70
투하자본순이익률 ROIC	2.30	5.70	5.00	10.90
총자산순이익률 ROA	1.20	3.10	2.70	6.30
경영자본이익률 OER	3.40	5.20	4.90	5.70
세전이익률	3.40	5.30	4.90	5.80
매출액이익률 ROS	1.30	3.10	2.70	6.50
재고품회전율	5.85	5.94	5.32	5.55
배당률	0.34	0.18	0.38	0.22
최고가 HKD	29.15	30.8	35.5	35.5
최저가 HKD	21.55	18.88	24	24.45
최대 PER(배)	36,899	18.78	28.4	14,979
최저 PER(배)	27,278	11,512	19.2	10,316
최고배당수익률	1.25	1.59	1.96	2.13
최저배당수익률	0.93	0.97	1.32	1.47

3. 고흠소매

- **한글명** : 고흠소매유한공사
- **중문명** : 高鑫零售有限公司
- **영문명** : Sun Art Retail Group Limited
- **코드번호** : 06808
- **홈페이지** : www.sunartretail.com
- **매출액** : 38억 달러(2013년)
- **PER** : 27.37
- **업계위치** : 마트업계 3위
- **업종** : 식품 및 음료
- **시가총액** : 829억 홍콩달러
- **CEO** : 정취안타이 郑铨泰

● 소매의 절정을 찍다

고흠소매는 2013년에 50개의 대형마트를 신설하였다. 브랜드별로 보면 다룬파 마트 45개, 오상欧尚 마트는 5개이다. 지역별로 보면 중국 최상의 소비층을 보유한 상하이·저장성 등 화동지역에 15곳, 베이징·톈진의 화북지역에 6곳, 후베이성·허난성의 화중지역에 6곳, 선전·광둥성의 화남지역에 9곳, 쓰촨성 충칭시의 화서지역에 4곳에 대형마트를 개설하였다. 2014년 기준으로 매장의 10%가 1선급 도시인 베이징과 상하이에 집중되어 있고, 18%는 지난과 칭다오 같은 2선급 도시에 분포되어 있다. 나머지 70%는 3~4선급 도시와 농촌에 중소매장을 보유하고 있다. 고흠소매는 향후 5년 내에 매장을 160개 더 늘릴 계획인데, 현재 99개가 건설 중이다. 신규매장들의 4%는 1선급 도시, 17%는 2선급 도시, 44%는 3선급 도시, 27%는 4선급 도시에 건설하고 있다. 도시화로 커져가는 3~4선급 도시에서 우선적으로 위치를 선점하겠다는 전략이다. 2013년에 5개의 대형마트를 인수함으로써 중국 전역에 323개의 종합마트를 보유하고 있다.

온라인 매출의 급증으로 기존의 오프라인 마트의 매출이 감소하자, 다룬파는 이를 상쇄하기 위해 매장의 규모를 확대하고 외식공간과 오락 및 각종 서비스 매장을 입점시켜 안정적인 고객확보에 힘쓰고 있다. 2013년에만 20개의 매장을 개조하고 변경하였다. 또한 전자상거래를 통해 집에서도 직접 다룬파의 제품을 구매할 수 있도록 홈페이지(www.feiniu.com)를 개설하였다. 아직은 상하이 저장성지역에서만 구매할 수 있지만 향후에는 중국 전역에서 구매할 수 있도록 물류망을 확보할 계획이다. 인터넷마트는 2013년 개설 이후 30만 명의 회원을 보유하고 있고, 생활용품 위주의 판매로 향후 매출증진에 효자노릇을 할 것으로 예상된다.

고흠소매그룹은 중국 최대의 종합마트경영그룹으로 마트업계에서 성장률 1위인 다룬파[RT-MART]를 보유하고 있다. 중국에서 성공한 타이완계 기업으로, 고흠소매처럼 중국에서 성공한 사례는 스웨덴 가구업체 이케아, 미국의 패스트푸트 KFC, 일본의 의류업체 유니클로이다. 이들은 경영혁신 부분에서 많은 공통점이 있다. 다룬파도 처음에는 방직업체, 즉 의류제조·판매업체로 중국에 진출하였다. 하지만 나날이 증가하는 인건비와 경쟁업체 증가로 까르푸를 모델로 하여 대형마트로 전환하는 혁신을 일으켜, 2013년에 마트업계 3위에 오르는 기염을 토했다.

고흠소매의 대형마트는 중국 내 최대로 2013년 기준으로 타이완에 24개, 중국 본토에 170개의 매장이 있다. 매년 10개 이상의 매장이 늘어나고 있다. 중국의 중점도시 어디를 가더라도 만나볼 수 있는 다룬파는 필자가 중국에서 생활한 7년간 주로 가는 마트였다. 단지 유명한 마트라서

간 건 아니다. 주변에 한국의 홈플러스부터 미국의 월마트까지 있는데도 필자 같은 외국인이나 현지 중국인들이 다룬파를 많이 찾은 것은 단지 싼 가격 때문은 아니다. 음료와 돼지고기만 따지면 오히려 까르푸가 싸다. 다룬파의 특징은 중국 현지화에 성공해 매일 신선한 채소와 과일이 있다는 것이고, 1위안(180원)상품, 10위안(1,800원)상품과 같은 할인행사를

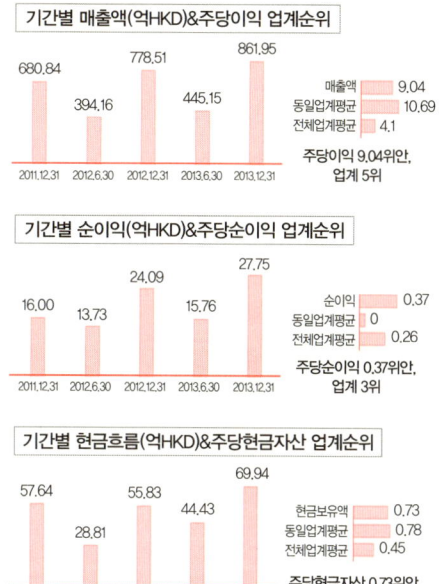

자주 한다는 것이다. 또한 전자제품과 침구류 등도 행사를 통해 싸게 판매하고 있다. 산둥 지난에 있는 2개의 다룬파 매장도 언제나 사람들로 넘쳐난다. 특히 금요일 저녁과 춘절이 다가올 때면 계산하기 위해 30분 이상을 기다려야 한다.

반면에 까르푸와 테스코, 월마트는 언제 가도 한산하다. 여유롭게 상품을 구매할 수 있고, 고객이 적은 화~목요일에는 팔리지 않은 유제품과 100% 과즙음료의 유통기한 때문에 어쩔수없이 1+1 행사를 하는 것을 볼 수 있다. 다룬파 마트에서는 볼 수 없는 광경이다. 중국 내 외국계 마트는 까르푸를 제외하고 설립 이후 줄곧 적자이다. 이들은 기존에 투자한 자금 때문에 쉽게 철수할 수도 없어 중국 내 소비시장이 커지기만을 바라고 있다. 외국계 마트는 중국이라는 텃세와 환경에 대한 이해도

가 낮은 상태에서 대량의 자본을 투자했지만, 다룬파는 중국 소비자들을 파악하고 타이완을 같은 나라로 생각하는 중국인들의 애국정신, 신토불이에 맞추어 발전하고 있다.

2014년에 1월에 한국으로 귀국하기 전 칭다오에 하루를 머물렀다. 숙소 근처에는 새로 생긴 다룬파 마트가 있었다. 칭다오 청향은 한국기업과 한국인이 많은 곳이라 남는 시간에 주변을 돌아봤다. 주변에서 한국어 간판을 많이 볼 수 있었다. 내친김에 롯데마트가 있는 광장을 찾았는데 한산하면서도 뭔가 이상했다. 그래서 주변 매장 직원들에게 물어봤더니 벌써 망해서 2년 전에 문을 닫았다고 한다. 칭다오에 있는 한국기업이 인건비와 원자재가격 상승으로 한국으로 유턴하거나 도주했다는 이야기는 3년도 더 된 이야기이다. 하지만 실제로 그 현장을 보니 G2 국가 중국에서 한국의 입지가 얼마나 작아졌는지 알 수 있었다. 예전 롯데마트 자리 옆의 다룬파는 춘절로 북적거리고 있었다.

고흠소매는 2013년 8월까지 상승추세를 타다가, 전자상거래 활성화로 중국 인터넷서비스 업체인 텐센트로 투자자들이 대량 빠져나가면서 줄곧 주가가 하락하고 있다. 하지만 중국 내 소비증가와 마트의 무료배달 서비스를 도입하는 경영혁신을 실시하고 있다. 이때야말로 우수한 주식을 싸게 구매할 수 있는 기회로 보인다. 매출액은 861억 위안으로 전년대비 11%가 성장했다. 2010년부터 매년 20%씩 고속성장을 유지하다가 3~4선급 도시 진출과 기존매장 경쟁력 강화에 힘쓰는 상태라 성장세는 다소 떨어지고 있다. 그러나 이미 레드오션이 되어버린 인터넷상거래 호황 속에서 11%나 성장했다는 것은 결코 작은 성과가 아니다. 2013년에는 영업이익 181억 위안을 기록했으며 전년대비 15% 성장했다. 매출액과 영업이익의 비율이 20% 정도로 훌륭한 경영을 하고 있다.

● 고흠소매 재무제표

재무년도	2013. 12	2012. 12	2011. 12	2010. 12
유동비율^{CR}	72.90	79.40	84.00	62.60
당좌비율^{QR}	35.70	41.90	44.10	30.00
장기부채 대비 순자산비율	–	–	–	4.10
총부채 대비 순자산비율	2.10	2.40	1.30	58.60
자본 대비 부채비율^{DR}	2.00	2.30	1.30	36.10
자기자본이익률^{ROE}	14.80	14.30	10.60	23.40
투하자본순이익률^{ROIC}	14.20	13.80	10.20	14.40
총자산순이익률^{ROA}	5.60	5.40	3.90	3.50
경영자본이익률^{OER}	4.80	4.50	4.30	4.40
세전이익률	4.80	4.50	4.10	4.30
매출액이익률^{ROS}	3.20	3.10	2.40	1.80
재고품회전율	7.65	7.68	6.64	7.61
배당률	0.76	0.40	0.41	–
최고가^{HKD}	13.08	12.34	12.06	–
최저가^{HKD}	10.04	8.47	7.8	–
최대^{PER}(배)	35.237	39.615	48.925	–
최저^{PER}(배)	27.047	27.191	31.643	–
최고배당수익률	2.81	1.47	1.28	–
최저배당수익률	2.15	1.01	0.83	–

4. 련화마트

- **한글명** : 련화마트
- **중문명** : 联华超市股份有限公司
- **영문명** : Lianhua Supermarket Holdings Company Limited
- **코드번호** : 00980
- **홈페이지** : www.chinalh.com
- **매출액** : 303억 위안(2013년)
- **PER** : 66.56
- **업계위치** : 마트업계 1위
- **업종** : 대형마트
- **시가총액** : 15억 1,600만 홍콩달러
- **CEO** : 천젠쥔陈建军

◆ 규모 1위, 매출액 1위

중국에서 최고의 순이익을 올리는 대형마트가 다룬파라면, 최고의 매출액을 올리는 마트는 련화마트이다. 대형마트·중형슈퍼마켓·편의점 매장이 전국에 4,530개가 있고, 2013년에만 312개의 점포가 늘어났다. 그중에 가맹점은 236개로 증가했다.

련화마트는 1991년 5월에 상하이에 첫 번째 매장을 연 이후, 중국 전역에 체인영업망을 형성한 중국 스케일에 걸맞는 유통업체라고 할 수 있다. 중국 마트업계의 불도저라고 불릴만큼 압도적인 매장수를 자랑하며, 이것은 련화마트의 독특한 경영방식과 연관이 있다. 련화마트는 중국지역의 특성을 매우 잘 활용한다. 중국 각 지역 및 성에서는 1억 명에 가까운 인구가 살기 때문에 하나의 국가라 할 수 있다. 1억 명이 사는 지역에서도 각 도시별로 지주기업이 있어 해당 지역에 강력한 영향력을 행사한다. 우리식으로 설명하면 경상도의 롯데그룹과 전라도의 해태그룹이 서로의 지역에서 행사하는 영향력이 다른 것과 비슷하다고 할 수 있다. 이러한 중국 내의 실정을 잘 알기 때문에 련화마트는 지역으로 진출할 때 해당 지역 지주와 협력하여 마트를 개장한다. 지주나 해당 지역 기업의 건물에 점포를 열거나 지역상품을 우선적으로 마트에 배치하는 것이다. 이렇게 해서 각 지역 지주들에게 큰 호응을 얻어 문어발식 매장확장을 할 수 있었다.

련화마트는 규모 면에서 중국 내에 따라올 업체가 없지만, 경영에서는 국유기업인만큼 문제가 많다. 그래서 주가가 2010년 6홍콩달러를 정점으로 2년 전부터 4홍콩달러 내외를 유지하고 있다. 2013년 매출액은 303억 8,300만 위안으로 2012년보다 4.8% 증가한 반면에 순이익은 84.4% 하락한 5,295만 위안으로 감소했다. 업종과 마트수가 많은 것이 련화마트 성장에 장애로 작용한 것이다. 련화마트의 인건비는 총 원가의 71.8%를 차지하는데, 중국정부에서 2011년부터 전체적인 GDP 상승과 도시화를 이유로 최소 급여를 상승시키면서 인력 비중이 높은 련화마트에

큰 타격이 되었다. 또한 기업의 소득세 상승도 원인이 되었다. 2013년에 매출액이 상승했지만 2억 2천만 위안을 세금으로 냈기 때문에 세후이익이 2012년에 비해 -47%로 감소하여 경영에 큰 타격을 받았다. 뿐만 아니라 아직 소득상승 여파가 확실하지 않은 2~3선급 도시로 무작정 진출한 것이 오히려 막대한 임대료로 되돌아왔다. 적자폭이 더 커질 수밖에 없었다.

 필자가 한국인삼공사 상하이법인 유통파트에 근무했을 당시 유통망 확대를 위해서 까르푸와 련화마트 등의 유통업체를 분석하였는데, 련화마트의 문제점은 경쟁사보다 높은 가격과 인테리어 비용이었다. 경쟁업체인 화윤마트는 경쟁사보다 제품군의 가격이 저렴하면서 창고형으로 되어 있어 저가에 판매하는 전략을 구사할 수 있었다. 또한 까르푸는 프랑스풍의 중고급 인테리어와 중저가 전략을 추진하고 있다. 반면에 련화마트는 인테리어도 오래되어 교체가 필요한 매장이 많고, 가격도 마트라고 할 수 없을 만큼 비싸고 프로모션이 적었다. 즉 매장수만 많았지 매장경쟁력이 크지 못한 최악의 마트였다.

 그래도 련화마트에 희망은 있다. 련화마트는 다룬파, 화윤창업, 까르푸 등이 감히 시도하지 못하는 2~4선급 도시와 농촌에 미리 진출했으며, 매출도 올리고 있다. 향후 농촌소득 증가는 련화마트의 매출증가폭을 더욱 늘려줄 것이다. 관건은 그때까지 얼마나 혁신을 할 수 있는가이다. 인테리어를 버리고 염가전략과 프로모션, 고급마트로 업그레이드하는 등 확실한 정체성 확립이 필요하다.

● 련화마트 재무제표

재무년도	2013. 12	2012. 12	2011. 12	2010. 12
유동비율^{CR}	72.70	66.90	72.50	79.90
당좌비율^{QR}	52.40	48.90	51.90	61.50
장기부채 대비 순자산비율	–	–	–	–
총부채 대비 순자산비율	0.10	0.10	0.10	–
자본 대비 부채비율^{DR}	0.10	0.10	0.10	–
자기자본이익률^{ROE}	1.60	10.00	18.90	21.50
투하자본순이익률^{ROIC}	1.40	8.80	17.10	19.00
총자산순이익률^{ROA}	0.30	1.60	3.10	3.40
경영자본이익률^{OER}	0.90	1.80	3.00	3.00
세전이익률	1.20	2.30	3.50	3.70
매출액이익률^{ROS}	0.20	1.20	2.30	2.40
재고품회전율	8.93	9.49	8.05	9.30
배당률	–	0.50	0.36	0.59
최고가^{HKD}	8.21	11.82	32.95	21.724
최저가^{HKD}	3.62	5.91	8.3	11.056
최대^{PER}(배)	128.281	31.621	47.74	32.831
최저^{PER}(배)	56.563	15.811	12.025	16.709
최고배당수익률	–	3.16	2.97	3.53
최저배당수익률	–	1.58	0.75	1.80

6장

중국 보험시장의 성장은 지금부터이다

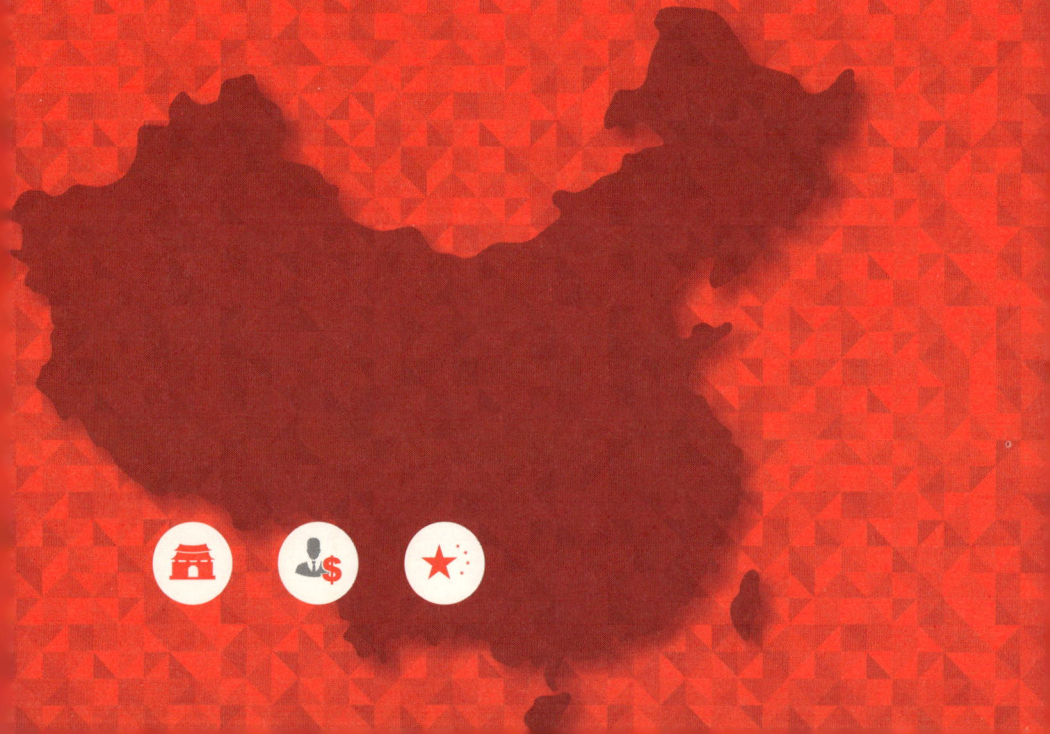

1. 보험시장 환경분석

✈ 금융개방을 앞둔 중국 보험시장

중국의 보험회사는 국유보험회사, 주식제 보험회사, 외국계 보험회사로 구성되어 있다. 국유보험회사로는 중국인민보험그룹中国人民保险集团(중보그룹), 중국인수보험그룹中国人寿保险集团, 중국인민재산보험회사中国人民财产保险公司, 중국재보험그룹中国再保险集团이 있다. 주식제 보험회사는 평안금융그룹平安金融集团, 태평양증권그룹太平洋保险集团, 신화생명회사神化保险, 태강생명회사泰康保险 등이 있다. 외국계 보험회사로는 JP모건 산하 AIG American International Group 아시아 자회사 AIA American International Assurance, 우리나라 기업인 삼성생명이 중국항공과 합작한 생명보험회사가 있다.

국유보험회사는 3그룹, 1회사 체제로 1949년 현재의 중화인민공화국 건국 당시 중국인민보험공사가 있었다. 중국인민보험공사의 규모가 커짐에 따라 그룹으로 승격되었고, 1996년에 중국인민보험그룹(중보그룹)이 된다. 중보그룹 또한 2001년 WTO 가입 이후 중국 내 소비가 늘어남에 따라 생명보험과 화재보험을 분리하였다. 생명보험은 중국인수보험회사, 화재보험은 중국인민재산보험회사·중국재보험회사로 나누어지게 된다.

2006년에 또다시 중국 보험업계의 자산규모와 인력이 대폭 늘어나고, 국내기업을 세계적인 기업으로 양성하기 위한 발판으로 각 업계의 경계를 축소하게 되었다. 기존에 인수보험은 생명보험업무만, 인민재산보험은 화재보험업무만을 전담했다. 하지만 인수보험이 그룹으로 승격되어 중국인수보험그룹이 되었고, 기존의 생명보험을 중심으로 화재보험과 상해보험 등 각종 보험을 복합적으로 처리하게 되었다. 인민재산보험은 인수보험에 비해 10분의 1 수준으로 규모가 작기 때문에 또다시 중보그룹의 산하로 들어가 자회사가 되었다.

그래서 중국 보험 관련 분야 주식을 볼 때 국유보험업계는 02628 중국인수보험그룹, 01339 중국인민보험(중보그룹), 02328 중국인민재산보험으로 나누어진다. 인수보험이 비록 중보그룹에서 분리·독립되었지만 생명보험은 전체 보험의 83%로 대다수를 차지한다. 총자산만으로도 인수보험 2조 500억 위안, 중보그룹 7,553억 위안, 인민재산 3,194억 위안으로 중보그룹과 그 자회사 인민재산보다 약 2배 이상 큰 규모를 가지고 있다. 또한 업무의 범위가 서로의 영역을 침범할 수 있게 2006년 법안이 개정됨에 따라 인수보험보다 자금력에서 불리한 중보그룹, 인민재산보험이 상대적으로 열세에 있다. 중국재보험회사는 보험회사의 보험회사이다. 중국 국무원 직속 산하회사로 정책적인 역할을 하는 보험회사이다.

중국의 민영보험회사(주식제 보험회사)는 1988년 설립된 평안보험회사와 1991년 설립된 태평양보험회사 등이 있다. 평안보험회사와 태평양보험회사는 민영기업으로는 가장 큰 규모이다. 평안보험은 홍콩 초상국그룹과 중국의 1위이자 세계 1위 은행인 중국 공상은행이 공동투자한 회사이다. 태평양보험은 중국 5대 은행 중의 하나인 교통은행의 보험업무 부서에서 발전을 거듭해 현재의 태평양보험그룹으로 성장하였다.

◆ 지속적인 투자와 인내심이 필요하다

중국의 보험업계는 7~8년 안에 단기적인 수익을 내기 어려운 사업이기 때문에 인내심을 가지고 지속적으로 투자할 필요가 있다. 세계 굴지의 외국계 보험그룹도 실패를 거듭하였고, 외국계 보험회사의 업무 또한 제한적이어서 중국 보험업계에서 차지하는 비중이 적다. 하지만 중국의 2001년 WTO 가입 이후 점진적으로 금융개방을 준비하고 있기 때문에 외국계 기업의 중국 진출은 급물살을 타게 될 전망이다. AIG 자회사 AIA는 홍콩거래소에 상장하고 있으며, JP모건과 미국 정부의 적극적인 지원 아래 GDP 대비 보험가입률이 낮은 중국시장에서 제2의 골드러시를 준비하고 있다.

보험시장은 개발도상국의 경제발전 단계에서 가장 늦게 성장하는 시장이다. 베이징이나 상하이 같은 대도시를 제외하고 중국의 평균적인 생활 수준은 우리나라 1990년대 전후와 비슷하다. 먹고사는 데는 여유가 있지만 보험상품에 적극 투자할 만큼은 아니라는 것이다. 하지만 중국의 내수시장 발전과 도시화 등으로 전체적인 소득상승이 기대되며, 실제로 중국 보험업계에서 생명보험과 재산보험이 매년 20% 이상의 큰 성장추세를 유지하고 있기에 유망하다고 볼 수 있다. 또한 보험회사는 거대 자금을 운용함으로써 경제개발을 위한 자금조달과 자본시장의 발전에도 중요한 역할을 한다.

보험업의 규모가 커지자 중국정부가 보험 관련 업무를 국유기업에서 평안보험 같은 민간기업으로 이전하는 이유는 간단하다. 보상에 대한 국유기업 부담이 날로 커질 것이기 때문이다. 이것은 국가재정으로 보험료를 지급해야 한다는 뜻도 된다. 그래서 국유기업인 인수보험, 인민재산에 국한되어 있던 보험사업을 평안이나 태평양보험과 같은 민간기업으로 이전시키는 것이 중요한 것이다. 또한 적극적으로 외국기업의 중국 진출을 장려하여 리스크를 줄여나가고 중국 보험업계를 성숙시키기 위해 노력하고 있다.

2010년을 전후로 중국 보험회사의 자금운용에 대한 제한이 대폭 줄어들었다. 기존에는 보험자금의 운용이 은행예금, 채권투자, 금융채투자로 소극적이고 제한적이었다면, 이제는 금융 세계화의 일환으로서 다양한 투자가 가능하다. 펀드, 해외자산투자, 주택저당증권$^{MBS, Mortgage\ Backed\ Securities}$, MMF$^{Money\ Market\ Fund}$ 등 다양한 투자가 가능해졌다. 또한 중국 적격 기관투자자의 해외투자인 QDII$^{Qualified\ Domestic\ Institutional\ Investors}$ 제도까지 매년 확대되면서 보험회사의 자금운용영역이 확대되고 있다.

◆ 중국 보험회사와 외국 보험회사의 업무비교

현재 중국 보험업계는 중국계 화재보험회사들이 자동차보험의 70%, 기업재산보험의 10%를 담당하고 있다. 외국계 보험회사는 중국 내 화물보험 31.2%와 기업재산보험 26%, 배상책임보험 24%를 담당하고 있지만, 강제보험인 개인자동차보험은 취급하지 못한다. 하지만 향후 외국계 기업의 적극적인 진출로 보험시장의 완전개방은 당연한 추세가 될 것이다.

2010년 중국의 생명보험의 상품별 판매비중을 보면 저축보험이 44.9%, 보장형보험이 20.3%, 보험료 중 일부를 저축하고 중도인출이 가능한 유니버셜형 생명보험(변액보험)이 17%를 차지하고 있다. 유니버셜과 변액보험도 일종의 저축보험으로 90% 이상이 저축성 상품이다. 반면 외국계 보험회사는 저축보험 43.5%, 유니버셜보험 22.8%, 보장형보험 12.2%였으나 2014년에는 변액보험이 53%, 저축보험이 16.2%, 유니버셜보험이 13.1%로 변액보험의 비중이 늘어났다. 외국계 보험회사의 변액보험은 고객의 보험금을 주식이나 채권에 투자하여 수익을 올리거나 손실을 입는 구조이다. 한국에서는 가족의 생계를 담당하는 가장의 사망 등에 대비해 사망보장을 중심으로 하는 상품이 주로 보급되었지만, 중국은 맞벌이가 일반화되어 저축성보험에 대한 수요가 높다.

2012년 중국 보험업의 총자산은 7조 3,545억 위안으로 매년 20% 이상 꾸준한 증가세를 보이고 있다. 생명보험과 화재보험은 중국 보험업에서 각각 평균 83%, 12%의 비중을 차지하고 있다. 반면 2012년도 들어서 화재보험의 총자산은 9,477억 위안으로 19.67%가 증가하였는데, 2011년 35.77% 증가에 비하면 15%p 감소하여 화재보험의 성장세가 점차 꺾이고 있는 것으로 보인다. 신규 화재보험가입자 감소와 2012년의 중국의 자연재해 증가로 보상율이 늘어난 것이 주요 원인이다. 화재보험은 보험업에서 차지하는 비중이 12.89%로 2011년 13.24%에 비해 감소하였다.

2012년 생명보험업의 총자산은 6조 991억 위안으로 보험업 총자산의 82%를 차지한다. 2011년 4조 9,798억 위안에서 22.48% 크게 증가하였고, 생명보험업의 연간 자산 증가세는 화재보험률보다 5%p 이상 높게 측정되고 있다.

● 중국 보험업 총자산과 생명 · 화재 · 재보험 자산증가 및 추세

(단위 : 억 위안)

연도/비중	2012년	비중	2011년	비중	2010년	비중	2009년	비중	2008년
보험업 총자산	73545.73		59828.94		50481.61		40634.75		33419
증가율	22.93%		18.52%		24.23%		21.59%		
화재보험 총자산	9477.47	12.89%	7919.95	13.24%	5833.52	11.56%	4892.62	12.04%	4687
증가율	19.67%		35.77%		19.23%		4.39%		

생명보험 총자산	60991.22	82.93%	49798.19	83.23%	42642.66	84.47%	33655.05	82.82%	27138
증가율	22.48%		16.78%		26.71%		24.01%		
재보험회사 총자산	1845.25	2.51%	1579.11	2.64%	1151.79	2.28%	1162.01	2.86%	994.45
증가율	16.85%		37.10%		−0.88%		16.85%		

● 중국 보험사 자산운용금액의 변화

(단위 : 억 위안)

연도	2012년	2011년	2010년	2009년	2008년
여유금	68542.58	55192.98	46046.62	37417.12	30552.83
은행예금	23446	17692.69	13909.97	10519.68	8087.49
채권	4795.02	4741.9	4815.78	4053.82	4208.26
보험회사자산운용중 금융채	14832.57	12418.8	10038.75	8746.1	8754.06
회사채	10899.98	8755.86	7935.69	6074.56	4598.46
펀드투자액	3625.58	2909.92	2620.73	2758.78	1646.46

● 중국 보험사 보험 종류별 보험료수입 변화

(단위 : 억 위안)

연도	2012년	2011년	2010년	2009년	2008년
보험회사 보험료	15487.93	14339.25	14528	11137.3	9784.24
화재보험회사 보험료	5529.88	4779.06	4026.9	2992.9	2446.25
기업화재보험 보험료	360.36	329.81	271.6	221.4	209.63
가정화재보험 보험료	28.47	23.32	19.3	15.1	12.68
자동차보험 보험료	4005.17	3504.56	3004.2	2155.6	1702.52
화재보험회사 공정보험보험료	62.26	73.76	70.9	51.6	39.23
화재보험회사 책임보험보험료	183.77	148.01	115.9	92.2	81.75
화재보험회사 신용보험보험료	160.57	115.46	96	70.2	36.73
화재보험회사 보증보험보험료	93.46	56.51	22.9	8	6.39

화재보험회사 선박보험보험료	55.68	55.87	50.8	41.8	38.69
화재보험회사 화물운송보험보험료	101.71	97.83	78.7	61.3	70.9
화재보험회사 특수보험보험료	36.87	35.43	26.8	23.7	26.95
화재보험회사 농업보험보험료	240.6	174.03	135.9	133.9	110.68
화재보험회사 건강보험료	72.41	56.12	45.7	43.1	36.83
화재보험회사 상해보험료	126.54	105.12	85.5	73.9	72.71
화재보험회사 기타보험료	1.99	3.23	2.8	0.9	0.49
생명보험회사 보험회사보험료	9958.05	9560.19	10501.1	8144.4	7337.99
생명보험회사 생명보험료	8908.06	8695.59	9679.5	7457.4	6658.4
생명보험회사 건강보험료	790.35	229	631.7	530.8	548.73
생명보험회사 상해보험료	259.64	635.61	189.8	156.1	130.86

● 중국 보험사 보험 종류별 보험금 보상 변화

(단위 : 억 위안)

연도	2012년	2011년	2010년	2009년	2008년
보험회사보상금	4716.32	3929.37	3200.4	3125.5	2971.17
화재보험회사보상금	2896.92	2249.17	1815.2	1638.2	1475.47
기업화재보험보상금	165.03	129.44	117.2	127.6	176.15
가정화재보험보상금	10.64	6.06	6.4	5.8	7.36
자동차보험보상금	2247.57	1750.92	1375.8	1200.7	1046.53
화재보험회사 공정보험보상금	26.34	27.21	18.6	17.2	13.83
화재보험회사 책임보험보상금	75.14	57.07	44	38.9	33.08
화재보험회사 신용보험보상금	67.56	56.83	31.2	31.1	17.02
화재보험회사 보증보험보상금	9.3	3.83	2.5	4.6	5.13
화재보험회사 선박보험보상금	30.51	27.31	23.8	19.2	13.41
화재보험회사 화물운송보험보상금	40.46	34.79	28.9	26.2	27.83
화재보험회사 특수보험보상금	11.51	11.02	11.5	9	13.11
화재보험회사 농업보험보상금	131.34	81.78	96	95.2	64.14

화재보험회사 건강보상금	44.87	32.91	31.1	34.2	28.66
화재보험회사 상해보험보상금	35.72	29.32	28.1	28.2	28.48
화재보험회사 기타보상금	0.95	0.69	0.2	0.2	0.74
생명보험회사보상금	1819.4	1680.2	1385.2	1487.3	1495.69
생명보험회사 생명보상금	1505.02	1300.93	1109	1268.7	1314.98
생명보험회사 건강보상금	61.08	52.52	232.9	182.9	146.62
생명보험회사 상해보험금 보상금	253.3	326.75	43.3	35.7	34.09

2. 중국인민보험그룹

- 한글명 : 중국인민보험그룹
- 중문명 : 中国人民保险集团股份有限公司
- 영문명 : The People's Insurance Company (Group) Of China Limited
- 코드번호 : 01339
- 홈페이지 : www.e-chinalife.com
- 매출액 : 3,064억 위안(2013년)
- PER : 18.91
- 업계위치 : 중국 재정부 산하 국가정책성 보험회사
- 업종 : 종합보험
- 시가총액 : 280억 9,800만 홍콩달러
- CEO : 우옌吴焰, 1961년생 신장재경대학 금융학 졸업

🔸 고객만족도를 우선으로 생각하는 보험회사

중국인민보험그룹은 1949년 중화인민공화국이 건국되면서 만들어진 중국인민보험공사의 전신으로 생명보험과 화재보험, 재보험업무를 담당하다가 보험회사의 규모가 커지고 보험의 선진화를 위해 1996년에 조직개편되었다. 인민보험그룹 산하의 중국인수보험(02628)이 분리독립하고 중국 최대 화재보험회사인 인민재산보험(02328)과 재보험회사를 자회사로 두고 있다. 이 회사는 그룹 매출의 70%를 차지한다. 주로 중국 농촌의 생명과 화재보험업무를 담당하는 중국 재정부 산하 정책성 보험회사이다.

자회사인 중국인민재산보험은 종합원가비율이 95.1%로 튼튼한 자산기반을 보유하고 있으며, 2012년 매출담보이윤 75억 8천만 위안(보험료 수입에서 보험지급금을 뺀 금액)으로 중국 내 화재보험 시장점유율을 50% 이상 차지하고 있다. 2012년 순매출은 7억 6천만 위안으로 37.9% 증가하였다. 2012년 순투자수익률은 4.6%로 0.3%p 상승하였다. 2012년 10월 중국 재정부의 금융회사 업계평가에서 최고등급인 '优A类AAA级' 평가를 받았고, 중국 보험업 중 가장 높은 평가를 받는 회사이다. 세계 금융위기가 확산되고 중국 국내 경기가 하락할 때도 인민보험그룹은 지속적인 성장을 하고 있다. 꾸준히 업무를 재편성하고 신상품 개발 및 높은 고객만족도를 필두로 성장하고 있다.

2003년 보험업계 개편으로 생명보험과 화재보험의 겸업이 가능해지자, 인수보험에 비해 자산규모가 8분의 1인 중국인민재산보험은 상대적 열세로 업계에서 도태되었다. 하지만 중국화재보험이 시장의 50% 이상을 점유한 상태에서 인민재산보험의 부실은 화재보험 미지급으로 인한 국민의 신뢰하락 등 국가적으로 큰 문제가 된다. 그렇기 때문에 중국 재정부는 기존의 국유보험그룹인 중국인민보험그룹을 출현시켜 인민재산보험을 흡수·합병하여, 현재 자회사로 두고 있다. 또한 자회사인 인민재산보험회사의 업무를 필두로 생명보험, 건강보험, 양로보험 등 종합적인 보험업무를 담당하고 있다.

인민재산보험은 합병된 이후 정부의 지속적인 관리와 자금지원으로 시장점유율을 높이고 있다. 그렇지만 중국의 금융개방 속도가 빨라지고, 금융업계의 종합화(종합금융회사)와 거대화가 지속적으로 이루어지는 것을 볼 때, 향후 민간기업으로 전향할 가능성이 높아 장기투자는 피해야 할 종목이다. 정부의 직속 그룹으로 국유기업은 업무 프로세서가 복잡하고 느리기 때문에 대대적인 개혁이나 신상품 개발에서 매우 불리하다. 정부의 비영리성 사업과 미개척 고위험사업을 담당하기 때문에 리스크 또한 적지 않다. 하지만 2012년 아시아 내 가장 큰 규모의 IPO를 실시했고, 높은 시장점유율과 금융업계의 지속적이고 단호한 개혁으로 업계개편이 가속화되는 시점이다. 든든한 정부의 자금력을 배경으로 안정적인 성장을 유지하고 있으므로 중단기에는 유망한 종목으로 보인다.

중국인민보험그룹은 2012년에 역대 최대 매출을 올렸다. 수익의 다원화와 경영효율 상승으로 순이익이 28.5% 증가한 101억 4천만 위안, 순자산수익률이 18.2%로 업계의 선두를 달리고 있다. 2012년 그룹의 총 보험료수입은 2,652억 2천만 위안으로 6.5% 증가하였고, 총자산은 6,886억 위안으로 17.7% 증가하였다. 그룹의 핵심 자회사인 인민재산보험의 화재보험료 수익은 1,935억 9천만 위안으로 11.2% 증가하였다. 생명보험료 수익은 640억 3천만 위안으로 업계 5위이다. 신규보험가입의 매출은 710억 9천만 위안으로 3년 연속 인수보험에 이어 2위의 자리를 지키고 있다. 2012년 특색 경영방침의 일환으로 야심차게 준비한 맞춤 건강보험업 보험료수익이 76억 위안으로 65.4% 대폭 증가하였다.

화재보험 시장점유율 1위인 중국인민재산보험의 영업망을 이용해 교차판매(기존의 고객에게 자사의 새로운 상품을 판매하는 마케팅 전략)로 거둔 보험료수익이 154억 4천만 위안으로 45.9% 성장하였다. 보험시장이 포화된 도시에서 도시화율 정책과 농촌소득 증가로 해당 지역이 블루칩

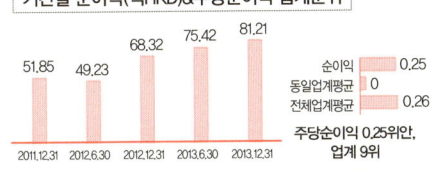

으로 등장했다. 이에 업계는 중국 농촌지역의 보험판매와 서비스를 늘리고 있다. 2015년까지 3천 개의 4~5선급 도시와 농촌에 영업소를 설치할 예정이고, 1만 명 이상의 신규직원을 배치할 예정이다. 또한 재산보험의 빠른 서비스를 위해 예비경보시스템과 관리시스템을 보안·확충하여 자동차사고에 빠르게 대처하고 있다. 2013년에는 1만 위안 이하의 보험처리 속도가 35% 증가하였다. 지속적인 농촌 보험시장 개척을 통해 2013년에는 농촌 업무 관련 보험이 80종에 이르렀고, 1억 3천만 명의 농촌인구와 6,716만 개의 농촌가구를 담당하게 되었다. 중국 17개 지역과 도시의 산림 5억 2천만 헥타르도 인민보험그룹 보험에 가입되어 있다. 뿐만 아니라 일반 생명보험회사에서 하기 어려운 암, 당뇨병, 심혈관질환 관련 보험 또한 지속적으로 개발하고 있다.

중국인민보험그룹 산하의 자회사는 중국인민재산보험, 중국인보자산관리, 중국인민건강보험, 중국인민생명보험, 인보투자, 중국인민보험(홍콩), 중성국제보험중개, 중인보험중개, 중원보험중개가 있다.

● 중국인민보험그룹

재무년도	2013. 12	2012. 12	2011. 12	2010. 12
유동비율 CR	40.10	52.70	190.50	217.10
당좌비율 QR	40.10	52.70	190.50	217.10
장기부채 대비 순자산비율	65.40	53.30	110.60	126.90
총부채 대비 순자산비율	65.40	53.30	110.60	126.90
자본 대비 부채비율 DR	19.70	16.10	6.50	7.20
자기자본이익률 ROE	11.30	10.50	16.50	17.20
투하자본순이익률 ROIC	3.40	3.10	1.00	1.00
총자산순이익률 ROA	1.10	1.00	0.90	0.90
경영자본이익률 OER	4.00	4.90	4.00	3.10
세전이익률	5.10	5.20	4.30	3.40
매출액이익률 ROS	2.70	2.70	2.20	1.80
배당률	0.044	0.019	−	−

3. 중국평안보험그룹

- **한글명** : 중국평안보험그룹
- **중문명** : 中国平安保险(集团)股份有限公司
- **영문명** : Ping An Insurance (Group) Company of China Ltd.
- **코드번호** : 02318
- **홈페이지** : http://www.pingan.com
- **매출액** : 2,690억 위안(2013년)
- **PER** : 13.16
- **업계위치** : 생명보험업계 2위, 화재보험업계 3위
- **업종** : 종합보험
- **시가총액** : 1,852억 8천만 홍콩달러
- **CEO** : 마밍저 马明哲, 1955년 12월 출생, 경제학박사

● 자생력이 돋보이는 종합금융회사

평안보험그룹은 1988년 설립된 평안보험의 전신으로 선전에 본사가 있다. 산하에 생명보험, 손해보험, 투자자문회사, 평안은행 등 8개의 자회사를 거느리고 있다. 중국 최초의 민영보험회사이다. 중국 공상은행과 홍콩 초상국그룹(초상은행)이 자본을 출자하여 금융업의 세계화에 맞추어 설립한 종합금융회사이다. 보험업을 주 업무로 하는 종합금융회사이다.

평안보험그룹은 서비스 품질의 지속적인 향상을 통해 생명보험과 산업보험 가입속도가 시장평균 이상이다. 또한 양로보험은 업계 최고 수준으로 성장하고 있다. 생명보험의 매출은 1,994억 위안으로 6.5% 증가하였다. 큰 비중을 차지하는 개인생명보험은 1,760억 위안으로 10% 성

장하였다. 2012년 생명보험시장에서 평안생명보험이 12.9%의 점유율을 차지하며 2011년에 비해 0.5%p 상승하였다. 특히 인터넷판매와 모바일을 통한 보험서비스가 성공적으로 실시되면서, 2012년에는 인수보험을 제치고 '2012년 최고의 생명보험회사상'을 받았다.

생명보험의 보험료수입은 984억 8,600만 위안으로 18.5%의 성장률을 기록하고 있다. 이는 업계에서 가장 빠른 증가속도이다. 또한 평안양로보험과 기업연금, 자산위탁관리 분야에서도 업계 선두를 달리고 있다. 2013년부터는 중국의 늘어나는 소비와 개인 건강을 중시하는 트렌드에 맞추어 평안건강보험의 '건강천하 Vitality 건강프로모션'을 실시하고 있다.

평안보험은 종합금융회사(종금사)로 2012년 선전발전은행을 합병하여 선전평안은행을 설립하였다. 또한 2012년은 새롭게 합병한 은행과 평안금융그룹의 IT시스템를 연결해 업무를 한층 더 매끄럽게 처리하도록 만든 해였다. 합병한 은행은 2012년 68억 7천만 위안의 수익을 올렸고, 은행의 총자산은 1조 6,100억 위안이다. 보험업이 주 사업인 평안그룹에 합병된 만큼 평안은행은 본연의 은행업무 이외에도 평안보험의 신규판매망으로 활용되면서 평안보험 전체 매출에 기여하고 있다. 2012년 정저우와 시안에 지점을 개설했고, 2015년까지 신규지점을 55개로 늘릴 계획이다. 현재 중국 전역에 12곳의 은행을 보유하고 있다. 자기자본비율과 핵심자기자본비율은 각각 11.37%, 8.59%로 매우 우수하다.

평안그룹은 개인재산관리서비스 업무와 증권투자 업무에서도 업계 선두를 유지하고 있다. 평안그룹 자산관리회사에서 관리하는 신탁자산은 2,120억 2,500만 위안으로 8.1% 증가한 것이다. 높은 프리미엄 수익을 얻는 고객은 18만 명이다. 평안신탁은 2012년에 '중국우수신탁회사상'을 받기도 했다. 평안증권은 14개 기업의 IPO와 2개 기업의 재융자를 성공적으로 실시했다. 일반 주식과 신주^{IPO} 판매수익은 업계 3위이다. 또한 44개 기업의 채권을 대리판매하고 있다.

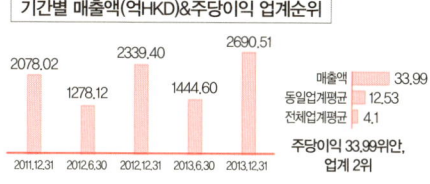

평안은행은 보험업을 위주로 은행·증권업까지 종합적으로 운영할뿐만 아니라 종금사로는 중국 내 1위이다. 종금사는 금융시장이 글로벌화되면서 기존의 증권·보험·은행업으로 삼분되었던 금융업을 결합하였다. 또한 든든한 국내시장과 자산을 배경으로 세계 금융시장에 진출할 수 있게 해준다. 중국이 2001년 WTO에 가입하고 점진적으로 금융개방이 필요해지면서 평안보험처럼 금융 각 분야에서 우월한 종금사가 필요하게 되었다. 그래서 평안그룹 지분의 상당수는 국유은행인 중국 공상은행과 홍콩의 초상국그룹에서 보유하고 있다. 공상은행은 세계 1위의 은행으로 막강한 자금력을 가지고 있으며, 초상국그룹은 홍콩에서 자생한 기업으로 자산투자·관리업무에 특화되어 있다. 평안그룹은 이 두 기업의 공동투자로 설립된 만큼 금융이 개방되어 격화되는 시장에서 지속적으로 생존할 수 있는 자생력을 갖추게 되었다.

2012년 교차판매와 CRM서비스를 연계한 보험판매는 지속적으로 증가하고 있다. 교차판매는 기존에 평안보험상품을 이용하는 고객에게 다른 상품을 소개하거나 추천해, 고객에게 보험료의 혜택을 주고 평안보험에 대한 충성도를 높이는 마케팅전략이다. 2012년 자동차보험 판매의 55%가 이 교차판매를 통한 것이었다. 또한 평안은행의 신용카드 업무도 교차판매로 신규매출이 53.6% 증가했고, 정기예금 또한 교차판매로 15.9% 증가하였다.

신속한 업무와 고객만족도 상승을 위해서 2013년부터는 보험업무의 자동화율과 운영효율을 증대시켰다. 생명보험과 자동차보험의 평균처리 시간은 각각 11.84시간, 8.04시간으로 정확하고 신속하게 고객에게 보험금을 지급하고 있다. 표준방안, 자료준비, 3일 내 손해배상 신정책의 완성률은 93.48%로 업계 최고의 서비스를 지향하고 있다.

◆ 온라인보험시장의 선두주자

2013년 2월 17일에 평안보험을 필두로 중국 인터넷 최강자 알리바바 阿里巴巴와 텐센트 腾讯가 합작으로 중안온라인재산보험을 출시하였다. 최근 중국의 온라인 쇼핑과 온라인 게임시장이 빠르게 성장하면서 온라인상 가상재산 규모가 확대되고, 온라인 쇼핑과 온라인 게임 이용자도 급속하게 증가하고 있었다. 이에 전자상거래, 메신저와 게임에서 업계 1위인 알리바바와 텐센트에게 온라인보험이 절실히 필요했던 것이다. 여기서 중요한 점은 이 두 거물 인터넷업체가 종금사로 가장 혁신적인 평안보험을 선택했다는 것이다.

중안온라인재산보험의 등록자본금은 10억 위안으로 일반 보험회사와 같이 정산부문, 배상부문, 판매부문이 있다. 주요 업무는 전자상거래, 인터넷 판매자 권익보호, 인터넷 안전거래 등 최초의 인터넷 산업을 기반으로 한 혁신형 보험회사이다. 중안온라인은 알리바바의 지분 19.9%, 텐센트와 중국평안보험中国平安保險 지분 각각 15%, 씨트립携程(중국최대의 온라인 여행사)의 지분 5%로 합작한 인터넷 중심의 기업이다.

중국 보험업계에서 온라인보험 판매비중은 작지만 성장세는 빠르다. 일반적으로 선진국에서는 전체 보험업계의 총 보험료수입 중 30%가 인터넷 보험서비스에서 창출된다. 하지만 중국 보험업계의 인터넷 판매비중은 1% 수준으로 낮다. 2012년 중국 전체 보험업의 보험료수입이 1조 5,488억 위안인데, 이 중 인터넷 판매와 전화판매 보험료는 약 800억 위안으로 작다. 하지만 중국의 인터넷 보급률 상승과 전자상거래 증가로 향후 발전가능성이 매우 큰 사업이다. 3~5년 내에 보험료수입 중 인터넷 판매가 50% 도달할 것이라 업계는 예측한다.

평안보험·알리바바·텐센트가 합작한 온라인 보험회사 중안온라인보험은 책임보험과 보증보험에 주력하며 '가상통화 도난보험' '온라인 결제 안전보장 책임보험' '운임보험' '알리바바 소액대출 보증보험' 등의 제품을 개발 중이다.

중국의 인터넷보험은 온라인 은행거래가 증가하면서 더욱 가치가 있을 것이다. 전자상거래를 통해 제품을 구입할 때 안전을 위해 보험이 필요하다. 뿐만 아니라 보험·주식·펀드·위탁업무 등 금융업무의 대다수를 온라인에서 처리하기 때문에 각 분야의 안전을 보장해주는 보험은 필연적이다. 향후 중국의 소득상승과 온라인 거래 증가로 평안보험의 성장은 더욱 두드러질 것으로 보인다.

평안보험은 여기서 멈추지 않고 획기적인 신제품을 출시해 적극적으로 기업 마케팅을 실시하고 있다. 2014년 6월 중국은 더위로 몸살을 앓았다. 20일 일찍 더워지고, 베이징·톈진·허베이성 등 허베이지방이

6월이 되기도 전에 40도에 달했으며, 아스팔트는 60도까지 온도가 올라갔다. 그러자 평안보험은 이를 놓치지 않고 기온이 40도에서 1도씩 오를 때마다 200위안씩 지급하는 특별보험을 개발하여 고객들의 이목을 집중시키고 있다.

평안보험그룹 자회사로는 평안생명보험, 평안손해보험, 평안은행, 평안신탁회사, 평안증권, 평안양로보험, 평안건강보험, 평안자산관리, 평안보험 해외지주회사가 있다.

● 평안보험그룹 재무제표

재무년도	2013. 12	2012. 12	2011. 12	2010. 12
유동비율^{CR}	55.50	61.30	66.60	48.80
당좌비율^{QR}	55.40	61.30	66.60	48.80
장기부채 대비 순자산비율	31.10	24.30	20.40	–
총부채 대비 순자산비율	31.10	24.30	20.40	–
자본 대비 부채비율^{DR}	18.70	15.30	13.10	–
자기자본이익률^{ROE}	15.40	12.60	14.90	15.50
투하자본순이익률^{ROIC}	9.30	7.90	9.60	14.70
총자산순이익률^{ROA}	0.80	0.70	0.90	1.50
경영자본이익률^{OER}	11.10	9.50	11.20	11.40
세전이익률	11.00	9.50	11.00	11.40
매출액이익률^{ROS}	6.70	5.90	7.20	8.80
재고품회전율	238.787	303.122	2568.34	2018.701
배당률	0.183	0.178	0.16	0.239
최고가^{HKD}	76.5	68.6	88.95	96.25
최저가^{HKD}	47.85	46.8	37.35	57.5
최대^{PER}(배)	16.788	21.761	28.868	35.416

최저 PER(배)	10.501	14.846	12.122	21.158
최고배당수익률	1.739	1.198	1.32	1.13
최저배당수익률	1.088	0.817	0.554	0.675

4. 중국태평양보험그룹

- 한글명 : 중국태평양보험그룹
- 중문명 : 中国太平洋保险(集团)股份有限公司
- 영문명 : China Pacific Insurance (Group) Co., Ltd.
- 코드번호 : 02601
- 홈페이지 : www.cpic.com.cn
- 매출액 : 1,931억 3,700만 위안(2013년)
- PER : 18.91
- 업계위치 : 생명보험업계 3위, 재산보험업계 2위
- 업종 : 종합보험
- 시가총액 : 765억 9,800만 홍콩달러
- CEO : 가오궈푸 高国富 , 1956년 6월, 상하이교통대학 경영학 박사

보험의 다양화로 틈새시장을 노리다

중국태평양보험그룹은 평안보험그룹과 같은 보험업 위주의 종합보험회사이다. 생명보험·재산보험·양로보험을 주 업무로 하고, 계열사 경영과 자금운용을 한다. 1991년 5월에 설립된 태평양보험공사를 기반으로 5개의 자회사를 보유하고 있으며, 본사는 상하이에 있다. 보험업 시장점유율은 생명보험 11%(3위), 화재보험 12%(2위)이다. 2013년

매출액은 1,931억 3,700만 위안으로 2012년 대비 12.6% 증가하였다. 보험사업의 매출은 1,769억 2,300만 위안으로 8.4% 증가하였고, 순이익은 92억 6,100만 위안으로 동기대비 82.4% 증가하였다. 주당순이익은 1.02위안으로 72.9% 증가했으며, 순자산은 989억 6,900만 위안으로 2.9% 증가하였다.

- **생명보험업무**

  태평양보험그룹에서 2013년 신규가입한 보험으로 얻게 될 향후 수익은 74억 9,900만 위안으로, 2012년 대비 6.2%가 증가하였다. 최근 3년 동안의 평균증가율은 7.1%로 업계평균 이상으로 꾸준히 상승하고 있다. 2013년 생명보험의 매출은 951억 100만 위안으로 1.8% 증가하였다. 신규보험가입 수익은 339억 8,900만 위안으로 9.1% 감소하였지만 기존의 보험수익은 611억 6,200만 위안으로 9% 증가하였다. 신규보험 가입자는 줄어들었지만 기존의 보험을 연장하는 고객은 증가하는 추세를 보이고 있다.

  2013년 매출이 579억 5,200만 위안으로 13.6% 증가하였다. 그중 생명보험 수익은 60.9%를 차지하고, 신규보험업무의 수익은 129억 7,600만 위안으로 10.4% 증가하였다. 근 3년간 평균 13.2%의 성장률을 보이고 있다. 기존보험 연장을 통한 수익은 449억 7,600만 위안으로 14.6% 증가하였다.

  중국의 전역에 태평양보험 영업인원은 28억 6천 명으로 영업원 1명당 매월 평균 3,795위안의 수익을 창출하며, 이는 2012년보다 6.2% 증가한 수치이다.

- **은행을 통한 대리판매와 직접판매**

　태평양보험그룹의 2013년 은행을 통한 매출액은 306억 5,700만 위안으로 2012년보다 11.2% 감소하였다. 신규보험수익은 153억 8,400만 위안으로 15.7% 감소하였고, 기존보험 연장을 통한 수익 또한 152억 7,300만 위안으로 6.3% 감소하였다. 기존의 은행판매인 신규보험과 보험연장수익에서 신규보험인 보험분기납부상품 위주로 매출구조를 전환하고 있다. 분기납부보험의 수익은 27억 4,200만 위안이며, 그중 중고가 분할납부보험은 15억 4,400만 위안의 매출을 올리며 32.8% 성장하였다. 보험금납부는 미리 지불하는 선납과 분기납 형식이 있는데, 중고가 보험은 선납을 할 경우 목돈이 들어가기 때문에 대부분은 분기납부상품을 선호한다.

　보험업계의 은행판매 경쟁이 치열해지고 공격적인 마케팅으로 태평양보험의 입지가 많이 줄어들었다. 하지만 신규보험 출시와 기존 보험판매 업무 이외에도 지속적으로 투자할 전망이다. 한편 전통적인 판매방식인 영업판매의 매출액은 64억 9,200만 위안으로 18.1% 하락했다.

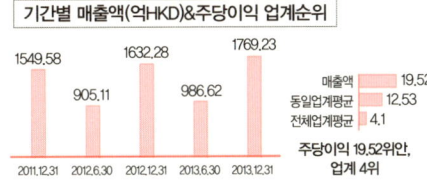

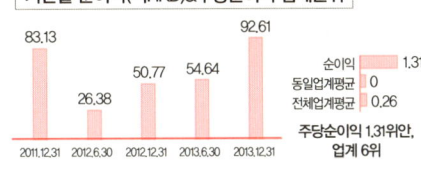

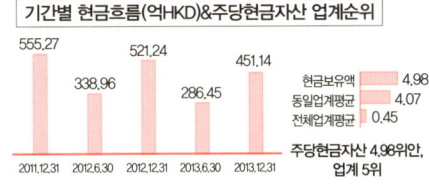

- **보험의 종류**

　태평양보험그룹은 리스크

보장형, 장기저축형보험 업무를 지속적으로 늘릴 계획이다. 2013년 일반보험 판매수익은 167억 7,300만 위안으로 2012년보다 1.9% 증가했다. 배당형보험 수익은 726억 2,700만 위안으로 0.9%가 증가했으며, 단기상해보험과 건강보험은 56억 4,700만 위안으로 14.1% 증가하였다. 또한 개인 업무가 97.5%로 2.3%p 증가하였다.

■ 화재보험업무

2013년 화재보험 부문은 전문성과 자본투입 증강으로 매출액이 818억 2,200만 위안을 기록, 2012년보다 17.3% 증가하였다. 종합원가율은 99.5%로 3.8% 증가하였다. 자동차보험 매출액은 638억 4,900만 위안으로 17.5% 증가했으며, 종합원가율은 99.8%로 2012년 대비 2.5%p 상승하였다. 화재보험시장의 경쟁력 강화와 보상원가 상승으로 종합원가율이 상승하였다. 종합원가율은 100%를 기준으로 낮을수록 기업의 수익에 유리하다.

기타화재보험의 매출액은 178억 9,500만 위안으로 16.5% 증가하였고, 2013년 한해 기상이변으로 자연재해가 늘어 종합원가율은 98.4%로 9.5%p 상승하였다. 2013년 7월 중국 남부지역을 강타한 태풍 피토의 영향으로 그룹의 종합원가율이 1.1%p 상승하는 악영향을 가져왔다. 2013년 기타화재보험료 수입은 54억 6천만 위안으로 35% 증가하였다. 주로 중소기업을 대상으로 재산보험을 판매하여 1억 5,300만 위안의 수익을 올렸고, 신규 중소기업 고객수는 9,701명이다.

또한 인터넷과 전화를 통한 판매수익은 135억 2,800만 위안으로 30.6%가 증가했으며, 교차판매 수익은 31억 4,400만 위안으로 20.9% 증가하였다. 이 판매방식은 화재보험 수익의 20.4%를 차지하고 2012년보다 1.8%p 증가한 수치이다.

태평양보험그룹산하의 태평양홍콩회사는 해외보험업무를 주로 담당하는 자회사로 총자산 7억 1,200만 위안, 순자산 2억 5,300만 위안으로 2013년 수익 4억 1,300만 위안, 종합원가율 98.9%, 순이익 2,200만 위안을 기록했다.

■ **자산관리운용업무**

자산관리업무는 보험영업을 통해 얻은 자본과 개인 및 기관의 자산을 대신 관리한다. 이러한 경로로 모집한 자금을 각종 투자처인 예금, 채권, 주식, MMF 등에 투자하는 사업이다. 2013년 말 태평양보험그룹에서 관리하는 자산규모는 7,466억 위안으로 9.9% 증가하였다. 그룹의 자산투자액은 6,667억 9,900만 위안으로 6.3% 증가하였고, 개인과 기관의 자산은 798억 4천만 위안으로 53.3% 증가하였다. 투자한 자금의 수익은 2억 2,300만 위안으로 72.9% 증가하였다.

2013년은 중국의 화폐시장과 채권시장에서 급격한 가격변동이 있었던 해였다. 태평양자산관리회사의 주요 투자처는 안전상품인 채권 위주의 보수적인 투자형태이다. 총투자에서 채권투자 비중이 21.9%이며, 2013년에는 페트로차이나의 서부송유관사업지분과 타이산泰山개발기금에 총 18억 위안을 투자하기도 했다. 2013년 총투자수익은 315억 위안으로 70.5% 증가하였고, 총투자수익률은 5%로 동기대비 1.7%p가 상승하였다.

태평양보험그룹의 기업지배구조는 태평양재산보험, 태평양생명보험, 태평양자산관리, 태평양(홍콩), 태평양안태생명보험으로 이루어져 있다.

● **태평양보험그룹 재무제표**

재무년도	2013. 12	2012. 12	2011. 12	2010. 12
유동비율^{CR}	12.50	13.10	12.10	13.90
당좌비율^{QR}	12.50	13.10	12.10	13.90
장기부채 대비 순자산비율	15.90	16.10	10.40	2.90
총부채 대비 순자산비율	15.90	16.10	10.40	2.90
자본 대비 부채비율^{DR}	11.50	11.90	8.10	2.50
자기자본이익률^{ROE}	9.40	5.30	10.80	10.70
투하자본순이익률^{ROIC}	6.80	3.90	8.40	9.10
총자산순이익률^{ROA}	1.30	0.70	1.50	1.80
경영자본이익률^{OER}	6.20	3.70	6.70	7.50
세전이익률	6.20	3.70	6.70	7.50
매출액이익률^{ROS}	4.80	3.00	5.30	6.10
배당률	0.392	0.593	0.361	0.35
최고가^{HKD}	33.5	29	35.45	–
최저가^{HKD}	22.45	20.8	19.78	–
최대^{PER}(배)	25.659	39.448	29.652	–
최저^{PER}(배)	17.195	28.294	16.545	–
최고배당수익률	2.281	2.097	2.181	–
최저배당수익률	1.528	1.504	1.217	–

5. 중국태평화재보험

- **한글명** : 중국태평보험홀딩스
- **중문명** : 中國太平保險控股有限公司
- **영문명** : CHINA TAIPING INSURANCE HOLDINGS COMPANY LIMITED
- **코드번호** : 00966
- **홈페이지** : www.huiyuan.com.cn
- **매출액** : 845억 6,400만 홍콩달러(2013년)
- **PER** : 18.12
- **업계위치** : 종합보험업계 5위
- **업종** : 종합보험
- **시가총액** : 417억 홍콩달러
- **CEO** : 왕빈王滨, 1985년생, 중국공산당원, 중국 난카이대학 경제학박사

중국 최초의 글로벌 금융회사

중국태평화재보험은 중국 최초의 글로벌 금융회사로서 1929년 11월 상하이에서 화재보험회사를 시작으로, 1931년 생명보험회사인 중국보험주식회사, 1949년 홍콩에 생명보험회사를 설립하였다. 2010년부터 고루한 전통과 지배구조를 개혁하여 4년 후인 2014년에 다시 흑자로 전환되었다. 중국과 홍콩, 마카오 등지에서 쌓은 80년 역사의 보험업 노하우와 중국정부의 민영보험업계 규제와 보장강화, 중국 내 소비증가로 보험업계 전체의 규모가 커지면서 재각광받고 있다.

이 기업의 대주주는 중국인수보험과 중국인민재산보험의 모회사인 중국보험그룹으로 지분의 47.52%를 보유하고 있다. 중국보험그룹의 글로벌 자회사 중보국제中保国际가 40.02%, 중국 최고 은행인 중국공상

은행이 12.45%의 지분을 보유하고 있다. 선전深圳에 등록되어 있다. 중국태평화재보험은 총 1,188개의 영업소를 보유하고 있다. 자회사 20개, 성급지사는 125개, 직할회사는 1,043개가 있다. 그룹의 총자산은 1,200억 위안이고, 고객수는 약 600만 명에 달한다.

총 20개의 자회사들 중 중국보험국제 中保国际控股有限公司(HK0966)와 홍콩민안보험 香港民安保险控股有限公司(HK1389)이 홍콩거래소에 상장되어 있다. 중국 내 생명보험업무와 중국·홍콩·마카오에 화재보험과 재보험업무를 주요 사업으로 하고 있다. 이외에 양로보험, 단체보험, 자산관리, 인터넷보험, 보험중개업무도 하고 있다. 2013년 총 보험액수입은 845억 6,400만 홍콩달러로 2012년보다 41.7% 급등했고, 순이익은 15억 3천만 홍콩달러로 16.3% 증가했다. 그룹의 순자산은 198억 4,700만 홍콩달러로 21.7% 증가하는 등의 상승세 기업이다.

생명보험사업은 업계에서 선두의 위치를 유지하면서, 화재보험사업 성장률은 업계평균 이상으로 2013년 처음으로 보험료가 100억 홍콩달러를 돌파했다. 투자수익은 안정적으로 상승하고 있고, 2012년과 비슷한 수준이다. 양로보험도 2013년에 들어서 적자를 벗어나 흑자노선으로 돌아섰다. 또한 전자상거래를 통해 매출규모도 늘어나 인프라도 늘리는 추세이다. 마카오에서는 보험업계 1위를 유지하고 있다. 홍콩에서도 안정적으로 성장하고 있고, 보험업계 전체의 발전으로 매출도 지속적으로

● 태평화재보험 역대 보험료수입

연도	보험료수입 (만 위안)
2013	6,398,006
2012	4,514,825
2011	3,779,103
2010	3,839,578
2009	2,708,806
2008	2,317,084
2007	1,925,562
2006	1,325,863
2005	923,844

상승하고 있다.

중국태평화재보험은 중국 내 23개의 정부기관 및 기업과 전략적인 관계를 맺고 있다. 산동성 6개의 지방정부, 중국은행 등 5개 대형금융회사, 차이나유니콤 등 9개 국유기업, 다롄완다大连万达 등 3개의 민영기업과 협력 중이다. 2013년에는 그룹의 재무개선, 결재절차 및 조직개편을 통해 국제신용평가사 아이엠베스트AM. Best와 피치 레이팅Fitch Ratings 로부터 금융기관

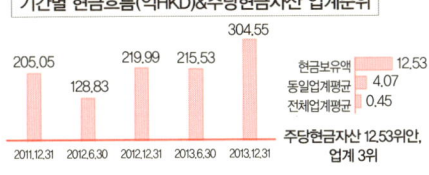

평가 BBB+ 등급을 받았으며, 홍콩과 마카오의 자회사는 A-의 평가를 받았다. 생명보험 영업인원은 2013년 초 기준으로 5만 7,860명에서 11만 2,796명으로 증가하였다. 개인 대리업무가 증가하고 개인당 보험료수급이 증가하고 있다.

● 중국태평보험홀딩스 재무제표

재무년도	2013. 12	2012. 12	2011. 12	2010. 12
유동비율CR	164.80	162.60	130.90	164.00
당좌비율QR	164.80	162.60	130.90	164.00
장기부채 대비 순자산비율	109.40	104.60	-	-

총부채 대비 순자산비율	111.00	108.30	0.00	0.00
자본 대비 부채비율^{DR}	8.50	8.60	0.00	0.00
자기자본이익률^{ROE}	7.70	8.10	4.70	17.70
투하자본순이익률^{ROIC}	0.60	0.60	0.40	1.70
총자산순이익률^{ROA}	0.50	0.50	0.30	1.50
경영자본이익률^{OER}	3.70	3.80	2.40	3.80
세전이익률	2.80	2.70	1.80	5.60
매출액이익률^{ROS}	1.60	2.10	1.00	4.40
배당률	—	—	—	—
최고가^{HKD}	17.18	18.58	25.65	31
최저가^{HKD}	10.38	10.06	13.34	21.65
최대^{PER}(배)	22.168	26.734	79.907	23.485
최저^{PER}(배)	13.394	14.475	41.558	16.402
최고배당수익률	—	—	—	—
최저배당수익률	—	—	—	—

7장
제약업계의 히든챔피언을 찾아라

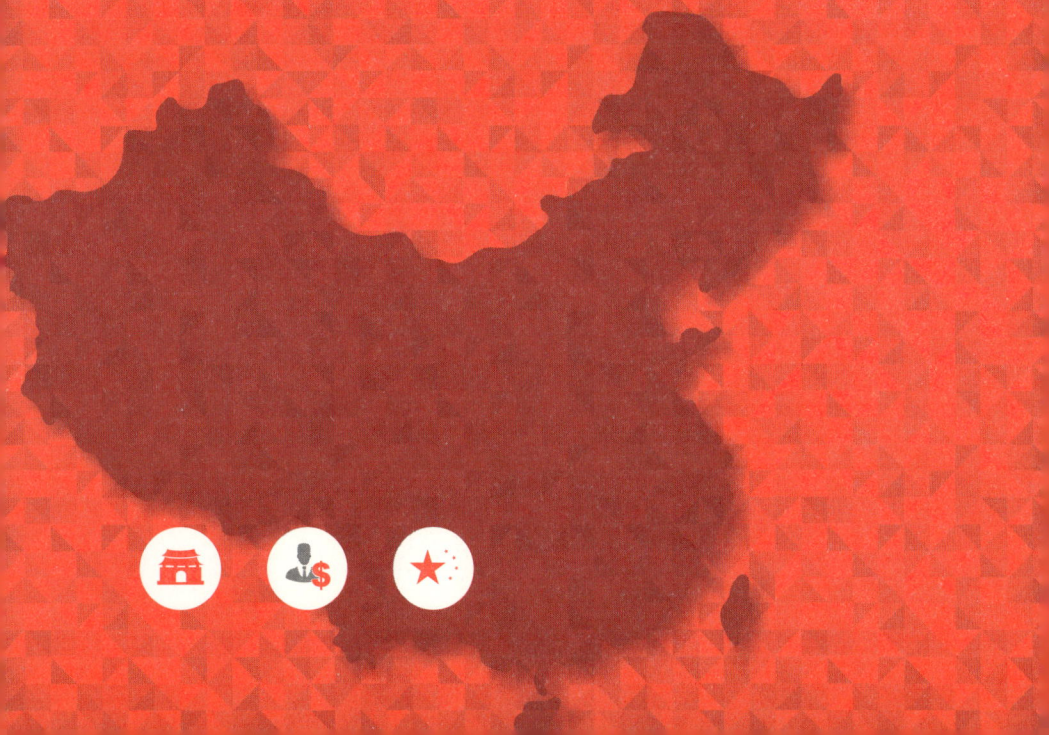

1. 제약업계 환경분석

◆ 앞으로의 성장이 기대되는 중국 의약품시장

중국의 의약품은 전통적인 중의학의 중약과 서양의학의 양약으로 나뉜다. 중국은 풍부한 양약 자원으로 원료약 수출 1위 국가이고 제네릭 생산대국이다. 이는 중국의 사회 및 정부정책과 관련이 깊다. 고령화, 소득수준 증가, 보험적용 대상확대, 자본주의 경쟁시대로 인한 늘어가는 스트레스, 서양음식의 보편화로 인한 비만이나 당뇨 같은 성인병의 증가가 의약산업을 더욱 성장하게 만들었다. 중국뿐만 아니라 세계적으로도 중국 의약품의 약진을 기대할 수 있다.

중국의 고령화 인구는 2013년에 약 2억 명으로, 총인구의 15%에 해당한다. 2025년에는 3억 명을 초과할 것으로 보인다. 평균수명이 늘어나 고령화 인구비율이 높아진 것이다. 1982년 남녀평균 67세에서 2013년 76세로 9년이 늘어났다. 소득이 높은 지역별로 보면 베이징과 상하이는 평균수명이 80세를 넘지만, 소득이 낮은 농촌은 평균수명이 70세이다. 소득이 수명에 큰 영향을 미치는 것을 감안할 때 향후 도시화, 서부대개발, 동북3성개발 등으로 평균소득이 올라감에 따라 평균수명도 늘어날 것이다. 2014년 중국의 1만 달러 이상 소득인구는 4억 5천만 명이다. 2020년도에는 8억 명으로 증가할 것으로 예상된다.

중국의 1인당 의약품 지출액은 연간 60달러 수준으로 미국의 18분의 1, 일본의 17분의 1로 매우 낮은 수준이다. 이것은 중국의 높은 성장이 기대되는 부분이기도 하다. 실제로 중국의 의약품시장은 2004년의 125억 달러에서 2014년에 1천 억 달러로 늘어났는데, 10년간 무려 7배가 넘는 고성장을 한 것이다. 2020년에는 2천억 달러 규모의 시장이 될 것으로 예상되는 내수업계이다. 또한 2012년부터 중국정부는 정국의 안정과 국민의료증진을 위해 의료보험 적용범위를 확대했는데, 그 범위가 95%에 달했다. 병원에서 진찰을 받는 사람들 대부분이 병원비를 기관이나 보험공단에 청구함으로써 20~300%의 저렴한 비용으로 병원과 약국을 이용할 수 있게 되었다.

미국이 중국산 양약제품, 특히 제네릭(복제약, 특허기간이 끝나고 자유롭게 복제가능한 약)에 엄청난 수요를 보이면서 대對미국 의약제품 수출이 전체 수출금액에서 차지하는 비중이 전년 동기대비 18.42% 증가한 20억 2천만 달러에 달했다. 중국산 양약제품은 미국뿐만 아니라 유럽을 주요 시장으로 하고 있다. 2009년에서 2015년까지 약 400종의 특허약품 특허기간이 만료된다. 이들 약품은 주로 호흡계통, 내분비 및 대사, 심혈관계통, 중추신경계통, 호흡계통 및 소화계통 등 몇 개 영역에 집중되어 있다. 이 특허약 매출액은 무려 2,550억 달러에 달한다. 특허가 만료되는 2015년쯤에는 복제약이 95%를 차지하는 중국 의약기업의 매출과 주가가 최고조에 이를 것으로 예상된다.

중국 발전을 이끌 제약기업의 성장

중국정부는 12차 5개년 중국발전계획에서 의약산업을 주된 성장동력으로 정하였다. 2015년까지 매출액이 500억 위안 이상인 기업을 5개 이상, 100억 위안 이상인 기업을 100개 이상 육성할 계획이다. 중의약이 제약기업 성장의 주 동력이다. 중약산업, 중약재농업, 중약건강기능성식품, 중약화장품을 적극 육성할 것이다. 중약은 우리나라 한약과 같은 의미로 중국의 한약을 중약, 한의학을 중의학이라고 한다.

2013년 중국 제약산업 총 매출액은 전년대비 14%가 증가했고, 순이익이 14% 증가했다. 중국의 GDP 증가율이 감소함에도 안정적인 성장을 유지한 것이다. 2012년 중국 의약산업의 수입은 8,094억 위안으로 전년대비 19.1% 증가하였고, 이윤도 810억 7천만 위안으로 17.7% 증가하고 있는 추세이다. 전체 산업 중에 의약산업의 매출증가 속도가 산업평균을 상회하였다. 특히 중약재, 의약소재, 의료기계가 평균 25% 이상 성장했다.

현재 중국의 약품 중 95%가 복제약이다. 복제약은 특허기간이 끝난 전 세계의 주요 약품을 복제하여 생산하는 것으로, 특허권이 사라진 제품은 단가가 낮고 수년간의 연구개발 비용이 들지 않아 중국 제약업계가 주로 사용한다. 하지만 복제약으로만 기업의 이익을 늘리다보면 제약업계 본연의 연구개발에 소홀해져 기업의 미래 성장동력이 줄어들 수 있다. 실제로 중국 의약기업관리협회에서 발표한 자료에 따르면 2012년 중국 의약산업 이윤총액 증가속도는 15%로 2011년의 23.24%, 2010년의 38.99%에 비해 둔화되고 있다. 주된 이유는 복제약시장의 경쟁이 과열됨에 따라 자본력과 광활한 유통망을 앞세운 대기업들로 인해 중소제약회사들의 이익이 감소된 것이다.

중국의 제약업계는 1, 2위 상하이의약과 복성의약을 중심으로 개편되고 중소제약업체들을 대기업에 흡수되고 있다. 대기업들은 복제약을 통해 성장하고 늘어난 매출 상당 부분을 연구개발비로 사용하고 있다. 이것은 신약과 복제약으로 동시성장을 꾀하는 것이다. 뿐만 아니라 동인당은 세계 중약재시장에서 중국 내 선두주자로, 해외판매를 주로 하는 그룹 계열사인 동인당국약을 홍콩거래소에 상장시키면서 해외시장을 본격적으로 개척하려고 한다. 향후 동인당은 우리나라 코스피까지 상장할 전망이라 성장이 기대된다.

다음은 2013년 중국의약기업 1위부터 10위까지의 순이익이다.

1   상하이의약그룹   1,812,538,000위안
2   중국의약그룹   1,238,571,000위안
3   백운산(광주약업)   1,031,377,000위안
4   톈진의약그룹   1,011,511,000위안
5   산둥아교그룹   838,740,000위안
6   하얼빈의약그룹   727,719,000위안
7   난징의약그룹   716,518,000위안
8   화북제약그룹   700,869,000위안
9   장쑤양자강제약그룹   605,542,000위안
10 태극그룹   589,700위안

2. 상하이의약

- 한글명 : 상하이의약그룹
- 중문명 : 上海医药集团股份有限公司
- 영문명 : Shanghai Pharmaceuticals Holding Co., Ltd
- 코드번호 : 02607
- 홈페이지 : www.sphchina.com
- 매출액 : 782억 홍콩달러(2013년)
- PER : 13.183

- 업계위치 : 종합제약업계 1위
- 업종 : 제약
- 시가총액 : 140억 9,200만 홍콩달러
- CEO : 러우딩보楼定波, 1962년 2월, 동북대학졸업

🔻 중국 의약업계의 독보적 1위

　상하이는 본래 작은 어촌마을이었다. 그러다가 1842년 아편전쟁에서 패한 이후 난징조약체결을 통해 개항을 하게 되었는데, 그 덕분에 상하이 항구는 지난 180년 동안 동방의 파리라 불리며, 서양문물과 의술 및 제약기술이 빠르게 유입되었다. 그러한 이유로 양약제조의 역사는 상하이의약이 제일 오래되었는데, '양약은 상하이의약, 전통 중의약은 동인당'이라는 말로 상하이의약의 중국 내 위치를 알 수 있다.

　상하이의약은 홍콩거래소뿐만 아니라 상하이 A주에도 동시상장되어 외국인과 중국인의 자금을 이중으로 지원받는 기업이다. 선진화된 검열시스템을 갖춘 홍콩거래소에 상장한 것은 상하이의약의 경영투명성을 인정받은 것으로, 이를 계기로 세계시장에 진출에 힘쓰고 있다. 또한 상하이 A주에도 상장해 외수(무역), 내수(국내소비) 증가의 혜택을 복합적으로 받고 있다. 상하이의약은 업계에서 수익 1위로 2위와의 차이가 1.5배 이상이다. 중국 의약업계, 특히 양약업계에서 독보적인 기업이다.

　상하이의약그룹은 정부와 연계한 3곳의 연구소와 국가중점기술개발센터 및 각 지역마다 14개의 기술연구소가 있다. 뿐만 아니라 대학연구소 80곳과 신약을 연구·개발하여 특허받은 신약만 해도 277개이며, 논문은 3천여 편에 이른다. 미국 FDA 식약청과 호주TGA 등의 인가를 받은 상품도 18개이다. 이를 통해 해당 국가에 상품을 직접판매하는 망을

만듦으로써 해외진출이 더욱 활발해지고 있다. 주요 제조약은 심혈관질환, 소화계, 정신계, 전염병으로 특허약의 만기로 더욱 탄력받을 약품들을 정부의 지원을 받아 제조 및 유통하고 있다. 10개의 물류기지가 있으며 전국 4천 개의 병원과 약국에 납품하고 있다. 직영체인만 해도 2천 개에 달하는 공룡기업이다.

2013년 3월 4일, 중국에 가짜약 파문이 일어났다. 상하이에 있는 모 병원에서 투약한 약이 가짜약으로 판명된 것이다. 이로 인해 상하이의 약뿐만 아니라 모든 의약 관련 기업의 주가가 폭락했다. 의약업체에 대한 불신으로 주가는 연일 폭락을 기록했다. 하지만 중국 내 최고의 인프라와 제조능력 특허권은 향후 주가를 끌어올릴 원동력이 될 것으로 보인다. 2013년 매출액은 780억 위안으로 2012년 680억 위안보다 15% 성장한 것이다. 상하이의약은 2011년부터 평균 20% 성장을 기록하고 있다. 2013년에는 영업이익 100억 위안, 순이익 18억 위안으로 업계 1위를 달성했다. 매년 10% 이상 꾸준히 성장하는 기업이다.

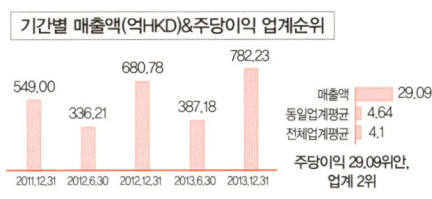

■ 제약업무

의약공업 매출은 99억 1,200만 위안으로 2012년보다 9.06% 상승했으며 마진율은 46.31%이다. 1.14%p 상승한 수치이다. 화학 및 생물약품의 매출은 44억 600만 위안으로 8.02% 상승했고, 중성약(한약을 복용하기 쉽게 제조한 제품) 매출은 32억 7,500만 위안으로 15.89% 증가했다. 황사마스크 및 의료장비 매출은 22억 3,100만 위안으로 2.20% 증가했다.

- **연구개발**

상하이의약은 2013년에 연구개발분야에만 4억 6,772만 위안, 공업매출액의 4.72%를 투자하였다. 특히 2013년 출시된 신약 수면제, Eszopiclone과 고혈압치료제인 azelnidipine 캡슐은 중국 내 3곳의 제약회사만이 생산할 수 있는 제품으로 상하이의약도 2013년에 생산판매권한을 얻었다. 또 다른 고혈압치료제인 teimisartan를 생산하는 4번째로 큰 회사이다. 2013년에 33건의 발명과 16건의 특허를 출원했다.

- **유통판매**

① 대리판매

의약제품 경소상(수입벤더)을 통한 대리판매에서 589억 2,600만 위안의 수익을 올리며 2012년 대비 26.64% 증가하였고, 마진율은 6.39%로 0.50%p 감소한 수치이다. 대리판매는 우리나라 사람으로는 이해하기 힘든 판매방식일 것이다. 필자가 2012년 상하이에 있는 한국인삼공사에 근무할 당시에도 경소상을 통한 판매가 매출의 주를 이루었다. 경소상을 통한 대리판매는 중국이나 미국 같이 땅덩어리가 큰 나라에서 주로 볼 수 있는 판매방식이다. 땅이 넓고 거대하다보니 아무리 큰 회사라도 전국에 매장을 구축하는 것은 상당히 힘들고 비용도 많이 든다. 그래서 중국은 의약제품뿐만 아니라 식품회사들도 경소상을 중간에 두고 거래하는 게 대다수이다. 제약회사가 넓은 유통망을 보유한 경소상에게 제품을 적정가에 넘기고, 경소상은 제품을 약국이나 마트에 대신 판매해 향후 수익을 제조회사에 넘기는 방식이다. 이것이 중국이 제조업보다 유통업이 발달한 이유이다. 한 번쯤은 들었을 양주상인, 온주상인, 저장상인, 산동상인 등이 21세기에 들어서 경소상이나 유통상으로 바뀌었다.

② 소매판매

약품소매 매출액은 27억 4,900만 위안으로 2012년 대비 20.74% 증가했다. 마진율은 20.41%로 2012년 대비 2.03%p 감소했다. 상하이의약의 체인약국은 총 1,792개이다. 이 중 3분의 2인 1,270개가 직영점으로 자사제품을 주로 판매하고 마진율이 높다. 고객은 이 직영점을 통해 저렴하게 제품을 구입하고, 기업은 유통단가를 낮춘다.

중국정부의 의료개혁으로는 공업전환승급계획(2011~2015년), 국가약품안전12.5계획, 12.5국가전략성신릉산업발전계획, 제약 수준 및 약품 품질향상계획이 있다. 이것은 중국정부가 중국에 만연해 있는 제약회사의 부실을 타파하고 품질을 관리해, 제약을 국가 근간산업으로 발전시키겠다는 의지를 표방한 것이다. 이 정책들로 인해 의약업계는 그야말로 폭풍이 몰아치고 있는데, 중견·중소제약회사들은 상하이의약과 같은 업계 주류에 편입될 것으로 보인다. 시장에 만연하는 복제약과 저품질 제품을 없애고, 국가 차원의 연구개발 재정지원을 대기업에 집중해 제약업계를 발전시키겠다는 의도로 보인다. 이것은 제약업계 매출 1위이자 시장점유율을 가장 많이 차지한 상하이의약에 가치가 집중됨을 의미한다. 이는 매출액 상승에서 확인할 수 있다. 상하이와 선전에 상장되어 있는 중견제약회사들의 주가폭락과는 상반된 현상이다.

● 상하이의약 재무제표

재무년도	2013. 12	2012. 12	2011. 12	2010. 12
유동비율^{CR}	165.40	175.60	172.60	125.40
당좌비율^{QR}	122.60	131.20	132.80	94.50
장기부채 대비 순자산비율	0.50	0.20	0.20	0.70
총부채 대비 순자산비율	23.30	20.10	24.80	54.00
자본 대비 부채비율^{DR}	19.80	17.10	21.40	40.80
자기자본이익률^{ROE}	8.60	8.30	8.80	13.70
투하자본순이익률^{ROIC}	7.30	7.10	7.60	10.30
총자산순이익률^{ROA}	4.00	4.00	4.30	4.50
경영자본이익률^{OER}	3.50	3.80	4.30	4.80
세전이익률	4.20	4.50	5.50	5.80
매출액이익률^{ROS}	2.90	3.00	3.70	3.70
재고품회전율	7.11	6.94	6.62	7.14
배당률	0.31	0.32	0.19	–
최고가^{HKD}	19.5	15.7	23.35	–
최저가^{HKD}	12.74	7.7	11.94	–
최대^{PER}(배)	18.355	16.579	22.554	–
최저^{PER}(배)	11.992	8.131	11.533	–
최고배당수익률	2.61	3.88	1.65	–
최저배당수익률	1.71	1.91	0.85	–

3. 백운산

- **한글명** : 광주백운산의약그룹
- **중문명** : 广州白云山医药集团股份有限公司
- **영문명** : Guangzhou Baiyunshan Pharmaceutical Holdings Company Limited
- **코드번호** : 00874
- **홈페이지** : www.gybys.com.cn
- **매출액** : 170억 위안(2013년)
- **PER** : 22.23
- **업계위치** : 제약업계 매출 1위
- **업종** : 제약
- **시가총액** : 57억 6,100만 홍콩달러
- **CEO** : 리추위안, 1965년 10월 출생, 중산대학 화학과 졸업

▶ 중약시장 현황과 백운산

　중국에서 7년간 생활하면서 봄과 가을이 되면 우리나라와 다른 풍토 때문인지 종종 중의학대병원에서 보약을 지어먹었다. 중국 중의학은 역사가 5천 년이나 되어서 보편적이고 가격도 우리나라에 비해 4분의 1 수준이라 부담이 없어 건강을 챙길 수 있었다. 중국에서 일반 중의학병원(우리나라로 치면 한의원)에 가면 1시간씩 기다리는 것은 기본이고, 유명한 의사에게 진찰받으려면 몇 달 전에 예약해야 할 정도이다. 약재의 품질도 좋고 품질검사와 유통망까지 중국 대기업들이 주도하고 있어서 믿을 만하다. 일부 우리나라 사람들은 중국산 제품이 좋지 않다고 하는데, 이것을 마진을 남기려고 못 먹는 것이나 질 나쁜 것을 수입하는 수입업자의 문제이다.

중의원에서 의사의 처방에 따라 약재를 구매하면 약을 가져가서 집에서 달여먹거나, 병원에서 직접 달여주기도 한다. 미리 약재를 달인 후 가루로 만들어서 포장해 판매하기도 한다. 보름치의 약재를 구입하는 데 일반적으로 한화 4만 원 정도의 비용이 드는데, 보험이 있다면 일부를 돌려받을 수 있다. 처음에 필자는 보험이 있는지도 모르고 청구되는 대로 약값을 지불하기도 했다. 평균소득이 100만 원도 되지 않는 중국인들도 비싼 병원비를 감당하는 걸 보고, 처음에는 저러고 어떻게 생활하는지 궁금했는데 알고 보니 대학소속인 교수나 강사, 교직원, 학교 소속 청소부 아주머니, 일반 공무원 등은 병원비의 80%까지 지원을 받는다는 것이다.

중국 13억 6천만 인구 중 최소 6억 명은 기관에서 보장하는 의료 혜택을 받는다. 일반 기업의 경우 월급의 40%를 세금으로 내는데, 여기에 양로보험이나 의료보험 등이 다 포함되어 있어 부담 없이 중의약을 구매할 수 있는 것이다. 나머지도 개인적으로 보험을 들거나 친구나 지인의 보험을 빌려 약을 구매하는 편법을 쓴다고 한다. 한마디로 자기 돈 내고 약을 사는 사람은 이러한 제도를 잘 모르는 외국인이 대부분이라는 것이다. 중국 생활 초반의 필자처럼 말이다.

중국의 중약업계는 새롭게 떠오르는 시장이다. 친환경 식품에 대한 관심이 증대되고, 양약보다는 중약재가 부작용이 적다고 믿는 풍조가 대세를 이루기 때문이다. 이것은 7억 명에 달하는 농민들의 수익이 늘어난다는 의미이기도 하다. 중국뿐만이 아니다. 중국의 중약재를 세계 의료시장이 원하고 있다. 중약 무역액이 400억 달러 이상이고, 매년 10%씩 성장하고 있다. 이 중에서 중국의 중약 수출액은 6억 달러로, 세계 약재시장의 5% 이상을 차지하고 있으며, 점유율은 나날이 늘어나고 있다.

전 세계 건강식품시장 규모가 커지자 중국정부는 중국의 풍부한 약재와 임상실험을 체계적으로 상품화하여 세계시장에서 중국 약재의 규모를 늘리려고 한다. 2014년 중의약법을 제정해 중의약의 국내외 입지를 확보하고 중약 명칭을 규범화했으며, 중약 자재 수출입정책을 조정해 중약 국제화를 추진하고 있다. 뿐만 아니라 식약관리감독국(식약청)에서는 약품 위법을 엄중히 단속하는 등 중약 국제화에 적극적으로 나서고 있다. 현재 중국 약재시장은 광둥성, 안후이성, 허베이성, 간쑤성을 중심으로 발전하고 있으며 한국, 홍콩, 타이완, 동남아시아에 주로 수출하고 있다.

◆ 주가 500%, 매출액 123,440% 상승의 신화

백운산은 삼국지에 등장하는 뤄양의 오성급 산이다. '중원의 명산, 신선의 산'이라는 명칭답게 중국 최고의 산인 동시에 기업 명칭이기도 하다. 이 기업은 이름에서 알 수 있듯 '백운산'이라는 신비로운 효과를 내는데, 중국 중의학 기업 중 최고로 손꼽히는 광주의약기업과 왕라오지를 소유하고 있다. 광주의약그룹이라고 하면 생소하겠지만 왕라오지를 만드는 회사라고 하면 중국인 누구나 다 안다. 왕라오지는 유명한 건강음료로 중국에서는 량차라고 한다. 매운 음식을 먹거나 몸에 열이 많을 때 량차를 마시면 열이 내리는데, 우리가 즐겨 마시는 보리차 역시 량차의 일종이다. 왕라오지는 건강을 중시하는 중국인에게 예나 지금이나 사랑받는 음료이다.

왕라오지는 판매량이 매년 20억 캔에 달할 정도로 건강음료업계에서는 1위이다. 광주의약그룹은 1951년에 회사를 설립했는데, 처음에는 건강음료로 출발한 것이 아니라 중성약과 식물 약재 같은 중의약제조회사

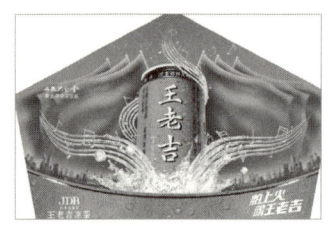
백운산의 왕라오지

로 시작하였다. 그러다가 중국인의 건강에 대한 욕구가 높아짐에 따라 건강음료사업도 실시하게 되었다. 1997년 상하이 A주와 홍콩 H주에 동시상장하면서 자금조달이 용이해지자, 전국으로 유통망을 넓혔다. 왕라오지는 중국의 코카콜라라는 애칭이 있는데, 캉스푸나 통일기업에 맞먹을 정도의 매출과 시장점유율을 차지하고 있다.

하지만 왕라오지가 이렇게 업계 최고가 되는 길은 순탄치 않았다. 광주의약그룹은 중약제조회사로 시작하여 건강음료시장에서 최고가 되었지만, 중약제조회사가 음료시장에 진출한다는 것은 쉽지 않았다. 자금력과 음료업계 경험이 전무했던 것이다. 그래서 중국 내 음료시장 점유율이 높고 음료시장 경험이 풍부한 가다보그룹에 왕라오지 특허권을 1995년부터 15년 동안 임대해주었다. 이렇게 우수한 품질과 유능한 경영이 접목되자 5년도 되지 않아 붉은색 캔의 량차 왕라오지는 10년간 독보적인 길을 걷는다. 유통업체인 가다보그룹이나 특허권을 보유한 광주의약그룹 역시 상승세를 타고 주가가 급등한다.

그러다가 2010년 특허권이 종료됨에 따라 광주의약그룹이 특허권 재계약을 거부하고 양사의 갈등이 시작되었다. 3년간의 분쟁 끝에 중국정부는 홍콩의 가다보그룹이 아닌 국유기업인 광주의약그룹, 즉 백운산의 손을 들어준다. 이를 계기로 가다보그룹은 기사회생을 노리며 천문학적인 광고비를 투자해 '가다보량차'라는 독자적인 브랜드를 만들어 판매하게 된다. 그렇지만 '왕라오지가 정통적이고 식후에는 왕라오지'라는 문화를 하루아침에 바꿀 수는 없었다. 가다보그룹의 광고를 왕라오지의 광고로 오해해 왕라오지 판매량만 더욱 올려주는 꼴이 되었다.

광주의약그룹의 2013년 매출액은 170억 위안이다. 2010년 가다보와 특허권에 승소하면서 400만 위안이었던 매출액이 2011년에 50억 위안으로 123,440% 뛰는 엄청난 매출액 성장세를 보였다. 2012년에는 120억 위안으로 121% 성장하고, 2013년에는 46% 성장하면서 꾸준한 매출액 증가를 보이고 있다. 영업이익 또한 50억 위안으로 2012년 대비 51% 성장하였다. 광주의약그룹은 가다보그룹에서 독립한 후 3년간 특허권만 파는 일반기업에서 음료를 파는 기업, 중국 최고의 음료기업으로 성장하였다. 2011년 8월을 기점으로 주가가 폭등하기 시작했고, 초반의 거품이 빠지기는 했지만 중국시장 점유율은 여전히 1위이다. 앞으로도 광주의약그룹의 주가변동폭은 적을 것으로 예상한다.

2013년 춘절을 전후로 중국의 거의 모든 기업은 주가가 폭등과 폭락을 겪는다. 왕라오지도 주로 연휴인 춘절(설날)과 국경일(10월 1일) 한 달 전에 주가가 상승하고, 연휴 10일 전부터 자금을 위해 주식을 판매한다. 이 때문에 주식이 하락하는 현상이 보인다.

향후에도 왕라오지는 꾸준히 소비되고 지금의 상태를 유지할 것으로 보인다. 중국의 GDP가 증가하고 건강약재와 식품에 대한 수요가 증가하면, 천연재료에서 추출한 중성약과 식물약재에 대한 수요까지 늘어날 것이다. 여기에 중국정부의 지원까지 더해져 국제화에 성공한다면 '중국의 백운산'을 넘어 '세계의 백운산'이 될 것이라 생각한다.

광주의약그룹은 홍콩거래소에 상장한 것에 이어, 2013년 6월 30일에 상하이 A주에도 IPO를 신청해 같은 해 9월에 상장되었다. 중국기업 최초로 홍콩·상하이·선전의 중국 3대 증권거래소에 상장하는 쾌거를 기록했다. 상하이거래소 상장을 통해 광주의약그룹은 2013년 의약업계 1위로 뛰어올랐다. 2012년에는 독자개발한 중성약 인후염환약, 소갈환

약, 안정환약이 중국 국가기본약품 목록에 들어가면서 매출향상에 큰 도움이 되고 있다. 늘어나는 수요를 만족시키기 위해 쓰촨성 야안四川雅安·메이저우시 다푸梅州大埔·허난성 신샹河南新乡에 생산기지를 확충하였다. 소비자 기호 다변화에 맞추어 무설탕 량차를 개발했으며, 식당에 량차 제조기(일종의 커피 자판기)를 판매하고 있다.

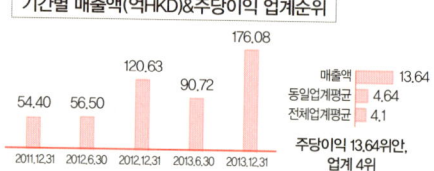

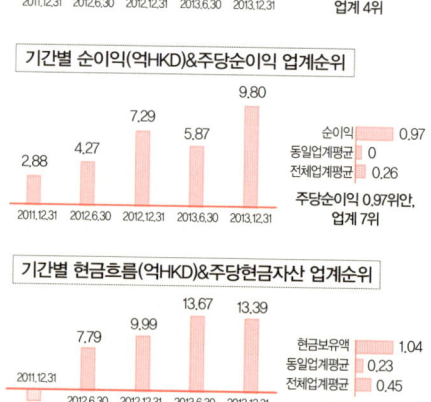

광주 왕라오지는 2013년 식품업계에서 안전성과 신뢰를 인정받아 중국 전체 식품업계에서 1위에 등극했다. 또한 그룹 산하의 광하약업, 반고수약업 등 8개의 제약회사의 GMP^{GOOD MANUFACTURING PRACTICE}(중국국가의약검열기구) 인가통과율이 90%에 이르고, 기성약업은 순조롭게 유럽식약청 TGA의 GMP를 통과하였다. 마케팅 일환으로 유통기간 지난 약을 회수하는 프로모션을 실시해 이를 계기로 전국 185개의 도시에 광주의약그룹을 광고했다. 산하의 영화제작회사인 백운산화황화사白云山和黃公司에서 〈사랑아 돌아와让爱回家〉와 〈경세의 사랑倾世之恋〉을 제작해 왕라오지 제품을 간접광고하기도 했다. 중국 전역에 유통망과 영업망을 보유한 광주의약그룹을 꾸준히 관망할 것을 추천한다.

● 백운산 재무제표

재무년도	2013. 12	2012. 12	2011. 12	2010. 12
유동비율^{CR}	144.50	154.00	265.40	270.80
당좌비율^{QR}	100.10	94.60	166.80	176.90
장기부채 대비 순자산비율	0.10	0.00	0.00	0.00
총부채 대비 순자산비율	7.60	12.20	3.80	1.10
자본 대비 부채비율^{DR}	7.20	11.50	3.60	1.00
자기자본이익률^{ROE}	14.30	13.10	7.60	7.60
투하자본순이익률^{ROIC}	13.60	12.30	7.20	7.20
총자산순이익률^{ROA}	8.00	7.80	5.90	5.90
경영자본이익률^{OER}	6.40	7.10	5.70	5.20
세전이익률	7.00	7.30	6.20	7.70
매출액이익률^{ROS}	5.60	6.00	5.30	6.40
재고품회전율	7.84	5.84	6.33	5.83
배당률	0.38	–	0.28	0.15
최고가^{HKD}	38.224	19.66	14.34	13.18
최저가^{HKD}	13.564	6.6	4.11	5.74
최대^{PER}(배)	38.883	27.298	32.774	32.331
최저^{PER}(배)	13.798	9.164	9.393	14.081
최고배당수익률	2.74	–	3.00	1.03
최저배당수익률	0.97	–	0.86	0.45

4. 동인당

- **한글명** : 동인당 과기
- **중문명** : 北京同仁堂科技发展股份有限公司
- **영문명** : Tong Ren Tang Technologies Company Limited
- **코드번호** : 01666
- **홈페이지** : www.tongrentang.com
- **매출액** : 29억 위안(2013년)
- **PER** : 26,202
- **업계위치** : 중약제조 및 유통 1위
- **업종** : 제약
- **시가총액** : 69억 300만 홍콩달러
- **CEO** : 메이쥔梅群, 1956년 출생

중국 역사와 함께한 300년의 기업

　중국에서 동인당은 중국인이 한약을 생각하면 자동적으로 떠오르는 세 글자이다. 이 기업은 한약제조와 유통에서 중국 내 1위 기업이다. 동인당은 중국에서 가장 오래된 한약방으로 우리나라 사람들이 자주 찾는 우황청심환의 제조사이기도 하다. 청나라 강희제 때인 1669년에 창립되어 300년을 이어온 역사를 자랑하는 황실과 민간의 한약방이었다. 특히 강희제가 어릴 때 걸린 희귀병을 치료하여 유명하다. 아편전쟁과 일본의 침략, 그리고 수많은 내전으로 돈이 없어 치료를 할 수 없는 가난한 부상병을 전국의 동인당이 협력해 무료로 진료해주고, 약값도 받지 않았다고 한다. 중국인에게 동인당은 약방, 그 이상의 존재이다. 동인당은 한약방이면서 전통적인 상품판매와 엄격한 제조공정으로도 유명하다.

　동인당同仁堂에서 '인仁'은 '어질다'는 뜻으로, 동인당은 '인'을 실천하는 것을 사업의 궁극적인 목표로 한다. 이러한 내용이 드라마로도 만들어져 중국인에게 끝없는 찬사를 받고, 또 공로를 인정받아 2006년에는 중국 문물 중점 보호 단위로 인가받았다. 중국 최대 약국체인 명맥을 300년간 이어오면서, 2,300개의 판매처와 직영점 1,200개를 보유한 최고 규모를 자랑한다. 홍콩거래소에는 모회사인 동인당테크(중약제조), 우황청심환을 국제적으로 유통하고 건강식품 판매를 확대하기 위해 설립한 자회사 동인당국제가 동시상장되어 있다. 뿐만 아니라 2014년 하반기에는 우리나라 코스피에 상장할 예정이라고 한다. 상장 후 동인당의 성장세가 더욱 커질 것으로 보인다.

동인당은 대표적인 상품인 우황청심환 이외에도 안궁우황환(더위치료), 대활맥단(감기치료), 소합상환(중풍치료) 등 30가지가 넘는 제품들이 매출을 이끌고 있다. 이 제품들은 주로 중성약이다. 여기에 전국 깊숙이 퍼져 있는 유통망을 이용해 자사제품뿐만 아니라 일정한 수수료를 받고 타사제품도 판매하는 유연한 경영방침으로 매출을 올리고 있다. 2011년에 동인당은 제품의 농약 파문으로 주가가 200% 이상 떨어지는 폭락을 겪었으나, 나중에 타사 제품임이 판명되었다. 그 이후 끊임없이 경영을 혁신하고 영업망을 확대해 2년 만에 주가가 원래 자리를 찾았다. 경영에 대한 확신, 시장점유율, 안정적인 매출은 동인당의 강점이다.

동인당의 2013년 매출액은 29억 위안, 영업이익은 14억 위안으로 2012년보다 20% 성장하였다. 이 성장률은 2010년부터 꾸준한 이어오고 있다. 2010년부터 6%씩 감소했던 감가상각비율도 2012년부터 매년 평균 5%씩 증가하고 있다. 이는 중국 1인당 GDP가 증가하고 한약 매출이 늘어나면서, 공격적으로 매장을 늘리고 R&D에도 집중했기 때문이다. 중국주에 관심이 높은 한국 코스피에 상장되면 주가가 상승할 가능성이 높다. 홍콩거래소 2개, 상하이거래소 1개, 코스피 1개에 상장한 자본력을 중심으로 세계시장 공략에 박차를 가할 것으로 보인다. 수백 년간 기업을 이어오면서 검증된 중성약과 중국인의 양약에 대한 불신을 토대로 안정적인 성장이 가능해 보인다.

한편 동인당의 한약화장품 제조판매 회사인 동인당 마이얼하이同仁堂麦尔海는 각종 화장품과 미용용품을 생산한다. 2013년 매출액은 약 5,300만 위안으로 34.50% 증가하였다.

■ 판매현황

동인당이 2013년에 생산한 제품은 100여종으로 이 중 26종이 1천만 위안 이상의 매출을 기록하였다. 500만 위안에서 1천만 위안의 제품은 16종이다. 주요 상품인 건강보조제 육미지황환六味地黄丸 제품군의 매출이 2012년보다 5.86% 상승하였고, 발열치료제 우황해독牛黄解毒 시리즈는 매출이 29.97% 증가하였다. 이외에도 각종 건강보조제품이 20% 이상의 매출을 기록하였다.

해외판매에서도 2012년에 약 6천만 위안의 수익을 기록했다. 이것은 69.34%가 증가한 것으로, 해외 수출 자회사인 동인당국약同仁堂国药과 협약을 맺어 해외판매를 늘릴 계획이다.

■ 생산현황

 동인당은 수백 년간 이어오면서 분창제라는 독특한 제품생산방식을 유지하고 있다. 이것은 동인당 제품이 중국 전역에 자유롭게 공급되는 이유이기도 하다. 분창제는 동인당 직영공장에서 제품의 핵심 부분만 생산하고 일반적인 포장, 금박, 디자인, 유통을 대리공장에 맡기는 형태이다. 200년 이상 분창제 방식을 사용하고 있는데, 현대의 수많은 대기업들이 협력업체를 두고 생산하는 방식과 유사하다.

 2007년 베이징의 통과기업 通科公司과 분창제 대리생산을 시작하였는데 통과기업에서 7,500만 위안(95%)을 투자하고, 동인당에서 나머지 5%를 투자하였다. 2012년에는 허베이성 탕산 河北唐山에 베이징동인당 영양보건회사를 설립했다. 동인당 제품의 포장을 주로 전담하는 회사로 자본금은 1억 2천만 위안이다. 동인당과기와 동인당국약 및 탕산가예포장공업회사 唐山佳艺包装工业有限公司가 투자하여 제품의 디자인과 포장에 집중하고 매출향상에 노력하고 있다.

■ 중약재원료 생산기지

 중약재는 동인당 제품의 주요 원료로 안정적인 공급이 필수이다. 2014년 현재는 허베이성, 허난성, 후베이성, 저장성, 안후이성, 지린성, 6개 성에 중약원료생산 자회사를 보유하고 있다. 주요 원료인 산수유, 복령, 형개 등의 약재를 안정적으로 공급받는 한편, 중국시장에도 우수한 품질의 원료를 공급하고 있다. 매출액은 약 1억 1,600만 위안으로 2012년보다 3.42% 증가하였다.

● 동인당과기 재무제표

재무년도	2013. 12	2012. 12	2011. 12	2010. 12
유동비율^{CR}	422.20	277.50	270.10	416.10
당좌비율^{QR}	274.30	119.80	108.40	181.70
장기부채 대비 순자산비율	1.20	–	–	–
총부채 대비 순자산비율	6.00	6.50	7.30	1.00
자본 대비 부채비율^{DR}	4.70	5.50	6.30	0.80
자기자본이익률^{ROE}	12.00	17.00	14.80	12.70
투하자본순이익률^{ROIC}	9.50	14.50	12.80	11.20
총자산순이익률^{ROA}	7.60	10.40	9.00	9.10
경영자본이익률^{OER}	20.80	19.60	17.20	16.60
세전이익률	20.40	19.70	17.30	16.90
매출액이익률^{ROS}	13.40	13.50	13.20	12.50
재고품회전율	1.93	1.73	1.46	1.65
배당률	0.39	0.45	0.44	1.41
최고가^{HKD}	28.9	17.68	9.7	8.933
최저가^{HKD}	16.38	8	6.4	4.293
최대^{PER}(배)	34.736	25.338	18.303	22.236
최저^{PER}(배)	19.688	11.465	12.076	10.686
최고배당수익률	1.95	3.89	3.66	13.21
최저배당수익률	1.11	1.76	2.41	6.35

- 한글명 : 동인당국약
- 중문명 : 北京同仁堂国药有限公司
- 영문명 : Beijing Tong Ren Tang Chinese Medicine Company Limited
- 코드번호 : 08138
- 홈페이지 : www.tongrentang.com

- **매출액** : 6억 1,396만 3천 홍콩달러(2013년)
- **PER** : 26.202
- **업계위치** : 중약 해외유통 1위
- **업종** : 제약유통
- **시가총액** : 85억 6,600만 홍콩달러
- **CEO** : 메이쥔梅群, 1956년 출생

➤ 해외판매사업을 담당하는 동인당국약

동인당국약은 동인당 제품의 해외판매사업을 담당하고 있다. 동인당 제품의 해외매출이 늘어남에 따라 설립되었다. 중국정부가 국익을 상승시키기 위해 지원을 아끼지 않는 기업이기도 하다. 해외판매가 주요 업무이다. 총자산은 2억 143만 위안으로 동인당과기가 53.09%, 동인당그룹이 53.09%의 지분을 보유하고 있다. 동인당은 300년 이상 명맥을 유지하면서 그룹도 매우 복잡하게 형성되어 있는데 제품의 생산과 국내판매는 동인당 과기에서, 해외판매는 동인당국약에서 한다. 동인당과기의 각 공장은 각 지역의 주요 기업과 합작을 하였고, 각 계열사의 향후 전략은

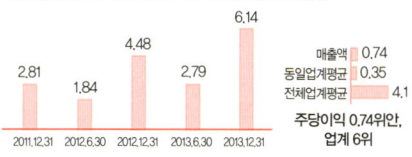

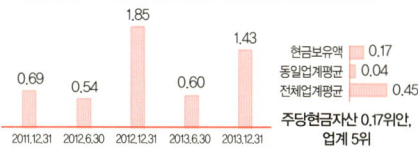

7장 제약업계의 히든챔피언을 찾아라 **217**

동인당 그룹이 실행한다. 규모가 커져 각자 상장을 하였지만 하나의 기업이라고 봐도 무방하다. 동인당과기와 동인당국약의 주가 추세가 같은 방향으로 오르고 내림을 알 수 있다.

2013년 매출은 6억 1,396만 3천 홍콩달러로 작년대비 29.54%가 증가한 것이다. 증가한 매출액은 2012년 매출인 4억 7,395만 2천 홍콩달러의 68.68%이다. 2013년 주가는 세계 경기침체와 중국 경기침체로 하락했지만, 동인당국약의 해외판매는 매년 30% 이상 매출증가를 목표로 하고 있다.

● 동인당국약 재무제표

재무년도	2013. 12	2012. 12	2011. 12	2010. 12
유동비율^{CR}	1205.00	527.10	509.20	217.30
당좌비율^{QR}	1098.80	445.00	388.10	213.00
장기부채 대비 순자산비율	–	–	–	2.00
총부채 대비 순자산비율	–	–	–	10.30
자본 대비 부채비율^{DR}	–	–	–	9.90
자기자본이익률^{ROE}	17.30	31.50	17.20	23.80
투하자본순이익률^{ROIC}	16.70	27.30	13.50	23.00
총자산순이익률^{ROA}	15.60	23.30	12.10	19.40
경영자본이익률^{OER}	43.70	34.10	7.20	−1.90
세전이익률	44.20	35.30	7.00	73.00
매출액이익률^{ROS}	35.80	46.80	29.90	67.80
재고품회전율	6.01	4.17	3.17	42.57
배당률	0.28	0.96	–	–
최고가^{HKD}	14.9	–	–	0.337
최저가^{HKD}	4.7	–	–	0.09

최대^{PER}(배)	51.379	−	−	0.219
최저^{PER}(배)	16.207	−	−	0.058
최고배당수익률	1.70	−	−	−
최저배당수익률	0.54	−	−	−

5. 복성의약

- 한글명 : 상하이복성의약
- 중문명 : 上海复星医药(集团)股份有限公司
- 영문명 : Shanghai Fosun Pharmaceutical (Group) Co., Ltd.
- 코드번호 : 02196
- 홈페이지 : www.fosunpharma.com
- 매출액 : 99억 2,100만 위안(2013년)
- PER : 없음(계산불가)
- 업계위치 : 제약매출 3위
- 업종 : 제약
- 시가총액 : 102억 홍콩달러
- CEO : 천치위陈启宇, 1972년 미국 펜실베니아 대학 졸업

▶ 복제약과 신약개발에 노력하는 기업

복성의약은 약품 연구개발을 핵심사업으로 하는 기업으로 의약유통, 의약서비스, 의료기계 시장에서 높은 점유율을 보유하고 있다. 상하이, 충칭, 미국에 국제화연구회사가 있다. 신진대사, 식도, 심혈관, 종양, 면

역조절제, 신경계통 영역의 제품을 연구개발하고 있다. 중국 내에서는 간질환과 당뇨병, 해외에서는 말라리아 치료제 부분에서 높은 시장점유율을 기록하고 있다. 복성의약은 중국 최대 약품대리상 국약홀딩스의 제2 주주이다. 그래서 전국에 우월한 유통망을 형성하고 있다.

중국정부는 2011년부터 중국 의약개혁을 위해서 기본약품 제정을 대대적으로 실시하였다. 소득수준이 높지 못한 중국시장에서 수많은 기업들이 경쟁을 하면서 성장하고 도태되었지만, 결국에는 저품질·저가격으로 시장이 형성되었다. 이렇게 악화되는 의약시장을 개선하고자 의약개혁을 실시하여 질병에 사용되는 약품의 종류와 수를 제한하였다. 이것으로 국가차원에서 안정적으로 시장에 양질의 약품을 공급할 수 있게 되었다. 복성의약은 이 기본약품에 자사의 약이 4개나 선정되었는데, 이로 인해 기업성장과 향후 R&D 등에 역량을 쏟아부어 무의미한 경쟁으로 인한 낭비를 줄일 수 있게 되었다. 선정된 복성의약 약품은 만성B형 간염 치료제, 경도당뇨병환자치료제, 혈당조절제(당뇨병 관련), 위염치료제이다.

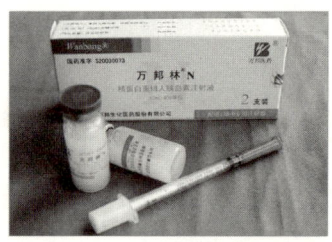

복성의약의 당뇨병 치료제

2013년 총 매출액은 99억 2,100만 위안으로 2012년보다 36.31% 증가했고, 약품제조와 연구개발을 통한 매출은 65억 2,400만 위안으로 40.82% 증가했다. 복성의약의 주요 매출은 제약업무와 의료진단 및 의료기기제조, 의약기업 합병 등으로 인한 수익이다. 순이익은 20억 2,700만 위안으로 29.61% 상승했다. 이것은 정부의 의약개혁으로 자사 제품이 기본약품으로 선정되어 수익이 안정적으로 증가했기 때문이다. 또한 32.05%를 보유하고 있었던 국약홀딩스 주식을 2013년 4월에 일부

처분하면서, 차익으로 5억 9,500만 위안을 남겼다. 현재 국약홀딩스 주식 지분은 29.95%가 되었다. 또한 동제당약업회사^{同济堂药}와의 대규모 제품판매를 통해 5억 2천만 위안의 매출도 올렸다.

복성의약은 지속적으로 복제약과 신약에 개발에 힘쓰고 있다. 2014년 기준으로 약품제조와 연구개발 특허가 총 72개 항목이며, 진행 중인 신약과 면역치료제는 119건에 달한다. 의료시설에도 투자하고 있다. 중의학과 서양의학이 결합된 종양전문병원인 남양종양병원^{南洋肿瘤医院}과 광둥성 포산시에 찬청병원에 투자하면서 소비가 높은 중국의 각 연해도시에 병원과 연구기관을 모두 보유하고 있다. 향후에는 2~3선급 도시로 진출하는 것을 목표로 하고 있다.

2013년에는 국제화전략의 일환으로 글로벌 레이저미용의료설비 회사인 알마 레이저^{Alma Lasers}를 인수합병하였다. 또 혈액검사 및 개인건강 측정제품을 생산하는 미국의 살라닥스 바이오메디컬^{Saladax Biomedical, Inc.}과 결핵병체진단상품 생산 및 공급상인 옥스포드 이뮤노텍 글로벌^{Oxford Immunotec Global Plc}에 투자하였다.

복성의약의 약품제조와 연구개발 실질수입은 65억 2,400만 위안으로 2012년 대비 40.82%가 증가했다. 핵심 상품의 매출·수입증가·유통망 확대로 인한 판매량 증가가 매출상승의 동력이었다. 복성의약의 핵심분야는 심혈관계통, 중추신경, 혈액, 신진대사 및 소화기질병 치료상품 제조이다. 심혈관계통 상품은 2012년 대비 31.05% 증가했고, 중추신경은 89.94%, 혈액계통은 37.39%, 신진대사 및 소화기상품 15.64%의 판매량 증가가 있었다. 2013년에는 15개 제품의 판매량이 1억 위안 이상이었으며, 그중 혈액치료제 오더진^{奥德金}과 아쿠모란^{阿拓莫兰}이 5억 위안 이상의 매출을 올렸다. 2013년 연구개발비로 4억 3,500만 위안,

중성약 제조 및 연구개발비로 3억 5,900만 위안을 지출하였다. 연구개발비가 총 매출의 5.5%를 차지한다.

2013년 약품대리판매와 소매판매의 매출액은 15억 200만 위안으로 2012년보다 5.55% 상승하였다. 복성의약 산하의 약국은 복미대약방复美大药房, 금상대약방金象大药房으로 전국에 650개의 점포가 있다. 2013년 매출은 8억 2,800만 위안으로, 베이징과 상하이가 지역 약국 중 상위권 매출에 속한다.

복성그룹은 제2의 주주로 있는 중국 내 최대 제약유통상 국약홀딩스의 주식을 2013년에 처분했다. 165,668,190주를 매도하여 5억 9,500만 위안의 차익을 남겼다. 2013년 국약홀딩스의 매출액은 1,668억 6,600만 위안, 순이익은 35억 8천만 위안으로 2012년보다 각각 22.24%, 16.01% 증가한 것이다. 국약홀딩스는 중국 31개의 성·자치구·직할시 등에 51개의 지역판매 대리점을 두고 있다. 거래하는 병원만 1만 1,552개이며, 거래 약국도 1,917개에 이른다(중국은 우리나라와 같이 의약분업이 이루어지지 않아 병원에서 약을 판매함).

복성그룹은 식품유통계의 거두 화윤창업과 비교하면 업무영역은 달라도 경영과 재무구조에서 다각화를 모색한다는 점에서 유사하다. 이른바 선진경영방침이다. 화윤창업과 복성그룹이 30%대 고속성장이 가능했던 것도 기업의 제품과 가치를 상승시키는 것 이외에 자본을 투자해 영업망 확대를 했기 때문이다. 미국이나 우리나라의 대기업들도 선진경영 방침과 기업의 영향력 확대 및 시장점유율 상승을 위해 관련 업계에 투자하여 영향력을 늘린다. 복성그룹 또한 고품질의 제품생산에만 힘을 쏟는 것이 아니라 국약홀딩스 투자를 통해 시장에서의 입지를 확고하게 다지고 있다.

반면에 이와는 상반되는 기업들도 있다. 바로 소극적인 경영으로 경영의 다각화에서 떨어지는 국유기업들이다. 식품유통에서는 련화마트, 의약에서는 상하이의약이 자사제품의 직접유통에만 노력하는 한계를 보여주고 있다. 홍콩거래소에 상장하는 중국기업의 약 50%는 우량한 주식이거나 전망이 밝은 경우이며, 나머지 50%가 중국정부의 자금력과 통제를 뒤에 업고 있는 기업이다. 현재 중국의 의약업계 또한 빠르게 변하고 있기 때문에 선진경영방식은 성공하는 기업의 필수가 될 것으로 보인다.

8장

미래의 에너지는 셰일가스

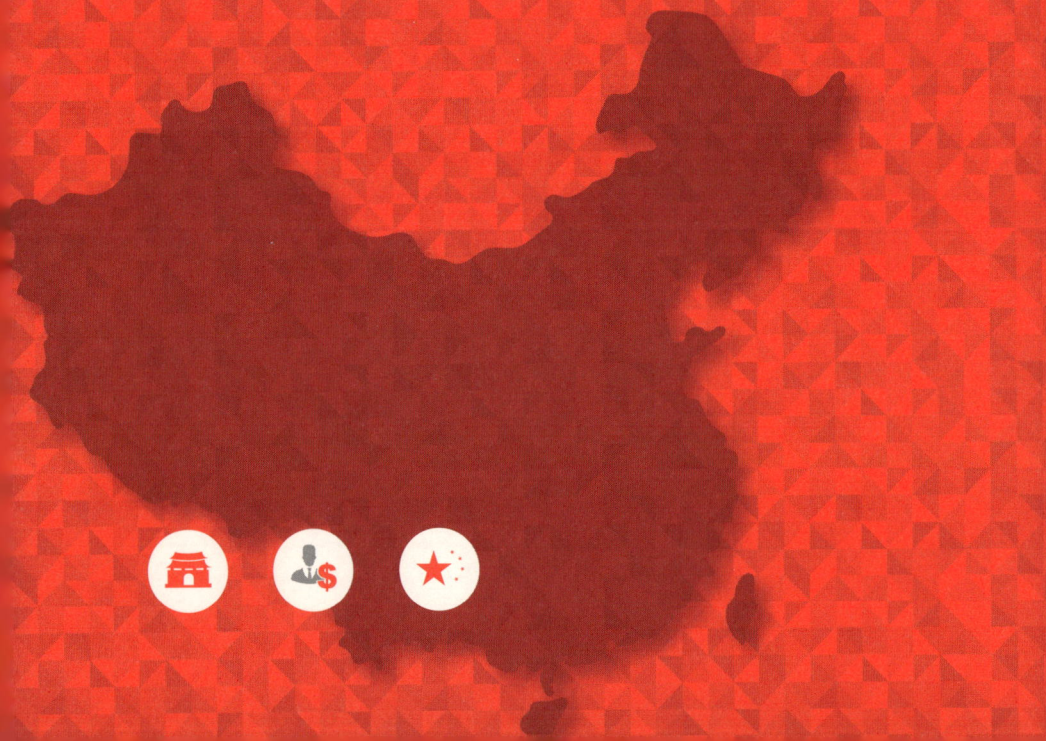

1. 셰일가스 현황분석

▶ 세계적인 기업들의 중국 셰일가스 개발

러시아는 더 이상 세계 제일의 천연가스 생산국이 아니다. 2009년에 미국이 셰일가스 개발로 세계 천연가스 1위 생산국으로 등극했기 때문이다. 셰일가스는 탄화수소가 많이 분포해 있는 셰일층에서 생산되는 가스로, 진흙과 같은 작은 물질이 합쳐서 생기는 지층이 셰일층이다. 여기서 추출되는 가스를 셰일가스라고 한다. 유전에서 채굴하는 석유·천연가스와 화학적 성분이 비슷하거나 같아서 난방용이나 석유화학 원료로 사용이 가능한 에너지이다.

셰일가스는 1800년대에 발견되었지만 암판을 뚫어 가스를 채취할만한 기술력이 없었기 때문에 개발되지 못하다가, 2000년대 들어서 미국에서 물과 모래 및 화학약품을 이용한 수압파쇄법과 수평정시추를 개발하면서 시작되었다. 수압파쇄법은 물·모래·화학약품의 혼합물을 이용해 지표면을 뚫고 들어가서 셰일층을 찾고, 수평으로 분포되어 있는 셰일가스를 찾아 다시 좌우로 뚫고 들어간다. 그러면 셰일층에서 셰일가스가 나오기 시작하는데, 이를 흡입형식으로 빨아들여 압축저장하는 기술이다. 2013년 북미지역의 셰일가스 생산량이 2000년대에 비해 20배 이상 증가하였고, 이 기술력으로 세계 최고 셰일가스 보유국인 중국의 셰일가스 개발을 하고 있다.

석유를 대신할 대체에너지는 전기와 태양열보다 셰일가스가 우선이 될 것으로 보인다. 중국은 태양광 에너지 기업인 보리협흠에너지를 위주로 태양열업계가 발전하고 있지만, 주가만 살펴봐도 힘이 많이 빠졌다는 것을 볼 수 있다. 태양전지판의 단가가 싸지고 기술력이 늘어나고 있으며 친환경이라 전 세계가 주목하지만, 몇 가지 큰 문제점이 있어 10년 안에는 빛을 보기 힘들어 보인다.

태양열발전은 태양전지판 단가만 싸진다고 상용화·보편화되는 것이 아니다. 태양열발전의 기본은 일조량이다. 2013년에 365일 중 180일이 흐리거나 비오는 날이었다. 아무리 태양전지판 기술이 발전하더라도 일 년의 절반이 흐리다면 발전은 불가능하다. 전기료가 낮아질 것을 기대하고 우리나라 농촌과 중국 일반 가구가 2010년부터 태양열발전을 시도했지만, 결과는 실패로 돌아갔다. 잦은 고장과 겨울에 날씨가 흐리면 더운물로 목욕조차 할 수 없고, 비오는 날도 마찬가지였다. 개발된 지 얼마 되지 않아서 고장이 나면 개인이 부담해야 하는데, 한 번 수리하는 데 100만 원을 호가한다. 우리나라와 중국 모두 정부와 대기업에서 서비스를 보장해주지 않기 때문에 농민들이 치를 떠는 경우가 허다했다. 또한 이론적으로는 배터리를 개발해 일조량이 좋을 때 축적해놨다가 흐릴 때 쓰면 된다고 생각하지만, 충전식 배터리는 성능이 좋을수록 가격이 비싸다. 아무리 저렴한 가격의 배터리라도 100만 원을 넘는다. 좋은 것을 선택하면 1천만 원은 우습게 올라가서 일반 전기세를 내는 쪽이 훨씬 더 싼 것이다.

전기자동차 개발도 제한적일 가능성이 크다. 중국 대기오염의 주된 원인은 자동차가 내뿜는 매연 속 유황성분 때문이다. 값이 싸고 고유황성분인 중동원유를 주로 사용하여 대기오염이 심한 것이다. 그런데 수십 년 사용하던 석유에서 전기로 바꾼다면, 중국뿐만 아니라 전 세계 자동차업계가 받는 타격은 엄청날 것이다. 전기자동차 관련 정책을 실현하는 데 우리나라는 3~5년 정도 걸리겠지만, 중국 농촌은 1980년대에 우리나라에서 몰았던 삼륜차를 사용하고 있고, 아직도 생산하는 중이다.

나라의 규모도 크니 중앙정부에서 정책을 시행하려고 해도, 13억 6천만의 인구와 세계 4번째로 큰 땅덩어리의 중국에서 하루아침에 바뀔 리가 없는 것이다. 그렇다면 이 문제를 어떻게 해결해야 할까?

1980년대 미국의 중국 견제정책으로 인해 중국정부는 중동과 아프리카 국가들과 우방관계를 맺기 시작했다. 그 결과 기존에 인도네시아와 영국 북해 유전에서 수입하던 질 좋고 저유황성분인 석유를 대신해, 싸고 고유황성분에 정제를 많이 거쳐야 하는 두바이유를 30년간 수입하고 있다. 당시 기존 석유정제기업들은 모두 국유기업이고 변화가 늦었다. 자동차 수량도 적어서 탈황(유황제거 시설)을 설치하지 않은 것이다. 그러다가 근래에 들어 정유시설이 문제가 되자 앞다투어 탈황시설 확충에 노력 중이다. 우리나라 역시 두바이유를 쓰지만 정유회사의 기술력이 높고 정부의 규제로 인해 자동차가 내뿜는 대기오염은 적은 편이다.

전기자동차업체인 비야디[BYD]에 대한 중국정부의 지원도 제한적이다. 향후 10년 후에나 빛을 볼 수 있는 태양열발전에 대한 투자가 제한적이듯이 말이다. 비야디의 매출성장률과 주가가 하락세인 것은 말할 것도 없다. 중국정부는 전기자동차를 학교나 관광지 같은 곳에서만 제한적으로 허가할 예정이다. 전기값이 나날이 비싸지기 때문이다. 더군다나 전기 자체는 친환경적일지 몰라도, 전기를 생산하는 과정은 절대 친환경적이지 않다. 중국은 전기를 생산하기 위한 연료 85%에 석탄과 석유를 사용하고 있다. 전기에너지는 있는 자를 위한 청정자원이고, 없는 자는 오염이 심한 석탄을 사용해야 하는 불공정하고 편파적인 자원이라는 비판이 거세게 일고 있다.

그런 면에서 셰일가스 역시 생산과정에서 산을 폭파시키고 파이프를 넣어서 수압파쇄법으로 뚫는 등 자연환경 파괴 우려가 크다. 하지만 화학발전으로 인한 대기오염을 줄인다는 점에서는 긍정적이다. 최소한의 환경파괴로 최대 효율을 내는 것이다. 중국은 천연가스 최대 생산국이 되기 위해 여러 에너지 회사와 협력하고 있다. 중국 최고 석유회사인 페트로차이나와 시노펙이 거액의 자금을 들여 미국 엑손모빌과 BP 및 셸 같은 글로벌기업과 협력해 만족할 수 있는 수준까지 연구를 진행하고 있는 단계이다.

🔸 중국의 셰일가스 현황

중국은 전 세계적으로 셰일가스 자원이 가장 풍부한 국가이다. 미국 에너지부는 중국의 셰일가스 매장량을 36조㎥로 예상하는데, 이는 미국의 24조㎥나 아르헨티나의 21조㎥보다 많은 수치이다. 이렇게 셰일가스가 풍부함에도 개발이 늦어지는 것은 셰일가스가 중국의 연해도시 동부가 아니라, 산과 골짜기가 많은 중서부의 산간지역에 깊이 매장되어 있기 때문이다. 신장과 쓰촨지방은 산간지역에다가 셰일층의 깊이도 미국보다 더 깊은 300m 아래이다. 거기다가 지면까지 고르지 못해 개발단가가 높다.

이렇게 개발이 쉽지 않음에도 불구하고 중국이 셰일가스에 목을 매는 것은 정치적 문제인 지역사회 안정과 연관이 있다. 중국은 1978년 개혁개방 이래 베이징을 중심으로 중앙정부 주도로 외국자본의 중국 진입을 환영하였다. 하지만 실질적으로 수혜를 입는 것은 지역정부였다.

중국은 베이징, 상하이, 톈진, 충칭의 4개의 직할시와 22개의 성, 그리고 5개의 자치구로 이루어진 거대한 국가이다. 22개 성 중 하나인 광둥성 인구만 해도 1억 명에 달한다. 1개의 성은 정치적으로는 중국에 속해 있지만, 실질적으로는 하나의 경제권을 형성한다. 이런 중국 지방정부의 주요 수입은 부동산이다.

　지방정부는 부동산을 기업이나 개인에게 경매를 통해 매매하거나, 지방정부가 회사를 세워서 땅을 담보로 은행에 대출하고 회사에 자금을 조달한다. 그런데 이 과정에서 문제가 생기는 것이 그림자 금융으로, 중국과 해외에서 큰 파장을 일으켰다. 앞에서 설명했듯 중국 지방정부는 수입은 적고, 중앙정부의 성장률 증가 독촉은 갈수록 늘어나고, 주민들의 복리 및 지역사회 활성화 요구로 매우 어렵다. 법적으로는 중국인민은행 같은 정규 은행들이 지방정부에 대출을 해줄 수 없기 때문에, 그림자 금융처럼 비정규적인 방식을 통해 수익을 창출하는 것이 중국 지방정부의 현실이다.

　홍콩거래소에 상장되어 있는 레드칩의 다수가 중국 각 지역의 해외를 통한 자금 유입통로 역할을 하는 등 사정이 어렵다. 더욱이 석유나 천연가스를 외국에서 수입해서 전국적으로 나누어 쓰고 주된 이익인 세금과 마진은 중앙정부에서 챙기게 되어 있다. 그렇게 되면 중앙정부와 라인이 없거나 위치가 확고하지 못한 지방정부는 제대로 지역을 경영할 수 없어 자리가 위태롭다.

　하지만 셰일가스를 지역적으로 개발할 수 있다면 해당 관할에서 사업체를 설립하여 경영을 하게 된다. 이로 인해 지역경제가 살아나는 효과가 있다. 더욱이 셰일가스가 매장된 중국 중서부지역은 베이징, 상하이, 산둥성, 광둥성이 있는 연해도시보다 소득수준과 개발 정도가 낮기 때문에 취업률 증가와 지역 GDP 증가의 창조경제가 실현가능하다. 중앙정부 역시 연해도시와 중서부도시 간의 지역차이가 지역갈등과 연관성이 깊다는 것을 잘 알고 있다. 그래서 셰일가스 개발의 정치적·경제적 가치로 인해 태양열이나 풍력보다 중점적으로 정부가 지원하고 보장하는 사업이 된 것이다.

이 사업은 중국이 자랑하는 국유기업이고 전 업종 1, 2위이자 세계기업순위 4, 5위에 랭크되어 있는 시노펙과 페트로차이나가 시행하고 있고, 10위인 중국해양석유까지 참가하고 있다. 이 기업들은 중국정부가 인가한 셰일가스 탐사권한을 보유하고 있다. 중국정부는 2012년 11월에 특별법을 제정해 셰일가스 채굴업자에게 $1m^3$당 0.4위안의 보조금을 지급하고, 지방정부 역시 개발에 따라 보조금을 지급하고 있다. 중앙정부와 지방정부가 합세하여 셰일가스에 전력투구하고 있다.

● 셰일가스로 자국 에너지 보급률을 높인다

중국정부는 도시화로 2선급 이상 도시에 도시가스를 보급해 청정에너지와 에너지보급률을 높이고자 한다. 2001년부터 2013년까지 중국 천연가스 소비량은 매년 17%씩 증가했지만, 생산량은 13%에 그쳐 국내 생산이 수요를 따라가지 못하고 있다. 그 결과 2013년에는 천연가스 해외의존도가 30%를 넘어섰다.

2013년 가을에 시진핑주석이 중동아시아의 카자흐스탄, 키르기스스탄, 타지키스탄 등의 국가를 방문했다. 천연가스 송유관을 만들어 안정적으로 중국에 천연가스를 공급받기 위해서이다. 안정적인 공급의 목적은 자국의 산업과 국민들의 생활안정을 위해서이기도 하지만, 에너지 대국인 미국을 견제하기 위한 것이기도 하다. 중국의 주요 에너지원은 중동 두바이유로 해상을 통해서 이동하는데, 두바이에서 중국 남방 선전항까지 가는 가장 가까운 길은 말라카해협을 지나는 것이다. 이곳은 우리나라 일본도 중동에서 원유를 수입할 때 지나가는 곳으로, 인도네시아 바로 위에 있다. 이동거리가 가장 짧기 때문에 운송비를 절약하는 경제적인 이점이 있다.

중국은 군사적으로 미국과 경쟁할 수 있는 세계 유일의 나라이다. 그렇다보니 만약 양국이 전쟁이라도 하게 되면 항공모함 2척에 함정 60척, 항공기 430대를 보유한 미국 7함대가 말라카해협을 봉쇄할 것이다. 이렇게 중국으로 가는 에너지 통로를 차단하기만 해도 전쟁에서 이미 큰 고지를 차지하는 것이다. 제2차 세계대전 때 연합군이 수에즈운하를 차단해 독입의 연료공급을 끊은 것과 비슷하다.

꼭 전쟁 같은 극한의 상태가 아니라도 미국과 중국 사이에 타이완 문제 및 일본 해상영유권 주장 등의 문제가 발생한다면, 미국은 군사력을 통해 중국을 압박할 수 있다. 이러한 상황에 중국 내 에너지가 부족해지면 겨울 난방과 전기 없이 생활해야 하는 등의 문제가 발생한다. 그러면 정국은 혼란에 빠져 정권의 지지도와 신뢰가 무너지게 된다. 그래서 중앙아시아와의 송유관 건설과 자국 내 셰일가스 개발이 중요한 것이다.

2013년 국제원유는 공급과 수요가 안정적으로 이루어졌고, 미국 서부텍사스원유는 배럴당 97.97달러, 영국 북해원유는 배럴당 108.66달러로 거래되었다. 각각 4.1%, 2.7% 가격이 상승했다. 2013년 중국 내 원유생산량은 2억 800만 톤으로 1.7% 증가하였다. 2013년 중국의 정제유 수요는 완만히 증가하고 있다. 등유의 가격은 대폭 감소하였고, 휘발유와 경유의 가격은 지속적으로 증가하였다. 중국 원유 가공량은 4억 4,400만 톤으로 6.9% 증가하였고, 정제유의 생산량은 2억 7,300만 톤으로 6.1% 증가하였다. 그중 휘발유와 경유 생산량은 각각 11.9%, 1.3% 증가하였다. 정제유의 소비량은 2억 6,300만 톤으로 4.8% 증가하였고, 휘발유와 경유는 12.2% 증가했고, 등유는 0.3% 증가하였다. 중국의 휘발유와 경유가격은 1톤당 5위안이 상승하였고, 등유는 1톤당 15위안이 감소하였다. 천연가스 확대로 인해 도시가스를 통한 난방이용률이 높아져 등유 사용량은 줄어들고, 자동차보급의 증가로 휘발유와 경유 가격은 상승하고 있다. 이제 중국은 우리나라와 같은 변환에 직면한 것이다.

  2013년 세계 경기침체의 여파로 중국은 내수 위주 발전으로 경제성장 구조를 전환하였다. 그러면서 화공제품(공산품 플라스틱으로 만들어지는 제품)의 시장은 하락추세이다. 공급과잉도 시장가격 하락에 영향을 미쳤다. 2013년 하반기 중국정부의 거시경제정책 조정으로 중국 내 수요가 살아나고는 있지만 만족스러운 결과를 얻지 못하였다.

  중국 내 천연가스 생산량은 2013년 기준으로 안정적으로 증가하고 있다. 수입량, 소비량 모두 그렇다. 공급과 수요 또한 안정적이다. 중국 내 천연가스 생산량은 1,210억㎥로 9.8% 증가하였고, 수입량은 534억㎥로 25.6% 증가하였다. 천연가스 소비량은 1,692억㎥로 12.9% 증가하였다.

2. 페트로차이나

- **한글명** : 중국석유천연가스유한공사 / 페트로차이나
- **중문명** : 中国石油天然气股份有限公司
- **영문명** : PetroChina Company Limited
- **코드번호** : 00857
- **홈페이지** : www.petrochina.com.cn

- **매출액** : 2조 2,581억 위안(2013년)
- **PER** : 10.31
- **업계위치** : 세계 4위 기업, 중국 1위 기업, 석유천연가스 종합업체
- **업종** : 석유, 천연가스
- **시가총액** : 2,130억 9,900만 홍콩달러
- **CEO** : 저우지핑周吉平, 화동석유대학华东石油学院 졸업

🔸 석유와 관련된 모든 것을 다루는 세계 4위의 기업

페트로차이나는 2013년 중국 내 1위, 〈포브스〉 발표 세계 4위의 중국 국유기업이자 글로벌 석유·천연가스 주식회사이다. 2013년 기준으로 총자산은 3,478억 달러이다. 중국뿐만 아니라 전 세계로 석유, 천연가스, 화공제품, 정제유를 수출하고 있다. 주요 업무로는 원유와 천연가스 개발·탐사·생산·판매·정제·기본석유 화공제품생산으로 석유와 관련된 종합적인 업무를 담당한다.

2013년 매출액은 2조 2,581억 위안으로 2.86% 증가하였다. 2010년 43%, 2011년 36%, 2012년 9.55%와 비교하면 낮은 수준이다. 매출증가폭의 감소는 화공제품 수출량 감소와 국내 소비시장의 미성숙에 따른 생산량 감소가 주 원인이다. 원유의 매출감소량을 천연가스 소비증가가 서로 상쇄하면서 마이너스 성장은 없었고, 향후 원유와 화공제품 인프라감축과 천연가스 설비증가로 매출향상을 기대해볼 만하다. 2011년 -2.83%, 2012년 -4.35%로 감소추세이던 경상이익이 2013년 23.8% 증가하면서, 외적인 규모 부풀리기보다 내적으로 기업경영관리에 힘쓰고 있다는 것을 알 수 있다.

페트로차이나는 국내외 석유·천연가스 탐사와 생산을 지속적으로 시행하고 있다. 국내에서의 탐사업무량도 지속적으로 늘려가고 있다.

중국 내 주요 분지인 쓰촨성분지, 네이멍구자치구 오르도스분지鄂尔多斯盆地, 신장성의 타리분지塔里木盆地에서 탐사활동을 하고 있다. 쓰촨성 안악광구安岳气田에서 발견된 천연가스는 1,875억㎥로 중국 최대의 천연가스를 보유하고 있다.

2013년 페트로차이나의 중국 내 원유생산은 중국의 동북방 흑룡강성의 대경유전大庆油田에서 4천만 톤, 서북방 섬서성 장경유전长庆油田에서 5,195만 톤을 생산하고 있다. 해외유전개발도 지속적으로 발전하고 있다. 미국 코노코필립스ConocoPhillips의 호주 서부 천연가스광구와 셰일가스 사업권을 인수하였고, 호주 BHP빌리턴BHP Billiton Ltd과 협력하여 유전개발을 진행하고 있다. 2013년 해외유전사업을 통해 1억 2,650만 배럴을 생산하였고 이것은 그룹 총생산량 중 9.8%를 차지한다. 2013년 페트로차이나의 원유 총생산량은 9억 3,290만 배럴로 1.8% 증가하였고, 천연가스 생산량은 2조 8,019억㎥로 9.5% 증가하였다.

페트로차이나는 가솔린과 경유, 등유, 화공제품뿐만 아니라 고급휘발유, 항공유 등 고급상품도 지속적으로 생산하고 있다. 가공원유 생산량은 9억 9,230만 배럴이며, 정유량은 9,082만 2천 톤이다. 대기오염의 주원인인 자동차연료의 유황성분을 줄이기 위해 2011년부터 탈황시설을 적극적으로 도입하였다. 2013년에 14개 정유제품 모두 품질이 우수함을 인정받았다.

중국 내에서 지속적으로 영업망을 늘리고 있는 페트로차이나는 360개의 주유소를 신설해 총 2만 개 이상의 주유소를 운영하고 있다. 국내 정유판매량은 1억 1,700만 톤으로 1.7% 증가하였고, 자동차보급률 증가로 정제유 소비가 꾸준히 상승하고 있다. 원유 및 원유제품의 국제무역 확대를 위해 아시아, 유럽, 미국에 생산과 판매거점 설립을 꾸준히 진행하고 있다.

2000년부터 실시된 3차 서기동수(중국 서부의 풍부한 천연가스를 경제가 발전한 연해지방과 동부지역으로 옮기는 작업) 작업을 실시해, 2013년에는 총 7만 1,020km에 이르는 배송관을 건설하였다. 천연가스 배송관이 4만 3,872km, 원유배송관이 1만 7,614km, 정제유 배송관이 9,534km 규모이다. 이를 통해 동부와 중부지방에 보다 원활한 에너지 공급이 가능해질 것으로 전망한다. 도시 내의 천연가스관, 도시가스 설비는 곤륜에너지와 적극 협력하여 실시하고 있다.

● 페트로차이나 재무제표

재무년도	2013. 12	2012. 12	2011. 12	2010. 12
유동비율^{CR}	66.80	68.30	68.30	66.60
당좌비율^{QR}	31.60	31.10	35.80	35.30
장기부채 대비 순자산비율	26.70	27.60	18.00	14.00
총부채 대비 순자산비율	43.80	41.80	31.80	24.90
자본 대비 부채비율^{DR}	29.20	27.90	23.50	19.00
자기자본이익률^{ROE}	11.40	10.80	13.30	14.90

투하자본순이익률ROIC	7.60	7.20	9.80	11.40
총자산순이익률ROA	5.50	5.30	6.90	8.50
경영자본이익률OER	8.40	7.90	9.10	12.80
세전이익률	7.90	7.60	9.20	12.90
매출액이익률ROS	5.70	5.30	6.60	9.60
재고품회전율	9.95	10.25	11.00	10.86
배당률	0.45	0.45	0.45	0.45
최고가HKD	11.32	11.92	12.5	10.54
최저가HKD	7.73	9.03	8.59	7.86
최대PER(배)	12.456	15.185	13.893	11.737
최저PER(배)	8.506	11.503	9.547	8.753
최고배당수익률	5.276	3.913	4.691	5.174
최저배당수익률	3.603	2.964	3.223	3.859

3. 시노펙

- 한글명 : 시노펙/중국석유화공회사
- 중문명 : 中国石油化工股份有限公司
- 영문명 : China Petroleum & Chemical Corporation
- 코드번호 : 00386
- 홈페이지 : www.sinopec.com
- 매출액 : 2조 8,332억 위안(2013년)
- PER : 9.671
- 업계위치 : 세계 5위 기업, 석유천연가스 2위
- 업종 : 석유 · 천연가스 판매 및 유통

- **시가총액** : 1,750억 2,200만 홍콩달러
- **CEO** : 푸청위傅成玉, 1951년 6월 출생, 동북석유대학 졸업

🔸 천연가스에 집중하는 글로벌 석유화공그룹

시노펙Sinopec은 중국석유화공그룹의 영문명으로, 1998년 7월에 중국석유화공총회사中国石油化工总公司를 모태로 설립된 글로벌 석유화공그룹이다. 국유기업으로 중국정부 투자산하 부서의 회사이다. 중국정부에서 75.84%의 주식을 보유하고, 기관투자자와 개인이 각각 19.35%, 4.81%를 보유하고 있다.

2013년 매출액은 2조 8,332억 위안으로 3.64% 증가하였다. 2011년에는 31.28%, 2012년에는 10.95%로 두 자릿수 성장을 했다. 이에 비해 감가상각액은 2011년에 7.70%, 2012년에 10.40%, 2013년에 15.34%로 증가추세이다. 매출감소는 국제원유가가 감소하고 시노펙이 직접 채굴해서 판매까지 하기 때문에 마진폭이 줄어든 것이다. 감가상각액의 증가는 중국 서부지역의 셰일가스 개발설비 투자증가로 인한 것이다. 2014년 2월 19월에 시노펙은 주주총회를 통해 기관과 개인이 시노펙 주식을 보유하는 것을 확대시키고, 향후 지속적으로 민간자본 투입을 증가시킬 예정이다.

2013년 세계 경기가 회복세로 들어서고 중국경제 또한 안정적으로 성장하면서 시노펙의 전망 또한 순탄할 것으로 보인다. 2011년부터 실시된 12차 경제개발 5개년 계획에서 천연가스 사업확대와 지원을 계획하면서, 페트로차이나 산하에서 주로 천연가스 업무에 집중하는 시노펙의 향후 발전을 눈여겨볼 필요가 있다.

정제유시장의 수요가 지속적으로 증가할 것을 대비해 정제유 품질향상에 힘쓰고, 중국 내 소비증가에 대비해 화공수요를 증가시키고 있다. 2014년 9월 현재, 국제유가 수급은 안정되고 중동의 정세 또한 문제가 없을 것으로 보인다. 미국의 양적완화 종료로 국제유가는 하락할 것으로 예상되고 있어 정제유와 화공제품 생산이 탄력을 받을 것으로 보인다. 해외 수출경기 하락으로 인한 손실분을 중국 내수경기 발전으로 상쇄하면서 안정적인 성장을 기대할 수 있을 것이다.

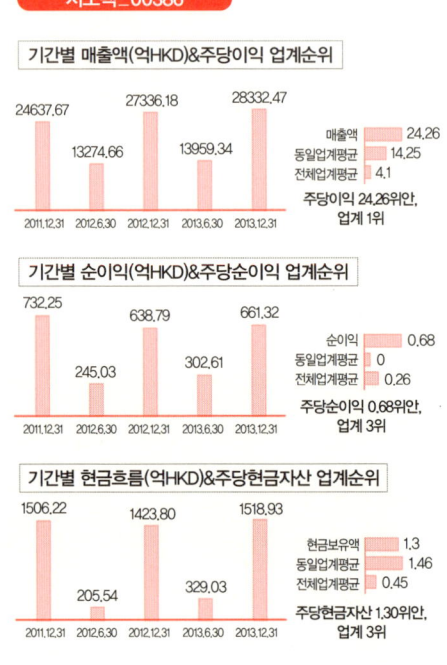

시노펙은 해외무역에서 내수시장으로 경제 성장동력을 전환하는 급속한 경제구조 변화 속에서 품질향상과 고마진 상품 증산을 통해 매출상승을 꾀하고 있다. 2014년 자본지출은 1,616억 위안으로, 지속적인 발전과 사업구조 변화에 힘쓰기 위해 셰일가스와 정제유 품질향상에 투자한 것이다.

- **탐사개발업무**

시노펙은 중국 내 5대 중점 유전의 탐색과 개발을 지속적으로 실시해서 생산량을 늘리고 있다. 2013년에 3억 1,300만 배럴의 원유를 탐측하였고, 셰일가스도 적극적으로 탐사하고 있다. 또한 모회사 페트로차이나의 해외사업 분야에 투자하여 해외유전 자산을 대폭 증가시켰다. 2013년 한해 동안 4억 2,200만 배럴을 생산하며 3.48% 증가하였다. 그 중 원유는 3억 2,200만 배럴로 1.30% 증가했고, 천연가스는 약 6,602억㎥로 10.4% 증가하였다. 2014년 3억 6,300만 배럴의 원유와 천연가스 7,062억㎥ 생산계획을 세우고 지속적으로 생산량을 증가시킬 계획이다. 푸링涪陵지역의 셰일가스개발과 초기단계인 타이완 고유황유전을 지속적으로 개발할 예정이다. 2014년 탐사개발에 879억 위안을 푸링 셰일가스 및 옌촨난延川南 매탄층개발, 성리胜利유전, 촨쓰川西유전 및 LNG, 천연가스사업에 투자하였다

- 정제유사업

 2013년 가공한 원유는 2억 3,200만 톤으로 4.81% 증가하였고, 정제유는 1억 4천만 톤으로 5.59% 증가하였다. 정제 수준이 높으며, 2013년에는 차량용 휘발유와 경유가 최고등급인 5성급 제품으로 인정받았다. 기존의 휘발유와 경유·등유시장은 이미 경쟁이 치열하고 마진율이 낮아 LNG, 항공유, 고급휘발유 등 고마진 사업으로 확장하고 있다. 2014년 정제유사업에 255억 위안을 투자하였다. 정제유 품질향상을 위해 스쟈장石家庄·쥬장九江의 정제시설을 업그레이드시켰고, 영업망 확대에 241억 위안을 지출했다. 이는 원유저장소 확대와 LNG충전소 등의 인프라에 투자한 것이다.

- 화공제품 생산과 판매

 2013년 해외판매량 감소와 중국 소비시장 규모의 상승으로 생산량이

증가했다. 에틸렌(비닐제품) 생산량은 998만 톤으로 5.58% 증가하였고, 화공상품의 총생산량은 5,823만 톤으로 7.14% 증가했다. 공급과 생산, 판매의 수직화를 통해 불필요한 비용을 줄여 2013년에는 생산한 제품을 모두 판매하는 성과를 올렸다. 시노펙의 시장분석과 예측이 뛰어남을 알 수 있는 대목이다. 중국시장의 소비는 천천히 증가하고 있고 매출의 가시적인 성과는 불투명한 상태이다. 하지만 공산품과 전 사업에 보편적으로 이용되는 화공용품을 안정적으로 공급하고 수직화를 통한 마진율 증가는 향후 발전가능성을 높음을 알려주는 대목이다. 자체 특허권으로 설계·건설한 연 80만 톤급 에틸렌 생산공장과 연 60만 톤급 메틸벤젠 생산공장이 있다. 폴리프로필렌, 희토류, 천연고무추출 화공제품 등으로 2013년까지 신청한 특허만 해도 4,442건이다. 2,388건의 특허를 보유하고 있으며, 국가기술발명상과 과학진보상을 2회 수상하기도 하는 등 연구개발에서 선두이다.

● **시노펙 재무제표**

재무년도	2013. 12	2012. 12	2011. 12	2010. 12
유동비율^{CR}	65.20	71.10	77.20	77.40
당좌비율^{QR}	26.40	28.60	31.40	30.80
장기부채 대비 순자산비율	25.60	31.70	32.70	41.50
총부채 대비 순자산비율	54.40	54.40	49.70	50.00
자본 대비 부채비율^{DR}	38.20	37.40	33.50	31.80
자기자본이익률^{ROE}	11.60	12.50	15.50	17.10
투하자본순이익률^{ROIC}	8.20	8.60	10.50	10.90
총자산순이익률^{ROA}	4.80	5.10	6.40	7.20
경영자본이익률^{OER}	3.40	3.60	4.30	5.60

세전이익률	3.40	3.30	4.20	5.50
매출액이익률^{ROS}	2.30	2.30	3.00	3.80
재고품회전율	12.77	12.52	12.11	11.99
배당률	42.10	40.80	35.50	25.40
최고가^{HKD}	7.362	9.67	8.9	7.98
최저가^{HKD}	5.02	6.38	6.22	5.67
최대^{PER}(배)	10.09	10.545	8.546	8.156
최저^{PER}(배)	6.88	6.957	5.972	5.795
최고배당수익률	6.12	5.859	5.945	4.376
최저배당수익률	4.173	3.866	4.154	3.109

4. 중국해양석유

- **한글명** : 중국해양석유유한공사
- **중문명** : 中国海洋石油有限公司
- **영문명** : CNOOC Limited
- **코드번호** : 00883
- **홈페이지** : www.cnooc.com.cn
- **매출액** : 2,819억 위안(2013년)
- **PER** : 8.412
- **업계위치** : 석유·천연가스 생산판매 3위(해양석유탐사)
- **업종** : 석유·천연가스
- **시가총액** : 6,054억 2천만 홍콩달러
- **CEO** : 왕이린王宜林, 1956년 9월생, 장쑤성 출신, 중국석유대학졸업

🛢 해양유전탐사 전문기업

중국해양석유유한공사(이하 중해유)는 1999년 8월 홍콩에서 설립되었다. 중국 최대 해상석유·천연가스, 전 세계 최대의 독립 유전탐사 및 생산그룹 중 하나이다. 2001년 2월 27일에 미국의 나스닥, 28일에 홍콩 거래소에 상장되었다. 2001년 7월에는 홍콩주식 우량주에 속하는 항생지수에 편입되었다. 항생지수는 홍콩주식 상위 50개 상장기업만이 속한 지수로, 이 상위 50개 기업은 거래소 전체의 70%에 해당하는 시장가치를 보유하고 있는 우량주들이다.

2013년 매출액은 2,819억 위안으로 14.82% 증가했다. 세계 굴지의 캐나다 석유기업인 넥센Nexen을 인수합병하여 회사의 규모가 커지면서 매출액도 대폭 늘어났다. 하지만 경상이익은 -9.91%를 기록했는데, 이것은 인수합병 과정에서 대량의 자금을 소모해 재정상 빨간불이 켜진 것이다. 유가 하락 등으로 주가도 10% 하락했다. 셰일가스개발과는 무관하게 해양지층의 석유와 천연가스를 채취하기 때문에 상대적으로 셰일가스와 도시화에 따른 이익이 적은 편이다. 그러나 2014년부터 세계 경기가 살아나고 아직까지 대부분의 자원을 석유에 의존하기 때문에 평균 이상이

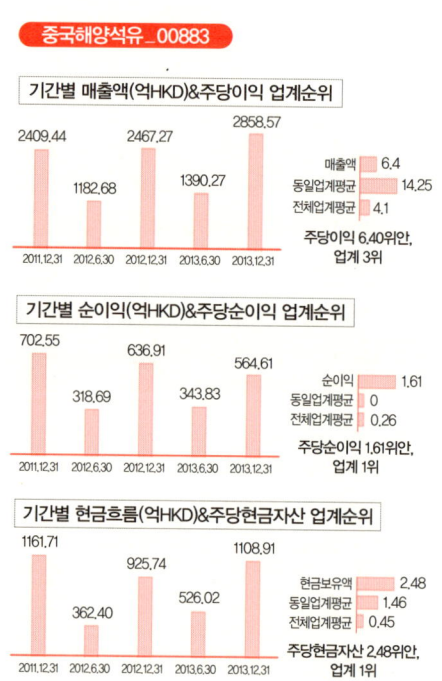

될 것으로 예상된다. 국유기업이지만 주식의 상당수를 해외자본이 보유하고 있기 때문에 매년 2회씩 안정적으로 배당한다는 장점이 있다.

2012년의 유럽 재정위기와 신흥국 경제성장률 둔화 및 세계경제 회복의 완화 속에서 중국경제는 7.7%대의 안정적인 성장을 지속해왔다. 또한 2012년에는 원유공급 문제로 국제유가가 비교적 높은 수준이었다. 이러한 상황에서도 중해유는 지속적으로 성장하고 있다. 2012년에 원유 생산량은 3억 4,240만 배럴로 3.2% 증가했고, 중국 근해·심해와 해외 유전탐사에서 높은 탐사기록으로 연간 생산량 목표치의 188%를 달성했다. 원유와 천연가스 총 매출은 1,947억 7,400만 위안으로 2.9% 증가했고, 순이익은 636억 9,100만 위안으로 9.3% 감소했다.

중해유는 중국 해상의 보해만 渤海湾·남중국해 서부·남중국해 동부·중국동해(우리나라 서해), 4개의 주요한 국내유전과 인도네시아 최대의 해상유전 생산회사이기도 하다. 아프리카, 호주 등지에도 해상유전 자산을 보유하고 있다.

2010년 중해유 해상유전 연간 생산량은 5천만 톤 이상으로 중국 최대 해상유전회사로 거듭났다. 2011년에는 정부의 해상석유발전개발 안건에 따라 기존의 저품질·저효율·저마진의 3저에서 탈피하고, 고품질·고효율·고마진 정책을 실시하면서 기술개발과 해외기업인수 등에 박차를 가하고 있다. 그래서 매년 매출액이 상승함에도 투자가 늘어 실질 순이익 상승폭은 낮은 추세이다.

2011년 2월에 캐나다 석유&천연가스회사인 넥센과의 M&A가 미국 해외투자위원회를 통과하였는데, 아시아기업이 서양기업을 M&A하는 규모로는 최대였다. 2013년 2월 26일에 넥센을 성공적으로 합병하였고, 총투자액은 151억 달러이다.

● **중국해양석유 재무제표**

재무년도	2013. 12	2012. 12	2011. 12	2010. 12
유동비율^{CR}	113.70	207.30	187.90	145.00
당좌비율^{QR}	106.60	200.90	181.60	137.50
장기부채 대비 순자산비율	24.00	9.40	6.90	5.40
총부채 대비 순자산비율	38.60	18.70	14.50	15.50
자본 대비 부채비율^{DR}	26.80	15.50	12.10	12.90
자기자본이익률^{ROE}	16.50	20.60	26.70	25.20
투하자본순이익률^{ROIC}	11.50	17.00	22.40	21.00
총자산순이익률^{ROA}	9.10	14.00	18.30	16.60
경영자본이익률^{OER}	27.50	35.20	37.60	39.50
세전이익률	28.30	36.40	38.40	40.30
매출액이익률^{ROS}	19.80	25.70	29.20	30.20
재고품회전율	31.23	47.19	55.01	44.17
배당률	35.30	26.40	27.40	30.60
최고가^{HKD}	17.38	18.2	21.3	18.68
최저가^{HKD}	12.04	13.18	11.2	10.78
최대^{PER}(배)	10.776	10.215	11.008	12.958
최저^{PER}(배)	7.465	7.397	5.788	7.478
최고배당수익률	4.734	3.566	4.732	4.091
최저배당수익률	3.28	2.582	2.488	2.36

5. 곤륜에너지

- **한글명** : 곤륜에너지유한공사
- **중문명** : 昆仑能源有限公司
- **영문명** : Kunlun Energy Company Limited
- **코드번호** : 00135
- **홈페이지** : www.kunlun.com.hk
- **매출액** : 434억 홍콩달러(2013년)
- **PER** : 8.412
- **업계위치** : 천연가스 매출 1위(페트로차이나 자회사)
- **업종** : 석유천연가스
- **시가총액** : 925억 1천만 홍콩달러
- **CEO** : 장보원 张博闻

🔺 중국 최대 천연가스 기업

곤륜에너지는 조세피난처로 잘 알려진 영국령 버뮤다에 등록되어 있는 회사이다. 조세피난처에 속하는 나라에 법인등록을 하게 되면 세금혜택이 크기 때문에, 회사의 재무 중 상당수를 차지하는 세금분야에서 혜택을 볼 수 있다. 하지만 조세피난처 자금이 검은돈으로 전환되기도 하면서 수많은 나라들이 정보공개를 요구하고 있기도 하다. 주주입장에서는 조세피난처에 법인등록을 했다고 해도 아직까지는 유리한 점이 더욱 많다. 곤륜에너지는 페트로차이나가 제1주주로 있으며, 홍콩주식에서 우량주만 상장되는 항생지수 중 하나이기도 하다.

2013년 매출액은 434억 홍콩달러로 2010년부터 매년 30% 이상 꾸준히 성장하고 있다. 경상이익폭이 2013년에 들어서면서 10%로 감소추세에 있다. 10%대의 성장이면 괜찮은 성장률이지만 업계가 점차 성숙되고, 2010년부터 꾸준히 인건비·원자재가격의 상승으로 마진폭이 줄어드는 문제점이 있다. 하지만 도시가스로의 전환이 지속적으로 이루어지고 있고, 페트로차이나의 자회사여서 안정적인 공급으로 성장동력에는 문제가 없어 보인다.

주요 업무로는 석유와 천연가스 탐사개발이며, 천연가스와 천연가스 관련 제품(가스 밸브, 파이프) 등을 판매한다. 유전탐사는 중국뿐만 아니라 카자흐스탄, 오만, 태국, 인도네시아 등 7개국에서 실시되고 있다. 천연가스 판매는 중국 내에서만 이루어지고 있다. 곤륜에너지는 중국 최대의 천연가스 기업으로 국내외 유전개발을 안정적으로 운영하고 있으며, 중국 내 늘어가는 천연가스 소비를 충당하기 위해 액화천연가스^{LNG}사업을 통해 영업망을 확장하고 있다.

2010년 3월 22일에 페트로차이나가 제1주주로 올라서면서 회사의 명칭을 중국석유유한공사에서 곤륜에너지로 변경하였다. 곤륜에너지의 제1주주인 페트로차이나는 중국 내 1위 석유회사이고, 2013년 〈포브스〉가 발표한 세계 4위의 글로벌기업이다. 중국에서 석유·천연가스 생산과 공급을 담당하고 있다. 곤륜에너지는 페트로차이나의 자금과 기술, 인력지원 아래 중국시장과 해외시장에서 판매와 채굴을 늘리고 있다. 2013년 곤륜에너지 매출은 434억 3천만 홍콩달러로 31.79% 증가하였다. 2013년에는 원유가격이 하락하고 유전탐사 개발업무가 축소되었으나, 천연가스 사업이 대폭 늘어나면서 매출신장에 힘을 보탰다.

유전탐사와 생산은 56억 6천만 홍콩달러로 6.85% 감소했다. 해당 업무가 그룹 총 매출액에서 차지하는 비중은 13.03%이다. 기업 산하의 8개 유전 생산량은 1,746만 배럴로, 2012년 대비 0.63% 줄어들었다. 평균 판매가는 97.30달러로 작년대비 1.47% 감소한 금액이다.

천연가스 판매량은 61억 1,400만㎥로 2012년보다 36.56% 증가하였고, 매출액은 220억 7,300만 홍콩달러로 71.25% 증가하였다. 그룹 총이익에서 50.82%를 차지하며 빠른 성장세를 보였다. 2013년 기준으로 천연가스 업무가 지속적으로 증가하고 있다. 천연가스는 도시의 LNG를 이용한 대중교통이나 선박 등에 주로 이용된다. 중국의 LNG차량은 4만 대가 늘어 총 8만 대가 되었다. LNG충전소도 600여 곳이며, 장강과 경운운하 등의 LNG선박도 시범운행되고 있다. 2013년에 곤륜에너지는 중국 내 LNG생산과 공급량을 늘리기 위해 허베이성, 신장성, 랴오닝성에 LNG공장을 신설하였다. 이 신설공장의 일일 LNG가공용량은 588만㎥이다. 2014년에는 산둥성 타이안山东泰安(360만㎥), 후베이성 황강湖北黄冈(500만㎥)에 공장을 신설할 예정이다.

　천연가스 판매량의 증가에 따라 관련 시설인 파이프 연결사업의 매출도 증가하였다. 주택과 상업지구 천연가스 파이프 연결사업 매출액은 117억 8,700만 홍콩달러로 4.73% 증가하였다. 이는 그룹 매출 중 27.14%를 차지한다. 도시가스를 통해 249억 7,900만㎥의 천연가스를 공급하였고, 6.41% 증가한 것이다.

　2014년에 곤륜에너지는 국제유가 하락에 현재의 유전 8개를 유지하는 수준에 머무를 것이고, 천연가스사업을 확장할 것이다. 중국정부의 정책과 청정에너지를 갈망하는 사회풍조 속에 녹색에너지사업 가속화는 지속될 것으로 예상되며, 무엇보다 페트로차이나가 제1주주로 있으면서 가스사업을 지속적으로 늘려나갈 것이다.

　중국의 천연가스 기업자료를 검토하다 보면 의문이 들 것이다. "페트로차이나, 시노펙, 곤륜에너지, 신오에너지 등이 모두 천연가스 사업에 뛰어들고, 제1주주 혹은 제2주주로 서로 얽히고 연결되어 있으니 주가 또한 비슷하게 작용하지 않을까?" 혹은 "천연가스는 시노펙이 1위를 차지하고 있는데, 같은 계열사인 곤륜에너지도 성장하고 있으니 1등 기업에 몰아줘야 하지 않는가?"라고 말이다. 하지만 중국 천연가스 기업 1~4위 모두 급속히 성장할 수 있는 배경은 중국 관점에서 살펴보아야 한다. 국내투자자들이 중국 주식투자에서 범하는 오류는 중국의 관점이 아닌 우리나라의 관점에서 생각하기 때문이다.

중국의 대기업 위주 발전은 우리나라와 동일하나, 아무리 페트로차이나 시노펙이 세계기업 순위 4~5위에 드는 대규모 회사라고 해도 중국의 거대한 땅덩어리를 모두 감당할 수는 없다. 이 기업들이 계열사를 상장시키는 주요한 이유는 해당 지역 발전을 위해 각 지역의 유지 혹은 지방정부와 원활한 협력관계를 맺고, 자금의 융통을 쉽게 하려는 데 있다.

중국이 공산당 일당독재라고 해도 중국 1개 성의 평균 인구만 해도 6천만 명 이상이다. 이것은 하나의 국가와 맞먹는 규모이다. 또한 각 지역마다 서로의 이익을 위해 연합하고 있다. 그렇기 때문에 해당 지역에 투자하기 위해서는 지역정부·유지들(지역기업)과 연계하여 사업하는 것이 매우 중요하다. 페트로차이나가 곤륜에너지를 설립하여 중국 북방지역 사업을

확장하고 있는 것도 이러한 이유이다.

● 곤륜에너지 재무제표

재무년도	2013. 12	2012. 12	2011. 12	2010. 12
유동비율^{CR}	84.30	148.40	132.10	93.50
당좌비율^{QR}	79.90	144.50	127.60	90.30
장기부채 대비 순자산비율	35.30	59.80	82.20	44.40
총부채 대비 순자산비율	62.20	71.30	90.80	62.60
자본 대비 부채비율^{DR}	34.00	35.10	38.50	32.90
자기자본이익률^{ROE}	13.60	14.70	18.50	15.50
투하자본순이익률^{ROIC}	7.40	7.20	7.80	8.10
총자산순이익률^{ROA}	5.70	6.00	6.70	6.60
경영자본이익률^{OER}	29.30	33.30	31.80	36.40
세전이익률	33.00	40.40	40.50	48.10
매출액이익률^{ROS}	15.80	19.80	21.70	24.20
재고품회전율	37.03	45.96	46.03	45.26
배당률	27.10	27.50	28.00	23.50
최고가^{HKD}	17.32	16.96	14.5	12.84
최저가^{HKD}	10.54	11.06	9.83	8.2
최대^{PER}(배)	20.374	20.302	18.448	21.87
최저^{PER}(배)	12.399	13.239	12.506	13.967
최고배당수익률	2.182	2.08	2.238	1.683
최저배당수익률	1.328	1.356	1.517	1.075

6. 신오에너지

- 한글명 : 신오에너지유한공사
- 중문명 : 新奥能源控股有限公司
- 영문명 : ENN Energy Holdings Limited
- 코드번호 : 02688
- 홈페이지 : www.xinaogas.com
- 매출액 : 229억 위안
- PER : 38.02
- 업계위치 : 천연가스 판매매출 2위
- 업종 : 천연가스
- 시가총액 : 554억 5,300만 홍콩달러
- CEO : 왕위쉬王玉锁, 1964년 3월생, 허베이성 출신, 텐진재경대학 관리학 졸업

🔸 천연가스사업에 특화되다

신오에너지는 1989년에 설립되었다. 천연가스 및 천연가스 관련 제품 판매를 주 업무로 하며, 태양광 및 화학공업 등 다양한 분야에서 사업을 진행하고 있다. 중국 100여 개의 도시와 아시아, 유럽, 미국 등지에 생산거점과 해외지점을 보유하고 있으며, 2013년 기준으로 직원수는 2만 7천여 명이다. 주요 업무 그룹은 도시가스판매, 가스배관연결사업, 자동차 LNG가스충전소 건설 및 운영, 액화가스 판매, 천연가스 관련 제품판매이다.

2013년 매출액은 229억 위안으로 27.40%가 증가했고, 2010년부터 매년 30% 이상 꾸준히 성장하고 있다. 하지만 2013년 경상이익증가율이 -8.70%로 전환하면서 경영에 적신호가 켜졌다. 인건비와 원자재가격 상승, 경쟁다각화 등이 원인으로 분석된다. 특히 영업비용이 32.76%

로 2012년 18.06%보다 크게 증가하였다. 이것은 치열해지는 시장에서 빠르게 점유율을 높이기 위해 보다 적극적으로 배관사업을 늘리고 자사 이용고객 우대혜택을 증가시켰기 때문이다. 천연가스 분야에서만 특화된 회사인 만큼 정책으로 인해 발전가능성이 높아 보이나 공격적인 시장마케팅으로 2013년에는 손실이 있는 해였다.

신오에너지의 사업영역과 판매현황

배관을 이용한 도시가스 판매

신오에너지는 2013년에 64억 6천만m^3의 가스를 판매하였고, 이것은 동기대비 20.2% 증가한 것이다. 그중 천연가스 판매량은 62억 2,500만m^3로 2012년 대비 24.2% 증가했다. 주택과 상업시설에 각각 14.4%, 67.3%의 가스를 판매했으며 2012년에 비해 12.95%, 21% 증가했다. 수년 전부터 배관을 통한 가스판매량을 지속적으로 늘려왔는데, 이는 기업의 주요한 수입원이다. 기업의 총매출에서 가스판매사업은 2012년 72.9%에서 77.5%로 증가하였다. 배관을 통한 안정적인 가스공급으로 매출상승을 기대해볼 수 있다.

중국의 에너지소비 판도가 석탄에서 석유·천연가스로 바뀌면서, 신오에너지의 상업지구와 LNG충전소의 배관연결은 지속적으로 상승할 전망이다. 중국 민간부분의 가스사용량은 42.1%로 아직 낮은 수준이어서 발전가능성이 매우 크다.

가스배관연결업무

가스사용량의 증가로 배관연결업무도 매년 증가하고 있다. 배관연결 같은 가스 관련 사업은 향후에 기업의 안정적인 수입원이 될 것이다. 2012년 민간의 가스사용률은 2011년 38.5%에서 42.1%로 증가하였다. 신오에너지를 통해 배관연결을 하는 고객이 늘수록, 신오에너지는 고객들에게 독점적으로 가스를 공급해 매출상승에 탄력을 받을 것이다. 때문에 상대적으로 저마진인 가스배관연결사업에도 적극적으로 뛰어들고 있다. 2012년 말까지 2만 1,312km의 가스배관을 설치하였고, 126개의 천연가스 보관창고를 설립해 일일 공급량이 4,618만㎥에 달한다. 112만 가구에 도시가스배관을 연결하였고, 이것은 2011년보다 9% 증가한 것이다. 2012년 중국 부동산시장은 경기침체로 하락세이지만, 지속적으로 신축부동산과 기존 건물에 가스배관연결사업을 확대하고 있다.

2012년 기준으로 신오에너지를 통해 배관을 연결한 가구는 778만 가구이다. 2013년 16개의 대형 아파트촌과 상업지구에 배관연결사업계획이 있으며, 5,552만 명에게 도시가스를 공급하고 있다. 도시성장이 성숙기에 이르면 도시가스 연결률은 80%에 달하게 되는데, 현재는 42.1% 수준이므로 발전가능성이 크다. 더욱이 시진핑정권이 도시화율을 높이기 위해 노력하는 만큼 도시인구는 급속히 증가할 것이고, 향후 신규주택 수

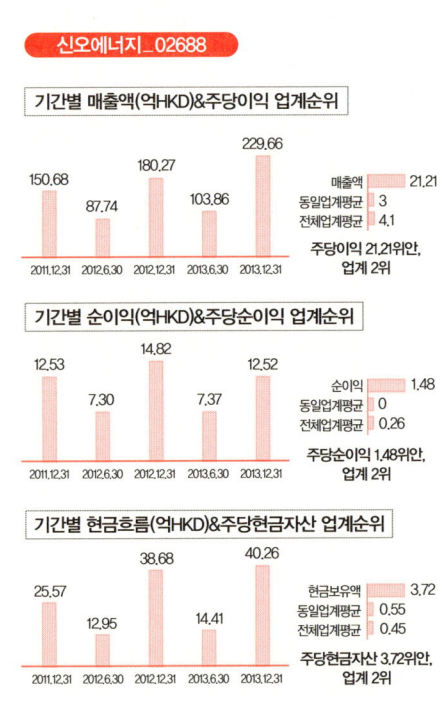

요증가로 인한 가스배관연결사업 또한 지속적으로 성장할 전망이다. 신오에너지의 배관연결서비스 비용은 1회성으로 2,810위안이다.

중국인과 중국정부의 환경보호에 대한 요구가 높아지면서 천연가스의 경제성, 청결성, 안전성, 편리성에 이용자들이 늘어나고 있다. 도시가 성장할수록 도시가스를 이용률은 증가할 것이다. 12차 5개년 계획에서 천연가스사업 확장안을 채택해, 2015년까지 중국의 천연가스 이용인구는 2억 5천만 명에 달할 것이다. 2010년 1억 8,800만 명에 비해 33% 이상 증가할 것으로 보인다.

■ 상업시설 가스사업과 가스충전소 건설 및 운영

신오에너지는 2012년에 7,300명을 수용하는 상업시설에 가스배관사업을 실시하였고, 이는 782만㎥의 가스를 사용할 수 있는 규모이다. 표준배관연결 비용은 1㎥당 156위안이다. 2013년까지 상업시설 누적고객은 3만 597명으로, 총 3,338만㎥의 가스를 소비할 수 있는 규모이다. 에너지 중 천연가스 사용비율은 4.6%로 국제평균 수준인 23.8%에 비해 상당히 낮다. 이것은 반대로 발전가능성이 매우 큰 에너지라는 뜻이다. 정부가 상업지구의 이산화탄소 배출량과 미세먼지 생성을 규제할수록 석탄보다는 천연가스 이용률이 증가할 것이기 때문이다.

가스충전소 건설 및 운영사업도 진행되고 있다. 신오에너지는 2012년에 25개의 압축천연가스충전소를 건설했고, 총 71개의 도시에 244개의 가스충전소를 보유하고 있다. 2013년까지 459개의 가스충전소를 건설할 계획이고 이미 정부의 건설인가를 받은 상태이다.

2011년부터 차량·선박용 LNG충전소사업이 순조롭게 진행되고 있다. 항구, 광산 같은 물류운송집중지역에서 5천 대 이상의 트럭과 공공

버스에 가스를 공급하고 있다. 이것은 기업의 총 매출에서 14.5%를 차지하며 금액으로는 23억 700만 위안이다. 동기대비 42.4% 성장하며 빠르게 매출상승에 기여하고 있는 분야이기도 하다. 차량배기가스가 미세먼지농도 상승의 주요 원흉으로 지적되면서, 중국정부의 가스충전소 사업승인은 활발히 지속되고 있다. 이로 인해 가스충전소 사업 또한 성장하고 매출상승에 큰 기여를 할 것이다.

- **기타 가스판매사업**

신오에너지는 2012년 주주회의에서 여분의 천연가스 처리를 다른 가스기업에 도매가격으로 판매할 것을 결정했다. 2012년에 2억 4,900만 m^3의 천연가스를 판매했으며, 총 천연가스 양의 3.8%에 해당된다. 2011년과 비교하면 마진이 덜 남는 도매판매량이 4.7%로 감소추세를 보이고 있다. 이는 신오에너지에서 효율적으로 가스판매를 하고 있다는 의미이기도 하다.

압축가스도 판매하고 있다. 압축가스판매량은 2012년에 1만 7천 톤으로 2011년 3만 6천 톤에 비해 51%나 감소한 수치이다. 압축가스는 가스를 압축하여 가스용기에 담아 판매하는 방식으로 배관가스보다 운송비, 인건비, 보관비 등에서 마진율이 낮은 사업이다. 신오에너지는 지속적으로 고마진・고효율 배관사업에 집중하고 압축가스 판매량은 줄여나갈 예정이다.

🔻 신오에너지의 신규 프로젝트

신오에너지는 정부의 신규 가스 프로젝트 사업을 성공적으로 성사시켰다. 2012년 상반기에 7건, 하반기에 9건이다. 허베이성의 6개 도시와

3개 공업원의 대규모 가스배관시설 확충이다. 해당 지역은 기계설비, 식품가공, 의약, 방직 등 에너지사용률이 높은 업종으로 사업규모 확대를 기대해볼 수 있다.

2012년부터 중국 최대 천연가스업체인 시노펙이 신오에너지를 합병하려 꾸준히 시도하고 있다. 중국 최대 천연가스 영업망을 보유한 시노펙과 합병하면 매출상승을 꾀할 수 있지만, 신오에너지 또한 민간가스 업체 2위의 규모와 영업망을 보유하고 있는 우량기업이기 때문에 합병을 망설이고 있다. 주주입장에서는 신오에너지가 시노펙에 합병되는 것이 주가상승에 유리하나, 향후 시노펙의 자회사로 남을 경우 민간업체만의 자율적인 경영은 어려울지도 모르겠다. 그래서 합병에 신중한 입장을 고수하고 있다. 또한 업계발전이 가속화되는 상태에서 신오에너지만 우수한 경영성과를 보이기 때문에, 합병은 아직 시기상조라고 생각된다.

2012년은 12차 5개년 계획이 처음 실시되는 해로, 중국 전역의 천연에너지 사용증가를 판가름 짓는 매우 중요한 해였다. 그러나 결과는 환경오염의 주범인 석탄 사용량이 2011년 대비 3.9% 증가한 36억 2천만 톤을 기록했다. 현재 중국의 에너지 사용구조는 환경이 자체적으로 재생할 수 있는 한계를 이미 뛰어넘었다. 특히 석탄연소 과정에서 발생하는 이산화탄소와 이산화유황의 배출량은 세계 1위로 심각한 수준이다. 환경오염으로 인해 내리는 산성비로 120만㎢에 이르는 토지가 오염되었고, 수자원과 대기가 오염되어 발생한 경제적 손실은 600조 위안에 이른다. 그래서 중국에게 천연가스와 같은 친환경에너지 사용 확대는 불가피하다. 천연가스 위주의 발전을 하는 신오에너지에게 12차 5개년 계획은 기업이 성장할 수 있는 중요한 기회가 될 것이다.

현재 중국 에너지 중 천연가스사용 비중은 4.6%로 세계평균 23.8%보다 낮아 발전가능성이 매우 크다. 2012년 중국의 천연가스 생산량은 1,077억㎥로 6.5% 증가하였고 2015년에는 1,760억㎥로 증가할 것으로 예측된다. 이 중 일반 천연가스는 1,385억㎥, 석탄으로 제조한 가스는 180억㎥, 매탄층에서 생산한 가스는 160억㎥이다. 특히 중국의 셰일가스는 매우 풍부하다. 탐사를 완료한 셰일가스 총량만 6천억㎥이며, 채굴이 가능한 양은 2천억㎥, 연간 생산량은 65억㎥이다.

2015년까지 중국에 수입된 천연가스 양은 935억㎥로 예상된다. 연간 300억㎥가량의 천연가스를 중국 서부(신장성, 쓰촨성)에서 끌어오고 있으며, 12차 5개년 계획 기간 동안 신설될 송유관은 4만 4천km에 이른다. 연간 1,500억㎥의 천연가스를 증설할 것이다. 향후 도시화로 인해 천연가스 이용자수는 2억 5천만 명으로 늘어날 것이고, 총인구의 18%가 천연가스를 사용하여 업계에 훈풍이 불 것으로 예상된다.

● 신오에너지 재무제표

재무년도	2013. 12	2012. 12	2011. 12	2010. 12
유동비율^{CR}	102.10	83.40	93.90	67.80
당좌비율^{QR}	98.20	80.70	91.10	64.50
장기부채 대비 순자산비율	120.70	84.30	105.90	64.40
총부채 대비 순자산비율	130.40	129.90	151.50	103.80
자본 대비 부채비율^{DR}	49.70	58.30	61.40	51.50
자기자본이익률^{ROE}	13.10	17.10	17.80	16.80
투하자본순이익률^{ROIC}	5.00	7.70	7.20	8.30
총자산순이익률^{ROA}	3.50	4.80	4.70	5.20
경영자본이익률^{OER}	11.70	15.40	15.10	16.10

세전이익률	12.00	15.80	15.40	16.10
매출액이익률ROS	5.50	8.20	8.30	9.00
재고품회전율	54.81	57.97	55.40	45.04
배당률	32.30	24.40	24.70	29.80
최고가HKD	58.7	37.2	29.7	26.5
최저가HKD	32.8	21.95	21.6	13.66
최대PER(배)	39.534	21.479	20.25	23.241
최저PER(배)	22.091	12.674	14.727	11.98
최고배당수익률	1.463	1.923	1.678	2.49
최저배당수익률	0.818	1.134	1.22	1.283

7. 화윤가스

- **한글명** : 화윤가스홀딩스
- **중문명** : 华润燃气控股有限公司
- **영문명** : China Resources Gas Group Limited
- **코드번호** : 01193
- **홈페이지** : www.crcgas.com
- **매출액** : 22억 홍콩달러
- **PER** : 25
- **업계위치** : 천연가스 판매매출 3위
- **업종** : 천연가스
- **시가총액** : 480억 3,900만 홍콩달러
- **CEO** : 왕촨둥 王传栋, 장쑤성 출신

🔸 화윤그룹의 자금력을 등에 업다

화윤가스는 중국 내 도시가스배관, 차량 LNG, 가스통, 가스 관련 제품을 판매한다. 2004년 쑤저우苏州지역에 처음으로 가스배관사업을 실시한 이후 현재 난징, 청두, 쿤밍, 지난, 우한 등 중국 내 100여 개의 중점도시에 가스와 가스배관사업을 실시하고 있다. 연간 가스판매량은 121억㎥로 중국에서 3번째로 큰 가스 중간판매상이다. 화윤가스는 중국 최대의 대형마트를 보유한 화윤그룹의 자회사로, 2004년 인수합병을 통해 가스사업에 뛰어들었다. 화윤그룹은 식품을 비롯해 가스·부동산 등 여러 분야의 업계에서 M&A와 경영실력을 검증받은 중국판 롯데라고 볼 수 있다. 2007년 4월에 중국 최대 가스 공급업체인 시노펙과 협력을 체결해 안정적인 가스공급과 기술, 시장확대에 대해 지속적으로 연계하고 있다. 화윤가스의 지분은 모두 화윤그룹이 소유하고 있다.

2013년 매출은 22억 홍콩달러로 63.62% 대폭 증가하였다. 2010년부터 50% 이상의 고성장을 유지했지만, 2012년 시진핑정권이 들어서기 전에 매출성장세가 -4.13%로 돌아서기도 했다. 국유기업이라는 정치적인 요인이 컸다. 중국의 국유기업은 중앙정부 산하 국유기업과 지방정부 산하 국유기업으로 나뉘는데, 중국정부 산하의 국유기업은 규모와 자금 면에서 거대한 집단을 이루는 경우가 많다. 화윤그룹도 중앙정부 산하의 국유기업으로 후진타오정권 말기에 투자를 줄이고 시진핑정권 초기에 들어서 투자를 대폭 늘렸다. 중국경제를 전체적으로 끌어올리는 전략적인 투자이다. 그래서 10년마다 새로운 정권이 들어서면, 안정적인 정권이양이라는 명목으로 내수시장과 경제 거시지표에 연관성이 큰 기업들의 투자가 주춤해진다.

화윤가스는 2013년에 들어서 폭발적으로 성장하고 있고, 경상이익은 3억 5천만 홍콩달러로, 85.43% 상승했다. 2012년 -9.36%의 감소세를 상쇄하면서 성장하고 있다. 2011년 11월 2일에는 화윤기업의 주요 기반인 텐진시의 텐진가스와 50억 위안 규모의 합작을 성사시켰다. 이를 통해 중국의 허베이지방까지 영역을 넓히고 업무범위를 확대하였다. 이 합작에서 화윤가스는 49%의 지분을 보유하게 되었다.

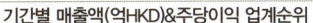

2008년 화윤가스 설립 초기, 모기업인 화윤그룹이 7개 도시의 가스사업을 따내면서 사업이 확장되기 시작했다. M&A 방식으로 2013년까지 총 105개 도시의 사업을 확보하면서 성장해왔다. 화윤그룹이 모그룹인 만큼 자금력이 좋고, 노련한 경영진 덕분에 기업다운 면모를 부여주었다. 가스기업 초기에 들어가는 설비와 기술력의 비용을 줄여, 총비용을 줄였다. 화윤가스는 2013년 현재, 21개 성의 176개 도시에 천연가스를 공급하고 있다. 연간 가스판매량은 121억㎥로 1,841만 가구에 공급하고 있다. 향후에도 화윤가스는 화윤그룹의 거대 자금력을 동원하여 덩치를 키울 것으로 보이며, 이를 통해 늘어나는 가스수요를 충당할 전망이다.

● 화윤가스 재무제표

재무년도	2013. 12	2012. 12	2011. 12	2010. 12
유동비율^{CR}	1.015	1.367	1.04	1.18
당좌비율^{QR}	0.971	1.317	0.998	1.142
장기부채 대비 순자산비율	0.935	0.991	0.538	0.733
총부채 대비 순자산비율	0.996	1.213	0.718	0.82
자본 대비 부채비율^{DR}	0.434	0.527	0.376	0.382
자기자본이익률^{ROE}	0.152	0.141	0.126	0.112
투하자본순이익률^{ROIC}	0.066	0.061	0.066	0.052
총자산순이익률^{ROA}	0.043	0.044	0.041	0.033
경영자본이익률^{OER}	0.167	0.181	0.142	0.145
세전이익률	0.171	0.189	0.15	0.146
매출액이익률^{ROS}	0.097	0.121	0.083	0.084
재고품회전율	28.143	25.458	30.602	29.177
배당률	0.22	0.195	0.197	0.185
최고가^{HKD}	27.8	18.52	12.38	12.48
최저가^{HKD}	15.7	10.38	9.6	8.8
최대^{PER}(배)	27.8	22.585	20.295	23.111
최저^{PER}(배)	15.7	12.659	15.738	16.296
최고배당수익률	1.401	1.541	1.25	1.136
최저배당수익률	0.791	0.864	0.969	0.801

8. 화유에너지

- 한글명 : 화유에너지/SPT에너지
- 중문명 : 华油能源集团有限公司
- 영문명 : SPT Energy Group Inc.
- 코드번호 : 01251
- 홈페이지 : www.xinaogas.com
- 매출액 : 18억 위안
- PER : 18.16
- 업계위치 : 천연가스 판매매출 8위, 중국 유일 셰일가스 시추 가능 업체
- 업종 : 석유 · 천연가스 시추
- 시가총액 : 40억 9,600만 홍콩달러
- CEO : 왕궈장 王国强

중국 유일의 셰일가스 시추기술 보유기업

화유에너지는 민간 유전기업으로 종합유전서비스를 제공하는 몇 개 되지 않는 기업이다. 기업고객들에게 석유천연가스 탐사과정에서 발생하는 각종 문제를 해결하고 우수한 기술력을 제공함으로써, 석유업체가 기술개발에 들이는 지출을 낮추고 효율을 늘려주는 역할을 하고 있다. 주요 업무는 석유시추, 매장석유 관리, 증산서비스, 유전보수 관련으로 직원은 3,500여 명이다. 중국의 주요한 유전뿐만 아니라 해외 10여 개 국가와 지역에서 유전 관련 서비스를 제공하고 있다.

2013년 매출은 18억 위안으로 2012년 대비 37.9%가 증가하였다. 해외시장에서 2013년에 10억 3,020만 위안의 수익을 올렸고, 이것은 기업의 매출 중 56.6%를 차지한다. 해외업무 비중이 16.2% 증가하였다. 중국 내 매출은 79억 9,140만 위안이다. 그룹의 해외 매출과 중국 매출은

각각 43.4%, 82.2% 증가하였다.

2012년 8월에 카자흐스탄 NB석유회사 20광구 유전개발에 낙찰되었는데, 성사 금액은 1,200만 달러이다. Emir-oil, LLC와 5광구 유전 계약을 3,600만 달러에 성사시켰다. 유전개발 관련 기술뿐만 아니라 셰일가스 개발의 주요 요소인 압축폭발, 탐사, 진흙 배출과 관련된 제품을 보유하고 있다. 2012년 4월에는 페트로차이나의 쓰촨성 창닝지역 광구에 제1 셰일가스 수압폭파기술서비스를 제공하였다. 이곳은 일일 생산량이 14만㎥로 중국 내 최대 셰일가스 생산량을 자랑한다. 2012년 11월 제2 셰일가스 광구에서도 시추가 가능해졌다.

2012년 11월 7일에 미국 가스기술연구소(GTI, Gas Technology Institute)와 합작해 중국 셰일가스 교육기술센터를 설립하였다. GTI는 천연가스연구와 기술개발 및 교육을 담당하는 미국 내 비영리성기구로 70년의 역사가 있다. 특히 천연가스 탐사개발에서는 세계 최고 수준의 기술력을 보유하고 있다. 향후 GTI와의 기술협력을 통해 중국 셰일가스 기술력 증진이 기대된다.

▸ 중국 석유기업들의 약진

유전탐사업무는 화유에너지의 주력 업무이다. 주로 매장석유연구, 시범시추, 시출기술서비스로 유전과 관련된 종합적인 서비스를 제공한다. 2013년에 6억 3,130만 위안의 수익을 올렸으며 작년대비 22.5% 증가하였다. 해외수입은 5억 400만 위안으로 11.1% 증가하였고, 중국 내 수입은 1억 2,730만 위안으로 105.4% 증가하였다.

독자들은 중국 석유기업들이 왜 이렇게 해외시장에서 약진을 보이는지 의아할 것이다. 사실 중국은 미국 굴지의 공룡 석유회사인 엑슨모빌 같은 기업과 비교하면 기술력이나 역사, 시추경험 등 거의 모든 면에서 뒤떨어진다. 기술력과 서비스의 질도 중국기업은 절대 미국기업을 따라잡지 못할 것이라는 게 일반적인 견해이다. 그럼에도 불구하고 중동 국가, 아프리카, 동남아 국가의 석유 및 천연가스업체들이 중국을 선호하는 이유는 기술력 때문만은 아니다.

미국을 비롯하여 전 세계 석유 관련 기업은 국유기업이거나 준국유기업이다. 석유시추개발과 연구에 투여되는 금액은 조단위를 훌쩍 뛰어넘고, 석유개발권 또한 국가의 주된 권리이다. 뿐만 아니라 안정적인 석유 판매와 공급은 석유 판매국가나 수입국가 모두에게 중요한 사안이다. 그래서 전 세계 에너지 수입 1위인 중국에게 시추권을 판매하고 안정적으로 공급받도록 하는 것이다. 해당 국가들도 그 속에서 이익을 얻는다.

더욱이 중국은 G2 중의 하나로 군림하고 있으며 아시아와 중동, 아프리카에 절대적인 영향을 끼친다. 세계 여러 나라에서 중국 눈치 보기가 한창인 것이다. 중국은 우리나라를 비롯한 인근 국가들의 무역비중에서 최소 40%, 많으면 80%까지 차지하고 있다. 중국에서 공격성 관세를 매기거나 덤핑·반덤핑 제소를 하게 되면 해당 주변국 경제에는 치명타인 것이다. 그래서 주변국의 사업 중 일부는 중국 국유기업이나 중국기업에 어느 정도 할당하는 것이 국제상 관례이자, 중국의 주변국으로 살아남는 전략이다. 또한 중국은 1987년 개혁개방과 동시에 미국기업과 지속적으로 협력하여 에너지사업 기술력을 향상시켜왔다. 저렴한 수주비용과 인건비는 고효율을 원하는 중동과 중앙아시아 국가들의 선택의 폭을 넓게 만들었다.

이런 배경이 있기 때문에 화유에너지 또한 성장할 수 있었다. 화유에너지는 탐사 초기 유전설계와 평가 및 후기, 유전개발에 필요한 솔루션을 제공하는 업무를 실시하고 있다. 매장유전탐색에는 석유지질, 지구물리, 매장석유·가스 공정이 있다. 2012년에는 중국의 대규모 유전인 대경유전大庆油田, 중석화동북유전中石化东北局, 기동유전冀东油田을 주요 사업으로 하였다. 중국 내 셰일가스 탐사개발에도 중요한 기술력을 담당할 것이다.

◆ 화유에너지 사업현황

2013년, 화유에너지의 완성유전 매출액은 5억 3,150만 위안으로 이는 49.8%가 증가한 것이다. 화유에너지는 중국 최초 완성유전 서비스 업체로 국내에서 선두의 위치에 있다. 중국 내 쓰촨광구와 창칭광구 등 21개의 광구를 완성했고, 카자흐스탄에서 매출액은 8,270만 위안으로 34.8% 증가하였다.

셰일가스 탐색개발 업무 또한 급속히 증가하고 있다. 중국의 셰일가스시장에서 수요가 증가하고 있는 것이다. 2012년 4월 쓰촨성 창닝구의 제1 셰일가스 압축폭발로 약 1,200미터 지층 아래의 셰일층을 10단계에 걸쳐 뚫었다. 성공적인 시공으로 일일 14만㎥의 셰일가스를 생산하게 되었으며, 중국 최고의 셰일가스를 생산하는 광구가 되

었다.

화유에너지의 시추서비스 2013년 매출액은 6억 5,880만 위안으로 46.2% 증가했다. 이 중 국내는 3억 1,360만 위안으로 118.2% 증가하였고, 해외는 3억 4,520만 위안으로 12.4% 증가하였다. 인도네시아 제2 매탄층 천연가스 시추에 성공하였고, 앞에서 언급한 NB유전 20광구와 Emir-oil, LLC의 5광구도 개발 중이다. 향후 3~5년은 중국 에너지개발의 황금기로, 셰일가스 개발에 따른 업무량 증가와 매출상승을 기대할 수 있다.

12차 5개년 계획에서 해외기업과의 기술합작을 통한 셰일가스 개발을 강조함에 따라, 중국 내 셰일가스 개발이 더욱 중요해졌다. 지형연구와 시범개발을 시작으로 현재는 중국 남방해상에 40여 개의 셰일가스 광구를 뚫었고, 10개의 광구에서 셰일가스를 생산하고 있다. 일일생산량은 1만㎥이다. 도시가스 사용량의 증가와 정부정책을 통한 셰일가스 산업은 한층 더 탄력받을 것으로 보인다.

유전기술서비스는 일종의 기술집약산업이다. 유전탐색과 개발은 갈수록 힘들어지고 있다. 개발이 쉬운 유전은 이미 바닥이 났고, 이제 개발이 어려운 심해유전이나 복잡한 지층의 유전·셰일가스 등이 남아 있는 상태이다. 이를 위해서는 기업의 지속적인 기술개발이 필수이다. 화유에너지는 이미 해당 기술이 세계적인 수준에 올라 있다. 특히 셰일가스 발굴에 필요한 각종 기술을 자체적으로 개발할 수 있는 능력까지 갖췄다. 이것은 기업의 향후 이익에 큰 기여를 할 것으로 보인다. 화유에너지는 2013년까지 34개의 특허를 획득하였고, 17개의 특허도 심사 중이다. 향후 도시화로 인한 가스소비량은 대폭 증가할 것으로 보이며, 중국의 셰일가스사업 확대로 전문적 기술을 보유한 화유에너지의 이익이 대폭 증가할 것으로 보인다.

● 화유에너지 재무제표

재무년도	2013. 12	2012. 12	2011. 12	2010. 12
유동비율^{CR}	2.251	2.944	2.16	1.65
당좌비율^{QR}	1.816	2.503	1.713	1.275
장기부채 대비 순자산비율	0.048	0.079	0.01	–
총부채 대비 순자산비율	0.154	0.204	0.253	0.266
자본 대비 부채비율^{DR}	0.142	0.181	0.239	0.266
자기자본이익률^{ROE}	0.168	0.157	0.209	0.199
투하자본순이익률^{ROIC}	0.155	0.139	0.198	0.198
총자산순이익률^{ROA}	0.098	0.099	0.124	0.103
경영자본이익률^{OER}	0.172	0.199	0.209	0.172
세전이익률	0.162	0.186	0.198	0.167
매출액이익률^{ROS}	0.125	0.136	0.138	0.114
재고품회전율	4.955	5.777	5.391	4.977
배당률	0.254	0.214	0.056	–
최고가^{HKD}	5.45	3.96	–	–
최저가^{HKD}	2.92	1.1	–	–
최대^{PER}(배)	21.613	17.273	–	–
최저^{PER}(배)	11.58	4.798	–	–
최고배당수익률	2.192	4.452	–	–
최저배당수익률	1.174	1.237	–	–

9장

중국 환경오염이 준 기회

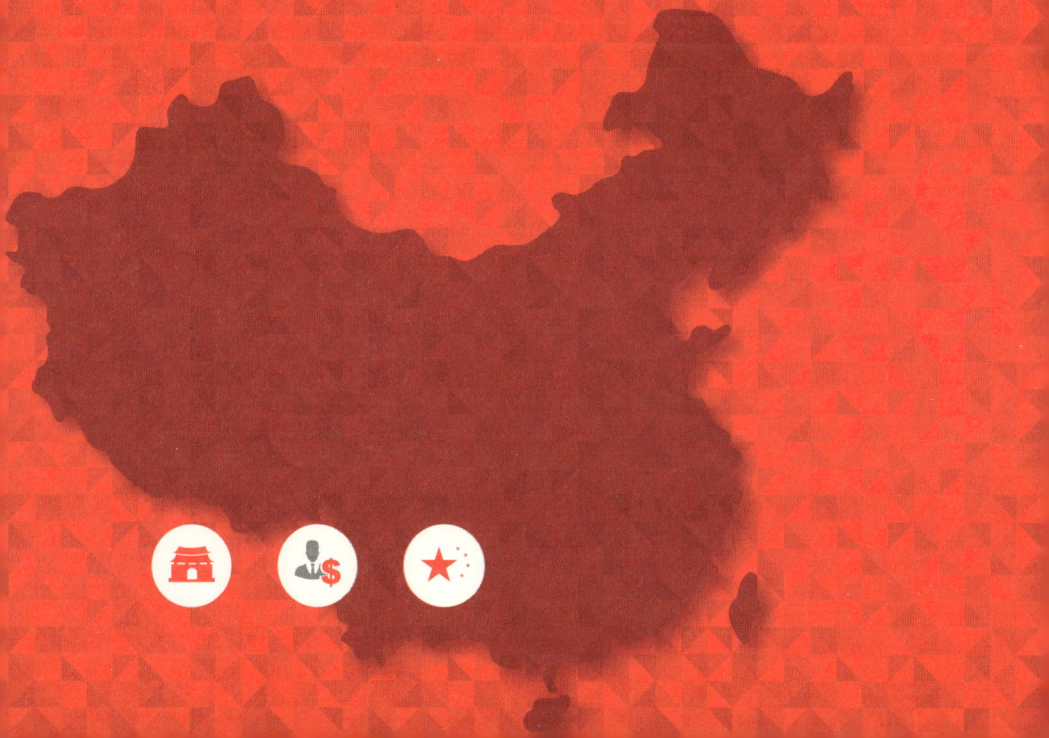

1. 중국 환경오염의 심각성

◆ 중국발 스모그 황사의 위험성

중국발 스모그 황사는 본토인 중국이나 근접한 우리나라나 큰 골칫덩어리이다. 2013년에 중국정부는 황사의 원인을 제거하기 위해서 모든 수단과 방법을 가리지 않겠다고 발표했는데, 이에 따라 수많은 환경 관련 기업들이 수혜를 받을 예정이다.

황사는 우리나라 기관지 환자가 갈수록 늘어나고, 황사가 발생한 날 외출하고 돌아와 화장지로 얼굴만 닦아도 그 심각성을 느낄 수 있다. 더군다나 황사는 면역력이 약한 어린이나 노인, 기관지 환자에게 치명적이다. 우리나라뿐만이 아니다. 중국 주변 국가인 인도네시아나 태국 등도 중국발 스모그로 골머리를 썩고 있다. 이런 황사의 대표적인 사례가 바로 1943년 로스앤젤레스 스모그와 1952년 런던 스모그이다.

1943년부터 미국 로스앤젤레스에 맑은 날씨인데도 자꾸 안개가 발생하는 기이한 스모그 현상이 나타나 미국 전역이 피해를 보았다. 이 스모그는 눈을 따갑게 하고 가렵게 하는 등 신체에 자극을 주었으며, 가을이 아닌데도 낙엽이 떨어지는 낙엽현상이 일어났으며, 악취로 인해 가축과 농작물에 영향을 주었다. 자동차 타이어 같은 고무에도 균열이 생겼다. 로스앤젤레스 스모그는 10년이 지나고서야 이산화질소와 탄화수소의 광화학적 반응에 의한 것이라는 것이 밝혀졌고, 이후 40년 넘게 해결이 되지 않았다. 일부 통계에 따르면 주민의 83%가 심각한 고통을 느끼며 살았다고 한다.

런던 스모그는 영국 산업화로 인한 피해라고 할 수 있다. 1952년 12월에 발생한 이 현상은 겨울에 가정에서 대량으로 소비하는 석탄의 부유입자와 아황산가스가 고농도가 되어 진한 안개가 된 것이다. 스모그 때문에 면역력이 약한 기관지 환자나 노인, 유아들이 사망하기에 이르렀는데, 일주일 동안 4천 명이 사망하였다. 이 런던 스모그도 20년이 지나 천문학적인 자금을 투자하고서야 해결되었다.

런던과 로스앤젤레스에서 발생한 스모그는 경제성장과 자국민의 생활에 지대한 피해를 가져왔는데, 중국정부도 대기오염 줄이기 위해 노력하고 있다. 그러나 매년 7%가 넘는 경제성장률을 유지해야 하는 경제구조에서는 단기간에 스모그를 없애기가 힘들어 보인다. 이런 구조에서는 급진적인 개혁이 힘들다. 장기적으로는 스모그의 원인인 자동차산업에 악영향을 끼칠 것이다. 공기청정기·마스크·분진제거·탈황시설·산림산업과 같은 환경보호산업은 정부의 지원 아래 꾸준히 성장하고 있다.

▶ 최악으로 치달은 중국의 환경오염

중국정부의 발표에 따르면 오염농도가 가장 높은 도시 10개 중 7개가 베이징 부근의 소도시라고 한다. 바람이 불면 도시의 오염물질들이 베이징으로 날아와 대기가 순식간에 뒤덮이는 현상이 반복된다. 또 이 스모그가 강한 북서풍을 타고 한반도 상공으로 이동하는 현상이 많이 발생하는데, 2013년 초에만 4번에 걸쳐 중국발 황사가 발생했다. 도로에 있던 자동차는 시커먼 황사로 뒤덮였고, 시민들은 황사 때문에 외출도 제대로 할 수 없다. 그렇지 않아도 좋지 않은 경기에 기업과 상인들이 울상인데, 중국발 스모그까지 엎친 데 덮친 격이다.

베이징지역에서 발생하는 스모그 원인 1위는 자동차 배기가스로 22.2%를 차지한다. 2위는 16.7%의 석탄연료, 3위는 16.3%의 산업설비이다. 2013년 중국 자동차시장은 13.9% 성장하고, 2천만 대 이상이 판매되었으며, 자동차수만 해도 1억 대를 넘어섰다. 이렇게 자동차가 늘어나면서 오염물질 배출이 더욱 심각해졌는데, 여기에는 중동 두바이유도 한몫을 했다.

중국은 1970년대 개혁개방 전후에는 저유황의 인도네시아산 석유와 영국 북해산 브랜트유를 주로 사용했지만, 1980년대에 들어서 국제정세·가격우위·중동과의 무역을 고려해 고유황 석유인 값싼 중동 두바이유를 사용하기 시작했다. 우리나라도 두바이유를 주로 수입하지만 석유를 정제하는 제유소에 탈황시설이 잘 되어 있기 때문에 자동차로 인한 대기오염이 극히 낮다. 또한 정부에서도 1990년대부터 대기오염을 낮추기 위해 지속적으로 노력해왔다. 하지만 중국은 제유소 시설이 열악하여 자동차의 수가 늘어날수록 대기오염이 심각해졌다. 90% 이상의 제유소가 국유기업인 중국에서 비싸고 까다로운 탈황시설을 도입하기에는 공직자 부패와 뇌물수수가 극심했다. 결국 그 피해가 오늘날에 이른 것이다.

이러한 심각한 대기오염은 국민들에게 정부에 대한 불신을 심어주기에 이르렀다. 환경에 대한 불만족은 다른 청정지역으로 이주하거나 해외로 이민하는 등의 형태로 나타났다. 실제로 2013년에 중국의 이민율이 90% 이상 늘어났다고 한다. 여론도 정부의 무능력을 비판하고 나섰다. 이에 중국정부는 환경오염 해결하기 위해 모든 수단을 동원할 것으로 예상된다.

● 중국 환경보호 분야 투자금액

구분	금액	공공재정 에너지절약형 친환경 투자
2011년	6,026억 위안	2,641억 위안
2012년	8,253억 위안	2,963억 위안
2013년	1조 위안 이상	3,383억 위안

· 출처 : 코트라

　중국정부는 스모그를 없애기 위해 2015년까지 환경보호산업에 600조 위안의 투자를 계획하고, 베이징시도 스모그 개선을 위해 2017년까지 180조 위안의 투자를 계획하고 있다. 제유소의 탈황장치를 의무화하고, 석탄을 천연가스로 바꾸며, 환경업계에 보조금을 지원하고 육성하기 위해 더욱 힘쓰고 있다. 가전제품 중 공기청정기는 중국 경매 사이트 타오바오에서 마스크와 함께 가장 많이 팔리는 상품이다. 이렇듯 마스크 관련주, 공기청정기 관련주, 탈황설비 관련주, 전기차 관련주 등 대기오염 테마주들이 꾸준히 상승하고 있다.

　2014년 중국은 세계 대기오염 순위 국가 188개 중 176위이다. 중국 내 오염이 가장 심각한 베이징은 생태지수가 40개 대도시 중 39위로 최하위권이다. 2013년 10월 중국정부의 업무보고에서 리커창 총리는 오염과의 전쟁을 선포하였다. 오염물질 불법·초과 배출기업 엄중처벌, 셰일가스 적극 이용, 친환경사업 적극보장을 공식발표하였다. 반오염 정책은 2011년 12차 5개년 경제계획에서부터 국가 중점사업으로 지정되었다. 환경오염을 해결하는 데에만 국한되지 않고, 지속적으로 환경오염 관련 기술개발을 통해 새로운 경제성장동력으로 삼는다는 것이다. 중국의 환경보호산업은 정부 주도 아래 연평균 15% 이상 성장하고 있고, 2015년까지 생산액이 5조 위안을 넘어설 것으로 예상된다.

🔺 이제 걸음마를 뗀 환경보호사업

　중국 환경오염 중 가장 심각한 오염은 대기오염, 수자원오염, 토양오염이다. 이에 정부는 대기오염 해결에 1조 7천억 위안을 투자할 전망이고, 대기오염의 주된 원인인 석탄과 철강 생산량을 연 3%씩 감소시킬 계획이다. 석탄의존도를 줄이고 석유, 천연가스, 태양열과 같은 대체에너지 개발에 집중하고 있다. 또 각 지역별·기업별로 대기오염 처리책임제를 시행해 지역과 기업의 대기오염에 대한 자금 및 처리를 엄격히 실시하고 있다. 수자원오염과 토양오염에는 각 2조 위안과 750억 위안의 예산을 투입할 예정이다. 도시 오폐수 처리 및 재활용 시설 건설에 집중할 전망이다. 이에 따라서 환경 관련 기업들이 환경오염 테마주로 떠오르면서 연일 주가가 상승하는 기염을 토하고 있다.

　환경보호사업은 2011년 중점사업으로 선정된 이후에도 정부의 투자와 성과가 미미했다. 오히려 2013년 하반기에는 환경오염이 더욱 심각해졌다. 표면적인 투자는 국유기업과 대기업에 몰아주기 바빴다. 거기에 중국 일반 가정의 에너지 소비 중 70% 이상이 값싼 석탄으로 난방을 하고 있기 때문에, 석탄가격 상승을 통한 대기오염방지정책은 대중의 질타를 받기 쉬웠다. 하지만 2013년 겨울 대기오염 수준이 상상을 초월하면서 여론 또한 정부의 편에서 환경오염 감축을 위한 실시를 적극 지원하고 있다.

　2014년부터는 환경 관련 사업이 탄력받을 것으로 보인다. 대기오염의 주요 원인인 석탄 사용량의 축소는 공장과 기업에 국한되어 환경보호기업들이 매출성장을 하는 데 큰 역할을 하기 어렵다. 50% 이상이 난방을 석탄으로 하는 가정에서 미세먼지나 분진을 처리하려면 난방시설과 주방시설을 교체해야 한다. 이렇게 하면 시진핑정권의 도시화 정책에 도움이 되며, 자동차 연료와 청정에너지, 천연가스를 생산·판매하는 기업에게 돌아가는 혜택이 크다.

실제로 필자는 중국인 친구집을 방문해 석탄난방을 구경했다. 농촌에 있던 친구집은 대부분 석탄을 구매해 난방과 온수를 처리한다고 한다. 도시가스로 편하게 사는 우리의 모습과는 상당히 다른 광경이었다. 며칠 머무르면서 알아보니 석탄가격은 품질에 따라 다르지만 1톤당 16만 원 정도로 매우 저렴했고, 1톤 정도면 네 식구가 겨울을 따뜻하게 보낼 수 있다고 한다. 난방의 시작은 주방이었는데, 석탄으로 데운 온수가 집안 전체로 퍼지게끔 설계되어 있었다. 도시가스보다 저렴하고, 기존 가정은 이미 설비가 석탄난방으로 이루어져 있었다. 그래서 가정에서 사용하는 석탄에 대해 규제하고, 시설을 교체하는 것은 상당한 시일이 걸릴 것으로 예상된다. 농촌인구가 7억 명 이상이라는 것을 생각할 때 더욱 그렇다.

환경보호기업들의 쟁점사업은 수자원, 토양오염 처리사업이다. 기업, 개인이 복잡하게 얽혀 있는 대기오염 처리사업과 달리 수자원과 토양오염 처리는 지방정부 위주의 사업이 될 것이다. 각 지역에서는 담당업체를 선정해 외주를 주는 방식으로 오수·오염토양 처리시설 건설과 관리를 각 기업에 배당하고 있다. 시설 건설은 일회성인 사업이지만 오염된 수자원과 토지를 관리하는 것은 장기적으로 안정적인 매출을 올릴 수 있는 항목이다. 일반적으로 건설을 맡은 기업에서 관리까지 하기 때문에 건설수주량이 기업의 현재 이익과 미래 성장의 주요 포인트가 될 것이다.

2. 베이징수도그룹

- 한글명 : 베이징수도그룹 / 베이징워터그룹
- 중문명 : 北控水务集团有限公司
- 영문명 : Beijing Enterprises Water Group Limited
- 코드번호 : 00371
- 홈페이지 : www.bewg.com.hk
- 매출액 : 64억 홍콩달러(2013년)
- PER : 35.05
- 업계위치 : 수자원업무 1위
- 업종 : 환경보호
- 시가총액 : 457억 8천만 홍콩달러
- CEO : 장홍하이 张虹海

◆ 중국 최대 수자원서비스 제공업체

 베이징수도그룹은 중국 전역의 21개 성과 도시의 수자원처리서비스, 수자원환경건설 및 기술서비스를 제공하는 중국 최대 수자원서비스 기업이다. 2014년 282개의 수자원처리공장과 226개의 오수처리시설, 51개의 상수도시설, 4개의 재생수자원처리시설 및 해수담수화공장을 보유하고 있다. 2013년에 시작한 네이멍구 및 푸젠성 사업의 상수도 15만 톤, 오수처리 17만 톤까지 포함하면 연 1,670만 톤의 수자원을 처리한다. 2012년 1,049만 톤에서 59% 증가한 수치이다. 오수처리시설과 재생수처리시설은 각각 하루에 625만 톤과 41만 톤을 처리한다. 2012년 477만 톤과 38만 톤에 비해 크게 증가하였다. 일일 처리량은 531만 톤이며, 수자원처리설비의 평균처리 계약금액은 톤당 1.22홍콩달러이다. 연간 처리량은 17억 톤이다.

2013년 매출액은 64억 홍콩달러로 71.88% 증가하였다. 깨끗한 수자원에 대한 수요와 시진핑정권의 도시화 추진으로 매년 평균 50% 이상 상승하고 있다. 재무현황은 매우 건전하고 영업이익과 경상이익 또한 매년 30% 이상 증가하고 있다. 1년에 2번씩 꼬박꼬박 배당을 실시하고 있는데, 배당률은 2~3%이다. 주가는 5홍콩달러이다.

다음은 중국 각 지역의 오수·재생처리서비스 현황이다.

- **남부지역**

광둥성, 후난성 및 하이난성이다. 2013년 말을 기준으로 33개의 오수처리장이 있고, 하루에 275만 톤을 처리한다. 2012년 대비 하루 처리량이 79만 톤으로 40%가 증가했다. 1년간 처리되는 총량은 8억 5천만 톤이며, 연 매출은 8억 1천 홍콩달러이다.

- **서부지역**

윈난성, 광시성, 쓰촨성 및 구이저우성이다. 2013년 기준으로 39곳의 오수처리시설이 있으며, 하루 165만 톤을 처리한다. 2012년보다 19만 톤이 늘어났는데, 13%가 증가한 것이다. 연간처리량은 4억 4천만 톤으로, 매출액은 4억 5천만 홍콩달러이다.

- **산둥지역**

10개의 오수처리시설이 있으며, 하루에 45만 톤을 처리한다. 2012년보다 하루 3만 5천 톤, 8%가 증가한 것이다. 연간 1억 3천만 톤이며, 매출은 2억 2천만 홍콩달러이다.

- **동부지역**

저장성, 장쑤성, 안후이성이다. 38개 오수처리장이 있다. 2012년에 하루 처리량인 62만 톤이었던 것이 2013년에는 120만 톤, 108% 증가했다. 연간 처리량은 1억 4천만 톤으로, 수익은 2억 5천만 홍콩달러이다.

- **북부지역**

랴오닝성과 베이징이다. 14개의 오수처리시설을 보유하고 있다. 2013년에 61만 톤을 정리했으며, 2012년보다 17% 감소했다. 네이멍구의 사업을 정리한 것이 원인이다. 연간 총 처리량은 1억 5천만 톤으로, 매출은 2억 8천 홍콩달러이다.

- **수자원공급서비스**

2013년 기준으로 18개의 상수도시설을 가지고 있고, 매일 275만 톤을 처리한다(2012년 213만 톤). 시설의 위치는 구이저우성, 산둥성, 허난성, 광시성이다. 수자원공급서비스 계약금액은 1톤당 2.49홍콩달러이다. 연간 총생산량은 4억 1천만 톤으로 매출액은 2억 6천만 홍콩달러이다.

- **해외 수자원처리서비스**

포르투갈 수자원업무를 인수했다. 2013년 기준으로 포르투갈에 23개의 오수처리시설과 13개의 수자원공급시설을 보유하고 있다. 오수처리시설과 수자원공급시설은 각각 2만 2천 톤과 3만 6천 톤이다. 오수처리 및 수자원공급 연간 총량은 400만 톤과 700만 톤이다. 매출액은 2억 2천 홍콩달러이다.

■ 수자원환경 건설업무

2013년에만 광시성, 다롄시, 윈난시, 베이징, 말레이시아 등 9건의 종합치수설비건설사업을 따냈고 현재 5곳이 건설 중이다. 종합치수사업의 매출은 2012년 10억 홍콩달러에서 2013년 28억 8천만 홍콩달러를 기록했다.

정부가 생태환경건설을 중시함에 따라 거시적 경제에서 수자원보호업계의 발전이 명확해 보인다. 정부정책의 지원과 오수에 대한 처리 및 전통수자원산업정책의 변화에 대한 요구가 높아지면 수익성 또한 높아질 것이다. 수자원환경에 대한 요구가 가속화되고, 해수담수화가 시장화되고, 토양오염 및 고체폐기물처리시장이 폭발적일 것이다. 공업폐수처리시장 또한 커지며, 수자원처리표준이 높아짐에 따라 필터시장이 발전할 것이다. 여과액, 배수관리운영, 음식물찌꺼기처리 등 환경보호를 위한 파생상품시장 또한 갈수록 늘어날 것이다. 쾌적한 환경에 대한 요구가 높아질수록 환경사업의 다양한 부분이 발전할 것으로 보인다. 수자원환경보호업의 발전가능성은 매우 커서 수자원환경보호업계는 새로운 발전기회를 맞이하게 되었다.

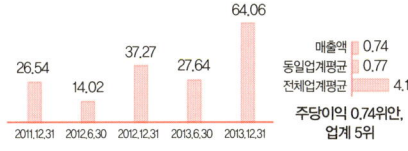

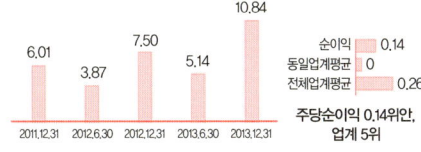

● 베이징수도그룹 재무제표

재무년도	2013. 12	2012. 12	2011. 12	2010. 12
유동비율^{CR}	1.306	1.478	1.747	1.024
당좌비율^{QR}	1.207	1.358	1.595	1.022
장기부채 대비 순자산비율	1.151	1.237	0.952	0.83
총부채 대비 순자산비율	1.451	1.57	1.084	2.192
자본 대비 부채비율^{DR}	0.593	0.603	0.485	0.991
자기자본이익률^{ROE}	0.082	0.089	0.074	0.132
투하자본순이익률^{ROIC}	0.033	0.034	0.033	0.06
총자산순이익률^{ROA}	0.025	0.024	0.024	0.03
경영자본이익률^{OER}	0.34	0.411	0.434	0.146
세전이익률	0.234	0.293	0.324	0.11
매출액이익률^{ROS}	0.169	0.201	0.226	0.081
재고품회전율	5.587	3.364	2.62	496.485
배당률	0.372	0.368	0.336	-
최고가^{HKD}	4.95	2.3	2.99	2.696
최저가^{HKD}	1.92	1.34	1.17	1.836
최대^{PER}(배)	35.408	21.179	33.445	20.754
최저^{PER}(배)	13.734	12.339	13.087	14.134
최고배당수익률	2.708	2.985	2.564	-
최저배당수익률	1.051	1.739	1.003	-

3. 중국광대국제유한공사

- **한글명** : 중국광대국제유한공사 / 중국광따궈지유한공사
- **중문명** : 中国光大国际有限公司
- **영문명** : China Everbright International Limited
- **코드번호** : 00257
- **홈페이지** : www.ebchinaintl.com
- **매출액** : 53억 홍콩달러(2013년)
- **PER** : 30.92
- **업계위치** : 환경보호 종합 2위
- **업종** : 환경보호
- **시가총액** : 465억 4,100만 홍콩달러
- **CEO** : 탕쐉닝唐双宁, 동북대학 경제학과 졸업, 광대은행光大银行 회장, 전 인민은행(중앙은행) 화폐국 국장, 전 은행감독원 부원장

🔻 기술력을 올려 시장경쟁력을 향상시킨다

　중국광대국제유한공사(이하 광대국제)는 쓰레기소각발전 규모 1위, 위험폐기물매립장 및 공업고체폐기물매립장 운영, 오수처리장 및 중수재사용설비, 신에너지(메탄가스, 태양광, 유기물발전) 환경보호기술 및 공정관리, 관리업투자 및 투자업 등 다양한 환경사업을 하고 있다. 광대그룹의 산하기업으로 광대국제의 CEO 탕쐉닝은 광대은행 회장을 겸임하고 있다. 탕쐉닝은 전 중국인민은행(중국중앙은행)의 화폐국 국장과 중국은행감독원 부원장 출신이다. 광대국제는 거대 자본을 토대로 M&A를 실행해 성장한 기업이다. 중국 10대 민영은행인 광대은행이라는 든든한 자금줄을 잡고 있는 기업인만큼 성장세가 더욱 기대된다.

　광대국제는 2013년 53억 홍콩달러의 매출액을 기록하며 52.72%의

급격한 성장세를 보였다. 2012년 매출액은 34억 홍콩달러로 −4.91% 성장을 하였지만, 2012년 감가상각액이 90% 이상 늘어나면서 설비투자를 집중적으로 늘렸다. 2012년의 과감한 투자로 2013년에 50% 이상의 매출을 올려 매출감소치를 상쇄하였다. 2012년은 매출감소에도 경상이익이 11.24% 증가하고 연평균 30% 이상 성장하는 건전한 재무구조를 유지했다. 2013년 유럽 및 미국경제가 회복되면서 신흥국의 경제성장 속도 또한 느려지고 있다. 세계경제의 중요 엔진인 중국은 안정된 성장과 동시에 경제전환을 실시한다. 녹색경제 및 환경산업은 이미 중국의 미래경제 변화 및 향후 발전의 중요한 수단이 되고 있다.

중국의 12차 5개년 경제개발계획에서 에너지절약과 환경보호산업은 7대 신산업으로 선정되었고, 2013년에 '대기오염방지계획 2013~2017년' '대기오염방지10종 조치' 등 환경관리 방침의 정책을 내놓았다. 특히 18회 전국인민대표회의에서의 아름다운 중국 건설을 제창하며 환경보호산업이 다시금 중시되었다. 국가적인 차원에서 환경관리정책의 지원과 자금투입 등으로 각 지역의 환경보호 및 신에너지 수요가 부단히 증가할 것이다. 더불어 관련 업계에도 무궁무진한 시장기회와 발전가능성이 있을 것이다.

2013년은 광대국제가 설립된 지 20주년이자 환경보호산업으로 전환한 지 10년째 되는 해이다. 국가정책에 대한 충족과 시장의 수요가 늘어남에 따라 기업의 경영성과, 시장개척, 내부관리, 기술개발, 설비제조, 자금준비 및 산업확장 등 다방면으로 거둔 성과가 높은 매출로 나타났다. 광대국제의 환경보호와 신에너지기술 및 고효율의 관리 수준은 치열한 경쟁 속에서 살아남는 원동력이었고, 업계 선두를 유지하게 하는 기초이다.

광대국제는 홍콩을 중심으로 선전, 베이징, 난징 및 지난을 위주로 시장을 개발하였다. 특히 난징과 지난에 대표처를 설립해서 장쑤성과 산둥성, 그리고 주변시장을 긴밀히 연결했다. 난징에 중국대륙 공략본부를 설치하고, 시장확대를 통해 업무범위를 넓힐 계획이다. 2013년에는 12개의 환경보호사업에 24억 8천만 위안을 투자했다. 동시에 각 지역정부와도 합작을 통해 협력협의를 맺었는데 베이징, 난징, 선전, 산둥, 장시, 쓰촨, 장쑤 및 주하이지역이다. 5월에는 정부중점사업에 대한 지원금으로 국가개발은행에서 100억 위안을 대출받았다. 6월에는 세계은행 직속의 국제금융회사에서 7천 만 달러의 장기대출을 받아 수자원사업에 투입하였다. 이외에도 12월에는 주식발행으로 26억 위안의 사업자금을 확보했다. 2013년 말 기준으로 광대국제 현금보유량은 58억 위안에 달하며, 재무상태도 매우 안정적이다.

광대국제는 세계 유수의 환경기업과 합작을 통해 기술력을 올리고 시장경쟁력을 상승시키고 있다. 독일의 마팅그룹과 협력하여 쓰레기소각재 매출기술을 도입하였고, 프랑스의 수이스환경그룹과 합작해 쓰레기·오수·오염토양·위험폐기물처리 등의 환경기술분야에 대한 노하우를 전수받는다.

광대국제는 2013년에 환경보호 및 신에너지 산업업계 금상과 기업관리 최고상 등을 통해 우수한 기업문화와 실력을 널리 알렸다. 또한 환경보호정책으로 환경보호산업 쪽에 나오는 보조금을 받았으며, 세금절감 등의 혜택도 받는다. 2013년에 4,300만 위안의 보조금을 지원받았다. 또한 증치세(한국의 부가가치세와 유사한 성격의 조세) 7,400만 위안과 소득세 340만 위안을 환급받았다.

2013년 매출액은 53억 위안으로 2012년 34억 위안보다 56% 증가했는데 설비중심 투자 덕분으로 보인다. 각종 세금과 대출이자, 감가상각을 제한 경상이익은 22억 위안으로 2012년 15억 위안에 비해 42% 증가하였다. 주당순이익은 32.60센트이며 2012년 29.65센트보다 2.95센트 증가했다. 환경보호 및 신에너지 항목은 80개, 총투자액은 189억 7,200만 위안, 이미 준공되어 사업에 투자한 총금액은 96억 위안, 건설 중인 사업에 37억 7,700만 위안을 투자했으

며, 건설준비 중인 사업에 55억 8,600만 위안을 투자했다. 발전이 늦은 바이오매스 분야에는 13억 100만 위안, 준비 중인 사업에 42억 8,500만 위안을 투자했다.

환경보호 및 신에너지사업으로 2013년에 매출액 53억 위안을 달성했다. 그중에 건설서비스가 31억 위안으로 2012년에 비해 95%가 증가했으며, 운영서비스 수익은 14억 위안으로 2012년에 비해 20% 증가했다. 건설이 매출의 59%를 차지하고 운영서비스는 27%, 재무수익은 14%를 차지한다.

2013년에 24개의 쓰레기소각발전과 8개의 공업 및 폐기물처리사업에 총 120억 4,400만 위안을 투자했다. 연간 쓰레기처리량은 764만 톤이

며 쓰레기소각을 통한 전기생산량은 22억 4,900만 와트이다. 또 위험폐기물쓰레기 처리량은 연 23만 톤이다. 산둥성 르자오^{日照}, 저장성 닝하이^{宁海}, 산둥성 허저^{菏泽}, 장쑤성 전장^{镇江}에 발전설비를 건설해 2,300톤 규모의 생활쓰레기를 처리할 수 있게 되었다. 산둥성 쯔보시^{淄博}, 장쑤성 빈하이현^{滨海}, 산둥성 서우광시^{寿光} 및 장쑤성 롄윈강시^{连云港}의 폐기물처리회사 인수계약을 마쳤다.

▶ 커져가는 위험폐기물처리시장

위험폐기물처리시장이 커지면서 업계 전망 또한 밝다. 산둥성의 주요 도시인 치박과 수광의 투자증가는 산둥성 내 기업 이미지 제고에 큰 도움이 되고 있다. 산둥성 폐기물처리업에서 큰 영향력을 행사해 향후 사업확대에 긍정적인 요인으로 작용할 것이다. 톈진 빈하이^{滨海} 위험폐기물처리시설은 광대국제의 사업 중 가장 큰 규모이다. 이외에도 장쑤성에서 5번째로 큰 위험폐기물매립시설 건설사업을 낙찰받았다. 장쑤성연운항의 위험폐기물 소각사업은 신규투자사업이다. 공업폐기물 외에도 의료폐기물처리 실시로 2013년 15만 톤의 위험폐기물처리량이 증가했다. 안정된 운영과 탄소배출권처리공장의 건설과 운영에 국내 최고 시설을 자랑한다. 쓰레기소각발전에서 탄소배출량은 유럽환경기구의 기준에 맞추고 있다.

2013년에 환경보호에너지에서 442만 톤의 생활쓰레기를 처리했고, 공업 및 위험폐기물 6만 8천 톤을 처리했다. 쓰레기 처리를 통한 전기공급량은 시간당 10억 와트이다. 이는 2012년과 비교해 12%, 51%, 27% 증가한 것이다. 세금과 감가상각을 제한 경상이익에서 15억 홍콩달러의 수익을 올렸으며, 2012년보다 55% 증가했다. 또 같은 해에 21개의 오수처리장과 4개의 중수처리시설에 투자했는데, 총투자액이 32억 1,400만 위안이다. 연간 오수처리량은 6억 6천만㎥, 연간 중수생산은 2,200만㎥로 처리시설을 증강시켰다. 2013년 산둥성 장추시章丘 오수처리시설 건설 및 링현陵县 오수처리시설 재건사업을 따냈다. 기존 시설이 있는 산둥성 지난시 4개 오수처리시설의 일일 처리량은 73만㎥이다.

이 기업의 총 처리량은 5억 2천만㎥로 2012년에 비해 3% 증가했다. 세금과 감가상각을 제외한 수익은 6억 6천 위안으로, 2012년에 비해 49%가 증가했다. 향후 지난시에 제2기 오수처리시설 건설이 완공되면 처리량이 더욱 증가해 수익증진이 있을 것으로 예상된다. 국제적인 기업이자 싱가포르거래소에 상장된 한과汉科와 2013년에 합작을 했는데, 오수처리기술 향상 및 시장확대를 기대할 만하다. 한과 지분에 투자하여 51%의 주식을 보유하면서 실질적인 경영권을 인수하였다.

2013년 말 기준으로 18개의 신에너지사업 중 8개의 태양력발전과 6개의 바이오매스발전(4개 사업정지 중), 메탄가스발전 및 2개의 오수열원 열펌프사업에 28억 5,500만 위안을 투자했다. 이것으로 연간 농업폐기물 164만 톤을 처리하고, 전기생산량도 연간 11억 6천만 와트를 생산할 수 있게 되었다. 태양광발전의 관리효율 상승, 자가전기 사용량감소, 안후이성 탕산현砀山 바이오매스발전은 기술혁신과 고효율 설비로 수익이 증가할 것으로 보인다. 안후이성 한산舍山 바이오매스발전시설은 2013년 1월에 국가에너지관리국 준공허가를 받은 이후, 같은 해 6월에 건설을 시작하였다. 2014년 하반기에 완공할 예정이다.

신에너지 사업은 경상이익이 1억 4천만 위안으로 2012년보다 29% 감소하였다. 2012년에 공사원가 절약으로 인한 매출액 부분 감소때문이며, 아직까지는 기술개발단계로 고효율을 기대하기는 힘들다. 하지만 잠재력이 있는 사업이기 때문에 지속적으로 투자와 연구개발이 이루어질 것이다. 현재 4곳의 공정이 완성되었으며, 건설 중이거나 계획 중인 사업 26개가 있다. 총투자액은 80억 6천만 위안이다. 쑤저우쓰레기소각발전 3기, 더저우남운하德州南运河 프로젝트 1기 및 지난 리청济南历城 2기 건설이 완료되었다. 쑤저우에 건설완료 후 1기와 2기를 합쳐 하루 쓰레기 소각가능량이 3,550톤이 되었다. 국내 최대이자 최고의 쓰레기소각발전이다. 2013년은 광대국제의 건설업무가 많았던 해로, 9곳의 시설이 건설 중이다. 지난, 장치우, 피저우 등이다. 2012년부터 2013년에 걸친 산둥지난시 쓰레기소각발전 건설을 통해 중국건설품질 최고상을 받았고, 중국건설협회로부터 2013~2014년 중국건설최고상을 받았다.

광대국제는 2013년에 8대 연구목표를 세웠는데 2천만 위안 투자, 쓰레기소각설비, 오수처리약품개발, 이산화탄소배출감소설비, 쓰레기소각발전에서 성과가 있었다. 쓰레기소각로는 이미 장쑤・장인江阴・진장・쑤첸宿迁 및 쑤저우의 소각발전소에 적용하였고, 국제표준에 합격했다. 중국에서는 3번째로 국제 수준의 오수처리약품 개발에 성공했다. 이 설비들은 고체폐기물소각이 많은 중국의 특징과 연관성이 높아 기업의 발전량을 늘린다. 이외에도 바이오매스발전과 위험폐기물처리, 주방쓰레기처리, 폐고무처리, 오염토양처리기술 및 환경회복 등의 기술분야를 지속적으로 연구하고 있다. 2013년 21개의 발명으로 특허를 신청하였고 실용적으로 인가받은 특허는 16개이다.

2013년은 광대국제의 환경보호제품 설비제조의 첫 번째 해이다. 장쑤성 창저우常州는 2012년에 환경설비제조기지에 투자하여 쓰레기소각발전배출로, 자동화시스템 및 여과시스템 등의 주요 설비를 생산했다. 쓰레기소각발전 자문서비스도 시작하였다. 7개의 소각로의 업그레이드를 통해 생산원가를 낮추었고, 상품경쟁력을 상승시켰다. 동시에 이산화탄소 감축설비와 여과설비를 완성했다. 제품의 생산관리시스템도 규범화·제도화하면서, 핵심 상품이 일찍이 장쑤성에서 고품질 기술상품으로 인정받았다.

중국은 환경보호와 에너지절약산업이 빠르게 발전하고 있다. 2015년에는 전국의 에너지절약, 환경보호, 자원재사용 등으로 산업규모가 450조 위안에 이르고, 중국 주요 산업 중 하나가 될 것으로 보인다. 또한 12차 5개년 계획에서 전국의 생활쓰레기 무해화처리 90% 이상, 전국의 생활쓰레기 무해화 소각설비 완성 35% 이상 달성을 목표로 성장가능성이 크다.

● 중국광대국제유한공사 재무제표

재무년도	2013. 12	2012. 12	2011. 12	2010. 12
유동비율^{CR}	2.308	1.643	1.383	1.538
당좌비율^{QR}	2.287	1.62	1.366	1.525
장기부채 대비 순자산비율	0.384	0.523	0.66	0.579
총부채 대비 순자산비율	0.517	0.719	0.832	0.716
자본 대비 부채비율^{DR}	0.348	0.438	0.454	0.413
자기자본이익률^{ROE}	0.099	0.135	0.129	0.115
투하자본순이익률^{ROIC}	0.067	0.082	0.071	0.067
총자산순이익률^{ROA}	0.056	0.068	0.058	0.057
경영자본이익률^{OER}	0.4	0.435	0.361	0.349
세전이익률	0.341	0.343	0.292	0.288
매출액이익률^{ROS}	0.249	0.329	0.23	0.21
재고품회전율	70.439	52.206	80.2	136.315
배당률	0.261	0.202	0.206	0.148

최고가^{HKD}	11	4.3	4.25	4.53
최저가^{HKD}	3.86	2.75	1.48	2.73
최대^{PER}(배)	33.742	14.503	19.442	26.773
최저^{PER}(배)	11.84	9.275	6.77	16.135
최고배당수익률	2.202	2.182	3.041	0.916
최저배당수익률	0.773	1.395	1.059	0.552

4. 톈진창업환경

- **한글명** : 톈진창업환경보호그룹 / 톈진촹예환바오그룹
- **중문명** : 天津创业环保集团股份有限公司
- **영문명** : Tianjin Capital Environmental Protection Group Company Limited
- **코드번호** : 01065
- **홈페이지** : www.tjcep.com
- **매출액** : 16억 위안(2013년)
- **PER** : 16.25
- **업계위치** : 수자원업무 매출 3위
- **업종** : 환경보호
- **시가총액** : 19억 5,200만 홍콩달러
- **CEO** : 장원후이 张文辉

● 중국 내 수자원업 매출 3위

톈진창업은 톈진지역을 중심으로 안후이성, 쿤밍성 오수처리시설을 건설하고 관리하는 기업이다. 넓고 넓은 중국에서 톈진의 환경 관련 기업이 지속적으로 성장하는 데는 이유가 있다. 그것은 바로 톈진이 베이

징, 상하이, 충칭과 함께 중국 4대 직할시 중의 하나이며 공장시설이 가장 많은 지역이기 때문이다. 전 세계 500대 기업 중 400개 이상이 톈진에 공장을 보유하거나 간접생산을 하고 있다. 우리나라의 삼성전자와 LG전자 또한 톈진시에 생산공장을 가지고 있다. 필자가 2011년에 LG전자 C&C에 근무할 당시나 지금이나 톈진의 대기오염과 하수오염은 심각한 상태이다.

톈진은 베이징이나 지난과 같은 계획도시가 아니다. 중국 북방의 상업 중심지로 역할을 하다 보니 베이징과 함께 중국 내 오염이 매우 심각하다. 오염의 주된 원인은 공장에서 나오는 폐수로 빠른 경제성장을 위해 무분별하게 허가를 내주고, 감독체계가 대기업과 결탁한 탓이 크다. 그래서 환경오염이 중국에서 가장 심한 지역으로 선정되었다. 필자는 톈진시 난카이구에 있는 '양광100'이라는 대형 아파트촌에서 생활했는데, 그 주변에 흐르던 강이나 호수는 악취 때문에 접근조차 할 수 없는 지경이었다. 2014년 현재는 점차 개선되고 있다지만 중국 고속성장의 부정적인 면을 실감할 수 있는 곳이다.

이러한 배경 아래 톈진창업은 매년 꾸준히 성장하고 있다. 이 기업은 톈진지역과 베이징 오수처리사업에서 가장 중요한 업체이다. 톈진시는 베이징과 1시간 거리로 원자바오 전 총리의 고향이고, 세계 400대 기업이 모여 있기 때문에 세수가 많아 재정이 풍부하다. 또한 환경에 대한 관심이 커서 대량의 자본으로 환경 관련 정책을 실행하기 쉬울 것으로 보인다. 톈진창업이 날개를 달게 되었다고 볼 수 있다.

톈진창업의 2013년 매출액은 16억 위안으로 전년도에 비해 4.77%가 증가하였다. 매년 매출이 평균 4% 이상 증가추세이다. 하지만 증가하는 매출만큼 회사가 처리해야 하는 수자원의 용량과 범위가 증가하고 있다. 이에 따라 감가상각비용이 지속적으로 증가하는 데, 2012년에 비해 32.11%로 크게 증가하면서 경상이익이 마이너스로 돌아섰다. 매출은 증가세지만 실질적으로는 2013년에 적자경영이었다는 것이다. 경상이익은 -4.03%로 5억 6천만 위안으로 감소하였다. 현금보유비율도 -100%로 재무건전성이 좋지 못한 기업이다.

하지만 천진창업은 톈진시 산하의 국유기업이고 톈진시가 1대 주주로 있어서, 시의 재정으로 기업의 적자를 메꿀 수 있을 것으로 보인다. 사실 수자원업의 대부분이 사업성보다 공공성을 위주로 하기 때문에 높은 재정건정성을 기대하기는 힘들다. 정부의 지원과 정책에 영향을 받는 것이 현실이다. 그래도 중국정부의 환경보호에 대한 관심이 높기 때문에 희망을 가져볼 만하다.

2012년 매출액은 16억 3,732만 위안으로 2011년보다 7,482만 위안이 많으며 4.79% 증가한 것이다. 주요 수입원은 오염처리업무이지만, 재생수자원업무와 냉방난방공급업무에서도 매출이 상승하였다. 반면에 오수처리건설업무는 대폭 감소하였다. 매출증가와 동시에 매출원가는 2011년에 비해 7,714만 위안이 늘어 9%가 상승하였다. 주로 에너지소비, 원자재가격, 흙탕물처리설비비용, 감가상각비용 및 인건비로 작년에 비해 상승하였다. 영업세금 및 부가영업수익 증가는 작년 동기보다 264만 위안, 29.97% 증가했다.

◆ 톈진창업의 주요 업무와 수입 분석

톈진창업의 오염처리규모는 하루에 약 378만㎥이다. 오염처리 매출은 톈진 도심에 있는 4개의 오염처리공장관리로 발생하며, 이곳에서 오염처리업무를 실시한다. 톈진 이외의 지역에서는 자사 관리시스템을 판매하거나 위탁경영을 실시하고 있다. 2012년 오수처리면적은 10억 4,088만㎥로 2011년보다 6.3% 증가했다. 수익은 12억 6,991만 위안으로 6.44% 증가했다. 대표적인 위탁경영지역은 안후이성의 한산含山과 쿤밍성의 시청西城이다.

2012년 톈진시 4개 지역 오염처리공장의 처리규모는 4억 700㎥로, 매출액은 7억 8,551만 위안이며 오수처

리규모는 2011년 대비 2.35% 증가하였다. 톈진창업의 총 오수처리규모는 5억 806만㎥로 5.2% 상승하였고, 매출 또한 4억 2,699만 위안으로 7.57% 상승하였다. 위탁운영은 총 1억 2,582만㎥로 2011년보다 27.3% 증가하였으며, 5,741만 위안의 수입을 올리며 100.17% 대폭 성장했다. 오수처리는 톈진지역의 80% 이상을 차지하고, 안후이성과 쿤밍성의 위탁경영 수익은 100% 상승했다. 대도시에서의 우수한 경영이 다른 지역의 위탁경영으로 이어지고, 위탁경영의 증가로 매출과 주가가 상승함을 볼 수 있다.

- **오수처리공장 건설업무**

톈진창업은 2012년 오염처리공장 건설로 2,910만 위안의 수입을 올

렸다. 2011년과 비교하면 72.54% 감소한 것이다. 원인은 2012년에 새로운 건설수주가 없었고, 이전의 건설이 완공되는 시기였기 때문이다. 향후에도 오염처리공장의 악취제거기술공정으로 매출증진을 노리고 있다. 총수입은 474만 위안으로 2011년과 같은 수준이다.

■ 재생용수업무

재생용수는 주로 전기생산공장에 공급되어 뜨거워진 기계를 식히거나 나무와 식물 등 산림자원에 물을 주는데 사용한다. 2012년에는 강수량이 많아 경영에 차질이 생겼다. 판매량은 1,286만㎥로 2011년도에 비해 감소했지만, 재생용수의 시장가격 상승으로 실제 수익은 3,237만 위안으로 20.41% 증가하였다. 2012년 재생수관사업으로 1억 111만 위안의 수익을 올려 29.29% 증가하였다.

■ 상수도 및 냉난방공급업무

상수도 공급량은 4,294만㎥로 2011년보다 9.5% 증가했으며, 10% 상승한 4,411만 위안의 수익을 올렸다. 또한 톈진시가 에너지사업에 투자하면서 안정적으로 냉난방을 공급하게 되었다. 연매출 규모는 5천만 위안 수준으로 안정적인 매출증가가 기대된다.

업계의 경쟁과 발전

18대 인민대표회의에서 말하는 생태문명건설生态文明建设은 환경보호업의 중요한 기회이다. 오염된 흙과 오수를 처리할 공장의 설비시설을 업그레이드하고 기회를 기다려야 한다. 더구나 재생수사용, 생활쓰레기처리, 생태회복산업 및 천연에너지사용 분야를 정부에서 지원하기로 하면서 톈진창업의 발전가능성 또한 커지고 있다. 중국 내 오수처리업무에서 전체 시장의 집중도는 매우 낮은데 반해, 시장경쟁은 비교적 격렬하다. 단순히 대량의 자본을 앞세워 경쟁한다면 이익 수준이 낮아질 것이다. 하지만 지속적으로 기업이 해당 분야의 특허와 기술을 이용하여 부가가치를 창출한다면, 업계에서의 위치를 확고하게 다지고 이익도 상승할 것으로 보인다.

이를 위해 톈진창업은 지속적으로 오염처리업무를 개발하고, 오수처리서비스 같은 고부가치사업의 비중을 늘리려고 한다. 재생용수시장도 확장할 것이다. 공업쓰레기 처리, 오염된 토양, 쓰레기 처리 및 생태회복 등 신영역으로 사업을 확대할 것으로 보인다. 또한 톈진시 오수처리공정기술센터를 중심으로 신기술 연구개발을 늘리고, 개발된 기술의 산업화를 적극적으로 실시할 전망이다.

톈진창업은 2005년 하반기부터 톈진시 4개 구의 오수처리 특허경영권을 받았다. 1㎥당 1.93위안의 가격으로 톈진시와 계약했지만, 최근 톈진시가 독점경영에서 시장경쟁체제로 바꾸려고 하고 있어 오수처리가격을 조정해야 할 위험요인이 있다.

● 톈진창업환경 재무제표

재무년도	2013. 12	2012. 12	2011. 12	2010. 12
유동비율^{CR}	147.80	132.90	104.70	102.30
당좌비율^{QR}	145.20	128.50	100.50	100.40
장기부채 대비 순자산비율	73.20	81.10	85.50	82.30
총부채 대비 순자산비율	95.40	105.20	114.30	112.80
자본 대비 부채비율^{DR}	42.80	48.50	56.80	57.80
자기자본이익률^{ROE}	7.10	7.10	7.70	7.90

투하자본순이익률^{ROIC}	3.20	3.30	3.80	4.00
총자산순이익률^{ROA}	2.50	2.60	3.00	3.20
경영자본이익률^{OER}	35.10	38.40	38.30	35.90
세전이익률	24.00	24.20	25.20	26.30
매출액이익률^{ROS}	17.50	17.50	18.50	19.40
재고품회전율	27.822	16.66	18.533	42.949
배당률	0.4	0.316	0.211	0.579
최고가^{HKD}	4.2	2.31	2.99	3.36
최저가^{HKD}	2.05	1.53	1.68	1.95
최대^{PER}(배)	16.406	9.758	12.768	14.966
최저^{PER}(배)	8.008	6.463	7.174	8.686
최고배당수익률	4.995	4.886	2.935	6.665
최저배당수익률	2.438	3.236	1.649	3.868

5. 동강환경보호

- 한글명 : 동장환바오유한공사 / 동강환경보호유한공사
- 중문명 : 东江环保股份有限公司
- 영문명 : Dongjiang Environmental Company Limited
- 코드번호 : 00895
- 홈페이지 : www.dongjiang.com.cn
- 매출액 : 15억 홍콩달러(2013년)
- PER : 26.083
- 업계위치 : 환경보호 종합 4위
- 업종 : 환경보호

- **시가총액** : 25억 7천만 홍콩달러
- **CEO** : 장웨이양 张维仰, 1965년 7월생

쓰레기처리기업 중 최초로 홍콩거래소 상장

동강환경의 주 업무는 재활용품생산, 공업폐기물처리, 환경보호서비스 및 생산제품의 해외판매이다. 그룹의 CEO 장웨이양은 광둥성 출신으로 중학교를 졸업하고 바로 생계를 위해 쓰레기처리장에서 일을 했다. 그러다가 쓰레기처리사업의 전망이 유망함을 예측하고 폐기물처리 사업을 시작하였다. 지속적으로 회사의 혁신과 기술개발에 투자하면서 민영 쓰레기처리기업으로는 최초로 홍콩거래소에 상장했다. 2013년에 중국 민영기업 순위 78위로, 우수한 기술력을 바탕으로 중국 광둥성과 선전시 일대를 중심으로 사업을 확대하고 있다. 2012년부터 중국의 경제성장률이 둔화되면서 수요가 축소되고 있다. 상품가격은 하락하고 원자재가격은 상승하면서 매출과 마진감소가 있었다.

동강환경에게 2013년은 기업의 전략조정과 전략을 업그레이드하는 시기였다. 대규모폐기물 무해화 처리업무와 신제품 출시를 통해 원가를 낮추고, 회사관리효율 증대로 주요 사업인 폐기물처리사업이 안정적으로 발전하고 있다. 공업폐기물의 재활용품 가격은 금속가격의 변화에 큰 영향을 받기 때문에 기업 매출감소로 이어진다. 공업폐기물에서 주로 구리와 강철을 추출·재가공해서 판매하기 때문에 세계 금속가격의 영향을 많이 받는다.

2013년 매출액은 15억 8,293만 위안으로 2012년보다 4.04% 상승했다. 순이익은 2억 7,147만 위안으로 2012년에 비해 18.41% 감소했다.

모회사에게 돌아간 순이익은 2억 828만 위안으로 2012년보다 21.91% 감소했다. 모회사의 주식투자 비율은 22억 4,176만 위안으로 작년에 비해 7.06% 상승했으며 주당순이익은 9.93위안이었다.

- **공업폐기물처리업무**

공업폐기물처리업무의 매출은 12억 4,724만 위안으로 2012년보다 9.50% 증가했으며, 재생용품의 매출은 10억 374만 위안으로 2012년보다 6.94% 증가했다. 공업폐기물처리서비스 수입은 약 2억 4,349만 위안으로 2012년 대비 21.51% 증가했다. 공업폐기물처리업의 매출액은 증가했으나, 금속가격 변동과 새로운 사업 증가, 인건비 상승으로 영업이익이 6.47% 감소했다.

동강환경은 지속적으로 시장을 확대하고 있다. 광둥성 위험폐기물처리모범센터 및 선전 룽강龙岗 위험폐기물처리기지와 연계하여 무해화처리업무를 실시함과 동시에 이익이 창출되었다. 광둥 둥관东莞지역에서 매년 5만 톤의 처리능력을 증강시켜 광둥 최고의 생산기지에서 시장점유율을 늘리고 있다. 기업의 전면적인 기술 향상과 사업확대로 샤징沙井 처리시설은 매년 20만 톤씩 처리할 수 있는 공장으로 설립하고 있고, 2015년에 완공할 예정이다. 예상수입은 7,405만 위안이다.

폐기물자원화 및 재사용으로 폐기물시장이 커짐에 따라 이익 또한 커질 것으로 본다. 2013년에 폐기물의 양이 13.29% 증가하였지만 금속시장의 가격변동으로 이익이 감소했다. 칭위안清远 폐가전제품처리기지는 1만 톤에서 3만 톤으로 용량을 늘렸다. 1년간 운영해 폐가전제품은 39만 건으로 4,115만 위안의 수익을 올렸다. 지속적인 사업확대를 통해 기업의 이익을 향상시킬 전망이다. 토양재생회사 투자를 통해 토양재생 방면 경쟁력 강화를 실시한다. 신규사업인 웨베이粤北 위험폐기물처리시설(연간 1만 톤), 장먼江门 공업폐기물처리시설(연간 19.85만) 및 자싱嘉兴의 시설확충으로 연간 6만 톤의 처리시설을 증강할 계획이며, 2015년 완공 예정이다.

■ 고체폐기물처리업무

고체폐기물처리업무는 동강환경의 근간사업이다. 금속시장의 가격하락으로 어려운 상황에 놓이자 시정부의 고체폐기물업무를 늘려 매출액을 상쇄하려고 한다. 몇 년간 성숙된 관리경험을 토대로 시정부 폐기물처리와 재생에너지를 이용한 일체화 운영은 안정된 추세이다. 시정부의 고정폐기물처리업무를 통한 매출은 1억 3,516만 위안으로 2012년 대비 6.92% 증가했다. 폐기물전기발전을 통한 전기생산량은 9,593만 와트로 5,893만 위안의 수익을 올렸고, 2012년 대비 3.37% 증가했다. 시정부폐기물에서도 생활쓰레기 매몰관리를 통해 7,625만 위안의 수익을 올렸다.

푸잉福永 오염토양처리 2기 공장이 2013년 9월에 완공되어 생산에 들어갔고 하루 1,100톤을 처리할 수 있다. 수익은 1,942만 위안이다. 이외에도 선전시 루어후구深圳市罗湖区 음식물쓰레기처리장을 건설해 2014년 하반기에 완공할 예정이다. 2014년 12월 후난성 샤오양湖南邵阳 생활쓰레기처리시설에 제2공장을 건설하여 2배 이상 확대할 예정이다. 쓰레기소각을 통한 전기생산과 시정부와의 연계를 통해 업무를 확대할 방침이다.

■ **환경보호서비스업무**

환경공정운영업무시장 확대, 고객구조 및 공업폐수공정운영방식 확대, 자회사 주식구매와 공장설비 증가로 영업수익은 9,585만 위안으로 2012년보다 42.17% 감소했다. 2013년 11월 선전시 환경보호협회와 헝가리 환경보호기업과 맺은 에너지 절약과 기술발전 협약을 통해 헝가리의 우수한 기술을 전수받을 예정이다. 허위안시 청난河源城南의 오수처리공정 개선, 헝가리의 FBR입체생체처리기술 도입으로 운영 상태가 양호한 편이다. 이 기술을 토대로 시장을 확대할 것이다.

환경공정서비스를 계약한 고객은 54개로 계약금은 2억 1천만 위안이다. 이는 2012년에 비해 45% 증가한 것이다. 장쑤성, 저장성 등 중국 화동지역으로 업무를 확대할 방침이다. 환경검사업무는 운영관리시스템과 검사품질 및 효율이 대폭 상승하였다. 70항목에서 신규로 중국계량인증자격을 획득하였고, 500여 개의 특허를 가지고 있다. 기업의 상품검사, 실험실 규획 및 건설, 외부검사서비스는 28만 건에 이른다. 해당 매출은 668만 1,500위안으로 2012년 대비 101.63% 대폭 증가했다.

동강환경의 전략과 경영계획

대기오염, 오수, 고체폐기물 등이 사회적 화두로 떠오르면서 에너지

절약과 자원절약, 친환경형 사회건설 등이 중요해지고 있다. 중국 국무원은 2013년 8월에 '에너지절약과 환경보호산업 발전'을 화두로 내세우면서 에너지절약과 환경보호산업을 신 지주산업으로 정했다. 고성능의 에너지절약과 환경보호산업은 시장에서의 주요 산업으로 성장시키고, 아름다운 중국생태문명 체제유지를 위해 힘쓰겠다는 것이다. 또한 아름다운 생태문명제도를 건설하고, 시장의 자원을 환경보호산업으로 분배하여 시장화하기 위한 노력이다. 환경보호산업시장 재편성과 공업폐기물량 증가를 시장의 기회로 삼고, 자금 및 기술적 우위에 있는 기업에게 환경보호산업의 시장화·규범화에 유리하게끔 도와주는 것이다. 이러한 정부정책 덕분에 동강환경이 관련 업계 대표주자로 성장하고 있다. 동강환경의 향후 전략은 다음과 같다.

- **공업폐기물처리업무 확장 및 업무구조 개선**

동강환경은 폐기물자원화이용업무 비중이 매우 크다. 이 분야는 국내 경기 변화에 영향을 많이 받는데, 아직 중국에 처리시설이 부족한 것을 기회삼아 폐기물처리업무를 확장할 계획이다. 이미 성공적으로 건설한 선전 샤징, 룽강龙岗, 후이저우惠州, 쿤산昆山 외에도 장먼江门, 둥관东莞, 주하이珠海 등지에 신규 혹은 M&A를 통해 확장할 전망이다.

- **상품의 고품질화**

2014년에 동강환경은 지속적으로 시장의 변화에 익숙해지고, 폐기물 수집가격과 금속가격의 연동에 대한 영향력을 줄이려고 한다. 상품의 판매를 강화하고자 판매정보를 연구하고, 피드백을 실시하며, 생산조정을 통해 금속가격 변동이 가져올 위험을 최소화한다. 동시에 신제품을 늘리고 자원화상품을 업그레이드할 계획이다. 다양하고 정밀한 상품을 생산해 상품구조를 늘리는 것이다. 자원화상품의 부가가치를 올리고, 상품의 시장경쟁력과 이익 수준을 향상시킬 것이다.

■ 폐기물시장업무 확대

동강환경은 시정부 폐기물처리업무를 확대하고 투자규모를 늘릴 전망이다. 2014년 복영에 제2의 토양오염처리시설을 추가하고, 로후 罗湖의 음식물쓰레기처리시설 및 후난성 샤오양 湖南邵阳의 생활쓰레기매립시장 제2공정에 지속적으로 투자할 전망이다. 그 외에 생활쓰레기 소각과 전기발전은 동강환경의 주요 영업수익 중 하나이다.

2014년 유색금속시장의 경제발전은 불분명하다. 특히 유색금속의 가격이 우려된다. 동강환경은 2014년에 재생구리전선을 생산·판매했고, 선물거래를 통한 금속가격 하락에 미리 대비하고 있다. 새롭게 건설 중인 시설도 공정이 연기되어 타격을 받을 것으로 보인다. 2013년에 일련의 관리제도를 개선하였지만, 고체폐기물처리 중 위험폐기물처리는 여전히 매우 복잡하고 건설하는데 시간이 많이 걸린다. 제도적으로는 건설승인에 시간이 오래 걸리는 문제가 있다. 이에 동강환경은 책임관리제를 도입하고 신규건설관리를 일괄적으로 실시할 것이다. 자금투입과 건설현황·건설의 정확성 등을 검사하고, 2013년 하반기부터는 기술적인 부분을 엄격하게 검사할 예정이다. 건설 중에 발생하는 설계변경과 지연 문제를 줄이려는 것이다.

● 동강환경보호유한공사 재무제표

재무년도	2013. 12	2012. 12	2011. 12	2010. 12
유동비율^{CR}	268.60	283.40	174.00	124.60
당좌비율^{QR}	228.20	241.90	129.10	81.30
장기부채 대비 순자산비율	6.40	6.80	36.10	36.10
총부채 대비 순자산비율	20.80	16.30	55.50	89.90
자본 대비 부채비율^{DR}	17.60	13.70	35.40	59.20
자기자본이익률^{ROE}	9.30	12.70	21.50	21.00
투하자본순이익률^{ROIC}	7.80	10.70	13.70	13.80
총자산순이익률^{ROA}	6.40	8.60	10.30	8.70
경영자본이익률^{OER}	15.10	20.80	15.70	15.60
세전이익률	17.20	21.90	17.10	17.10
매출액이익률^{ROS}	13.20	17.50	13.60	13.50
재고품회전율	6.475	5.886	6.667	4.079
배당률	0.326	0.732	–	–
최고가^{HKD}	32.533	34.95	33	55.3
최저가^{HKD}	19.68	22	20.2	16.616
최대^{PER}(배)	27.627	22.805	16.528	37.743
최저^{PER}(배)	16.712	14.355	10.117	11.341
최고배당수익률	1.951	5.097	–	–
최저배당수익률	1.18	3.209	–	–

10장

소득증가는 여행의 증가, 호텔산업을 주목하라

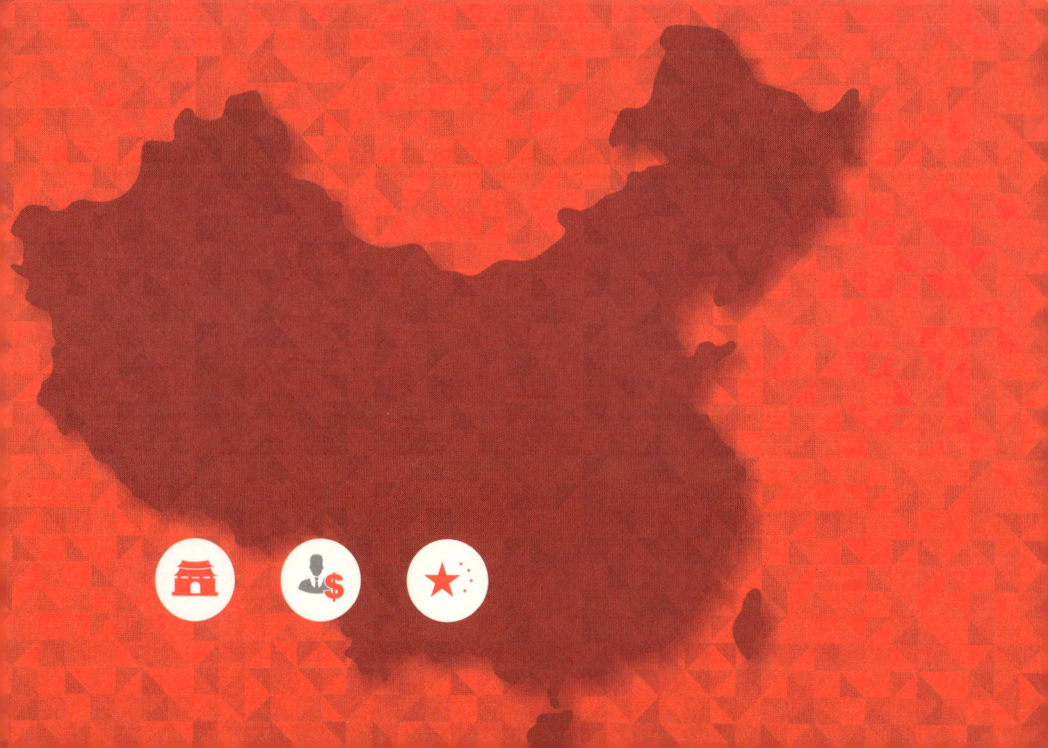

1. 호텔숙박업계 분석

▶ 소비 수준의 증가는 여행의 증가로 이어진다

중국의 소비 수준이 증가하고 있다. 휴일이 많은 중국은 여행산업이 폭발적으로 성장하고 있다. 중국 통계국에 따르면 2013년 중국 내 여행객 수는 총 32억 6천 명으로 평균 여행횟수가 2.5회에 달하고, 중국을 찾은 외국인 관광객수는 5,569만 명이다. 중국 여행산업에 대한 수요가 폭발적으로 늘어나고 있는 것이다. 옥스포드대학 연구에 따르면 중국 여행시장 비중이 현재의 8.25%에서 2023년에는 19.88%를 넘어설 것으로 예상하고 있다. 무역산업 위주인 외수산업에서 국내 소비시장을 키우는 내수산업으로의 전환으로 중국정부에서는 2013년 여행법을 개정하였다. 여행업을 국가발전전략사업으로 육성하고 여행자의 권익을 보호하는 내용을 발안시켰다.

여행산업의 대표주자는 역시 호텔업계이다. 중국 여행지 대부분은 국유지로 중국정부에서 관리하고 있거나 해당 지역정부의 관할이다. 중국 유명 여행지마다 고급호텔과 중저가 모텔이 우후죽순으로 생기면서 늘어나는 수요를 맞추기 위해 노력 중이다. 수요가 많은 만큼 중국 호텔업계의 매출도 갈수록 늘어나고 있으며, 이 늘어난 자금으로 2010년부터 중국 호텔 관련 기업이 상하이거래소와 홍콩거래소에 상장되고 있다. 미국 나스닥시장까지도 진출하고 있다. 중국 호텔 관련 기업 대다수가 상장되어 있어 여행업 증가에 따른 수혜를 함께 나눌 것으로 보인다.

하지만 이런 배경에도 불구하고 2013년과 2014년 중국 여행업계와 호텔업계 전망은 긍정적이지 못했다. 2013년 2/4분기 실적발표부터 중국 호텔업계 주식이 하락하고 있는 것이다. 주요 원인은 중국정부의 반부패와 절약검소를 강조하는 사회적 풍조이다. 보통 국유기업이나 사기업은 연말에 고급호텔에서 니엔예판年夜饭(우리나라 식으로 망년회)을 진행하는데, 이 행사로 고급호텔은 연말이면 예약률이 150%에 달하며 한해 매출 중 30%를 이때 벌어들인다고 한다. 큰 마진이 남는 날인 것이다. 하지만 중국정부의 정책으로 2013년 예약률은 30%로 대폭 떨어졌으며, 주가 또한 하락했다. 여기에 2013년 겨울, 어느 해보다 짙은 대기오염 농도로 인해 하반기 중국 내 여행객들이 중국 대신 해외로 발길을 돌려 중저가호텔의 매출과 주가도 급격히 하락하는 경향을 보였다.

2013년부터 고급호텔업계의 양극화가 심화되고 있다. 최고급 호텔의 매출은 평균 6% 이상 상승하였지만, 중·고가 4성급 이하 호텔의 매출은 -10%로 급격히 감소하는 추세이다. 기존의 최고 호텔은 VIP나 VVIP의 충성도가 높은 반면, 중·고가호텔의 주요 고객인 공무원과 직장인들은 재방문률이 떨어지고 고객의 충성도 또한 높지 않기 때문이다. 중저가호텔업계 1위인 7일체인호텔은 중국 내 가장 많은 체인을 보유했지만, 대기오염의 영향으로 경영성과가 나빠지자 2013년 6월에 미국 나스닥에서 퇴출당하는 수모를 겪어야 했다. 하지만 다른 중저가 호텔인 금강호텔은 수준 높은 서비스를 제공하기 위해 노력하고 있고, 가맹점 비율을 늘리는 등의 유동적인 전략을 구사해 7일체인호텔의 빈자리를 메꾸고 있다.

적극적인 대기오염관리 정책이 시행되고 소비상승으로 인해 여행산업이 더욱 발전하면, 호텔숙박업계는 향후 블루칩으로 발전할 가능성이 높다.

2. 샹그릴라호텔

- **한글명** : 샹그릴라(아시아)그룹
- **중문명** : 香格里拉(亚洲)有限公司
- **영문명** : Shangri-La Asia Limited
- **코드번호** : 00069
- **홈페이지** : www.ir.shangri-la.com
- **매출액** : 20억 8,100만 달러(2013년)
- **PER** : 12.68
- **업계위치** : 고급호텔업계 5위(상위 4개 기업 미상장)
- **업종** : 고급호텔
- **시가총액** : 359억 6,100만 홍콩달러
- **CEO** : 궈쿵청 郭孔丞, 1947년생 호주 모나쉬 대학교 경제학 졸업, 현 말레이시아 가리그룹 회장, 중화권 재벌 3위

🔻 모든 서비스 영역을 사업 아이템으로

샹그릴라호텔은 말레이시아 재벌 화상 궈허녠 郭鶴年의 궈씨 郭氏 그룹 산하의 5성급 고급호텔이다. 샹그릴라는 윈난성에 있는 지명으로 자연 그대로의 아름다움을 간직해 지상낙원에 가깝다 해서 유명해진 곳이다. CEO 궈허녠은 '샹그릴라'라는 이름처럼 아시아 최고의 호화스럽고 아름다운 호텔을 만들고자 했다. 1971년 싱가포르에 샹그릴라호텔 1호점을 시작으로 아시아지역에 호화호텔을 보유한 그룹이다. 세계 최고의 호텔 중 하나이기도 하다.

그룹의 주요 업무는 호텔운영, 임대 및 호텔운영서비스 제공이다. 그룹 소유의 호텔뿐만 아니라 제3자의 호텔에 관리서비스를 제공한다. 또한 건물관리사업투자의 일환으로 그룹 내 호텔과 임대사무실 관리 및 비

즈니스 서비스 및 아파트·주택서비스를 제공한다. 2014년 3월 기준으로 중국 각 중점 지역에 33개의 호텔을 보유하고 있다. 2013년 중국정부가 부패척결을 내세우며 절약과 검소를 강조하는 정책을 시행하자 고급호텔의 경영에 적신호가 켜졌다. 하지만 샹그릴라그룹의 호텔은 각 객실 수입이 증가하였고, 전체 매출 또한 2012년과 큰 차이가 없는 강한 펀더멘털과 경영능력을 보여준다. 특히 건물관리사업의 대부분이 두 자릿수의 증가세를 보이는 그룹 내 성장동력이다. 2013년 순매출은 3억 9,200만 달러로 2012년 3억 5,900만 달러 대비 9.3% 증가하였다.

건물관리사업투자는 건물의 시공·분양뿐만 아니라 건물완공 후 운영에 필요한 관리서비스를 제공하는 것이다. 유지보수를 비롯하여 전기, 상수도, 보안 등의 서비스를 모두 포함하는 종합서비스이다. 2013년 7월 상하이에 사무실 및 백화점 전용 자리 嘉里센터를 완공하여 운영 중이다. 11월에는 지분 55.86%를 투자한 미얀마의 샹그릴라 고급아파트를 완공하였다.

62개(2012년 59개) 호텔의 지분을 보유하고 실질적인 운영을 하고 있다. 총 객실수는 2만 8,392개(2012년 2만 7,524개)이며, 상하이 럭셔리 호텔 포트만 리츠칼튼The Portman Ritz-Carlton, Shanghai과 일본 도쿄의 샹그릴라는 임대방식으로 운영 중이다. 총 매출에서 객실수입이 51%, 호텔 레스토랑 수입이 43%를 차지하고 있다. 객실수입은 13억 2,800만 달러로 4% 증가하였으나 레스토랑은 10억 9,900만 달러로 0.4% 감소하였다.

호텔관리사업분야에서는 2013년 8월에 영업실적이 가장 저조한 중산 샹그릴라의 전체 지분을 매각하여 관리서비스를 종료했다. 이것을 제외하면 그룹의 지분이 투자된 61개의 호텔과 상하이 피터만, 도쿄 샹그릴라 관리를 전담하고 있다. 또한 도쿄 샹그릴라의 자회사 SLIM^{SLIM}

International Limited의 19개 호텔(객실 6,202개) 관리 또한 전담하고 있다.

사무실관리서비스는 일반인들에게 조금 생소할 것이다. 일반적인 위생·보안·임대서비스를 기본으로 개인비서, 개인자가용, 법률서비스, 주택 등 사무업무에 필요한 모든 서비스를 일괄 제공하는 것이다. 중국과 동남아시장에서 특히 발전한 사업으로 미국과 유럽의 파견근무자들이 주로 이용한다. 서양의 파견근무자들이 동양의 개발도상국에서 사업을 시작하기에는 언어적·문화적으로 문제점이 많고, 사무실·주택·자동차·법률서비스를 개인적으로 처리하기에는 시간과 비용이 많이 들기 때문에 이러한 서비스를 이용한다. 2015년 12월 완공예정인 1만 4,500평의 베이징 국제무역센터와 이미 운영 중인 상하이 푸둥지역의 가리센터가 있다. 상하이 가리센터의 임대율은 52%에 달한다.

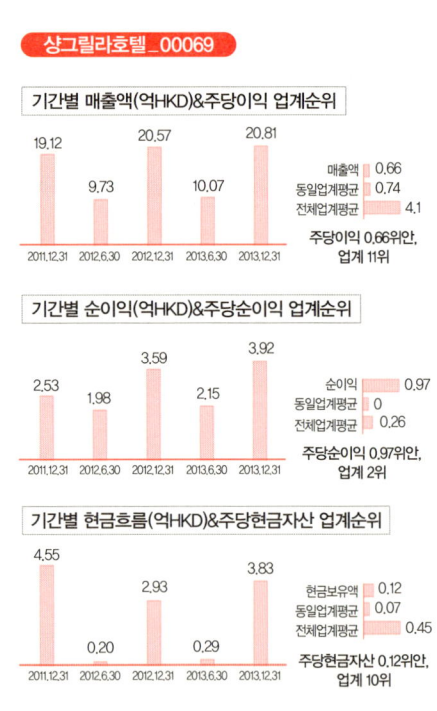

2013년 지분인수를 통해 지속적으로 사업을 확대하고 경영지배권을 공고히 하고 있다. 유럽의 케인스^{Keynes} 샹그릴라 지분 45%를 매입함으로써 100%의 지분을 확보하게 되었다. 또한 710만 달러를 인도네시아 발리 휴양지의 별장과 호텔 건설에 투자함으로써 기존 지분율 49%에서 53.3%로 늘렸다. 인도네시아 쓰수이 샹그릴라에 60만 달러를 투자해 지분을 추가확보하여 11.35%가 되었다. 샹그릴라호텔은 다음의 역사를 거쳐 세계적으로 뻗어 나가고 있다.

1949년	궈씨그룹 郭氏集团 설립
1971년	싱가포르 샹그릴라호텔 개장, 웨스턴 국제호텔 책임관리
1979년	남태평양 휴양지 피지에 호텔 개장, 말레이시아 샹그릴라 개장
1984년	중국 항저우 杭州에 샹그릴라 1호점 개장
1989년	베이징 개장
1992년	필리핀 개장
1994년	인도네시아 개장
2003년	호주 시드니 개장
2003년	중동 두바이 개장
2005년	인도 개장
2009년	캐나다 벤쿠버 개장
2009년	일본 도쿄 개장
2010년	유럽 파리 개장
2011년	상하이 자리 嘉里 호텔 개장
2013년 5월 11일	186개의 객실을 보유한 터키 이스탄불 샹그릴라, 지분 50% 보유
2013년 6월 29일	508개의 객실보유한 상하이 징안 上海静安 샹그릴라호텔, 지분 49% 보유
2013년 8월 1일	482개의 객실을 보유한 공자의 고향 곡부 曲阜 샹그릴라, 지분 25% 보유

2013년 8월 15일 424개의 객실을 보유한 선양沈阳샹그릴라, 지분 25% 보유

2013년 6월 4일 11개의 특실과 9개의 스위트룸이 있는 VVIP 전용 프랑스 샹그릴라

중국 사회의 절약과 검소 풍조로 객실과 레스토랑 수익은 감소추세에 있다. 베이징 샹그릴라가 2012년에 새롭게 인테리어를 해 호텔을 단장하자 객실당 수익이 26% 증가하였다. 상하이 푸둥지역도 객실수익이 12% 증가하였다. 하지만 나머지 31개 호텔의 객실수익은 평균 2% 감소하였고, 특히 광둥성 중산中山의 샹그릴라는 33% 감소하였다. 2013년 중국 내 고급호텔 객실수익하락률인 9%보다 낮은 수준이다. 또한 평균 투숙률 또한 51%로 6%p 감소하였다. 객실당 평균수입은 166달러로 2012년 165달러와 비교하면 소폭 상승하였다.

홍콩에 있는 2개의 샹그릴라호텔 투숙률은 80%로, 2012년 79%보다 1% 상승하였다. 레스토랑 수익 또한 1% 증가하였다. 평균 객실가격은 336달러에서 331달러로 감소했다.

● 세계 각국의 샹그릴라호텔 현황

국가	객실수익률	투숙률(%)		객실이용료(달러)	
		2012년	2013년	2012년	2013년
싱가포르	8% 증가	74	75	256	257
필리핀	10% 증가	67	70	201	209
말레이시아	19% 증가	71	78	144	148
태국	14% 증가	59	66	152	157
일본	1% 증가	69	81	510	444

유럽	17% 감소	76	81	237	241
프랑스	6% 감소	77	70	1,299	1,320
터키	–	–	–	39	–	548
기타 국가	3% 증가	66	63	183	197

● 샹그릴라호텔 재무제표

재무년도	2013. 12	2012. 12	2011. 12	2010. 12
유동비율^{CR}	124.70	101.10	92.00	44.70
당좌비율^{QR}	119.00	95.20	86.10	41.10
장기부채 대비 순자산비율	70.50	63.70	42.70	30.50
총부채 대비 순자산비율	76.90	72.50	52.20	57.90
자본 대비 부채비율^{DR}	41.70	41.00	33.70	40.20
자기자본이익률^{ROE}	6.20	6.00	4.50	6.20
투하자본순이익률^{ROIC}	3.40	3.40	2.90	4.30
총자산순이익률^{ROA}	3.00	3.00	2.50	3.40
경영자본이익률^{OER}	11.50	14.70	12.50	14.00
세전이익률	26.50	23.50	18.90	23.70
매출액이익률^{ROS}	18.90	17.40	13.20	18.20
재고품회전율	28,578	27,263	24,923	23,468
배당률	0.123	0.224	0.315	0.258
최고가^{HKD}	20	20.15	26	21,846
최저가^{HKD}	11.52	13.34	12.66	12,611
최대^{PER}(배)	20,521	22,607	40,928	28,154
최저^{PER}(배)	11.82	14,967	19,929	16,252
최고배당수익률	1.043	1.499	1.58	1,584
최저배당수익률	0.601	0.992	0.769	0.915

3. 홍콩상하이호텔그룹

- 한글명 : 홍콩상하이호텔그룹
- 중문명 : 香港上海大酒店有限公司
- 영문명 : Hongkong & Shanghai Hotels Limited
- 코드번호 : 00045
- 홈페이지 : www.hshgroup.com
- 매출액 : 55억 800만 홍콩달러(2013년)
- PER : 9.737
- 업계위치 : 홍콩에서 가장 역사가 긴 고급호텔
- 업종 : 호텔
- 시가총액 : 172억 1,700만 홍콩달러
- CEO : 마이클 카두리Michael Kadoorie, 유대인, 중화전기그룹 中华电力公司 회장 겸임, 중화권 재벌 4위

프리미엄 호텔, 페닌슐라

홍콩상하이호텔그룹의 대표 호텔인 페닌슐라호텔은 1928년 홍콩에서 설립된 최고급 프리미엄호텔로 홍콩에서도 가장 비싼 호텔에 속한다. 우리나라 삼성그룹 산하 신라호텔의 이부진 사장이 페닌슐라호텔을 벤치마킹한 것으로도 유명하다.

페닌슐라는 홍콩의 마지막 영국 식민 시절의 호텔로, 건축 당시 동방의 최고급 호텔을 추구했다. 1916년 시베리아 횡단열차의 완공으로 유럽 부자들이 홍콩을 방문할 것을 겨냥해 건립한 호텔이기도 하다. 최고급의 호화로운 서비스를 제공하는데 1970년대부터 영국의 롤스로이스사의 차량을 고객서비스용으로 구입하기 시작하여, 2006년에는 롤스로이스 팬텀 14대를 한 번에 구입한 것으로 유명한 회사이다. 1949년의 고

풍스러운 건물 인테리어에 호텔 옥상에는 헬기 이착륙장이 있다. VVIP를 위한 스위트룸과 일반 객실을 포함해 300개의 객실과 고대 로마풍의 수영장, 식당 및 지하에는 80여 개의 명품점이 입점해 있다.

영국여왕 엘리자베스 2세 및 영국 황실 전용호텔이자, 제2차 세계대전 당시 홍콩이 일본에 점령당했을 때 홍콩 총독이 항복문서를 읽은 장소이기도 하다. 아시아 최고의 최고급 호텔이다. 홍콩 페닌슐라호텔은 역사적으로 귀빈들의 모임장소로 주로 이용되었지만, 서비스나 외관은 최신 5성급 호텔보다 못하다. 한편으로는 어떻게 이렇게 낡은 호텔이 아시아 최고급 호텔인지 의문일 정도이다. 홍콩은 150년간 영국의 식민지로 있으면서 사회적 풍습과 문화가 서양식으로 많이 변하였다. 영국을 포함한 미국 등 서양국가들의 귀빈들이 머무르는 호텔은 최신 설비가 갖추어진 특급호텔이 아니라 역사가 깊은 호텔이다. 특히 어떤 귀빈이나 유명인이 머물고 갔냐에 따라 호텔의 가치가 달라진다. 미국에서는 최고로 뽑히는 맨해튼의 고급 호텔들과 100년 이상 되고 유래가 있는 호텔의 숙박비가 가장 비싸게 책정된다. 현대적인 편리함보다 역사적 사실과 체험을 중시하는 서양문화에 맞는 호텔이라고 할 수 있겠다.

페닌슐라호텔 정문

경기가 어려울수록 중산층의 폭은 줄어들고 상위층과 저소득층이 늘어나는 현상을 보인다. 호텔업계 또한 중·고가호텔의 경기가 하락세이지만, 최고급 호텔은 매출이 증가하는 추세를 보인다. 또한 저가형 호텔도 안정적으로 성장하고 있다. 페닌슐라호텔의 2013년 매출액은 55억

800만 홍콩달러로 2012년 51억 7,800만 홍콩달러보다 6% 증가하였다. 순이익과 자본이익은 17억 1,200만 홍콩달러로 10% 증가하였다.

전 세계의 페닌슐라호텔은 국제적인 도시에 위치해 있다. 지속적으로 심화되는 호화호텔들의 경쟁 속에서도 페닌슐라는 독보적인 경쟁력을 유지한 기업으로 지속적으로 성장하고 있다. 2013년의 호텔수입은 1억 5,900만 홍콩달러로 4% 증가하였다. 2013년 도쿄와 샌프란시스코 페닌슐라호텔의 경영이 이상적이었지만, 엔화의 약세로 도쿄점이 직접적인 영향을 받았다. 여기에 마닐라의 홍수와 지진, 방콕의 반정부활동으로 경영에 영향을 받았다.

호텔 인테리어와 마케팅에도 지속적으로 힘쓰고 있다. 2012년 홍콩 페닌슐라호텔의 인테리어가 성공적 마무리되었고, 이사회는 3년 내로 미국 시카고와 베이징 왕푸王府의 페닌슐라호텔도 인테리어를 실시할 예정이다. 2012년에는 자사광고 'Peninsula Moments'를 제작하여 우수한 평가를 받았고, 유튜브에서 100만 조회수를 기록하기도 했다. 이외에도 페닌슐라 아카데미The Peninsula Academy를 통해 내방 고객의 체험을 중시하는 프로모션을 실시하고 있다.

홍콩상하이호텔그룹의 상

업건물관리 매출은 7,300만 홍콩달러로 작년 대비 10% 증가했다. 기타서비스 매출은 9,800만 홍콩달러로 18% 증가하였다. 1928년에 홍콩 페닌슐라호텔을 개장한 이후 뉴욕, 시카고, 방콕, 마닐라, 베이징 왕푸징에 지속적으로 호텔을 늘려왔다. 2007년에 도쿄, 2009년에 상하이, 2012년에는 파리에 신규호텔을 개장하였다.

● **홍콩상하이호텔그룹 재무제표**

재무년도	2013. 12	2012. 12	2011. 12	2010. 12
유동비율^{CR}	132.20	139.10	135.20	156.80
당좌비율^{QR}	126.60	134.90	130.90	151.70
장기부채 대비 순자산비율	14.10	9.30	10.30	11.90
총부채 대비 순자산비율	15.60	12.60	13.70	14.90
자본 대비 부채비율^{DR}	13.30	11.10	12.00	12.50
자기자본이익률^{ROE}	4.90	4.70	7.20	10.30
투하자본순이익률^{ROIC}	4.10	4.10	6.30	8.70
총자산순이익률^{ROA}	4.00	3.90	5.90	8.20
경영자본이익률^{OER}	16.50	15.80	16.70	14.60
세전이익률	35.30	33.30	49.60	69.30
매출액이익률^{ROS}	31.10	30.00	45.10	63.90
재고품회전율	55.08	53.938	50.596	44.829
배당률	0.14	0.135	0.092	0.059
최고가^{HKD}	14.2	11.92	14.74	14.9
최저가^{HKD}	10.38	8.63	8.1	10.32
최대^{PER}(배)	12.456	11.462	9.697	7.304
최저^{PER}(배)	9.105	8.298	5.329	5.059
최고배당수익률	1.541	1.622	1.728	1.163
최저배당수익률	1.127	1.174	0.95	0.805

4. 눈여겨볼 중저가형 호텔

- **한글명** : 상하이금강호텔그룹
- **중문명** : 上海锦江国际酒店(集团)股份有限公司
- **영문명** : Shanghai Jin Jiang International Hotels (Group) Company Limited
- **코드번호** : 02006
- **홈페이지** : www.jinjianghotels.com.cn
- **매출액** : 92억 8,800만 위안(2013년)
- **PER** : 20.39
- **업계위치** : 모텔체인업계 3위
- **업종** : 호텔, 물류, 식품업
- **시가총액** : 39억 3,800만 홍콩달러
- **CEO** : 위민량俞敏亮, 1957년 12월생, 경제학석사, 전 상하이양자강호텔 上海扬子江大酒店 사장, 현 상하이항공회사 이사 겸임

🔺 금강호텔의 발전과 전망

　상하이금강호텔그룹은 중국 내 호텔운영과 화물운송, 고속버스운영을 주 업무로 하는 기업이다. 2013년 매출액은 92억 8,800만 위안으로 3.2% 증가했으며, 영업이익은 12억 8,600만 위안으로 71% 증가했다. 순이익은 4억 4,300만 위안으로 40% 증가하였다. 호텔운영 매출은 22억 2,500만 위안으로 중국정부의 반부패·절약검소정책으로 2013년에 8% 매출감소가 있었다. 또한 기존의 중·고가 풀서비스 호텔인 신아호텔新亚大酒店·신성호텔新城饭店·남화정호텔南华亭酒店·금사강호텔金沙江大酒店을 중저가형 서비스제한 호텔로 전환하면서 매출감소가 이어졌다. 이것은 전략적인 전환으로, 격심해지는 중국의 고급호텔 경쟁에서 한걸음 물러나 다소 경쟁력이 약한 중저가형 호텔을 공략하겠다는 의미

이다.

　금강호텔은 중국 내 직영과 가맹으로 총 130개의 호텔을 보유하고 있으며, 객실수는 4만 300개이다. 제3방 위탁경영호텔 106개로 중국 내 고급 및 중가호텔 순위 3위이다. 금강호텔은 인터넷을 통한 사전예약제를 꾸준히 실시하고 있다. 전 세계 호텔과 연계해 2013년에 400건의 호텔 간 협력을 성사하였다. 중국의 호텔업계는 그룹 산하의 호텔에 손님을 중점적으로 서비스하지만, 자사 호텔이 없는 지역에서는 해당 지역의 호텔과 연계하여 고객에게 서비스를 제공하고 해당 호텔에게 수수료를 받는 식으로 수익을 증진시킨다. 이것은 호텔의 규모가 커지고, 회원 관련 데이터베이스가 많기 때문에 가능한 업무방식이다.

　금강호텔은 기존 풀서비스 형식의 호텔과 유한서비스 호텔을 병행하면서 수익확대에 힘쓰고 있다. 기존의 고급호텔들은 레드오션인 해당 업계에서 무의미한 경쟁을 지속해 매출감소를 겪고 있다. 여기에 2013년 중국정부의 정책은 고급호텔업계에 치명타를 가해, 평균 20%의 손실이 발생했다. 하지만 금강호텔은 기존의 고급호텔 사업규모를 줄이고 중저가형 호텔로 전향하면서, 2015년에는 6억 명으로 예상되는 중국 중산층을 공략할 예정이다. 중국뿐만 아니라 홍콩, 싱가포르, 일본의 투숙예매율이 2012년 대비 100%로 상승하면서 사업형태 전환의 혜택을 톡톡히 보고 있다. 인터넷 판매방식도 늘려 기존의 홈페이지를 통한 예매뿐만 아니라 텐센트의 위챗과 연계한 프로모션과 할인을 실시하고, 소셜네트워크를 통한 모바일 판매도 늘리고 있다.

　2014년 2월에는 유동성을 확보하고 적자폭을 줄이기 위해 화정모텔 华亭宾馆의 지분 45%와 상하이금빈 上海锦宾 자산관리회사 지분 100%를 매각하였다. 또한 그룹자산관리 강화를 목적으로 호텔용품 일괄구매 및 지불센터를 건설하였다. 이를 통해 호텔용품의 가격하락과 경쟁력 상승이 기대된다.

그룹의 주요 해외업무는 금강호텔이 50% 지분을 보유한 IHR$^{Interstate\ Hotels\ \&\ Resorts}$그룹을 통해 이루어지고 있다. IHR과 연합회사의 수는 382개로 미국, 영국, 네덜란드, 인도, 러시아, 헝가리 등지에 7만 3천 개의 객실을 보유하고 있다. 2013년 IHR그룹은 영국에서 관리서비스회사 2개를 인수하였다. IHR그룹이 관리하는 호텔의 평균 객실이용료는 133.1달러이고, 투숙률은 74%이며, 평균객실수익은 98.5달러로 5.4% 증가하였다.

◆ 중저가형 호텔로서의 금강호텔

중저가형 호텔은 금강그룹의 중점사업으로 2013년 매출액은 24억 700만 위안으로 14.5% 증가했고, 그룹 매출 중 25.9%를 차지한다. 금강호텔의 가맹비와 기맹연장비 수익은 2억 1,100만 위안으로 23.8% 증가하였는데, 중저가형 호텔이지만 객실의 청결도와 서비스는 고급 수준을 유지하고 있다. 그 결과 중국인이 퇴직 후 하고 싶은 가맹사업 1위로 2013년에 선정되기도 하였다. 객실예약을 통한 매출이 3,926만 위안으로 53.1% 증가하면서, 업계 침체에도 불구하고 승승장구하고 있다.

2013년 신규설립을 계약한 매장은 총 160개로 그중 직영점이 47개, 가맹점이 113개이다. 2014년 3월 기준으로 중국 내 1,060개의 중저가형 호텔을 보유하고 있다. 금강호텔 산하의 중저가형 호텔 브랜드별 매장수는 금강도성錦江都城 29개, 금강의성錦江之星 885개, 바이스콰이제百时快捷 76개, 금광콰이제金广快捷 60개, 백옥란白玉兰 10개이다. 총 객실수는 12만 5,017개이다. 이 중 가맹점수는 784개로 전체 중저가형 호텔의 74%를 차지한다. 반면에 직영점 비율은 26%로 낮다.

이는 중국의 인건비와 임대료가 지속적으로 상승하기 때문이다. 인건비와 임대료가 매출의 70% 이상을 차지하는 숙박업계에서 건전한 재무상태를 유지할 수 있는 장점이기도 하다. 또한 가맹점이 늘어날수록 업계의 시장점유율은 자동적으로 상승하고, 호텔에서 제공하는 비품을 본사에서 일괄구매해 가맹점에 판매하기 때문에 안정적인 소득을 유지할 수 있다. 하지만 우리나라 가맹업계가 그러하듯 중국도 발달 초기단계이기 때문에 가맹점에 불합리한 상도덕 행위가 우리나라보다 심각한 실정이다.

필자는 2012년에 한국인삼공사 상하이법인에 근무하면서 중국 허베이지역과 내륙지역, 상하이의 가맹점사업파트를 담당하였다. 꾸준히 중국 가맹사업연구를 했는데, 중국의 본사주도 경영은 엄청난 스케일에 지배력이 우리나라만큼 강한 것이 아니었다. 즉 본사가 시키는 대로 무조건, 즉시 실시할 수 없는 환경이었다. 각 지역마다 매장 인테리어나 제품라인의 차별화는 기본이고, 가맹점주의 권한이 높다. 가맹사업에서 가장 중요한 것은 무분별한 확장보다 관리인데, 넓은 중국 대륙의 수많은 가맹점을 어떻게 관리하는가가 중요했다.

중국 중저가형 호텔 1위인 7일체인호텔은 중저가형 호텔 최초로 중국 내 최대 객실을 보유한 기업으로, 2009년 11월에 미국 나스닥시장에 상장하고 1달 만에 주가가 20배 이상 폭등하는 기염을 토했다. 하지만 2012년 4분기부터 적자로 허덕이다, 2013년 5월에 나스닥 상장이 폐지되었다. 주식이 하루아침에 휴지조각이 된 것이다. 재무제표상으로는 지속적으로 매출과 순이익이 상승하고, 배당도 빠짐없이 지급하는 기업으로 문제가 없어 보였지만 7일체인모텔의 나스닥상장 폐지는 2011년부터 중국 증권계에서 예견되고 있었다. 기업의 내부가 썩어가고 있었던 것이었다.

7일체인호텔의 가장 큰 문제점은 무분별한 확장과 가맹점관리 소홀이었다. 7일체인호텔은 중국 내 매장수가 제일 많다. 중국 대도시나 2~4선급 도시는 물론이고, 서북 외지인 신장위구르 자치구의 외딴 도시에 가도 7일체인호텔은 쉽게 찾아볼 수 있다. 규모와 서비스 면에서 우수할 것이라 많은 고객이 믿고 찾았지만, 서비스는 물론 시설조차 중국 내 민박보다 못하다는 평이 많았다. 실제로 필자도 상하이와 톈진에서 7일체인의 규모와 배경만 믿고 이용해보았는데, 일반 모텔이 간판만 7일체인호텔로 바꾼 것에 불과했다. 청결도가 엉망이어서 상장폐지가 이해되는 기업이었다. 고객의 재방문율도 금강호텔의 89%보다 훨씬 낮은 30%대이다. 재방문율이 30%라는 것은 웬만해서는 다시 찾지 않겠다는 의미이다.

반면에 금강그룹의 중저가형 호텔은 각 지역마다 영업소를 설치해 가맹절차 조건에 맞지 않으면 가입불가 판정을 내릴 정도로 까다롭다. 서비스와 설비를 통일시켜, 호텔 비품도 본사 제품을 이용하게 한다. 이를 위반하면 가맹을 취소한다는 계약도 따로 받아두는 것으로 알려져 있다. 가

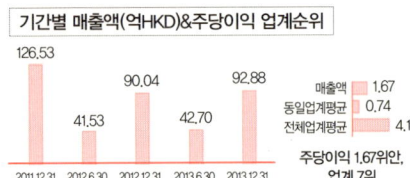

맹사업은 한두 곳의 가맹점에서 문제가 발생하면 기업 전체의 이미지에 영향을 주기 때문에, 숙박업계와 같이 민감한 업계에서는 효율적이고 치밀한 관리가 필수적이다.

금강호텔의 중저가형 호텔은 필자 또한 여행이나 출장시 가장 애용하는 곳이다. 7일체인호텔에 비해 숙박료가 20% 이상 비싸지만 어느 도시, 어느 지점을 가더라도 안락한 숙박시설과 청결한 설비로 만족도가 높다. 중국여행을 계획하는 독자가 있다면 금강호텔을 추천한다(1일 숙박료 평균, 한화 2~3만원). 2014년 3월 기준으로 집계된 금강호텔 회원수는 1,127만 명으로 기업고객은 5만 6천 개이다. 2013년에 금강호텔은 중국 내 19개 호텔과 2,813개의 객실을 보유한 시상호텔 时尚之旅의 지분 100%를 인수하였다. 또한 중국 내 저명한 기업분석업체 마켓 매트릭스 Market Metrix의 보고에 따르면, 2013년 숙박업계 고객만족도 1위가 금강호텔이라고 한다.

금강그룹은 호텔뿐만 아니라 외식업계에도 투자하고 있다. 중국 패스트푸드업계 1위인 KFC의 상하이지역 304개 점포가 금강그룹 산하에 있다. 또한 베이커리 전문점 및 일본 요시노야와 제휴한 패스트푸드 전문점 요시노야 吉野家 등 120여 개의 외식체인을 운영하고 있다.

➤ 고속버스와 물류사업, 여행사업

금강그룹의 물류사업 2013년 매출액은 20억 8,100만 위안으로 3.1% 증가하였다. 그룹 총매출에서 22.4%를 차지한다. 이 사업은 중국 내 가장 큰 규모와 물동량을 처리하는 상하이항구를 중심으로 발전했다. 각종 대내외 행사 차량지원과 냉동차량, 컨테이너차량 사업을 실시하고 있다. 또한 중국 내 택배 물량의 70%를 차지하는 인터넷상거래 알리바바

산하의 B2C 업체 톈마오天猫와 이하오뎬一号店의 O2O 물류회사 중의 하나이다.

　금강그룹의 여행사업은 해외여행상품 위주로 판매된다. 중국의 소득 상승과 위안화 평가절상으로 인해 중국인의 해외여행이 급상승세이다. 특히 중국의 장기 연휴인 노동절 5월, 국경절 10월, 춘절 1~2월에는 우리나라뿐만 아니라 미국, 유럽, 일본 등 세계 어디서나 중국 여행자들을 만날 수 있다. 그야말로 밀려들어오는 중국 여행자들의 물결을 우리 생활에서 실제로 느낄만큼 엄청나다. 반면에 중국 국내여행은 서비스와 비용문제로 감소하고 있는 추세이다. 오랫동안 중국에서 생활하면서 중국 국내여행지를 가보면 입장료가 기본적으로 한화 3~4만 원 수준이었다. 숙박시설이나 상인들의 덤탱이는 필자 같은 외국인뿐만 아니라 타 지역의 중국인들을 상대로 당연하다는 듯이 퍼져 있다. 베이징에 거주하는 사람이 다른 지역을 여행하는 비용과 우리나라를 여행하는 비용이 큰 차이가 없다고 한다. 그래서 그런지 우리나라를 찾는 중국인 여행객이 늘고 있다. 2013년 금강그룹의 여행사업매출은 21억 1,600만 위안으로 1.9% 증가하였다. 해외여행자는 19만 7,900명으로 14.53% 증가했으며, 국내여행자는 8만 6,900명으로 11.69% 감소하였다.

　금강그룹은 향후에도 현재의 사업을 확장해나갈 전망이다. 특히 오프라인이 아닌 온라인을 통한 영업망을 확대할 계획이다. 2013년에는 정보통신기술 ICT Information Communication Technology 전담부서를 신설하여 보다 전문적으로 온라인사업에 치중할 전망이다. IT기술교육을 지속적으로 실시하여 직원들의 온라인 역량강화에 힘쓰고 있다. 그룹의 규모가 커져나감에 따라 외적인 확장보다 내실을 다지는 것에 중점을 두고 있다.

● 금강호텔 재무제표

재무년도	2013. 12	2012. 12	2011. 12	2010. 12
유동비율^{CR}	102.30	113.30	105.90	115.60
당좌비율^{QR}	100.00	109.30	101.80	112.10
장기부채 대비 순자산비율	22.60	19.10	25.90	20.80
총부채 대비 순자산비율	51.00	27.30	33.20	27.80
자본 대비 부채비율^{DR}	26.90	14.00	16.40	15.20
자기자본이익률^{ROE}	5.90	4.30	7.50	4.90
투하자본순이익률^{ROIC}	3.10	2.20	3.70	2.70
총자산순이익률^{ROA}	2.00	1.70	2.90	2.10
경영자본이익률^{OER}	13.80	8.30	7.10	7.60
세전이익률	13.70	9.70	7.80	8.40
매출액이익률^{ROS}	4.80	3.50	4.20	3.30
재고품회전율	52.596	59.732	82.512	83.22
배당률	0.565	0.526	0.415	0.316
최고가^{HKD}	2.65	1.53	1.96	–
최저가^{HKD}	1.13	0.92	0.86	–
최대$^{PER(배)}$	25.976	21.543	16.514	–
최저$^{PER(배)}$	11.077	12.954	7.246	–
최고배당수익률	5.097	4.063	5.733	–
최저배당수익률	2.174	2.443	2.515	–

- **한글명** : 루지아콰이제호텔그룹
- **중문명** : 如家快捷酒店管理有限公司
- **영문명** : China Modern Dairy Holdings Ltd.
- **코드번호** : 나스닥 HMIN
- **홈페이지** : www.homeinns.com
- **매출액** : 39억 5,900만 위안(2012년)
- **PER** : 41.41
- **업계위치** : 경제형호텔업계 2위
- **업종** : 호텔
- **시가총액** : 13억 4,900만 달러
- **CEO** : 쑨젠孙坚, 1964년 상하이 출생, 상하이의과대학 졸업, 호주 호텔관리유학, 태국 정대그룹산하 대형마트 전 CEO

루지아호텔그룹의 발전과 전망

'루지아'는 같을 여如와 집 가家를 쓰는 단어로 '집과 같다' '집처럼 편안하다'는 의미이다. 중저가형 호텔 루지아는 중저가형 호텔업계에서 2위이다. 이 호텔은 1위인 7일체인호텔과 3위인 금강호텔의 중간형에 가깝다. 실제로 이용해보면 시설과 서비스도 7일체인호텔보다는 조금 나은 편이지만 금강호텔에는 못 미치는 수준이다. 하지만 가격은 금강호텔보다 15% 저렴하고 시설도 비슷한 수준이어서 중국 중산층과 여행객들이 금강호텔 다음으로 즐겨 찾는다. 루지아의 2012년 매출액은 39억 5,900만 위안이며, 순이익은 3억 5,700만 위안이다.

중국의 유명 관광지 중 하나인 산둥성 타이안시에 위치한 태산은 우리나라 사람들이 즐겨 찾는 관광지로, 타이안시의 세수 중 80%가 관광사업의 세금이다. 중국 여행지는 봄과 가을에 사람들이 넘쳐나고 웃돈을 주고서라도 숙소를 구할 정도라서, 관광지 중심으로 숙박업이 발달되어 있다. 그래서 7일체인호텔이 나스닥에서 상장폐지되고 중국 숙박업계 2위라도, 13억 6천만 명에 달하는 인구로 인해 수요가 넘쳐난다. 최고가 아닌 2~4위 기업들도 평균 이상의 매출액을 유지하는 것이다. 중저가형 호텔업계의 관건은 수요가 넘치는 성수기가 아닌 비수기에 얼마나 매출을 상승시키느냐에 달려 있다. 하지만 비수기의 매출이 아무리 높아도 총 매출액의 20%에 불과해 상대적으로 낮기 때문에, 중저가형 호텔의 규모는 매출과 관련성이 크다.

루지아호텔그룹Home Inns&Hotels Management Inc.은 2006년 5월 조세회피처로 잘 알려진 영국령 케이맨제도Cayman Islands에 등록된 회사이다. 2002년 6월에 중국 최대 온라인여행사 씨트립Ctrip 携程旅行网과 중국 4대 여행사 중 하나인 수도여행사首都旅游集団의 합작회사로 설립되었다. 본사는 상하이에 있고 중국 내에서 숙박사업을 하고 있다. 루지아호텔그룹은 중저가형 루지아모텔如家快捷酒店·모타이호텔莫泰酒店과 중·고급형 허이호텔和颐酒店을 보유하고 있다. 주요 자회사로는 베이징지역의 숙박을 전담하는 홈인즈 호텔경영Home Inns & Hotels Management Limited과 상하이지역 홈인즈 호텔경영 등이 있다. 2006년 10월에는 4억 7천만 달러로 중국 내 400여 개의 중저가형 호텔을 보유한 모타이莫泰168를 인수합병하였다. 직원수는 2만 6,670명이다.

루지아호텔그룹은 미국 나스닥시장(코드번호 HMIN)에 처음으로 상장한 중국 민영호텔이다. 2013년 6월 24일에는 세계적인 자문회사 에이온 휴잇Aon Hewitt에서 선정한 2013년 직원만족도 1위 기업으로 선정되기도 했다. 2013년 8월 12일에는 중화권 방송 CMN의 '여행객 선정 최고의 중저가형 호텔'로 선정되었다. 2014년에는 중국 내 가장 권위 있는 미디어 그룹 WPP가 선출한 '중국브랜드 100강'에 선정되기도 했다. 루지아호텔그룹의 시장가치는 4억 2,100만 달러에 이른다.

● **루지아 재무제표**

재무년도	2013년도	2012년도	2011년도	2010년도
유동비율^{CR}	95	73	112	310
당좌비율^{QR}	83	60	104	298
현금비율	73	50	95	287
재고품회전율	144.57	130.2	86.19	116.91
자산회전률	65	59	51	69
주당순이익	35	−5	66	67
주당순이익증가율	−800	−107.58	−1.49	36.73
마진률	18	14	20	27
영업이익률	9	5	8	18
세전이익률	7	2	14	17
순이익률	3	−	9	12
순이익증가율	−854.12	−107.7	2.38	45.48
세전순자산수익률	10	3	14	18
총자산수익률	2.14	−0.29	4.82	8.34
순자산수익률	4	−1	9	13
순자산수익률증가율	−500	−111.11	−30.77	18.18
주영업수익증가율	13.27	47.47	30.54	26.27
매출액의$^{R\&D}$비중	−	−	−	−
자산부채률	184.87	179.2	168	207.88
총자산증가율	10.94	−5.28	89.15	58.51

11장

해외 경쟁자가 없는 인터넷업계

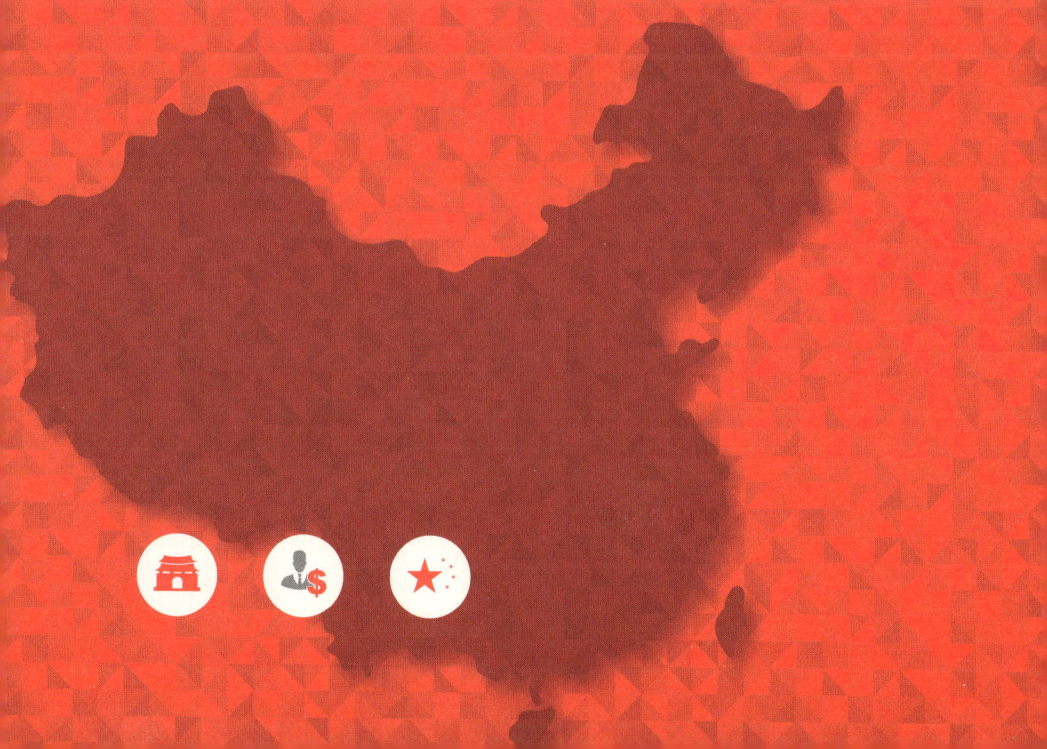

1. 인터넷시장 환경분석

🔸 3강 구도의 중국 인터넷시장

중국의 인터넷서비스산업은 금융산업과 같이 중국기업 위주의 독점적인 구조이다. 인터넷을 통한 정보 파급효과는 이미 2013년 이집트 반정부 시위에서 볼 수 있듯이, 일당독재 정치체제에서 인터넷서비스를 대외개방하는 것은 매우 조심스러운 일이다. 중국은 13억 6천만 명의 인구와 세계 4위의 국토면적을 보유하면서 각 지역마다 문화도 생활방식도 모두 다르다. 쓰촨성이나 섬서성의 경우 같은 지역사람들끼리도 방언 때문에 의사소통에 어려움을 겪고 있다.

2014년의 중국은 인터넷 사용자수만 해도 7억 명에 달하고, 수천억 건의 자료가 매일 쏟아져 나온다. 이렇게 매일 발생하는 새로운 내용의 사건사고와 지역갈등 등은 사람이 많은 만큼 문제도 많기 때문에, 정부에서 언론을 어느 정도 통제하지 않으면 국민정서와 정책실행 등에 많은 문제가 발생한다. 그래서 중국정부는 체제유지와 국가안정발전을 위한다는 이유로 언론과 인터넷매체에 대한 규제 수준이 매우 높다.

중국의 TV는 저녁 7시가 되면 신문연합방송 新闻联播, 우리나라로 치면 9시 뉴스를 보도한다. 여기서 다른 점은 우리나라처럼 여러 지상파 방송과 종편채널처럼 서로 독립된 방송국과 아나운서를 보유하는 것이 아니라 같은 시간, 같은 내용, 동일한 아나운서가 뉴스를 보도한다는 것이다. 어느 채널을 돌려도 그 시간에는 하나의 뉴스 프로그램만 방송되는 것이다. 더욱이 뉴스 내용은 우리나라처럼 사건사고와 이슈 위주의 내용이 아니라 중국 국가지도자들의 행적, 국내 주요 긍정적 이슈인 산업량증가 · GDP 총량 · 일본경제 추월 같은 밝은 내용이 주를 이룬다. 어두운 면을 강조한 이슈는 해외에서 발생한 사건사고 위주의 방송이다. 외국인이 중국에서 뉴스를 시청하면 매우 편파적인 방송이라는 생각을 할 것이다.

인터넷도 마찬가지이다. 검색엔진 70% 이상을 점유하고 있는 바이두는 중국의 네이버이다. 이 바이두의 성공배경에는 중국정부와의 긴밀한 연계가 있다. 민감한 정치와는 무관한 경제·사회·시사·연예·스포츠를 메인으로 하고, 검색단계에서 철저히 정치인들의 부정적인 행적은 배제한다. 중국에서는 전 세계인이 사용하는 구글, 트위터, 페이스북, 유튜브 등은 불법사이트로 분류되어 이용하지 못한다. 2010년에는 세계 1위의 검색엔진 구글이 중국시장에서 퇴출당하는 불명예를 당했다. 주요 원인은 구글만의 독특한 정보공개방식으로 정치와 정치인들의 검열에 적극 참여하지 않는다는 이유이다.

이러한 정치적인 이유로 중국 인터넷서비스업계에서 외국기업들은 힘을 발휘하지 못하고 있다. 대신에 중국 국산기업들인 텐센트, 알리바바, 바이두가 해외경쟁자들이 없는 중국시장에서 메신저, 전자상거래, 검색엔진 사업에서 70% 이상을 독점하고 있다. 중국의 3대 IT업체 BAT(바이두^{Baidu}, 알리바바^{Alibaba}, 텐센트^{Tencent})는 10년 이상 각자의 위치에서 시장을 점유하고 승승장구해왔다. 하지만 2013년에 들어서면서 이미 각 분야에서 높아질대로 높아진 점유율로 성장동력이 떨어지자 서로의 영역을 침범하면서 치열하게 경쟁하고 있다.

새로운 성장동력을 찾아 움직이는 BAT

2014년 BAT의 시가총액은 바이두 741억 달러, 알리바바 2,171억 달러, 텐센트 1조 649억 홍콩달러이다. 2014년 2월 기준으로 텐센트의 시가총액은 1,400억 달러가 넘었고 주가 또한 600홍콩달러로 2년간 상승세를 유지하였다. 그러다가 4월에 알리바바가 뉴욕 나스닥에 상장했다는 소식이 공식발표되자 주식이 곤두박질하기 시작하여, 6월경에는 400홍콩달러까지 떨어졌다. 기존처럼 자신들의 분야를 고수하였다면 알리바바의 상장이 텐센트 주가에 치명타가 되지 못했겠지만, 2014년부터 서로의 영역을 쟁탈하려는 움직임이 시작된 이후는 다르다. 알리바바의 상장 후 자금력은 텐센트에게 큰 압박으로 다가올 것이기 때문이다.

BAT는 M&A와 지분매입을 통해 덩치 키우기에 한창이다. 대규모 자금력으로 중소기업을 사버리거나, 지분을 매입하여 영향력을 늘려 규모를 확장하겠다는 뜻이다. 알리바바는 2011년 소셜네트워크 메이퇀왕美团网, 중국의 지도서비스 업체 가오더高德, 온라인 교육업체 튜터그룹Tutor Group의 지분을 매입하였다. 텐센트는 소셜네트워크 사이트 다중뎬핑大众点评의 지분 20%를 매입했고, 바이두 역시 20억 달러로 눠미왕糯米网이라는 소셜네트워크업체를 인수하였다. 중국의 소셜네트워크는 우리나라의 위메프와 비슷한 형태이지만 주로 음식점과 숙박업체의 인터넷할인이 주를 이룬다.

BAT가 소셜네트워크업체를 인수한 것은 O2O시장에서 우선적으로 시장을 점유하기 위한 노력이다. O2O를 통해 온라인시장에만 국한되어 있는 시장영역을 고객의 일상생활과 더욱 긴밀히 연결하여, 기존의 시장에서 탈피한 새로운 성장동력 확대에 주안점을 맞추고 있다. 이렇게 O2O시장의 선점을 위해서는 지도서비스, 소셜네트워크, 결제서비스라는 3박자가 정확하게 맞아야 한다. 인터넷으로 음식점과 메뉴를 선택하고, 지도로 정확한 위치를 확인한 다음, 인터넷으로 구매를 하고 결제를 수직화시키면서 신속·정확하게 고객에게 맞춤정보를 전달할 수 있기 때문이다.

지도서비스 부분에서는 검색엔진의 바이두가 업계 1위로 가장 정확하며 시장점유율이 제일 많다. 2013년 8월에는 무료 내비게이션 어플까지 출시하면서 업계 1위를 고수하고 있다. 알리바바는 가오더지도를 인수합병했고, 텐센트는 2013년 9월에 중국인터넷 검색엔진 2위인 서우거우搜狗 지분을 인수해 2대 주주로 등극했다. 서우거우 검색엔진의 지도서비스를 텐센트지도로 명칭을 바꾸고 지도서비스사업에 뛰어들었다.

결제수단의 선두는 알리바바 산하의 알리페이支付宝, Alipay로 40% 이상의 시장점유율을 차지하고 있다. 3위는 텐센트의 텐페이财付通, Tenpay로 점유율이 15.9%이다. 2위는 중국은행이 연합하여 설립한 은련온라인결제银联网上支付로 점유율은 28.1%이다.

비록 지도서비스와 결제수단에서는 알리바바에 밀리는 형국이지만, 텐센트는 중국 내 6억 명 이상이 이용하는 QQ메신저와 위챗Wechat, 웨이신의 대규모 인프라를 보유하고 있다. 텐센트는 6억 명의 유저에게 무료로 우수한 메신저서비스를 제공하고 이를 기반으로 게임, 전자상거래, O2O시장까지 확대하고 있다. 중국 소셜네트워크 1위로 800만 개 이상의 업체가 등록하고, 모바일고객만 1억 명이 넘는 다중뎬핑이 알리바바를 제치고 텐센트를 선택한 이유 또한 여기에 있다. 이에 뒤질세라 알리바바 역시 SNS사업을 확장한다. 2013년 초 트위터의 유일한 경쟁자인 중국의 신랑웨이보新浪微博, weibo.com의 지분을 인수하면서 실질적인 경영권한을 보유하게 되었다. 텐센트의 독주에 제동을 건 것이다.

BAT기업의 시장점유율 쟁탈전을 재미있게 지켜보고 투자한다면 좋은 성과가 있을 것이라 생각한다. 알리바바가 나스닥에 상장하면서 BAT 모두 상장회사가 되었다. 텐센트는 홍콩거래소, 바이두와 알리바바는 나스닥에 상장되어 있어 모두 투자가 가능하다. 필자 개인적인 판단으로는 알리바바가 중국시장에서 성장할 가능성이 제일 커 보인다. 현재도 1등기업인 텐센트는 나스닥 상장 전에도 주식이 30% 이상 떨어진 적이 없다. 중국에서 7년간 생활하면서 3사를 모두 이용해봤지만 우열을 가르기가 쉽지 않다. 그럼에도 알리바바에서 운영하는 타오바오[C2C]와 결제수단 알리페이의 안전성과 혁신에 손을 들어주고 싶다.

알리페이가 등장하기 전의 중국 온라인시장은 늘 불안하고 가짜와 사기가 판치는 신용불감증에 걸린 시장이었다. 하지만 2004년에 알리페이가 등장하면서 모든 것이 바뀌었다. 중국에서 외국인인 필자 역시 알리페이와 타오바오로 제품을 구매하고, 소셜네트워크에서 제품을 구매한다. 일반 시장과 음식점을 이용하는 것보다 인터넷을 통한 평가 및 평점은 더욱 풍부한 지식을 제공한다. 중국에서는 외국인뿐만 아니라 중국인들도 합리적인 판단으로 제품을 구매하기가 쉽지 않다. 하지만 알리바바가 출시되자 보다 안정적인 거래가 가능해지고, 중국 내수시장도 급격하게 발달했다. 중국 택배회사 물량의 70%는 타오바오 구매를 통한 파생상품이다.

2. 인터넷금융시장 환경분석

🔺 인터넷금융을 둘러싼 BAT의 경쟁

중국 중앙은행인 중국인민은행의 보고에 따르면 2014년 1월에 대출금액이 1억 3천만 위안으로 급격히 증가하고, 저축액은 9,402억 위안으로 대폭 하락하는 등의 전대미문 사건이 발생하였다. 중국의 대다수 은행은 국유기업이다. 또한 세계 기업순위 100위권 안에 중국 4대 은행(중국공상은행, 중국은행, 건설은행, 농업은행)이 모두 들어갈 정도로 큰 규모이다. 하지만 중국의 은행들은 해외 은행들처럼 자본투자를 통한 수익이 아닌, 매출의 대부분을 예대마진(1년 단기예금 금리 3%, 대출금리 7%의 차액)에서 얻는 보수적인 은행업무 형태를 고수하고 있다. 그래서 2014년 1월에 발생한 갑작스러운 대출증가와 예금감소는 치명적으로 작용한다. 이 급격한 대출증가의 주요 원인은 온라인금융사업을 중국정부가 승인했기 때문이다. 알리바바, 텐센트, 바이두, 중국인터넷강자 BAT와 그 외 200여 개의 인터넷기업들이 온라인금융업을 위해 대출을 대거 신청한 것이다.

인터넷금융은 인터넷을 통해 펀드 및 채권을 쉽게 구매할 수 있는 서비스로, 2014년 6월 업계평균 수익률은 은행금리 3%를 상회하는 5.4%이다. 또한 서비스를 제공하는 회사에서 지급보장을 실시하는데, 연 5.4%의 금리로 투자가능하고 언제든지 인출이 가능한 파격적인 상품이다. 인터넷금융상품인 펀드는 주로 안정적인 채권 80%, 주식 20%에 투자하고 수익률과 리스크에 따라서 수익률이 달라지게끔 설계되었다. 인터넷금융의 선두주자는 전자상거래 대표주자인 알리바바로, 2013년 6월 13일에 천홍펀드회사 天弘基金와 합작해 위어바오 余額宝를 출시했다. 2014년 3월 기준으로 고객수는 8,154만 명이며 시장규모는 5천억 위안에 달한다. 2013년 10월 바이두가 바이주안을, 2014년 1월 16일에는 텐센트가 가리차이통을 출시했다.

알리바바가 인터넷금융시장의 포문을 열게 된 배경에는 인터넷 구매 결제에서 40% 이상의 점유율을 차지하고 있기 때문이다. 알리바바의 알리페이는 인터넷으로 물건을 구매할 때 신용을 보증하기 위해 설립된 회사이다. 알리페이는 인터넷으로 제품을 구매하고 알리페이로 지불하면 구매자가 제품을 수령하고 나서야 비로서 판매자에게 지불되는 형식이다. 즉시지불도 할 수 있지만 미리 현금을 알리페이 사이버머니로 전환하여 보관할 수도 있다. 이 알리페이 사업규모가 갈수록 커지고 비유동자본이 증가하면서, 금융상품에도 대규모 투자를 할 수 있는 여력이 생긴 것이다.

우리나라의 G마켓 역시 2013년 거래액이 3조 원에 달하는 전자상거래업체이지만 중국처럼 금융상품은 판매하지 않는다. 법적으로 업계 영역을 명확히 규정하고 있기 때문이다. 중국의 경제는 대출과 채권발행으로 자금을 조달한다. 이 대출을 통한 수익은 적으면서 회수율도 낮아 국가부도가 거론될만큼 불량채권과 부실대출이 판치고 있다. 그래서 중국정부는 금융산업의 건전할 발전을 위해서 보수적인 국유은행들이 아닌 온라인업체들에게 금융상품을 판매하게끔 유도한 것이다. 중국의 금융건전성을 높이려는 취지라고 할 수 있다.

중국의 IT산업이 급격히 발전하면서 업체들은 단기간에 대규모의 자본이 필요하게 되었는데, 보통 이런 업체들은 고위관료가 대주주로 있는 경우가 많다. 아무리 유망한 사업이라도 정부의 인허가 없이 사업하기란 불가능한 것이다. 온라인금융업을 위한 각 산업의 로비가 끊이지 않았는데, 결국 폭발적으로 성장하고 자금력이 우수한 민영기업의 손을 들어준 것이다. 알리바바와 텐센트, 바이두의 주주들 상당수가 전·현직 공산당 고위관료와 금융계 인사들인데, 이들이 강력한 뒷받침이 되었다. 온라인금융사업이 급물살을 탄 것이다.

BAT의 온라인금융업 진출에 중국의 각 국유은행들은 손실을 만회하기 위해 온라인금융상품 판매를 실시하고, 언론과 매체를 통해 온라인 금융의 향후 지급부실 문제를 지적하기 시작했다. 하지만 중국정부는 금융시장의 개방으로 중국경제성장률을 안정시키려는 목적이 있기 때문에, 국유은행에 단호한 입장을 취하고 있다. 경쟁을 통해 생존하고 개혁하라는 취지이다.

● **각 기업별 온라인금융상품**

회사명	알리바바 (阿里巴巴)	텐센트 (腾讯)	바이두 (百度)	왕이 (网易)	쑤닝 (苏宁)
제품명	위어바오 (余额宝)	리차이통 (理财通)	바이주안 (百赚)	시엔징바오 (现金宝)	링치엔바오 (零钱宝)
출시일	2013년 6월 13일	2014년 1월 16일	2013년 10월 31일	2013년 12월 18일	2014년 1월 15일
수익율	5.5380%	5.6630%	5.3990%	5.4300%	5.3180%
최저가입금액	1위안	0.01위안	1위안	0.01위안	1위안
플랫폼 종류	PC/휴대폰	휴대폰	PC/휴대폰	PC/휴대폰	PC/휴대폰
제3자 결제 유무	있음	없음	있음	있음	있음
펀드명	天弘增利宝	华夏财富宝	华夏现金增利货币	汇煤富现金宝	广发天天红

• 자료 : 119IT, 코트라, 2014년 3월 20일 수익률 기준

3. 모바일게임시장 환경분석

◆ 준비된 시장, 모바일게임시장

2013년에 중국 온라인게임시장이 41% 성장한데 반해, 모바일게임시장 규모는 35억 7천만 위안으로 75% 성장하였다. 모바일게임시장의 규

모는 2014년도 온라인게임시장의 1/5 수준이지만 낮은 진입장벽과 기술개발비용 및 향후 스마트폰과 4G의 보급으로 고성장세를 나타내고 있다. 2014년 중국 모바일게임시장 규모는 237억 위안이고 사용자는 3억 5천만 명으로, 상대적으로 저성장하고 있는 PC게임시장을 압도하는 모습을 보인다.

중국의 모바일게임업계는 크게 두 개 분야로 나눈다. 플랫폼제공업체와 퍼블리싱업체이다. 예를 들어 플랫폼제공업체는 우리나라의 카카오톡·라인·아프리카TV처럼 수많은 유저를 보유하고 있어 게임서비스도 같이 판매하는 케이스이다. 반면에 퍼블리싱업체는 게임을 만들어내기도 하고, IT중소기업들과 협력하여 게임을 출시하는 업체를 말한다. 우리나라로 치면 CJ E&M, 게임빌, 넥슨 같은 업체들이 그렇다. 네이버가 라인이라는 플랫폼을 제공하면서 게임도 퍼블리싱하는 복합적인 형태를 보이는데, 중국도 마찬가지이다.

중국의 카카오톡이라 할 수 있는 최고의 플랫폼은 텐센트의 '위챗'과 'QQ'이다. 위챗의 사용자는 2014년에 6억 명을 돌파했다. 중국인 사용자 5억 명, 아시아 사용자 1천만 명에 이른다. 또한 텐센트 고유의 메신저 QQ의 이용자는 5억 명으로 중국에서 절대적인 위치에 있다. 2위는 중국의 안랩으로 불리는 '치후360'으로 무료백신을 제공하며, 모바일과 PC의 안전문제 관련 서비스를 제공하는 기업이다. 3억 명 이상의 중국인이 이용하고 있는 백신프로그램이다. 3위는 최근 바이두가 인수한 '91와이어리스91无线'로 중국의 최대 앱스토어로 시작해, 높은 인기를 바탕으로 오픈마켓으로 전환한 기업이다.

주요 퍼블리싱 업체로는 CMGE와 CH TECH로 업계에서 20%에 가까운 점유율을 보유하고 있다. CMGE는 나스닥에 상장한 중국회사이면서 뒤에서 알아볼 제일채널의 자회사이기도 하다. 중국 내 모바일게임 업계의 블루칩으로 CH TECH와 함께 고속성장을 하고 있다. 대표적인 게임으로는 룽즈자오환龙之召唤, 과이서우다오怪兽岛, 스쿵례런时空猎人이 있다. 2013년 중국 모바일게임 연간발행순위에서 CMGE가 전체 발행 건수의 17.9%로 1위를 차지하였다. 2014년 3월에 CMGE는 우수한 자금력을 통해 7,870만 달러를 조달했으며, 이 자금을 게임개발·게임 대리·게임지재권 취득 등에 지속적으로 투자할 전망이다. 텐센트는 자체적으로 게임을 개발할 뿐만 아니라 해외에서 게임을 수입하거나 중국 내 유력 게임개발업체의 게임을 대리운영하고 있다. 이외에도 스마트폰 메신저인 QQ처럼 자체적으로 게임을 보급할 채널을 갖고 있다.

4. 텐센트

- **한글명** : 텐센트(텅쉰)홀딩스
- **중문명** : 腾讯控股有限公司
- **영문명** : Tencent Holdings Limited
- **코드번호** : 00700
- **홈페이지** : www.tencent.com
- **매출액** : 604억 위안(2013년)
- PER : 51.64
- **업계위치** : 종합시장가치 1위, 전자상거래 1위
- **업종** : 인터넷 종합서비스, 전자상거래
- **시가총액** : 1조 649억 홍콩달러
- CEO : 마화텅马化腾, 1971년 10월 29일생, 광둥성 출신, 선전대학 IT학과 졸업

🔺 인터넷업계의 선두주자

2013년 중국의 모바일인터넷이 급속도로 발전하면서 일상생활 깊숙이 들어와 있다. 2013년은 PC에서 모바일로 전환되는 해였다. 통신, 메신저, 온라인게임, 인터넷미디어 및 전자상거래 등이 모바일로 전환되었다. 이제 인터넷시장은 경쟁이 치열하고 쟁점 또한 지속적으로 변하고 있다. 인터넷 상업화에 새로운 변환점들도 나타나고 있다. 특히 인터넷메신저의 영향으로 온라인게임 유저들의 이용률이 늘어나고, 게임에 지불하는 비용과 광고도 급속히 늘어나고 있다. 모바일결제 이용자는 지속적으로 늘어나고 있으며, O2O시장과 같은 새로운 영역의 서비스가 출시되고 있다.

시장의 치열한 경쟁 속에서 텐센트는 안정적인 성장을 유지하고 있다. 인터넷업계를 주도하면서 지속적으로 O2O시장과 인터넷미디어 등의 신성장동력을 출범하고, 중국뿐만 아니라 해외로까지 업무범위를 확장하고 있다. 온라인게임사업에서도 안정적으로 성장하고 있다. 전 세계 최고 인기게임인 리그오브레전드는 중국시장뿐만 아니라 전 세계의 PC게임시장을 주도하고 있다. 리그오브레전드의 2013년 4분기 매출은 텐센트의 4분기 매출액과 순수익 증가에 가장 큰 기여를 했다.

텐센트 모바일메신저 위챗

모바일메신저 QQ와 웨이신를 통한 모바일게임 · 소셜네트워크의 상승세도 매출상승에 보탬이 되고 있다. 텐센트의 QQ 메신저는 6억 명의 압도적이 회원수를 보유하고 있다. 온라인게임 · 모바일게임 · 전자상거래의 매출이 지속적으로 증진하고 있고, 게임업계의 초기 성장동력도 이 수많은 회원에서 비롯되었다. 인터넷광고 대행업무 또한 QQ와 웨이신을 통해 지속적으로 성장하고 있다. 텐센트는 인터넷업계에서 선두를 지키기 위해 모바일과 메신저, 소셜네트워크 분야를 더욱 강화할 것이다. 특히 이용자가 많은 신문·음악·유틸리티 분야에서 O2O 같은 새로운 서비스를 늘리고, 모바일게임의 온라인결제 및 전자상거래 결제수단을 대폭 강화해서 상업화 기회를 늘릴 전망이다.

텐센트는 2013년 9월에 중국의 2대 검색엔진 서우거우와 합작해 적극 투자하여 상대적으로 약한 검색엔진사업을 강화시켰다. 이 합작으로 검색엔진분야에서도 업계 1위 바이두에 이어 2위로 껑충 뛰어올랐다.

텐센트는 알리바바그룹의 타오바오가 1위를 차지하고 있는 전자상거래 분야로도 영역을 넓혀, 2014년 3월에는 전자상거래 2위인 징둥상청을 합병하였다. 중국 전자상거래의 치열한 경쟁 속에서 풍부한 상품군과 영업망 확대로 성장하고 있다. 이로써 중국의 3대 인터넷사업인 메신저, 검색엔진, 전자상거래에서 각각 1위, 2위, 2위의 위치를 점유하게 되었다. 텐센트 인터넷왕국을 세운 것이다. 뿐만 아니라 모바일콜택시업체 디디다처嘀嘀打车와 화윤창업의 패밀리마트와 O2O협정을 통해 지속적으로 규모를 키우고 있다. 위챗으로 해외 모바일시장까지 적극적으로 투자하고 있어, 텐센트의 전망은 밝다고 할 수 있겠다.

● 텐센트 재무제표

재무년도	2013. 12	2012. 12	2011. 12	2010. 12
유동비율^{CR}	161.40	176.70	167.60	194.90
당좌비율^{QR}	157.20	173.90	167.60	194.90
장기부채 대비 순자산비율	21.50	23.30	–	–
총부채 대비 순자산비율	26.00	25.90	28.10	24.40
자본 대비 부채비율^{DR}	20.40	19.60	22.50	23.20
자기자본이익률^{ROE}	26.80	30.80	35.80	37.00
투하자본순이익률^{ROIC}	21.00	23.30	28.60	35.30
총자산순이익률^{ROA}	14.50	16.90	18.00	22.50
경영자본이익률^{OER}	31.80	35.30	43.00	50.10
세전이익률	31.90	34.30	42.50	50.50
매출액이익률^{ROS}	25.60	29.00	35.80	41.00
재고품회전율	4366.80	7726.60	–	–
배당률	0.11	0.12	0.11	0.11
최고가^{HKD}	502	281	230.8	193
최저가^{HKD}	237	150.3	139.8	120.4
최대^{PER}(배)	46.336	32.379	33.386	36.854
최저^{PER}(배)	21.876	17.319	20.222	22.991
최고배당수익률	0.51	0.67	0.54	0.46
최저배당수익률	0.24	0.36	0.33	0.29

5. 제일채널

- **한글명** : 제일채널그룹
- **중문명** : 第一视频集团有限公司
- **영문명** : VODone Limited
- **코드번호** : 00082
- **홈페이지** : www.v1.cn
- **매출액** : 810억 위안(2013년)
- **PER** : 없음
- **업계위치** : 모바일게임 퍼블리싱업계 1위
- **업종** : 미디어
- **시가총액** : 25억 7,200만 홍콩달러
- **CEO** : 장리쥔 张力军

▶ 직접 투자할 수 있는 유일한 모바일게임기업

모바일게임시장의 경쟁이 치열해지면서 게임개발 문턱이 갈수록 높아져, 신규개발게임 숫자가 줄어들고 있다. 모바일게임업체수는 2012년 상반기 739개에서 2013년 상반기 905개로 22.5% 증가하였다. 하지만 신규개발게임은 2012년 상반기 1,950개에서 2013년 상반기 1,926개로 1.2% 줄어 대기업 위주의 모바일게임 성장추세로 전환하고 있다. 알리바바그룹를 비롯한 온라인 대기업들 모두 모바일게임 성장세에 적극적으로 투자하고 있다. 모바일게임은 우리나라에서도 이미 PC게임 이용자수를 따라 잡고 있다. CJ E&M, 게임빌, 컴투스 같은 쟁쟁한 게임업체들이 성장하고 있으며, 주가와 영업이익이 폭발적으로 상승하고 있는 블루오션 영역이다.

중국 IT산업의 약진으로 2014년 스마트폰 보급량이 6억 대에 이르고,

4억 명의 중국인들이 스마트폰을 사용하게 되면서 스마트폰업계뿐만 아니라 소프트웨어시장도 미친 듯이 성장하고 있다. 중국 모바일시장 성장의 걸림돌이었던 느린 인터넷 속도도 2013년 상하이 푸단대학교 팀이 가시광선을 이용하여 와이파이보다 100배 빠른 Lifi를 개발하면서 모바일게임시장 성장의 원동력이 될 것으로 보인다. 2013년 상반기에는 모바일게임 사용자수와 시장규모가 100% 넘는 성장을 하였다. 중국 모바일게임업계 1위를 차지하고 있는 CMGE中国手游가 2012년 9월에 미국 나스닥에 상장하면서 중국 모바일게임업계 성장에 불이 붙었다. 업계 2위인 추콩北京触控科技 역시 나스닥 상장을 기다리는 중이다. 중국 최고의 전자상거래 공룡기업 알리바바도 모바일게임시장에 진출할 예정이라 관심도가 더욱 높아지고 있다.

매력적인 중국 모바일게임시장에서 우리가 직접투자할 수 있는 유일한 기업은 업계 1위인 제일채널로, 그 규모와 발전가능성은 우리의 상상을 뛰어넘는다. 모바일게임과 모바일복권으로 제일 규모가 큰 제일채널은 중국 내 시장점유율이 18%로 업계 1위이다. 2005년에 설립되어 2006년에 인터넷방송과 영상제작을 시작하였으며, 업계에서 첫 번째로 상장하면서 중국인들의 관심을 한 몸에 받고 있다. 뿐만 아니라 중국에서 가장 뛰어난 뉴미디어기업(인터넷을 통한 방송)으로 그 혁신성을 인정받아 2010년에 중국정부에서 최고의 기업에게 주는 AAA급 기업상을 받은 저력 있는 기업이다. 제일채널은 인터넷신문과 영상을 제작하는 제일미디어, 중국의 2억 명이 이용하는 제일복권, 나스닥에 상장되자마자 열 달 만에 주가가 10배 오른 CMGE를 자회사로 두고 있는 그룹이다. 특히 모바일게임의 성장으로 업계 1위인 CMGE가 주목 받고 있는데, 이 업체는 모바일게임 '앵그리버드'를 유통했던 기업이도 하다. 대표작으로 '룽즈자오환 龙之召唤' '과이서우다오 怪兽岛'가 있는데, 우리나라에서도 다운로드해서 쉽게 즐길 수 있는 게임들이다.

제일채널 주가는 2013년 12월 31일 기준으로 1.05위안이다. 이는 2012년보다 41.89% 상승한 것이다. 나스닥에 상장된 자회사 CMCE의 주가는 25.23달러로 545.52% 상승하였다. 제일채널의 2013년 매출액은 810억 위안으로 작년대비 24.8% 상승했다. 2020년이면 7억 명이 될 것으로 예상되는 중국 스마트폰 사용자수에 힘입어 제일채널의 경쟁기업도 늘어나고 있다. 하지만 여전히 시장점유율 1위이며, 적자 추세인 인터넷방송과 제작사업을 축소해 모바일게임과 복권에 전력을 집중시키고 있다. 선택과 집중이라는 경영전략을 구사하며 발전하고 있는 기업이다.

모바일게임업체에게 게임의 유행은 가장 중요한 주가상승 포인트이다. 제일채널의 인기게임인 '룽즈자오환'이 서비스되자마자 1개월 만에 주가가 폭등했지만, 4개월 후 새 게임이 만들어지면서 인기와 주가도 함께 폭락했다. 이는 모바일게임업체의 한계를 보여주는 대목이다. 하지만 새로운 게임을 3개월마다 꾸준히 선보이고 있으며 게임업계를 이끄는 기업임에는 틀림없다.

오히려 이렇게 인기에 따라 주가가 떨어지는 것은 투자자에게 시세차익을 노릴 수 있는 기회이기도 하다. 모바일게임뿐만 아니라 모든 주가는 흐름을 탄다. 그중에서도 IT업계가 변동차이가 심하여 희비가 엇갈리는데, 이 부분은 일반 투자자들과 한국 투자자들이 손실을 입게 되는 주요 원인이기도 하다. 필수 소비재는 계절에 따라서 주가의 변동이 심하지만, 제일채널과 같은 종목은 신상품이 출시될 때 주가가 상승하는 것이다. 그렇기 때문에 차익거래가 가능해진다. 즉 쌀 때 사서 비쌀 때

파는 게 중요하다.

중국 모바일게임시장의 향후 판도는 어떻게 될까? 2015년까지 업계 1위와 2위인 제일채널의 CMGE와 추콩의 자리는 계속 유지될 것으로 보인다. 이 두 업체 모두 게임을 생산하기도 하지만, 주요 업무는 모바일게임 퍼블리싱이다. 우리나라의 카카오톡처럼 회원들이 정보를 교류하면서 메신저 내 게임을 한다면, 게임친구와 적응을 위해서라도 퍼블리싱 업체를 쉽게 바꿀 수 없다. 또 인기 있는 게임을 한 번이라도 출시한 퍼블리싱업체라면, 아무리 재미없는 게임을 만들었다고 할지라도 최소 시도는 할 수 있는 여건이 만들어진다. 어쩌면 추콩이 무섭게 1위 자리를 노리며 추격해오고, 나중에는 나스닥까지 상장하여 막대한 자금력을 바탕으로 CMGE의 왕좌를 넘볼 수도 있을지도 모르겠다. 하지만 아직까지는 모바일게임 2인자라는 판단과 CMGE에 비해 인기게임과 충성 고객층이 적어 나스닥 상장이 순조롭지 않아 보인다.

모바일복권사업은 2013년에 업계경쟁이 치열하고 향후 정책이 불투명함에도 2012년 대비 64%의 매출신장을 보여주었다. 순이익은 255% 증가하였다. 2013년 중국의 온·오프라인 복권판매액은 3,093억 2,500만 위안으로

제일채널_00082

기간별 매출액(억HKD)&주당이익 업계순위

2011.12.31	2012.6.30	2012.12.31	2013.6.30	2013.12.31
9.50	2.52	4.77	2.15	5.95

매출액 0.18
동일업계평균 0.1
전체업계평균 4.1
주당이익 0.18위안, 업계 6위

기간별 순이익(억HKD)&주당순이익 업계순위

2011.12.31	2012.6.30	2012.12.31	2013.6.30	2013.12.31
3.71	0.75	−0.03	−0.93	−1.60

순이익 −0.05
동일업계평균 0
전체업계평균 0.26
주당순이익 −0.05위안, 업계 19위

기간별 현금흐름(억HKD)&주당현금자산 업계순위

2011.12.31	2012.6.30	2012.12.31	2013.6.30	2013.12.31
0.79	2.06	3.10	0.29	1.05

현금보유액 0.03
동일업계평균 0.01
전체업계평균 0.45
주당현금자산 0.03위안, 업계 5위

2012년 대비 400억 위안이 증가하였다. 2013년 3분기 제일채널의 복권 365彩票365 다운로드가 3천만 건에 달해 업계 1위를 기록했다. 매출액은 업계 3위로 향후 모바일·인터넷 보급이 늘어나 유망한 사업으로 떠오르고 있다.

제일채널의 인터넷매체업무는 인터넷을 통한 방송시청 관련으로, 중국에서는 이미 TV와 케이블을 통한 기존 방송시청시장을 뛰어넘었다. 우리나라는 TV 프로그램을 다시 볼 때, 재방송을 보거나 각종 관련 사이트에서 유료로 등록된 콘텐츠를 구매해 본다. 하지만 중국은 지적재산권이 완벽하게 형성되어 있지 않기 때문에 무료로 인터넷을 통해 방송을 시청할 수 있다. 인터넷 방송채널 시청자는 현재 4억 명에 이르며, 일반 TV 시청자보다 2배 이상 많다. 이러한 이유로 중국에는 인터넷매체들이 어마어마한 규모로 성장해 있다. 중국의 대표적인 인터넷매체인 유쿠투더우 Youku Tudou Inc.는 이미 나스닥에 상장되어 있고, 텐센트 또한 인터넷매체 사업을 확대하고 있다. 2010년에 들어서 중국정부의 지적재산권 강화정책이 시행되면서 영상 다운로드와 시청에 제한이 생겼지만, 그 인기는 여전하다. 이러한 업체들은 조회수가 10억 건은 기본인 인기 프로그램에 붙는 광고를 통해 매출을 올리고 있다. 방송 콘텐츠 판권을 구매하여도 충분히 영업이 되는 것이다. 그래서 지속적으로 양질의 프로그램을 무료로 시청을 할 수 있다. 이러한 배경 덕분에 중국 인터넷매체의 미래는 밝다고 할 수 있다.

제일채널의 홈페이지(www.v1.cn)도 유쿠투더우 같은 인터넷방송을 실시하지만, 시청가능 프로그램이 다양하지 못하고 업계순위가 10위권 밖이라 광고매출이 낮다. 시장점유율도 3% 미만으로 향후에 혁신이 필요한 분야이기도 하다. 하지만 인터넷 특성상 시청자들의 이동은 잦을 수밖에 없고, 이미 우수한 웹인프라를 보유하고 있기 때문에 계기만 주어지면 금방 성장할 가능성이 있다. 또한 2014년부터 중국의 4G 시대가 도래하면 인터넷매체를 통한 시청자는 한층 더 늘어날 전망이다.

● 제일채널 재무제표

재무년도	2013. 12	2012. 12	2011. 12	2010. 12
유동비율^{CR}	412.20	625.40	563.60	236.80
당좌비율^{QR}	412.20	623.90	562.60	236.30
장기부채 대비 순자산비율	–	–	–	–
총부채 대비 순자산비율	4.10	3.50	–	–
자본 대비 부채비율^{DR}	3.60	3.30	–	–
자기자본이익률^{ROE}	–5.60	–0.10	14.30	18.50
투하자본순이익률^{ROIC}	–4.90	–0.10	13.70	17.40
총자산순이익률^{ROA}	–4.40	–0.10	12.50	13.80
경영자본이익률^{OER}	–23.90	15.50	47.50	49.40
세전이익률	–24.50	5.60	46.20	49.10
매출액이익률^{ROS}	–26.90	–0.70	39.00	42.40
재고품회전율	–	16700.50	37155.70	31627.20
배당률	–	–	6.00	10.00
최고가^{HKD}	1.08	1.238	2.546	3.26
최저가^{HKD}	0.5	0.58	0.482	1.75
최대^{PER}(배)	–21.557	–1238	19.028	23.623
최저^{PER}(배)	–9.98	–580	3.602	12.681
최고배당수익률	–	–	1.66	0.79
최저배당수익률	–	–	0.31	0.42

6. 바이두

- **한글명** : 바이두그룹
- **중문명** : 百度
- **영문명** : Baidu Group
- **코드번호** : BIDU(나스닥)
- **홈페이지** : www.baidu.com
- **매출액** : 122억 달러(2013년)
- **PER** : 9.10
- **업계위치** : 종합시장가치 1위, 전자상거래 1위
- **업종** : 인터넷종합 3위, 검색엔진 1위
- **시가총액** : 741억 500만 달러
- **CEO** : 리옌훙^{李彦宏}, 1968년 11월, 산시성 출생, 베이징대학 IT학과 졸업

◆ 중국 대표 검색엔진

바이두는 전 세계 최고의 중문 검색엔진이다. 이 기업은 2000년 1월에 중국 실리콘벨리인 베이징 중관춘^{北京中关村}에서 설립되었다. '바이두^{百度}'라는 이름은 중국 송나라 시인 신기질^{辛弃疾}의 시 〈청옥안^{青玉案}〉의 구절 중 "중리심타천백도^{众里寻他千百度}"에서 나온 것으로 '널리 찾다'는 의미이다. 바이두는 중국인 80% 이상이 사용하는 검색엔진으로 독보적인 길을 걷고 있다. 높은 시장점유율 만큼 중국인의 일상생활이 되었는데, 우리나라에서 모르는 건 네이버 지식인서비스에서 찾듯 중국인들도 "바이두해봐"라는 의미로 바이두를 이용한다.

바이두 창업주 리옌훙^{李彦宏}은 미국 실리콘벨리에서 근무한 경력이 있는데, 1991년 말에 중국 검색엔진서비스의 잠재력을 확인하고 사업을 시작하였다. 2000년 1월에 직원 10명으로 시작했던 바이두는 2014년

에 직원 1만 8천 명, 나스닥 상장, 중국 인터넷업계 3위, 시가총액 741억 500만 달러 규모의 회사가 되었다. 우리나라의 네이버나 다음과 유사하다. 서비스로는 사이트검색, 연관검색, 모바일검색, 소셜네트워크, 클라우드서비스, 광고대행 등이 있다. 바이두는 2013년에는 사업을 좀 더 확장시켜 인터넷금융, O2O시장까지 점차 영역을 확대해나가고 있다.

  2014년 3월의 바이두 1분기 매출액은 94억 달러로 2013년 59억 달러 대비 40% 이상 성장한 것이다. 매출액의 급속한 성장에 비해 영업수익은 23억 달러로 2013년 1분기와 동일한데, 이것은 규모는 커졌지만 매출은 성장하지 않았기 때문이다. 투자한 사업이 초창기일 때나 신규사업 수익이 신통치 않을 때 일어나는 현상이다. 2013년 하반기부터 2014년까지 지속적으로 인터넷금융와 O2O시장으로 영역을 넓히고는 있지만, 아직까지 가시적인 성과는 나타나지 않고 있다. 신규사업에 필요한 자본을 대출을 통해 확보했는데, 이자로 지불되는 금액이 분기마다 1억 달러 이상이다. 이 금액은 2013년에 1억 4천만 달러로 고점을 찍고, 2014년 1분기에는 1억 2천만 달러로 점차 줄여가면서 재정건전성을 확보하고 있다.

● **바이두(나스닥 BIDU) 재무제표**

재무년도	2013. 12	2012. 12	2011. 12	2010. 12
유동비율^{CR}	390.0	421.0	360.0	344.0
당좌비율^{QR}	373.0	416.0	353.0	340.0
현금비율	351.0	399.0	333.0	321.0
자산회전률	55.0	65.0	86.0	93.0
주당순이익증가율	3.3	58.6	96.9	144.0
마진률	64.0	71.0	73.0	73.0

영업이익률	35.0	50.0	52.0	50.0
세전이익률	38.0	54.0	54.0	51.0
순이익률	33.0	47.0	46.0	45.0
순이익증가률	3.5	59.1	97.2	145.9
세전순자산수익률	32.0	46.0	51.0	48.0
총자산수익률	18.2	30.4	39.2	41.5
순자산수익률	27.0	40.0	43.0	42.0
순자산수익률증가률	-32.5	-7.0	2.4	35.5
주영업수익증가률	47.4	55.4	91.8	84.4
매출액의 R&D 비중	12.9	10.3	9.2	9.1
자산부채률	218.0	245.8	328.2	418.1
총자산증가률	60.0	97.7	121.2	85.9

7. 알리바바

- 한글명 : 알리바바그룹
- 중문명 : 阿里巴巴集团
- 영문명 : Alibaba Group
- 코드번호 : BABA(뉴욕증권거래소 상장)
- 홈페이지 : www.alibaba.com
- 매출액 : 79억 5,200만 달러(2013년)
- PER : 나스닥 상장
- 업계위치 : 종합시장가치 1위, 전자상거래 1위
- 업종 : 인터넷 종합서비스, 전자상거래
- 시가총액 : 2,171억 3,800만 달러
- CEO : 루자오시 陆兆禧, 1969년 광둥성 출생, 광주대학 호텔관리학과 졸업

🔸 중국 전자상거래 황제 알리바바의 역사

2014년 9월 19일, 중국 최대 인터넷 기업인 알리바바 阿里巴巴集团가 미국 뉴욕 증권거래소에 상장되었다. 68달러로 시작한 알리바바는 상장한 지 30분 만에 94달러로 40% 이상 폭등하면서 중국 주식과 알리바바에 대한 기대감을 한껏 높였다. 시가총액은 2,171억 달러로 삼성전자의 1,706억 달러, 페이스북의 2,016억 달러를 넘어섰다. 또한 미국의 전자상거래업체인 아마존의 1,531억 달러, 이베이의 650억 달러를 일찌감치 앞섰다.

사실 9월 19일 이전까지만 해도 알리바바의 상장에 대해 미국 증권사와 해외언론의 의견은 분분했다. 페이스북처럼 상장하자마자 주가가 반토막이 나는 건 아닌지 우려하는 목소리가 많았는데, 중국경제의 경착륙과 잠재적인 부실을 기반으로 한 추측이었다. 하지만 알리바바의 이번 뉴욕거래소 상장으로 'Only China', 중국이 가장 유망한 투자처임을 재증명하게 되었다.

알리바바뿐만 아니라 중국 주식과 중국 관련주에 대한 전 세계 투자자들의 관심이 한층 더 높아지게 되었다. 알리바바의 상장으로 인해 창업주이자 현 이사장인 마윈은 중국 최고의 부호로 등극했다. 뿐만 아니라 알리바바 창업자금투자에 결정적인 역할을 한 일본 소프트뱅크 손정의 회장도 일본 최고의 부호로 올라섰다. 알리바바는 이번 기업공개를 통해 20조 원 이상의 현금을 확보하였고, 이를 바탕으로 중국은 물론 전 세계로 사업을 확장할 계획이다. 짝퉁만 만든다는 중국기업은 이제 옛말이다. 풍부한 자금력과 13억 6천만 인구의 내수시장을 바탕으로 세계시장을 향해 뻗어나가는 알리바바를 기대해볼 만하다.

알리바바는 1999년 중국 항주에서 설립된 회사이다. 중국의 값싼 노동력과 저렴한 원가로 해외 바이어들의 수요가 폭발적으로 늘어나자, 중국기업과 해외 바이어를 연결해주는 기업 간 거래$^{\text{B2B, Business to business}}$로 사업을 시작했다. 하지만 당시에는 글로벌 전자상거래 기업인 이베이가 이미 중국에 진출해 있어서 성장에는 한계가 있었다. 그러다가 일본 소프트뱅크의 손정의 회장이 과감하게 투자를 결정하면서 성장의 계기가 되었다.

  2000년 1월, 중국의 전자상거래 시장의 발전가능성과 창업주 마윈의 경영방식을 긍정적으로 검토한 손정의 회장은 6분 만에 2천억 달러 투자를 결정하게 된다. 창업한 후 3년간 수입을 내지 못하던 알리바바는 기술개발에 매진해 2003년 개인 간의 거래인 C2C$^{\text{Customer to Customer}}$ 형태의 오픈마켓 사이트 타오바오淘宝网를 시장에 내놓는다. 중국인과 중국시장에 대한 오랜 연구 끝에 무료나 공짜를 선호하는 중국인들의 성향에 맞춰 무료수수료정책으로 운영하게 된다. 그 결과 2005년에 2년 만에 이베이를 뛰어넘고, 2008년에는 C2C시장의 80%를 차지하게 된다.

  알리바바는 이러한 성공을 바탕으로 2004년에는 신용전자상거래 시스템 알리페이, 2007년에는 기업과 개인 간의 B2C$^{\text{Business to Customer}}$ 사이트인 톈마오, 2010년 중국 상품 직구 사이트인 알리익스프레스, 소셜커머스 쥐화솬, 타오바오 모바일 어플 등을 선보였다. 이 중 알리바바의 효자는 전자결제시스템 알리페이이다. 중국 전자상거래의 80%가 알리페이를 이용한 거래로 이루어지고 있다. 2013년에는 알리페이 산하의 위어바오(금융상품 판매 사이트)를 개설하여 펀드, 주식, 채권 등의 금융상품을 거래할 수 있게 되었다. 위어바오는 알리바바그룹에서 확정이자율로 지급보장을 하는데, 위어바오의 선풍적인 인기로 2013년에 중국 시중은행에서 현금 9천억 위안이 감소하는 경이로운 결과로 이어졌다. 또한 중국 택배시장의 70% 물품이 알리바바 계열 회사를 통해 전국으로 발송된다고 한다. 알리바바가 중국 실물경제와 금융에서 얼마나 큰 영향력을 행사하는지 알 수 있는 대목이다.

◆ 알리바바 경영현황과 매출

알리바바는 중국의 독보적인 전자상거래기업으로 중국 전자상거래 시장의 80%를 차지하고 있다. 중국의 전자상거래시장은 매년 15~20%씩 고속으로 성장하며 규모가 296조 위안에 달한다. 이는 미국의 262조 원 규모보다 큰 것이다. 또한 중국 인터넷 사용자수는 약 6억 명으로 미국의 2억 명, 한국의 4천만 명과 비교했을 때 엄청난 수치이다. 중국의 인터넷보급률이 50%대인 걸 감안하면 전자상거래의 규모는 더욱 커질 것으로 전망된다.

우리나라의 대표 전자상거래 업체인 G마켓, 옥션, 11번가는 알리바바와 비교할 바가 못 된다. 이유는 간단하다. 알리바바의 뒤에는 중국이라는 거대한 시장이 있기 때문이다. 우리나라는 개인이 사업자가 되어 상품을 매매할 수 있는 오픈마켓 활용도가 30%이지만, 중국의 전자상거래 시장은 알리바바의 자회사인 타오바오, 톈마오가 80% 이상의 점유율을 보이기 때문이다. 즉 마켓플레이스를 통한 거래가 주를 이루는 것이다.

이것은 중국이 우리나라보다 자본주의가 늦게 도입되어 신용문화가 정착되지 못한 것과 연관이 깊다. 한때 중국산이라고 하면 꺼려하는 때가 있었다. 중국인들도 마찬가지였다. 중국인들도 상인들의 부도덕적이고 무책임한 행위를 비판해왔다. 그래서 이러한 리스크를 중간에서 조율해 건전한 상거래가 이루어지도록 해야 했다. 2004년에 출시된 알리바바의 알리페이가 이러한 문제점을 해결하게 되었다. 쌍방의 신용을 보장하는 전자결제시스템인 알리페이는 판매자에게 미리 소액의 보증금을 예치하도록 해 판매자의 신용을 끌어올렸고, 구매자에 대해서는 선불제를 실시해 신용도를 높이는 기능을 하고 있다. 또한 물건가격을 흥정하기 좋아하는 중국인들의 구미에 맞게 알리왕왕(판매자와 구매자 간의 커뮤니케이션 메신저)을 도입하여 이용자들의 폭발적인 반응을 불러일으켰다.

알리바바의 기업목표는 간단하다. "어디에서든 비즈니스를 하기 쉽게 만든다To make it easy to do business anywhere"이다. 인터넷을 통해 평범하게 상품만 판매하는 기업이 아닌 고객중심과 편리함을 추구하는 철학이 있는 것이다. 알리바바는 중국 사회를 변화시켜나가는 기업이다.

◆ 알리바바의 매출과 향후 매수타이밍

2014년 알리바바의 매출액은 530억 위안, 한화로 약 8조 5천억 원이 될 것으로 예상된다. 매년 40% 이상 급성장을 하고 있는 것이다. 타오바오와 텐마오의 전자상거래 매출이 알리바바그룹 총 매출의 85%를 차지하고 있고, 해외 전자상거래가 10%를 차지하고 있다. 중국 전자상거래 매출구조에서 온라인 마케팅서비스와 거래수수료가 차지하는 비율은 기존 5:1에서 3:2로, 광고수익료에서 수수료수익 중심으로 옮겨가는 모습을 볼 수 있다. 이것은 시장점유율인 80% 이상인 독점기업에서 볼 수 있는 현상으로, 높은 시장점유율을 무기로 거래수수료를 증가시켜 안정적인 성장을 추구하고 있는 것이다. 현재의 주된 수입은 판매가 아닌 광고이다. 네이버와 구글처럼 광고를 노출시켜주거나 클릭 횟수에 따라 광고료가 청구된다. 광고를 통한 수입은 실거래가 일어나지 않아도 매출이 발생하는 안정적인 수익구조이다.

　알리바바그룹 산하의 전자상거래 기업들의 수수료는 매우 낮은 구조이다. 타오바오^C2C는 판매자와 구매자의 수수료가 없고, 온라인 마케팅 서비스에 집중한다. 대신 기업과 개인의 거래인 톈마오는 판매수수료의 0.3~5%의 수수료를 받고 있다. 타오바오의 거래수수료 면제는 타오바오를 C2C의 절대강자로 이끌었으며, 6억 명이 이용하는 최고 사이트가 되었다. 징둥상청京东商城, 이하오뎬 같은 기업들도 타오바오처럼 수수료 면제서비스를 실시하고 있지만 타오바오와 알리페이에 익숙해진 고객들은 쉽게 눈을 돌리지 않을 것으로 보인다. 뿐만 아니라 알리바바 계열 회사는 매년 11월 11일 솔로데이(짝 없는 남녀가 서로 모이는 날)에 최대 50% 이상의 대폭적인 할인행사로 고객들을 끌어모은다. 2013년 솔로데이에는 하루 만에 약 12조 4천억 원의 경이로운 매출을 올렸다. 다시금 중국과 알리바바의 파워를 실감할 수 있었다.

　알리바바가 뉴욕거래소에 성공적으로 상장한 이후에도 알리바바에 대한 향후 투자와 투자시기에 대해서는 아직도 의견이 분분하다. 전문가들도 최대 투자기회라며 적극적인 투자를 권장하기도 하고, 단기는 리스크가 크다며 장기투자를 하라는 의견도 있다. 하지만 분명한 것은 대부분 알리바바에 대해 긍정적으로 보고 있다는 것이다. 전 세계 상품시장이 실물거래에서 전자상거래로 옮겨가는 것이 추세이고, 뉴욕거래소 상장을 통해 20조 원의 자금을 조달한 알리바바가 본격적으로 해외 기업 M&A에 적극적으로 나섰기 때문이다.

　특히 알리바바를 이야기할 때 글로벌 경쟁업체인 아마존을 빼놓을 수 없다. 아마존에 대한 평가는 알리바바보다 낮은데, 이것은 서비스의 질이 아닌 알리바바의 우수한 경영방식에서 비롯되었다. 아마존의 CEO

제프 베조스는 아마존의 확대가 아닌 각국의 정부인사들과 접촉해 새로운 사업을 도모하고 있지만, 알리바바는 좀 더 멀리 가기 위한 물류·기술·기초설비 등의 내실을 다지고 있다. 또한 2013년에 알리바바의 창업주 마윈은 경영일선에서 물러나 이사장으로 취임했는데, 이것은 시대 흐름에 빠르게 반응하는 새로운 인재를 등용하기 위한 것이다. 50세의 마윈이 아닌 젊은 인재를 앞세워 기업의 장기적인 성장을 꾀하는 것이다.

그러므로 향후 알리바바의 긍정적인 매수타이밍은 해외기업 M&A에 있을 가능성이 크다. 막대한 자금을 통한 M&A는 주가상승에도 긍정적인 역할을 할 것으로 보인다. 또한 2014년 초부터 실시하는 O2O(인터넷을 통해 구매한 물품을 가까운 마트나 편의점에서 수령가능)의 성공 여부 또한 주목된다. 무엇보다도 창업주 마윈이 이제 막 50대에 들어선 것에 불과해 향후에도 알리바바 경영에 적극적으로 관여할 것으로 보인다. 장기투자로 손색없는 투자처이다.

알리바바의 종목명은 '바바BABA'로 중국어 발음 발发, 팔八과 유사하다. '돈을 번다'는 뜻의 파차이发财에서 유래되었고, 8이라는 숫자를 길하다고 여기기 때문에 알리바바 또한 여기서 비롯되었다. 바바라는 종목명처럼 알리바바 투자를 통해 높은 수익률을 올리길 기대해본다.

필자의 알리바바 체험기

알리바바 산하의 타오바오C2C와 톈마오B2C 사이트는 필자가 중국에서 생활하면서 자주 애용하는 사이트이다. 중국 사이트지만 우리나라 가공식품 및 과자류도 많이 팔고, 배송가격을 포함해도 우리나라 마트에서 구매하는 가격과 비슷한 제품이 많았다. 중국어만 잘할 수 있다면 유학생활에 매우 유용하다.

　중국에서 마트나 백화점에서 물건을 구매할 때 가장 걱정되는 것은 진짜 상품을 사는 것이다. 생산자와 제품이 무궁무진하게 많다 보니 가짜가 판치기 십상이다. 오프라인 구매도 이러한데 온라인은 더욱 심하지 않겠냐고 생각할지도 모르겠지만, 타오바오나 톈마오를 통해 온라인으로 제품을 구매하는 것이 더 안정적이다. 온라인 사이트를 통해 제품에 대한 정보를 얻고, 제품의 평가가 거짓 없이 이루어는 공정한 시스템을 보유하고 있기 때문에 평점이 5점 만점에 4.5 이상이라면 믿고 구매해볼 만하다.

　실제로 2014년 3월에 타오바오를 통해 우리나라 카카오초콜릿을 구매했는데, 가격도 저렴하고 하루 만에 배송되어서 매우 만족스러웠다. 하지만 징둥상청(전자상거래 2위로 텐센트와 협력 중)과 같이 고정물류업체가 없는 것이 단점이다. 생산자나 공급자가 선택한 가장 저렴한 배송업체를 통해 택배를 보내기 때문에 내용물에는 문제가 없었지만, 소포 외부 청결상태에 문제가 있었다. 손을 대고 싶지 않을 정도였다.

　이러한 내용을 제품구매 후기게시판에 올리고 낮은 평점을 주었다. 하루 뒤 제품공급자에게 전화와 문자가 왔다. "어떤 문제냐? 미안하다, 보상해주겠다"라는 것이다. 50위안의 제품을 구매했는데 이렇게까지 연락하는 것을 보고, 중국 서비스업계의 발전을 느꼈다. 이후 중국인 선배들에게 물어보니 평점이 매우 중요하기 때문에 평점수정을 원해서 그렇게까지 한단다. 결국 판매자는 나에게 소정의 상품을 보내주고 평점수정을 요구하였다.

　중국의 전자상거래를 창업수단으로 하는 일반인이 늘어나고 있다. 지속적이고 안정적인 거래를 위해서는 판매자 위주가 아닌 철저하게 구매자 위주의 거래방식이 필수이다. 알리바바 또한 이 점을 놓치지 않고 있기 때문에 업계 1위로 등극하게 된 것이다. 실제로 구매하면서 1등 기업은 제도적으로나 서비스로나 우수함을 느낄 수 있다.

12장

다시 보자,
기존 챔피언

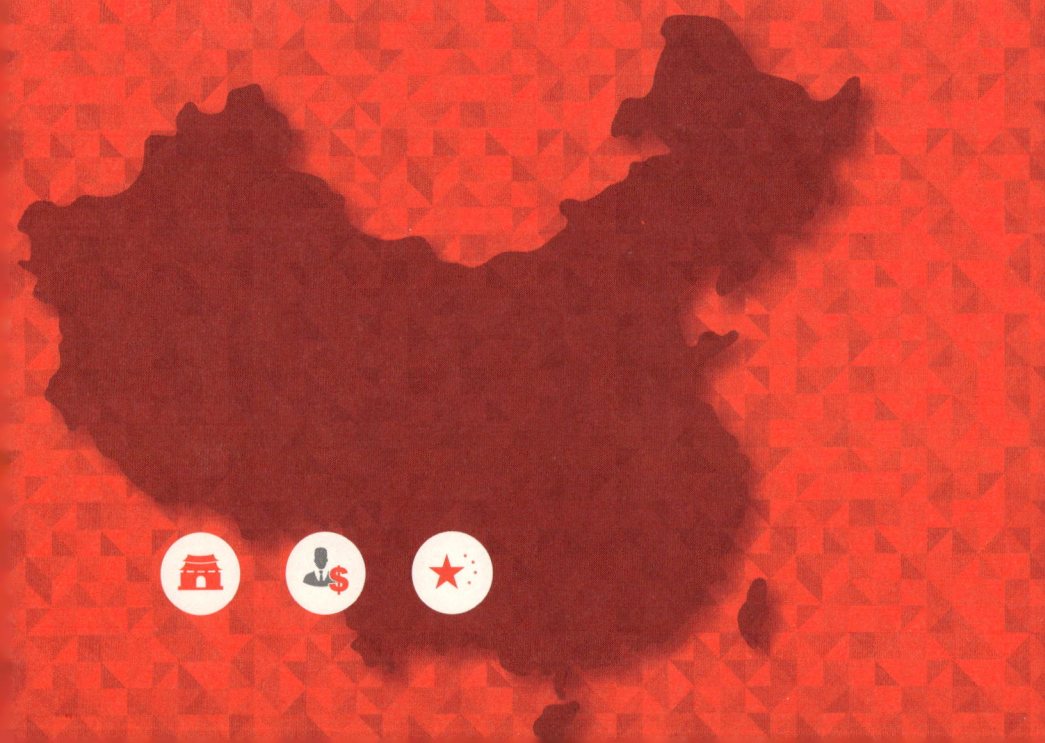

1. 왕왕

- **한글명** : 중국왕왕홀딩스
- **중문명** : 中国旺旺控股有限公司
- **영문명** : Want Want China Holding Limited
- **코드번호** : 00151
- **홈페이지** : www.wantwant.com.cn
- **매출액** : 38억 달러(2013년)
- **PER** : 30.074
- **업계위치** : 과자업계 1위, 우유 및 음료업계 4위
- **업종** : 식품 및 음료
- **시가총액** : 1,278억 6,900만 홍콩달러
- **CEO** : 채연명 蔡衍明, 1957년 12월 27일 타이완출생

▶ 타이완계 기업들의 정치적 배경

마이크로소프트, 삼성전자, 현대중공업, 와하하그룹, 왕왕그룹 등 전 세계 어느 기업 회장이 자산이 가장 많으면 그 기업의 가치 또한 최고가 된다. 회장의 자산이 많다는 것은 기업의 경쟁력이 높아 돈을 많이 버는 것이기 때문에 주가도 높다. 또 이런 기업이 대세종목이라고 할 수 있다. 우리나라 최고 부호는 세계 스마트폰의 최강자 삼성전자 이건희 회장이지만, 타이완의 최고 부자는 과자생산업체인 왕왕그룹의 채연명 회장이다. 그의 재산은 2013년 기준 106억 달러(약 12조 원)로 2012년보다 26억 달러(약 3조 원)가 늘어난 것이다. 삼성전자 이건희 회장의 12조 8천억 원과 맞먹는 수준이다.

왕왕이 중국에서 1등 기업이라는데, 왜 뜬금없이 타이완기업이 1등 기업이냐고 생각할지 모르겠다. 물론 우리나라 입장에서 보면 타이완도

하나의 국가이고, 중국과는 별개일 것이다. 하지만 중국인들은 타이완을 중국의 많은 지역 중 하나로 생각한다. 반면에 타이완 사람들은 비록 자국경제의 80% 이상을 중국에 의존하나 정치적으로는 독립되어 있는 엄연한 국가로 생각하고 있다. 1987년 중국이 개혁개방을 하기 전까지 중국과 타이완 사이는 우리나라와 북한 사이와 다를 바 없었다. 교류가 적고 서로를 적대시하였다.

하지만 1997년에 홍콩이 반환되면서 중국정부는 홍콩에 1국 2체제를 인정하였다. 홍콩은 중국으로 반환되었지만 150년 동안 영국의 지배를 받아 자본주의 기반의 독자적인 경제성장을 해왔다. 중국은 홍콩의 자치와 자본주의 경제체제를 인정해주고, 덩달아 모든 상품의 면세조치라는 경제성장동력을 부여했다. 이로써 홍콩경제는 한층 더 업그레이드되었으며, 중국정부의 이러한 조치는 홍콩인들의 큰 호응을 얻었다.

이러한 정책의 연장선상으로 중국에 진출한 왕왕그룹, 캉스푸, 통일그룹 같은 타이완기업에게 중국기업과 동일한 대우와 세제혜택을 주게 된다. 타이완의 경제를 먼저 흡수시키려는 것이다. 차후에는 타이완과의 교역도 늘어날 것으로 보인다. 2008년에 친중국파인 마잉주가 중국에 진출한 타이완기업들의 막대한 자금지원 아래 타이완의 총통으로 선출되었다. 친중국 성향이 강한 마잉주가 정권을 장악하자 일각에서는 정치까지 중국에 예속된 것이라는 의견이 나왔다. 실제로도 중국과 타이완의 무역액이 2013년에 100% 이상 성장하였다. 중국이 타이완의 국내 안정과 경제적 성장에 필수불가결한 존재가 된지는 오래이다. 타이완의 높은 대중 경제의존도를 정치적으로 유리하게 유지하기 위해서라도, 중국정부가 타이완기업에게 주는 자국기업 이상의 혜택과 보장은 향후에도 지속될 것으로 보인다.

왕왕의 재무실적과 제품들

앞에서 언급한 중국과 타이완의 정치적 상황을 배경으로, 타이완계 기업인 왕왕식품은 2013년에 중국시장에서 300억 달러(약 30조 원) 이상의 수익을 냈다. 왕왕은 매년 15% 성장하는 중국 과자업계의 1인자이다. 왕왕의 매출에서 쌀과자와 유제품의 비중은 각각 24%와 51%이며, 아이스크림·젤리·과자를 포함한 스낵류는 25%이다.

1962년 한 타이완식품회사에 입사해 노하우를 쌓은 채연명 회장은 1979년 독자적으로 왕즈旺仔라는 브랜드를 만들어 독립한다. 1979년에는 일본에서 유행하는 쌀과자의 성장성에 주목해, 일본 쌀과자업체와 기술을 협력해 타이완에서 성공적으로 쌀과자를 생산하게 되었다. 지속적이고 대대적인 광고로 시장점유율을 높였는데, 1980년대에는 타이완 최고 과자기업인 통일그룹을 넘어 타이완시장에서 95%의 시장점유율을 자랑한다. 1983년 '왕자'에서 '왕왕'으로 상표를 전환하였고, 이후 출시된 랑웨이셴浪味仙, 쉐웨雪の月, 왕즈과자旺仔小饅头 등이 대중의 호응을 받으며 타이완 최고 기업으로 거듭났다.

왕왕의 3대 상품은 쌀과자, 유제품 및 음료, 과자이다. 각 제품은 매출에서 23.85%, 52.4%, 23.6%를 차지한다. 특히 쌀과자, 유제품, 과자는 고마진 상품이다. 높은 시장점유율, 지속적인 신제품 출시, 제품의 다양화 전략이 시대풍조와 맞아 좋은 반응을 얻고 있다.

2013년 왕왕그룹은 새롭게 선보인 신제품들이 좋은 반응을 얻어 38억 달러의 수익을 올렸다. 이것은 2012년보다 13.7% 상승한 수치이다. 유제품과 음료제품은 17% 성장했고, 쌀과자는 12% 성장했으며, 과자제품의 수익은 8.4% 성장했다. 해외수출보다는 중국시장 내에서 14.3% 성장한 것이다. 해외판매는 2012년보다 3.5% 감소했는데 이것은 인건

왕왕그룹의 과자제품

비 등 생산원가 상승이 재무에 마이너스를 가져온 것이다. 전통시장과 일반 마트 등 오프라인 판매에 주력했던 왕왕은 전자상거래시장 개척에도 적극 나서고 있다. 이로 인해 왕왕의 매출도 크게 늘어날 것으로 기대된다.

- 쌀과자제품

 2013년 쌀과자제품류 수익은 9억 달러로 2012년보다 12% 증가했으며, 중국 내에서는 13.7% 성장했다. 쌀과자제품은 단품으로 판매하는데, 중국 7억 농촌인구와 춘절의 6억 명 이상의 귀향객들을 대상으로 판매된다. 이때 중·노년층이 즐기는 쌀과자제품을 위주로 선물세트를 구성한다. 춘절 전에 판매가 급증하는데 2012년에 2,176억 달러에서 2013년에 2,488억 달러로 14.3% 성장했다. 쌀과자선물세트는 우리나라 과자선물세트와 비슷한 개념으로, 왕왕의 쌀과자선물세트는 춘절에 필수로 구매하는 보편적인 제품이다. 향후에도 제품의 다양화를 통해 매출상승에 기여할 것으로 보인다.

- 유제품 및 음료

 우수한 브랜드와 품질을 보유한 왕왕 유제품은 비용이 많이 드는 TV광고보다 입소문 같은 간접적인 마케팅을 우선으로 하고 있다. 2013년에 바이럴 마케팅을 성공적으로 이끌면서 1조 9,989억 달러의 매출을 올렸다. 이것은 2012년 1조 7,086억 달러보다 17%나 성장한 것이다. 2014년에는 중국산 우유가 부족할 전망이라 공급부족으로 이어질 수 있으나, 공급상의 규모가 커짐에 따라 매출상승 추세는 계속될 것으로 보인다.

왕왕의 유제품군은 멍니우나 이리 같은 전통적인 유제품기업과는 달리 20세 미만의 유아층과 청소년 등을 주요 고객으로 하고 있다. 왕왕의 유제품은 귀여운 로고에 나타나 있듯이 어린이들이 즐겨 찾는다. 어릴 적부터 왕왕제품이 익숙한 고객들이 성인이 되어서도 믿고 사는 제품인 것이다. 이것은 현재의 매출뿐만 아니라 미래의 매출상승에도 큰 기여를 할 것이다. 2013년에 왕왕우유는 70억 개가 판매되었으며, 앞으로 중국의 소득상승과 유통망 확대를 통해 매출이 향상될 것으로 보인다.

음료분야의 수익 역시 2012년보다 19.1% 증가했다. 과실주스 및 요거트인 오파오궈나이 O泡果奶 음료와 신제품 루쏸인 乳酸菌 이 시장에서 큰 호응을 받았으며, 지속적으로 성장하고 있다. 이 제품들은 2012년 대비 각각 41.5%, 48.7% 성장했다. 2013년에 출시된 바바나맛 우유의 시장 반응도 좋다. 2014년부터 출시되는 인허 銀河 요구르트와 페트병 용기에 담아서 나오는 유제품과 음료로 시장에서의 약진이 기대된다.

- **과자제품**

과자제품의 수익은 8.4%로 2012년 8,298억 달러에서 2013년 8,998억 달러로 증가했다. 아이스크림과 과일젤리는 신제품이 성공적으로 출시되면서 수익이 17.1% 증가했고, 콩제품이나 소형포장제품은 11.3% 성장했다. 2013년은 과자제품을 정리하는 시기였다. 상품의 생산가동률이 낮고 수익이 비교적 낮기 때문이다. 마진율을 개선하고 신제품 출시를 통해 향후에는 주요 제품으로 거듭나는 것을 목표로 하고 있다.

2014년에는 신제품 김맛 과자 海味类产品 와 인스턴트 오트밀죽 哎呦燕麦

粥, 그리고 왕왕만의 특색 있는 캔디와 과자를 내놓았다. 이 제품은 붉은색 포장을 사용했는데, 붉은색을 길吉한 색이라 여기는 중국인들의 풍습을 이용한 것이다. 왕왕그룹은 캔디류에서 우유맛 캔디를 제외하고는 실적이 저조했는데, 이 신제품 출시를 통해 명절 필수 선물로 자리를 되찾으려고 한다. 이전의 시장 공백을 메꿈으로서 더 많은 소비자에게 왕왕제품을 소비하도록 촉진할 것이다.

왕왕의 향후 발전

1987년에 중국정부는 사회주의 특유의 공동생산·분배의 경제정책을 버리고 과감히 개혁개방으로 전환하였다. 중국과 타이완의 관계가 호전되기 시작하면서, 타이완은 13억 6천만 인구의 중국시장 진출에 총력을 다하게 된다. 왕왕은 1989년에 타이완업체 최초로 중국 본토에 진출하게 된다.

왕왕은 베이징, 상하이 등 소득수준이 높은 대도시와 연해도시 위주로 과자업계 경쟁이 과열되었다 판단한다. 그래서 소득이 상대적으로 낮은 내륙지방이 성장할 것을 예상하여 1992년에 공격적으로 투자하기 시작한다. 중국정부와 서양기업들이 2000년도에 들어서야 서부대개발의 필요성을 느끼고 내륙지방에 투자한 것과 비교하면, 왕왕은 10년이나 앞서서 내륙시장에 진출한 것이다. 2014년 현재 왕왕의 제품은 중국의 벽촌까지 진출해 있다.

2009년에 왕왕그룹은 포화되고 경쟁이 치열해진 레드오션으로 전락한 식품업계에서 제품의 개발보다는 광고·선전과 같은 마케팅이 시장점유율 상승에 도움이 될 것이라 예측하였다. 이에 미디어업계로 사업영역을 넓혀 신문사 중국시보 中国时报·공상시보 工商时报와 방송사 중국

방송회사 中国电视公司, 중천티브이 中天电视를 인수합병하여 중국 언론계까지 진출한다. 2009년에는 여러 매체를 인수하면서 적자폭이 늘어나 주가가 잠시 요동쳤으나, 2010년부터는 여러 언론사의 대주주로써 매체에 왕왕그룹 제품을 대대적으로 홍보하였다. 이러한 전략은 맞아 떨어졌다. 해당 방송사의 직접광고와 PPL을 통한 간접광고를 활용한 경영방식을 통해 기존 대비 50% 이상의 매출을 올리는 데 성공한 것이다.

필자도 중국생활을 하면서 왕왕그룹의 제품을 즐겨 먹었다. 중국 과자가 맛이 있냐고 할지 모르겠지만, 왕왕의 과자들은 일본기술로 만들어졌기 때문에 맛이 깔끔하고 우리나라 롯데제과에서 만드는 제품들과 차이가 없다. 50년 역사의 기업이기 때문에 제품라인도 다양하다. 아기들이 먹는 젤리부터 노년층이 즐길 수 있는 설병제품과 초코과자 등 우리나라의 롯데제과와 비슷하다. 더욱이 중국은 식품안전 문제 때문에 자국산 제품보다 타이완계 제품을 중심으로 외국제품을 선호한다. 주가를 보면 타이완기업 식품에 대한 선호도를 알 수 있다. 식품안정성 문제가 화두가 될 때마다 중국 본토기업의 주가는 떨어지고 왕왕이나 캉스푸, 통일기업 주식은 상승한다. 중국인들은 자국제품보다 선진화된 타이완기

업 제품을 최고로 치는 경향이 있다.

　향후 5년간 왕왕그룹의 주가는 더욱 상승할 것으로 예상된다. 왕왕그룹은 매년 2차례에 걸쳐 안정적으로 현금배당을 하는 장점이 있는데, 자산 가치 상승과 안정적인 현금배당이 왕왕그룹의 매수 포인트이다. 하지만 식품주를 대표하는 주식이므로 중국 내의 매출액과 주가의 관련성이 높다. 중국의 소득과 휴일이 늘어남에 따라 매출이 상승하지만, 설날인 춘절에는 현금이 필요하기 때문에 주식을 매각해서 현금으로 전환하는 비율이 높다. 이 때문에 주가하락의 요인이 되고 있다. 매년 5월과 9월경의 배당 이후에 매도가 늘어나는 것을 주목할 필요가 있다. 춘절 효과와 배당으로 떨어진 주가를 매수해 중·단기로 보유한 후 매도하거나, 중국 내수시장규모가 커질 것으로 예상해 3년 이상 장기보유하는 것도 유망해 보인다. 그렇지만 중국 내수시장 성장이 둔화될 시점이면 성장동력을 잃은 식품주들이 폭락할 가능성이 있음을 염두에 둬야 한다.

● 왕왕 재무제표

재무년도	2013. 12	2012. 12	2011. 12	2010. 12
유동비율 ^{CR}	192.20	192.10	138.70	169.90
당좌비율 ^{QR}	156.90	153.10	111.60	130.30
장기부채 대비 순자산비율	43.60	40.90	18.80	32.60
총부채 대비 순자산비율	64.70	62.90	77.10	60.00
자본 대비 부채비율 ^{DR}	44.40	44.00	63.80	44.90
자기자본이익률 ^{ROE}	35.40	34.70	31.50	33.40
투하자본순이익률 ^{ROIC}	24.30	24.30	26.10	25.00
총자산순이익률 ^{ROA}	15.80	16.00	13.40	15.60
경영자본이익률 ^{OER}	23.10	21.20	17.70	19.60

세전이익률	24.50	22.30	18.30	19.70
매출액이익률^{ROS}	18.00	16.50	14.20	16.00
재고품회전율	7.15	7.29	7.18	6.62
배당률	0.67	0.68	0.62	0.83
최고가^{HKD}	12.52	11.68	8.38	7.82
최저가^{HKD}	9.63	6.83	5.68	4.8
최대^{PER}(배)	31,051	35,967	34.04	37,114
최저^{PER}(배)	23,883	21,032	23,072	22,781
최고배당수익률	2.80	3.25	2.68	3.66
최저배당수익률	2.16	1.90	1.82	2.25

2. 중국인민재산보험

- 한글명 : 중국인민재산보험유한공사
- 중문명 : 中国人民财产保险股份有限公司
- 영문명 : PICC, Property and Casualty Company Limited
- 코드번호 : 02328
- 홈페이지 : www.piccnet.com.cn
- 매출액 : 2,235억 2,500만 홍콩달러(2013년)
- PER : 11.24
- 업계위치 : 화재보험업계 1위
- 업종 : 종합보험
- 시가총액 : 611억 200만 홍콩달러
- CEO : 우옌吳焰, 1961년생, 신장재경대학 금융학과 졸업

🔺 화재보험업계 1위

중국인민재산보험의 전신은 1949년 중화인민공화국이 건국되고 설립된 중국인민보험공사이다. 2003년 인민보험공사의 인수보험이 독립하고 중국인민재산보험만이 남아 주요 자회사가 되었다. 2013년 매출액은 2,235억 2,500만 위안이며 2012년 1,934억 8,700만 위안보다 300억 3,800만 위안, 즉 15.5% 증가하였다. 순이익은 2012년 104억 500만 위안에서 1억 5,300만 위안 증가한 105억 5,800만 위안이다. 중국 최대의 화재보험회사로 등록자본금은 136억 400만 위안이며, 2013년 〈포브스〉 세계 500대 기업 중 256위로 이름을 올렸다. 중국 대소사업의 보험을 전담하고 있고 2008년 베이징올림픽, 2010년 상하이엑스포의 전체 화재보험을 단독으로 담당하였다.

중국인민재산보험은 중국인민보험그룹의 자회사로 화재보험을 전담한다. 2003년에 홍콩거래소에 상장하였다. 중국인민재산보험의 모그룹 중국인민보험그룹은 중국 재정부 직속의 보험회사로 중국정부의 든든한 자금력을 바탕으로 주 업무인 화재보험뿐만 아니라 생명보험, 건강보험, 양로보험으로 영역을 넓히고 있다. 대규모 국책사업과 농촌 관련 농

민·농업보험을 주 업무로 하고 있다. 중국인민재산보험이 자회사라고는 하지만 그룹의 총 보험료수익 80%가 중국인민재산보험에서 나오기 때문에 두 기업의 연관성은 매우 크다.

차량보험, 기업재산보험, 가정재산보험, 화물운송보험, 책임보험, 상해보험, 단기건강보험, 선박보험, 농업보험, 보증보험 및 위안화와 외국화폐보험 등의 화재보험을 실시한다. 또한 각 화재보험의 재보험업무와 합법한 범위 안의 투자와 자금운용을 하고 있다.

2013년은 중국경제의 경착륙이 가시화되고 각종 자연재해 등의 불리한 환경에도 고객을 최고로 하는 전략을 통해 기존의 화재보험업무는 지속적으로 증가하는 추세이다. 신규보험, 담보이익가입률 또한 안정적인 상황이다. 또한 자산규모, 종합경쟁력, 경영업적 등은 최고점을 찍었다. 2013년 매출액은 2,235억 2,500만 위안으로 동기대비 15.5% 증가해 최근 3년 동안 가장 높은 매출을 올렸다. 차량보험업무의 매출액은 1,632억 7,600만 위안으로 15.2% 증가하였고, 기타보험의 매출은 602억 4,900만 위안으로 16.5% 성장하였다. 인민재산보험의 2013년 시장점유율은 34.4%로 화재보험 1위의 위치를 지속적으로 유지하고 있다.

중국인민재산보험은 보험업무와 투자의 호환을 통해 이익의 극대화를 실현하고 있다. 인민재산보험의 종합원가율$^{combined\ ratio}$(보험료수입과 보험금지급비율의 합)은 시장 평균보다 낮은 96.7%로 양호한 편이다. 종합원가율은 100%일 때 수입과 지출이

● **인민재산보험의 보험료수입**

연도	보험료수입 (100만 위안)
2005	65,936
2006	71,299
2007	88,591
2008	101,656
2009	119,464
2010	153,930
2011	173,372
2012	193,017
2013	223,525

같고, 100% 이하일 때 수익이 발생한다. 이것은 100만 원의 보험료수입으로 96만 7천 원의 보험료를 지급했다는 것이다. 그렇다고 그 차익인 3만 3천 원만이 매출이 되는 것이 아니라 각종 금융투자와 자금운용투자를 합쳐서 총 매출액을 정산한다.

2013년은 중국 남부지방의 태풍과 폭우 등의 자연재해로 담보수익이 21.4% 감소한 59억 6천만 위안을 기록했다. 투자수익은 96억 7,400만 위안으로 28.3% 증가하였고, 보험과 투자의 양호한 호환으로 순이익은 105억 5,800만 위안, 순자산 수익률은 20.5%로 업계 내 가장 높은 수치이다. 자산의 규모와 종합적인 경쟁력도 빠르게 상승하고 있다. 2014년 초 인민재산보험 총 자산규모는 2,194억 2,400만 위안으로 2012년 대비 10% 증가하였다. 또한 57억 5,400만 위안의 신주를 발행(유상증자)했다. 투자자산의 규모는 2,394억 9천만 위안이며, 보상지급능력은 180%로 양호한 상태이다.

화재보험업계에서 경쟁기업들이 늘어나고 수요가 줄어드는 배경에서 보험서비스의 품질이 나날이 중시되고 있다. 인민재산보험은 판매와 서비스업무를 증강시키고, 경영관리 혁신과 리스크 관리를 지속적으로 실시할 전망이다. 인민재산보험은 2013년에 홍콩거래소에 상장된 상위 실적 기업 100개 중 39위를 기록했다. 이것은 2012년보다 11단계 상승한 것이다. 또한 6년 연속 중국 비정책성금융기구로 A1등급을 획득하였고, 2013년 아시아 최고의 비보험회사상을 수상하였다. 다음은 중국인민재산보험의 주요 연혁이다.

1. 1986년 대아만핵발전소 전체 안전보험, 20억 달러
2. 1990년 중국 1호 우주위성 아시아1호 품질보험

3. 1996년 동해평호 해상유전 안전보험 2억 7천만 달러
4. 1997년 장강삼협댐 수리공정 보험
5. 2002년 연속 7년 태산발전설비 안전보험 12억 달러
6. 2005년 중앙방송국 신설건물 안정보장 50억 위안
7. 2007년 핵발전소 랴오닝 홍연공정 보험 40억 달러
8. 2007년 베이징, 항저우, 성도, 선전 등 8개 도시의 지하철 안전보장
9. 2008년 베이징올림픽 성화봉송안전 보험, 전 세계 21개 도시와 중국 113개 도시 성화전달실시 17억 위안
10. 2010년 인공위성 신로 5호와 6호 안전보험
11. 1974년부터 35년간 민간항공회사 비행기 1천 대 안전보험가입, 450억 위안
12. 20년간 중국 인공위성 5개 보험료수입 총 7억 달러

● 인민재산보험 재무제표

재무년도	2013. 12	2012. 12	2011. 12	2010. 12
유동비율^{CR}	198.60	178.90	226.30	206.50
당좌비율^{QR}	198.60	178.90	226.30	206.50
장기부채 대비 순자산비율	34.00	42.70	54.90	53.20
총부채 대비 순자산비율	34.00	42.70	54.90	53.20
자본 대비 부채비율^{DR}	7.60	8.60	9.50	8.50
자기자본이익률^{ROE}	18.40	22.90	22.80	19.90
투하자본순이익률^{ROIC}	4.10	4.60	4.00	3.20
총자산순이익률^{ROA}	3.30	3.60	3.00	2.60
경영자본이익률^{OER}	6.00	6.90	6.00	4.50

세전이익률	6.00	6.90	5.90	4.30
매출액이익률^{ROS}	0.047	0.054	0.046	0.034
배당률	0.306	0.26	0.329	–
최고가^{HKD}	13.44	10.991	14.111	12.42
최저가^{HKD}	8.16	7.464	7.036	6.51
최대^{PER}(배)	13.224	10.904	16.763	23.255
최저^{PER}(배)	8.029	7.405	8.358	12.189
최고배당수익률	3.812	3.506	3.941	–
최저배당수익률	2.314	2.381	1.965	–

3. 캉스푸

- 한글명 : 캉스푸홀딩스 / 강사부홀딩스
- 중문명 : 康师傅控股有限公司
- 영문명 : Tingyi (Cayman Islands) Holding Corporation
- 코드번호 : 00322
- 홈페이지 : www.masterkong.com.cn
- 매출액 : 109억 4,099만 6천 달러(2013년)
- PER : 38배
- 업계위치 : 라면업계 1위, 음료업계 1위
- 업종 : 식품 및 음료
- 시가총액 : 1,162억 5,600만 홍콩달러
- CEO : 웨이잉저우 魏应州, 1954년 타이완 출생

▼ 중국의 농심

하루가 다르게 치솟는 물가로 우리나라에서 라면은 기호식품이 아니라 국민식사이다. 1963년에 시작된 라면은 현재 신라면 49%, 삼양라면 18%, 안성탕면 13%, 너구리 5%의 시장점유율을 보이고 있다. 제2의 주식이라는 말에 걸맞게 연간 1인당 소비량이 72개이다. 다섯 끼니 중 한 끼는 라면이라는 소리이다.

2013년 세계라면협회에 따르면 중국의 라면판매량은 약 1천억 개로 세계 1위의 소비량이라고 한다. 하루에 소비되는 라면만 해도 1억 개로 35일이면 우리나라 인구가 먹을 1년 치의 라면을 먹어버리는 것이다. 물론 인구가 13억 6천만 명이라 500억 개가 팔린 것만은 아니다. 12억 인구의 인도는 라면 소비량이 매년 45억 개로, 5천만 명인 우리나라가 35억 개를 소비하는 것과 비교하면 큰 차이가 없다. 인도는 라면을 즐겨 먹지 않는 것이다. 즉 라면 소비량의 증가는 자국의 풍토와 제품의 질에 따라 다른 것이다. 매년 신제품이 100종류 이상이 나오고, 소득이 증가하고, 개혁개방 이후 사회에서 경쟁이 치열해지면서 라면소비가 폭발적으로 늘어왔다. 물가안정을 위해 2012년부터 시작한 정부의 제품 부가가치세 인하는 라면가격을 안정시키면서 라면소비를 촉진시켰다.

중국 라면업계의 1인자는 50% 이상의 시장점유율을 차지하고 있는 캉스푸그룹이다. 그 뒤를 이어 2위 바이샹그룹 18%, 3위 화룽진마이랑 16%, 4위 통일그룹 15%이다. 이것만 보더라도 캉스푸가 라면업계에서 독보적인 존재임을 알 수 있다. 우리나라 라면으로는 신라면이 있는데, 중국의 제품에 비해 2배 이상 비싸고 중국인의 입맛에 맞춰 판매하기 때문에 맛이 약간 다르다. 신라면은 2014년에 매출액이 사상 최대치를 경신했는데, 중국인의 소득이 늘어나고 라면소비시장이 커졌으며 드라마

〈별에서 온 그대〉와 같은 한류 붐 덕분이다. 하지만 실제로는 중국 제품보다 2배 이상 비싸고 소량의 건더기 때문에 경쟁력이 낮다. 시장점유율은 1~2% 정도이며 주로 한류 마니아 층과 재중 한국인들이 즐겨 먹는다. 중국 제품들의 질과 가격경쟁력이 더욱 높아져 입지가 좁아지고 있다.

캉스푸를 시장점유율 1위의 자리에 올려놓은 제품은 홍샤오니우로우면, 즉 소고기맛 라면이다. 그 외에도 진마이랑의 탄성면(면발이 탄력 있다는 뜻), 바이샹의 오곡면(5가지 오곡으로 면을 만들고 돼지뼈로 국물을 우려냄), 통일그룹의 라오탄쏸차이면(중국전통짠지)이 있다. 이 중에서 우리나라 신라면처럼 무난하게 즐기는 라면이 캉스푸의 라면이다. 우리나라에서 라면하면 신라면이듯이, 중국에서도 라면하면 캉스푸의 라면이 일반적이다. 저렴한 가격에 스프가 3개이며 가공 소고기 건더기까지 씹힌다.

캉스푸는 타이완의 팅신그룹과 일본 산요푸드가 합작하여 설립한 회사이다. 두 회사가 캉스푸의 지분을 30%씩 보유하고 있고, 1996년 홍콩거래소에 상장했다. 2013년 매출액은 109억 달러로 2012년 92억 달러보다 18% 상승했다. 매년 17% 이상 고속성장을 유지하면서 2013년에 영업이익이 33억 달러를 기록했다. 2012년에 비해 20% 증가한 것이다. 매년 증가폭이 커지고 있어 제품의 시장점유율이 매출과 함께 주가상승에 직접적으로 영향을 준다. 갈수록 치열해지는 라면업계에서 2010년부터 평균주가 20홍콩달러를 유지하고 있는 초우량 기업이다.

라면업계 1위인 캉스푸홀딩스는 자회사로 중국 패스트푸드업계 1위 KFC의 아성을 노리는 햄버거전문점 디스코스^{Dicos}, 텐센트와 O2O 서비스를 연계한 패밀리마트^{FamilyMart}, 상하이를 중심으로 3위의 유제품기업을 꿈꾸는 미전味全, 대형마트 테스코의 주식 90%를 보유한 독보적인 기업이다. 손만 대면 성공한다고 해서 중국 식품계의 마이더스 손이다. 캉스푸홀딩스는 지분 33.27%를 보유한 일본기업 산요푸드에 지속적으로 영향을 받아왔다. 일본의 깔끔한 맛과 타이완기업의 중국 본토화가 어우러져 중국인의 입맛을 사로잡고 있다.

패밀리마트는 익숙한 이름일 것이다. 우리나라 CU편의점의 전신이다. 테스코는 홈플러스가 영국 테스코의 자본과 기술력으로 국내에 진출한 대형마트이다. 디스코스는 중국 도시 어디를 가도 볼 수 있는 캉스푸만의 매장이다. 맥도날드와 KFC의 선진화된 체인점 문화를 전수받고, 중국인들의 입맛을 사로잡는 타이완풍의 음식과 현지화로 성공했다. 식품체인에서 KFC, 맥도날드에 이어 3위를 차지하고 있다. 타이완풍의 음식과 음료를 좋아하는 중국인들 입맛 덕분이다. 중국인들에게 타이완은 정치적인 문제 외에는 중화권에서 가장 우수한 문화를 가진 동경의 대상이다. 캉스푸는 이것을 전략 포인트로 삼아 중국 내수팽창에 따른 제1의 수혜주가 되었다.

캉스푸의 창업주는 타이완 출신인 웨이잉저우 회장이다. 그는 타이완에서 식용유공장을 운영하다 1985년 중국 여행길에서 당시 중국에는 없었던 컵라면의 가능성을 확인했다고 한다. 그래서 1988년에 타이완기업이 중국에 진출할 수 있게 되자 과감히 식용유사업을 포기하고 라면으로 사업을 전환하여, 1992년 톈진에 캉스푸라면 공장을 설립하였다. 창업주의 예상대로 중국은 라면시장이 폭발적인 성장하게 되었으며, 캉스푸는 급속히 성장해 오늘날의 캉스푸홀딩스 건립에 기초가 되었다.

➡️ 중국 식품업계의 최강자

2014년 6월 기준으로 캉스푸는 38배의 높은 PER을 유지하고 있다.

일각에서는 고평가되어 있다고 평가하지만, 2014년 상반기 시작한 중국 2자녀 정책으로 2016년에는 본격적으로 과자와 음료매출이 증가할 것으로 보인다. 중국정부의 도시화정책과 농촌의 소비증가 등으로 탄력을 받아 매출상승률이 주가를 끌어올리는 원동력이 될 것이다. 여름철에는 라면판매가 줄어들고, 음료시장과 아이스크림시장이 커진다. 1~2월에 춘절과 관련하여 가족들이 모여 외식을 즐기는 시기에는 라면매출이 급감하는 모습을 볼 수 있다. 이런 계절적인 요소를 감안하고 투자해야 한다. 캉스푸는 매년 불거지는 식품안전문제에서 한 발짝 물러나 있다. 캉스푸가 일본자본으로 형성된 기업이라는 이미지가 강해 주가하락으로까지 이어지지 않는 것이다. 만약 캉스푸의 안전문제가 불거진다면 재빨리 매도를 해서 손실을 줄여야 할 것이다.

중국 주식은 주가가 싸지만 주식발행량이 300억 주 이상이며, 중국 기관투자자와 외국인 기관투자자들이 주를 이루는 홍콩거래소에서는 나빠진 기업 이미지를 감당하면서 펀드를 유지하기 힘들다. 그래서 빠른 매도가 주로 보인다. 국내 언론도 중국 라면업계 1위인 캉스푸 뉴스에 관심이 많기 때문에 정보를 쉽게 접해 우리나라 투자자들도 빠른 매도를 할 수 있다. 기업의 시장점유율이 높은 것은 매출증가폭이 넓다는 것이지만, 아무리 선진화된 기업이라도 중국처럼 넓은 땅덩어리를 대상으로 서비스를 제공한다는 것은 쉽지 않다는 것을 늘 명심해야 한다.

2013년 중국의 GDP는 7.7% 증가했고 소비자물가지수^{CPI}는 2.6% 증가했다. 사회소비품 소매판매액은 13.1% 증가했고, 생산자물가지수^{PPI} 1.9% 감소했다. 경제성장속도가 둔화되고 있는 것이다. 캉스푸 또한 2013년 총 매출액이 2012년보다 18.77% 상승한 109억 4,099만 6천 달러이다. 인스턴트라면과 음료의 매출은 2012년보다 9.38%, 27.09%

증가했다. 라면매출액은 치열한 시장경쟁과 인건비 상승으로 13.37% 감소한 수치이다.

캉스푸는 2013년에 중국시장 내에서 브랜드 위치와 판매망을 강화하였다. 심화되는 시장경쟁

마트 내 캉스푸 제품

에서 광고 비중이 날로 높아져 가는 것이다. 2012년 매출에서 20.26%를 차지하던 광고선전비용은 2013년에 0.88%p 오른 21.14%였다. 식품시장과 같은 대표적인 내수산업들이 성숙기를 맞이하면, 신제품개발보다는 기존의 제품군을 통한 시장점유율 확장이 더욱 중요해지면서 광고선전비용이 증가한다.

◆ 캉스푸의 인스턴트 라면

인스턴트 라면사업 2013년 매출액은 43억 3,221만 달러로, 2012년보다 9.28% 증가했고 캉스푸그룹의 총 매출액 중 39.60%를 차지한다. 2013년 원자재가격의 상승과 프로모션 행사로 인해 사업마진율은 0.76%p 감소한 29.24%이나 마진은 2012년보다 6.6% 상승하였다.

AC닐슨에 따르면 캉스푸의 라면 판매량과 시장점유율은 44.1%, 56.4%이다. 중국의 마트에서 캉스푸 라면이 절반을 차지하고 있고 매출액과 비교하면 우리나라의 농심과 같은 시장점유율을 보이고 있다. 캉스푸 라면의 주력 상품은 홍샤오니우로우면红烧牛肉面으로 젊고 건강하고 풍부한 영양을 모티브로 삼는다. 중국의 가왕으로 불리는 가수 우천그룹羽泉组合을 모델로 내세워 스타마케팅을 실시하고 있다. 우리나라 2000년도 초반 인기 드라마 〈논스톱〉과 비슷한 청춘드라마

〈사랑아파트愛情公寓〉의 주요 광고상으로, 제품의 이미지를 한층 업그레이드시키고 있다.

2013년 초에는 업계 2위이자 60년 역사의 통일기업 신제품 라오탄쏸차이면이 출시되어 캉스푸의 시장점유율과 판매액이 몇 개월간 20% 이상 떨어지는 현상이 나타났다. 우리나라의 꼬꼬면이 라면업계에 혜성처럼 나타난 것과 비슷하게 생각하면 이해할 수 있을 것이다. 통일기업의 신제품 발매가 캉스푸의 매출에 악영향을 미쳤지만, 캉스푸와 그 외의 라면업체들 또한 라오탄쏸차이면과 비슷한 라면을 출시하면서 원래의 매출액과 시장점유율을 되찾고 있다. 각종 프로모션을 통해 매출액과 시장점유율은 소폭 상승하였지만, 통일기업의 야심한 신제품으로 인해 마진은 작년에 비해 떨어진 것을 볼 수 있다.

캉스푸 라면은 홍샤오니우러우면을 비롯해 라면제품군만 110가지가 넘고, 신제품만 해도 매년 15개 이상 나온다. 제품의 다양성에 치중하는 것은 중국의 넓은 대륙과 각 지방마다 추구하는 맛이 다르기 때문이다. 실제로 각 지역마다 인기상품이 다르다. 예를 들어 해산물라면은 중국의 화동지역 상하이·저장 등지에서 인기이고, 소고기맛 라면은 내륙지방인 산시성이나 쓰

촨성 등지에서 매출이 좋다. 톈진, 항저우, 난징, 성도 등 중국 중점도시에 라면공장을 신설하여 시장에 더욱 신속히 제품을 공급할 수 있게 되었다.

🔻 캉스푸의 음료사업

2013년 중국 음료업계는 6.9% 성장하였으며, 2012년에 비해서는 성장폭이 소폭 둔화되었다. 캉스푸의 음료사업 총 매출액은 62억 6,847만 2천 달러로 기업 총매출의 57.29%를 차지하고 있다. 이것은 2012년보다 27.09% 상승한 수치이다. 마진율 또한 1.14%p 상승한 30.75%로 2011년부터 운영비 절약과 미국의 펩시와의 연계를 통한 전략이 매출상승으로 이어졌다.

차 음료 부문에서는 시장점유율이 51.8%로 2012년보다 4%p 상승했고, 1위를 달리고 있다. 밀크티시장에서는 시장점유율이 21.5%로 2012년보다 2배 이상 상승하였다. 혼합과실음료 부분에서도 시장점유율 25.9%로 1위를 차지하며 2012년보다 1.7%p 상승했다. 2013년 식품안전에 민감한 중국인들을 상대로 안전을 강조한 새로운 포장이 시장점유율 상승에 큰 역할을 하였다. 주요 상품으로는 캉스푸주스^{康师傅果汁}, 매일C^{每日C}가 있다.

캉스푸와 합작을 시작한 펩시는 2013년 음료업계에서는 이례적으로 두 자릿수 성장을 했는데, 이것은 주요 경쟁상대인 코카콜라의 성장률보다 3배 이상 높은 수치이다. 중국 탄산음료시장에서 펩시의 시장점유율은 31.8%로 2012년보다 1.3%p 상승했다. 펩시는 중국에서 코카콜라보다 시장점유율이 높은 49.4%이다. 탄산음료시장에서 30% 이상의 시장점유율과 과실음료업계에서 과일향 탄산음료인 미란다를 필두로

30.3%의 시장점유율을 차지하는 1위이다. 중국시장에서는 넓은 유통망을 가진 캉스푸와 합작투자로 중국 내 펩시의 시장점유율도 함께 증가했다. 음료부분에서 유독 탄산음료의 매출이 낮은 캉스푸도 펩시를 통해 제품의 품질과 인지도를 끌어올렸다.

AC닐슨의 조사에 따르면 2013년 중국의 과자업계는 2012년보다 매출액이 3.65% 감소하였다. 특히 샌드류 제품의 판매량은 6.72% 감소했다. 2013년 과자류 매출액은 2억 281만 9천 달러로 2012년보다 13.37% 감소했지만, 그룹 총매출에서 1.85%에 해당되어 감소 영향은 미미한 수준이다.

● 캉스푸홀딩스 재무제표

재무년도	2013. 12	2012. 12	2011. 12	2010. 12
유동비율^{CR}	66.50	70.40	59.10	75.70
당좌비율^{QR}	53.20	53.30	46.30	61.80
장기부채 대비 순자산비율	22.90	38.70	26.40	9.70
총부채 대비 순자산비율	58.20	58.30	60.10	34.80
자본 대비 부채비율^{DR}	34.90	31.70	37.00	23.80
자기자본이익률^{ROE}	14.20	18.00	20.20	26.20
투하자본순이익률^{ROIC}	8.50	9.80	12.40	17.90
총자산순이익률^{ROA}	4.80	6.10	7.20	9.70
경영자본이익률^{OER}	6.50	9.00	8.40	11.00
세전이익률	6.60	9.00	8.40	11.20
매출액이익률^{ROS}	3.70	5.00	5.30	7.10
재고품회전율	22.75	19.27	25.17	21.57
배당률	0.50	0.39	0.50	0.50
최고가^{HKD}	24	25.05	26	22.15

최저가^{HKD}	18.2	17.9	17.32	15.14
최대^{PER}(배)	42.402	39.415	44.582	33.398
최저^{PER}(배)	32.155	28.165	29.699	22.828
최고배당수익률	1.56	1.39	1.68	2.19
최저배당수익률	1.18	1.00	1.12	1.50

4. 칭다오맥주

- 한글명 : 칭다오맥주
- 중문명 : 青岛啤酒股份有限公司
- 영문명 : Tsingtao Brewery Company Limited
- 코드번호 : 00168
- 홈페이지 : www.tsingtao.com.cn
- 매출액 : 282억 위안(2013년)
- PER : 32.03
- 업계위치 : 맥주업계 2위
- 업종 : 주류
- 시가총액 : 361억 6천만 홍콩달러
- CEO : 쑨밍보 孙明波, 푸단대학 경영학박사

여름을 기다리는 중국의 맥주들

중국에는 춘절, 중추절, 국경절, 노동절 등 공식적인 휴일 이외에도 겨울에는 하얼빈 빙등제, 여름에는 칭다오맥주절이라는 휴가철에 맞춘 행사가 있다. 하얼빈 빙등제는 매년 겨울방학이 시작되고 겨울 평균온도가 −10도 이하로 떨어지는 하얼빈에서 세계 각지의 예술가와 조각가들이 모여 얼음과 눈을 조각하는 축제이다. 칭다오맥주절은 여름의 정점인 8월에 칭다오지역에서 열리는 축제로, 칭다오맥주를 메인으로 세계 각국의 맥주를 맛볼 수 있다. 이 행사에는 칭다오시의 시장도 참석해 칭다오맥주의 우수성을 전 세계에 알린다.

중국은 2002년에 미국을 제치고 처음으로 맥주소비량 1위에 올랐다. 맥주소비량이 1인당 30리터가 넘고, 전 세계 맥주소비의 30%를 차지한다. 지난 10년간 전 세계의 맥주소비량은 연 3% 성장하였지만, 중국의 맥주소비량은 연 8% 이상 성장하여 전 세계 평균 소비량을 끌어올리는 역할을 했다. 중국 맥주업계 1위는 화윤창업의 설화맥주, 2위는 칭다오맥주, 3위는 하얼빈맥주이다. 모두 세계 유수의 기업들과 합작방식으로 탄생한 맥주로 품질이 상당히 좋다. 설화맥주는 세계 제2위의 규모인 SAB밀러SABMiller, 칭다오맥주는 일본의 산토리, 하얼빈 맥주는 미국의 버드와이저와 합작 중이다.

여기에 2014년 초에 방영된 드라마 〈별에서 온 그대〉는 중국 내 한류 열풍을 재확인하는 계기가 되었는데, 드라마에서 전지현이 즐겨 먹던 치맥이 그 증거이다. 치맥, 치킨과 맥주는 중국의 소비자 중 젊은 층에게 폭발적인 반응을 이끌었다. 실제로 상하이·베이징·톈진·충칭, 4대 직할시를 중심으로 폭발적인 반응을 이끌어내어 대도시의 한국인이 운영하는 유명 치킨집이나 치킨을 파는 곳에서는 줄이 끝이 없을 정도였다. 평균매출은 500% 상승하였고, 4월 중국가맹협회에서 발표한 가맹 1위가 치킨과 맥주로 꼽히기도 했다. 여기에 중국인들의 소득수준이 올라가 건강을 중시하는 풍조가 늘어나자, 이전의 독한 고량주에서 독일풍의 부드럽고 도수가 낮은 맥주를 가볍게 즐기는 문화가 대세를 이루게 된 것이다. 맥주시장의 발전은 당연했다.

하지만 맥주시장에 투자하기 앞서 이 분야가 계절에 민감한 업종이라는 것을 염두에 둬야 한다. 일반적으로 맥주는 여름에 즐기기 때문에 날씨가 시원해지는 3월부터 7월까지 주가가 상승하다가, 쌀쌀해지는 가을과 겨울에 많이 떨어진다. 그러다가 1월과 2월 춘절 때에 다시 맥주소비가 상승하는데, 일부 가정에서 맥주를 데워먹는 독특한 문화가 있기 때문이다. 이 시기에는 춘절(설날)을 전후로 주가가 상승한다.

치맥 열풍으로 닭고기 관련 주식도 주가가 상승할 것이라 생각할지도 모르겠다. 하지만 홍콩거래소에 상장된 기업 중 냉동닭 관련 기업은 조류독감 때문에 기업이익률이 낮고, 유통망이 많이 떨어져 나간 상태다. 또한 중국 대륙은 각 지역마다 자체적으로 중소형 기업에서 냉동닭을 공급받기 때문에 주가에 실질적인 영향을 주지 못한다. 치맥 열풍은 맥주업계에만 영향을 준 것이다. 어쨌든 치맥 열풍 덕분에 중국 맥주업계 1위 화윤창업의 1등 상품 스노우맥주와 2위 칭다오맥주가 초우량 가치주로 등극했다.

두 기업의 시장점유율은 각각 22%와 16%로, 합치면 40%에 이른다. 일반투자자들은 보통 칭다오맥주가 중

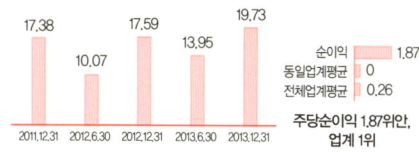

국의 대표적인 맥주라고 알고 있지만, 2013년에 화윤창업의 스노우제품이 4년 연속 1위였던 칭다오맥주 자리를 저렴한 가격과 유통망으로 빼앗아왔다. 향후에도 두 기업의 뺏고 빼앗기는 상황이 전개될 것으로 보인다. 중국의 전체적인 맥주시장 규모가 커짐에 따라 두 기업에 호재로 작용할 가능성이 높다. 중국의 맥주업계는 1위 화윤창업, 2위 칭다오맥주, 3위 하얼빈맥주를 중심으로 전국구가 형성되어 있고, 각 지역마다 지역을 대표하는 중소형 맥주회사가 지역구를 형성하고 있다. 향후 10년간은 상위 1~3위 기업들의 순위가 변할 가능성이 높다. 한편 3위 하얼빈맥주는 2010년까지 홍콩거래소에 상장되어 있었지만, 5%도 되지 않는 시장점유율로 수익률이 악화되자 미국 거대 맥주기업인 버드와이저에 인수합병되었다.

◆ 대륙에 불어온 치맥 열풍의 수혜주

칭다오맥주는 1903년 영국과 독일이 합작한 회사로, 중국에서 최초로 맥주를 생산한 기업이다. 2008년 베이징올림픽 공식후원 업체이자, 세계 500대 기업 중 하나이다. 1993년 7월에 중국기업 최초로 홍콩거래소에 상장되었다. 같은 해 8월에는 상하이거래소에도 상장되었다. 이로써 중국기업 최초로 상하이거래소와 홍콩거래소에 모두 상장한 기업이 되었다. 전국에 50개 이상의 공장을 보유하고 있다. 칭다오맥주는 1954년부터 전 세계로 수출되어 60여 개 나라에서 판매되고 있다.

칭다오 국제 맥주 축제는 중국 칭다오青岛시에서 열리는 맥주 축제이다. 8월 둘째 주부터 15일간 열린다. 칭다오시에는 칭다오맥주회사가 건립한 칭다오맥주박물관이 있는데 100년 역사와 문화·생산공예·다기능구역의 참관 구역으로 조성되어 있다. 관광객들은 각종 시각자료를 통해 칭다오맥주의 역사와 독특한 기업문화를 이해할 수 있다.

한때 칭다오맥주는 규모를 확장하고 저가판매로 시장점유율 늘리기에만 급급했다. 그러다가 2001년에 취임한 진즈궈金志国 사장은 저가격·저품질의 제품이 판치는 맥주업계에서의 경쟁이 무모하다고 판단한다. 그래서 가격은 조금 올리되 제대로 된 제품을 만들고, 신제품 개발에 박차를 가해 제품라인을 다양화했다. 또한 스포츠와 연계한 광고를 통해 내실을 다지는데 힘썼다. 3년 뒤 이러한 노력이 결실을 맺어, 매출액 1위인 설화맥주보다 2.5배 이상의 순이익을 기록하게 된다. 칭다오맥주의 경영혁신이 빛을 보게 된 것이다. 우수한 품질과 생산능력을 보유한 칭다오맥주는 2012년부터 시장확장을 중시하게 된다.

2013년 매출액은 282억 위안으로 2012년 대비 10% 상승했으며, 순이익은 16억 6천만 위안으로 2012년보다 12.64% 상승했다. 2013년 맥주총생산량은 5,062만 리터로 2012년 대비 10.14% 상승했고, 시장점유율 17.19%로 1.07%p 상승했다. 2011년과 2012년 감가상각액은 6억 위안, 8억 위안으로 매년 16% 증가했다. 공장 확충으로 2012년 경상이익이 감소해 21억 위안의 매출을 올렸다. 이것은 2011년 대비 −0.15%로 인건비 상승으로 인한 것이다. 2013년에는 23억 위안으로 10% 상승했는데, 매출증가와 구조조정으로 인한 경상이익이 상승했기 때문이다.

칭다오맥주는 2014년에도 매출이 10% 성장할 것이라 예측되지만, 리스크 또한 존재한다. 2014년 세계 최대 맥주 회사인 AB인베브ABInbev가 중국시장에 200억 위안을 투자해 10개 이상의 맥주공장을 설립할 예정이고, 화윤창업의 설화맥주 또한 중국 광동지역의 금위金威맥주를 인수했기 때문이다. 시장경쟁이 더 치열해질 것으로 예상된다.

● 칭다오맥주 재무제표

재무년도	2013. 12	2012. 12	2011. 12	2010. 12
유동비율^{CR}	110.40	138.30	133.90	164.50
당좌비율^{QR}	87.60	106.10	95.90	132.20
장기부채 대비 순자산비율	0.00	14.90	16.10	13.30
총부채 대비 순자산비율	13.60	16.10	17.60	15.50
자본 대비 부채비율^{DR}	11.70	12.30	13.50	12.70
자기자본이익률^{ROE}	14.10	14.10	15.60	15.80
투하자본순이익률^{ROIC}	12.10	10.80	12.00	12.90
총자산순이익률^{ROA}	7.20	7.40	8.00	8.60
경영자본이익률^{OER}	8.30	8.30	9.20	9.70
세전이익률	9.40	9.60	10.60	10.70
매출액이익률^{ROS}	7.00	6.80	7.50	7.60
재고품회전율	11.16	10.92	8.52	10.24
배당률	0.31	0.31	0.20	0.16
최고가^{HKD}	68.3	51.65	52	46.6
최저가^{HKD}	44.05	39.4	33.4	32.5
최대^{PER}(배)	36.523	31.838	32.808	35.056
최저^{PER}(배)	23.555	24.287	21.073	24.449
최고배당수익률	1.31	1.27	0.96	0.65
최저배당수익률	0.84	0.97	0.62	0.46

13장

스마트폰업계와 기타 주목할 만한 업계

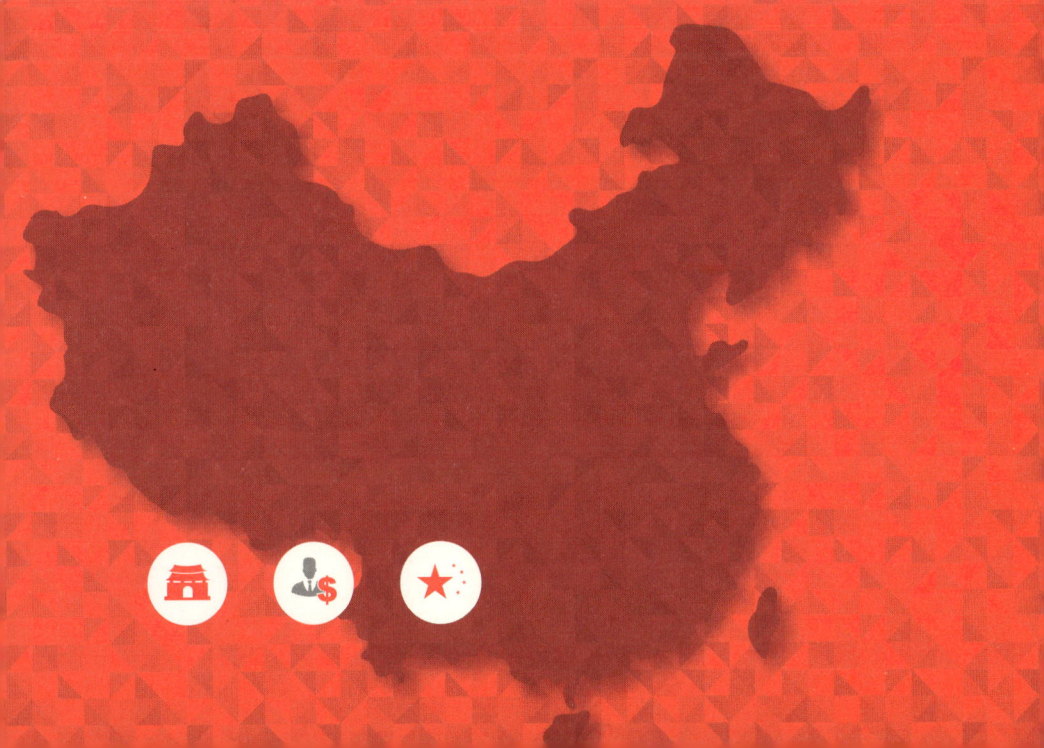

1. 스마트폰시장 환경분석

◆ 무너지는 삼성전자 스마트폰 점유율

　2013년 전 세계에 판매된 스마트폰 10억 대 중 3억 5,400만 대가 중국에서 판매되었다. 이것은 스마트폰 3대 중 하나는 중국인이 구매했다는 소리이다. 전 세계 스마트폰 판매증가율이 40~50%대인 반면, 중국은 90% 이상의 판매증가율을 기록하면서 세계시장을 견인하고 있다. 매년 꾸준히 증가하는 중국의 경제성장률과 중산층의 증가로 스마트폰 판매량이 급증하고 있다. 여기에 도시화정책의 연장선으로 무선인터넷 인프라 확장, 휴대폰요금제 개혁, 스마트폰 데이터지원 확대, 상하이 푸단대학교의 와이파이보다 빠른 Lifi 개발 성공으로 2016년에는 스마트폰 보유량이 7억 대, 2030년에는 10억 대가 될 것으로 전망하고 있다.

　2013년 3분기 삼성전자의 중국 내 스마트폰 점유율은 21.6%에 달한다. 이렇게 3년간 지켜오던 시장점유율이 2013년 4분기에 19.2%로 하락했다. 이 뒤를 이어 삼성 못지않은 규모에 가격은 절반인 2위의 레노버, 삼성전자와 기술력으로 승부하는 3위의 화웨이가 있다. 또 통신사 연계와 보조금 지원으로 영업력에서 우세한 4위 쿨패드[Coolpad], 혜성처럼 나타난 5위 샤오미, 여전히 살아 있는 6위의 애플, 퍼스트레이드 펑리 위안의 스마트폰인 7위 국모폰 ZTE(중싱전자)가 있다. 이 중 중국에서는 해외기업인 1위 삼성전자와 6위 애플 아이폰의 시장점유율은 19.2%와 7.3%로, 전체의 26%를 차지한다. 하지만 성장세는 갈수록 둔화되고 전체 시장의 50% 이상을 차지하는 중국산 스마트폰의 텃세와 중저가전략으로 그 입지가 갈수록 좁아지고 있다.

　중국은 2011년부터 자국제품을 애용하자는 사회 분위기를 조성하고 있다. 또한 이동통신사와 함께 대대적으로 원화로 16만 원대인 저가폰 판촉과 요금제 혜택 등으로 고객들을 끌어모으고 있다. 그래서 2013년 중국에서 판매되는 제품 10개 중 8개가 중국산이고, 16만 원대의 제품을 생산하는 기업이 2012년 190곳에서 2013년 376곳으로 대폭 증가했다. 베이징, 상하이 같은 대도시뿐만 아니라 7억 인구의 농촌까지 진출해 시장점유율이 빠르게 성장하고 있다. 이런 흐름을 읽고 투자를 해야 한다.

앞에서 언급한 기업 중 투자가능한 기업은 시장점유율 15.6%이며 중국 내 스마트폰 업계 1위인 레노버와 시장점유율 5.5%의 7위 중싱전자이다. 화웨이, 쿨패드, 샤오미는 미국 나스닥시장 상장을 준비하거나 아직 상장 전이다. 중국 IT기업들은 상장을 하지 않거나, 상장을 해도 나스닥 혹은 홍콩거래소에 상장을 한다. 상하이 A주 시장에는 상장하지 않는 경향이 있는데, 상하이 거래소의 성숙도와 비효율 때문이다.

2. 팍스콘

- 한글명 : 팍스콘
- 중문명 : 富智康集团有限公司
- 영문명 : FIH Mobile Limited
- 코드번호 : 02038
- 홈페이지 : www.letussmart.com
- 매출액 : 49억 달러(2012년)

- PER : 51.49
- 업계위치 : 애플 아이폰 제조 하청업체
- 업종 : 전자기기
- 시가총액 : 318억 7,100만 홍콩달러
- CEO : 통원신童文欣, 타이완 출생

기다려라 삼성, 폭스콘이 간다

애플의 아이폰과 아이패드, 맥북의 제조업체로 잘 알려진 폭스콘은 타이완자본이 중국에 설립한 회사로 중국 내에 30개 이상의 공장이 있다. 아시아, 미국, 브라질, 유럽 등 전 세계에 200개 이상의 자회사, 120만 명의 직원을 가진 세계 최고의 전자제품 제조회사이다. 2012년 〈포브스〉 세계기업 순위 43위에 올랐는데, 20위 삼성에는 못 미치지만 제품제작을 의뢰받은 55위 애플보다 높은 순위에 랭크되었다. 세계 최대 제조전문회사로 애플 제품 외에도 미국 델Dell사의 컴퓨터 메인보드를 제조하고, 세계 판매 2위 노트북회사 아수스ASUS에도 제품을 공급한다. 컴퓨터 냉각기, 엑스박스 360, 플레이스테이션 2·3뿐만 아니라 모토로라, 노키아, 노니 에릭슨 제품도 생산하고 있다. 심지어 삼성전자와 LG전자 제품도 상당수 폭스콘에서 생산·납품되는 제조업의 종결자이다.

여러 제품군 중에서도 특히 애플의 아이폰 출시가 임박할 때에 주가가 요동치는데, 2009년 10월에 아이폰 4가 출시되기 몇 달 전부터 주가가 100% 이상 폭등하였다. 그 이후에도 아이폰 계열 제품이 이슈화될수록 주가변동이 있었으나, 스티브 잡스가 별세한 이후로 줄곧 하락세를 걸었다. 하지만 2014년 2월부터 폭스콘의 영웅 궈타이밍郭台銘 회장의 진두지휘 아래 '애플의 최대 하청업체'라는 꼬리표를 떼고 홀로서기에 박차를 가하기 시작했다. 세계 최고 기업들의 하청을 도맡아 하면서 쌓아온 기술력과 생산라인은 세계시장을 공략하는데 중점적인 역할을 할 것으로 보인다. 2012년에 삼성전자와 LG전자가 양분하고 있던 60인치 대형 텔레비전시장에 초저가 전략과 기술력으로 도전하여, 세계시장에 자체 브랜드로 어필하였다. 세계 최대 시장인 미국과 1조 원을 투자해 건설한 인도네시아 공장에서 삼성과 LG가 선보인 적 없는 초대형 120인치 초고해상도 TV를 2014년 4분기에 선보일 예정이다.

2014년 2월에 중국의 전기자동차 생산업체인 비야디^{BYD}의 주가가 20% 이상 폭락했다. 이것은 팍스콘의 전기자동차 사업진출과 큰 연관이 있다. 비야디가 정부의 전폭적인 지원 아래 팍스콘에 주요 배터리와 부품 주문생산을 줄곧 의뢰해 기술을 공유하고 있었는데, 팍스콘에서 독자적으로 전기자동차를 생산한다고 발표하니 주가가 폭락한 것이다. 뿐만 아니라 팍스콘은 세계적인 공급망을 가지고 미국 펜실베니아주 해리스버그에 대규모 공장을 설립하고, 중국과 미국시장을 중점적으로 공략하려 준비하고 있다. 독일의 BMW, 아우디 등과 파트너십을 구축하여 세계 전기자동차시장과 부품시장에 새로운 핵으로 발전할 전망이다. 더욱이 특허권 전쟁으로 불리는 기술시장에서 5만 개 이상의 특허권을 보유하고 있으며, 30만 개의 특허권 신청이 진행중이기도 하다. 우리나라의 전통적인 제조업인 자동차와 전자업계를 뒤흔드는 무서운 기업이기도 하다.

팍스콘은 직원들이 자살하는 문제 기업으로 알려져 있다. 글로벌기업들의 제품을 생산하면서 빡빡한 생산일정과 고효율로 수익창출을 강요하다 직원들을 비도덕적으로 대해 문제가 된 것이다. 견디다 못한 직원들이 자살하거나 자살을 시도해서 전 세계의 지탄을 받았다. 이것은 팍스콘의 경영방식도 문제지만, 글로벌기업들의 까다로운 검열과정과 짧은 생산기간 같은 요구조건 때문이기도 하다. 대기업 제조업파트에서 관리직으로 근무해보았던 경험으로 팍스콘 직원들의 고충을 이해할 수 있을 것 같다.

주가와 상품은 내면의 인간성과 도덕성이 아닌 자본으로 대표되지만, 팍스콘 문제는 주가가 3년 동안 바닥을 기어다니게 한다. '팍스콘의 저주'라고 불리며 투자자들이 등을 돌리는 현상이 발생하여 자본에도 양심이 있다는 말이 생겼다. 팍스콘 또한 이 3년 동안 롱런하는 기업으로 살아남기 위해 직원들의 복지와 생활에 신경 쓰기 시작했다. 2014년 현재는 높은 인센티브와 글로벌기업의 복지정책에 힘을 쏟고 인도네시아 등지로 생산공장을 이동했다. 노동자에게 고효율을 강요하고 장시간 근무를 요구하기보다, 저임금의 다수 노동자 생산 방식으로 방향을 전환하고 있다.

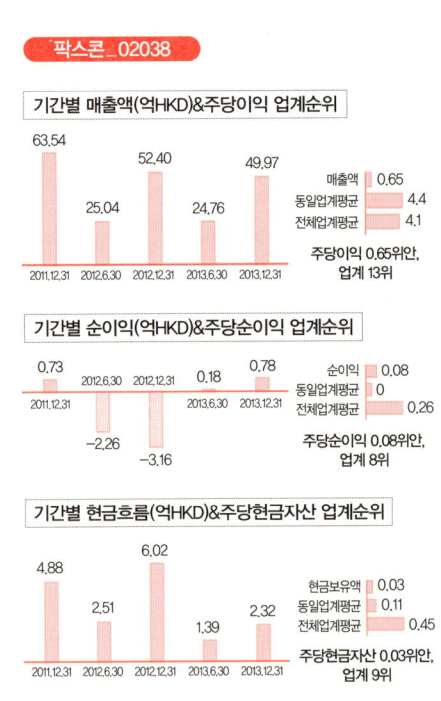

2012년 매출액은 49억 달러로 매년 마이너스 성장을 보여주었지만, 10%대의 마이너스 성장을 4%대로 줄이는 데 성공한다. 이는 자사제품 개발이 큰 역할을 담당했다. 경상이익 또한 적자에서 흑자로 돌아서는 등 과감한 구조조정과 혁신을 통해 신 성장동력을 중심으로 제2의 삼성 혹은 LG전자를 꿈꾸고 있다. 주가도 4년 연속 적자로 바닥을 헤매다가 자사제품 생산에 박차를 가함으로써 조금씩 꿈틀거리고 있다. 앞으로도 자사의 휴대폰, 전기자동차, 초대형 텔레비전 등을 지속적으로 선보일 예정이다. 최고 기업들의 제품을 오랫동안 생산한 노하우를 제품에 담는다면, 하이얼과 삼성을 뛰어넘는 기업으로 성장할 것으로 보인다.

  2012년은 유럽국가들의 긴축정책으로 세계경제가 지속적인 침체 상태였다. 모바일어플리케이션 시장의 지속적인 발전과 스마트폰시장 판도 변화는 아이폰을 생산하는 팍스콘과 애플 모두에게 손실을 가져다주었다. 스마트폰시장은 갈수록 경쟁이 치열해지고, 아이폰의 시장점유율은 갈수록 줄어드는 형국이다. 팍스콘도 2012년 매출이 52억 달러로, 2011년 63억 달러에 비해 17.5% 감소한 수치이다.

  글로벌 OEM브랜드와 레노버, 중싱전자 같은 신규기업이 시장에 참여하면서 업계들 간에 점유율을 차지하기 위한 경쟁이 치열하다. 글로벌 EMS^{Electronic Manufacturing Services}(전자제품수탁제조)시장 또한 가격책정 압력을 받고 있다. 제조비용, 인건비, 원자재가격의 상승으로 마진율이 대폭 낮아졌다. 이로 인해 팍스콘 자산의 감소와 적자폭이 증가했고, 자구책으로 행정비용 감소와 설비사용률 개선, 고정원가감소 등을 통한 적자폭 감소에 힘쓰고 있다.

  2012년 손실액은 3억 1천만 달러로 순이익은 7,300만 달러였다. 특히 유럽에서의 판매감소가 심각했다. 하지만 2013년 세계 경기와 유럽 경기가 회복세로 들어서면서 손실액이 2억 2천만 달러로 60.2% 감소되는 모습을 보인다. 지속적인 행정비용감소와 불필요한 지출을 막기 위한 노력이 적자폭을 줄이는 데 일조하고 있다. 또한 해외의 제조라인을 재조직하고 중국에서의 생산량을 재조정했다. 전면적인 구조조정과 시장변화에 적극적으로 반응하고 연구하는 시장연구원을 설립하여, 2012년 같은 실수를 반복하지 않기 위해 노력하고 있다.

　팍스콘은 지속적으로 R&D를 강화하고, 불필요한 해외사업과 제조사업을 정리해 중국과 타이완의 스마트폰설계공정에 지속적인 투자를 할 예정이다. 기존의 OEM사업의 제도혁신과 공정라인 개선을 통해 대형 메이저 회사에 제품을 더욱 빠르게 공급하려 한다. 팍스콘이 상품설계와 공급을 담당함으로써 메이저 회사들은 판매와 유통, 시장전략 등에 집중해 시장경쟁력을 높일 수 있게 되었다. 또한 아시아시장 경영에 약세인 유럽기업들의 상품을 대리유통 판매함으로써 경쟁력을 높여주는 역할을 하고 있다.

● 팍스콘 재무제표

재무년도	2013. 12	2012. 12	2011. 12	2010. 12
유동비율^{CR}	240	253	222	170
당좌비율^{QR}	227	230	188	138
장기부채 대비 순자산비율	–	–	–	–
총부채 대비 순자산비율	4	6	13	24
자본 대비 부채비율^{DR}	4	6	13	24
자기자본이익률^{ROE}	2	–9	2	–6
투하자본순이익률^{ROIC}	2	–9	2	–6
총자산순이익률^{ROA}	1	–6	1	–4
경영자본이익률^{OER}	3	–4	2	–1
세전이익률	2	–6	2	–3
매출액이익률^{ROS}	2	–6	1	–3
재고품회전율	22.12	15.06	10.45	8.86

배당률	–	–	–	–
최고가^{HKD}	5.6	6	5.99	11.68
최저가^{HKD}	2.6	2.22	3.2	4.76
최대^{PER}(배)	69.448	–17.879	76.372	–49.093
최저^{PER}(배)	32.244	–6.615	40.8	–20.007
최고배당수익률	–	–	–	–
최저배당수익률	–	–	–	–

3. 금산소프트

- 한글명 : 금산소프트
- 중문명 : 金山软件有限公司
- 영문명 : Kingsoft Corporation Limited
- 코드번호 : 03888
- 홈페이지 : www.kingsoft.com
- 매출액 : 21억 7,300만 위안(2013년)
- PER : 31.922
- 업계위치 : 인터넷서비스 2위
- 업종 : 온라인게임, 모바일게임, 백신소프트웨어 개발업체
- 시가총액 : 221억 홍콩달러
- CEO : 레이쥔雷军, 1969년 후베이성 출생, 샤오미그룹(업계 4위) 설립자

 샤오미의 레이쥔이 최대 주주

　금산소프트는 1988년 광둥성 주하이시 广东珠海에서 설립된 소프트웨어회사이다. 주요 상품으로 MS 오피스의 중국판인 WPS 오피스, 업계

2위 백신프로그램 금산백신, 인터넷사전 金山词霸, RPG게임 '검협정연劍俠情緣'이 있다. 주로 사무실용 프로세스, 유틸리티, 오락분야에서 두각을 나타내고 있다. 2013년에는 인터넷게임 '망검3网劍3'가 92%의 매출상승을 올렸고, 중국 MMO RPG 게임 중 가장 높은 성장세를 보이고 있다. 모바일백신 KIS 이용자는 2013년 3월에 4,600만 명이었다가 2014년 2월 기준으로 2억 1천만 명으로 급속히 성장하였다. 특히 모바일 속도 향상 프로그램인 청리대사清理大师의 이용자는 출시 6개월 만에 1억 명을 돌파하는 성과를 보였다. 청리대사는 2014년 1월에 구글 플레이Google Play에서 유틸리티 1위를 차지하였다. 여기서 눈여겨볼 점은 이용자들의 50% 이상이 해외 이용자들이라는 것이다. 이 어플의 성능과 인지도를 알 수 있는 대목이다.

금산소프트의 백신프로그램은 중국 2위의 백신으로, 2013년 1분기 모바일을 통한 매출이 8%에서 4분기 11%로 증가하였다. 금산소프트 오피스 프로그램의 모바일 이용자 또한 1,300만 명에서 3,400만 명으로 크게 늘면서 모바일에 투자를 집중한 조기성과가 나타냈다. 2012년에 매출이 38% 증가했고, 2013년에는 54% 증가하면서 꾸준히 성장하고 있는 회사이다. 2013년 백신프로그램의 매출은 7억 위안으로 2012년에 비해 2배 이상으로 성장한 것이다. 반면에 검색엔진 두바(www.Duba.com)와 브라우저 바오뱌오猎豹(표범)는 상대적으로 시장점유율이 저조한 분야이다. 하지만 백신, 오피스, 사전 등과 연계하면서 지속적으로 성장하고 있다.

2014년 게임판매와 배급을 통한 매출은 340만 위안으로 34% 증가하였다. 홈페이지를 통해 자사의 게임뿐만 아니라 다른 회사의 게임 400여 개를 같이 홍보하고, 게임머니를 금산소프트에서 독점하고 있다. 광고를 통한 수입, 타 게임 소개를 통한 수입, 게임머니 수수료로 1년 만에 폭발적으로 성장했다.

2013년 금산의 오피스 프로그램 'WPS2010'은 47%의 매출증가로 2억 8천 위안의 매출을 올렸다. 매출 중 51% 이상이 기업고객이다. 이 프로그램은 2013년 8월 중국 국무원에서 채택된 국산 오피스 프로그램으로 'Ms Office'보다는 성능 면에서 부족하지만 사용하기에는 충분한 제품이다. 더군다나 자국상품에 대한 애호와 보안이 중요한 정부기관에서 금산의 WPS를 선택하는 것은 당연해 보인다.

2013년에 인터넷게임사업이 29% 증가하면서 모바일게임에 밀려 하락세였던 PC게임산업에서 두드러진 성과를 보였다. 대표게임인 '망검3'은 2012년에 99%, 2013년에 92% 증가하면서 4억 5천 위안의 매출을 올렸다. 또한 금산의 FPS게임 'MAT'은 43% 증가한 8,800만 위안이다. 2014년 2월에는 새로운 모바일게임인 '서산거 西山居'를 출시하였다. 중국 중저가 휴대폰업계 3위인 모바일 회사 샤오미 小米가 적극적으로 합자투자를 승인하면서, 사양산업으로 전략해가는 인터넷게임에서 모바일게임으로 전략적 이동을 준비하고 있다. 또한 금산이 제공하는 클라우드 서비스 이용자는 5,200만 명으로 증가하였다.

2014년 1월 27일부터 금산은 미국 나스닥에도 상장을 준비하고 있다. 이미 미국 증권거래소위원회에 상장신청을 한 상태이다. 줄곧 인터넷업계에서 2인자 혹은 3인자의 위치에 있었지만, 상장 후 풍부한 자금력을 바탕으로 성장이 기대되는 기업이다. 금산소프트는 중국판 오피스 WPS를 중심으로 백신, 게임, 사전, 검색엔진, 브라우저로 성장하고 있다. 물론 인터넷업계에서 시장점유율이 10% 이하로 낮고 매출 수준도 텐센트에 절대적으로 미치지는 못한다. 하지만 각 분야와의 콜라보레이션, 모바일로의 빠른 전환, 나스닥 상장, 인터넷업계의 빠른 전환, 중국 유저들의 낮은 충성도 등을 고려하면 발전가능성이 충분하다.

● 금산소프트 재무제표

재무년도	2013. 12	2012. 12	2011. 12	2010. 12
유동비율CR	643.60	328.60	309.00	413.30
당좌비율QR	643.10	326.80	308.60	412.70
장기부채 대비 순자산비율	33.00	-	-	-
총부채 대비 순자산비율	33.50	16.40	16.40	5.30
자본 대비 부채비율DR	22.60	15.30	15.40	5.10
자기자본이익률ROE	19.80	17.20	15.30	19.50
투하자본순이익률ROIC	13.40	16.00	14.40	18.60
총자산순이익률ROA	11.60	11.90	10.80	15.20
경영자본이익률OER	36.40	36.30	38.30	31.50
세전이익률	38.00	37.40	37.70	45.30
매출액이익률ROS	30.90	30.70	31.80	38.30
재고품회전율	616.006	82.98	308.217	340.125
배당률	0.161	0.233	0.281	0.991
최고가HKD	23.3	5.63	5.95	7.38
최저가HKD	5.49	2.8	2.72	3.6
최대PER(배)	31.32	11.938	16.728	18.284
최저PER(배)	7.38	5.937	7.647	8.919
최고배당수익률	2.187	3.929	3.675	11.11
최저배당수익률	0.515	1.954	1.68	5.42

4. 항안국제그룹

- 한글명 : 항안국제그룹
- 중문명 : 恒安国际集团有限公司
- 영문명 : Hengan International Group Company Limited
- 코드번호 : 01044
- 홈페이지 : www.hengan.com
- 매출액 : 211억 8,600만 홍콩달러(2013년)
- PER : 26.637
- 업계위치 : 휴지·생리대업계 1위
- 업종 : 제지업
- 시가총액 : 940억 홍콩달러
- CEO : 스원보施文博, 1950년 푸젠성 출생, 2012년 〈포브스〉 601위의 제지업계회장

🔸 위생의식 수준이 높아지고 있는 중국

세계경기가 호전되고 중국의 도시화정책으로 도농 간의 소득상승은 위생에 대한 의식 수준을 높이고 있다. 항안그룹은 중국 내 휴지, 생리대, 기저귀 등의 상품을 제조하는 기업이다. 안얼러安尔乐, 신샹인心相印, 안러安乐 등의 브랜드를 보유한 기업이다. 전국 15개 성과 시에 40여 개의 독립법인이 설립되어 판매 및 유통을 하고 있다. 1998년에 홍콩거래소에 상장되었다. 2013년에 '중국기업 500강' 중 162위에 선정되었다. 또한 2013년 〈포브스〉에서 '아시아 50대 기업' '중국 내 500대 기업'으로 선정된 바 있다. 국내외 17개의 생산공장이 있으며, 연간생산량능력은 600만 톤이다.

항안그룹의 생리대 안러安乐, 기저귀 안얼러安尔乐와 휴지 신샹인은 2012~2013년에 국가품질검사위원회에서 검사면제 제품으로 등록되었

다. 항안그룹의 브랜드 제품 신샹인은 2005년에 국가품질관리국의 우수 브랜드로 선정되었고 ISO9001 : 2000 품질관리시스템과 상품품질의 인가를 받았다. 그만큼 중국정부와 국민의 신용이 높은 기업이다. 중국국가품질검사위원회에 검사면제를 받는 것은 중국 내 사업에 날개를 단 것이나 마찬가지이다.

중국은 중국기업뿐만 아니라 P&G, 유니레버 같은 세계 굴지의 기업들이 각축을 벌이는 시장이다. 중국기업들은 품질이나 경영, 자본력에서 미국, 유럽기업들에 비해 매우 취약한 상태이다. 그럼에도 외국계 기업이 중국에서 사업하기가 어려운데, 그 이유 중 하나가 중국의 국가품질검사위원회에 제품을 통과시키는 것이라고 한다. 시진핑정권이 들어서면서 검사기관이 중앙에서 지역으로 이전되고 검사 기일도 많이 축소되었다고 하지만, 외국계 기업들은 여전히 우대를 받지 못하는 게 현실이다. 중국기업과의 경쟁에서 위생 관련 외국기업이 제때에 신제품을 출시하지 못하면, 중국기업이 이미 시장을 선점하고 있어 시장진출이 매우 불리해진다. 이는 자국상품의 글로벌화와 세수확장을 위해서라도 자국기업에 암묵적인 우선권을 주는 것이 유리하기 때문이다.

항안그룹의 2013년 매출

액은 211억 8,600만 홍콩달러로 2012년 185억 2,400만 홍콩달러보다 14.4% 증가하였고, 순이익은 37억 2,100만 홍콩달러로 5.8% 증가하였다. 2013년 원자재가격 상승과 시장경쟁이 격화되는 악영향 속에서도, 원가관리와 조직개편을 통해 2012년 마진율이 44.9%에서 45.1%로 증가하였다. 하지만 인건비와 임대료의 상승으로 판관비(판매관리비)가 23.3%에서 24.8%로 증가하였다.

- **휴지사업**

국민의 생활 수준이 올라가면 깨끗함과 안락함을 추구하는 위생의식을 일깨우게 된다. 아직 중국의 휴지사용량은 개발도상국 수준이며 기대만큼 높지는 않다. 하지만 그렇기 때문에 시장잠재력이 큰 사업이다. 중국 휴지업계는 공급이 소비보다 많은 공급과잉시장으로 경쟁이 무척이나 치열하다. 항안그룹은 2013년에 휴지제품 시리즈를 늘리고, 우세한 브랜드와 넓은 유통망을 토대로 제품판매를 확장하였다. 같은 해 하반기에는 광고와 프로모션의 비중을 늘리면서 시장에서의 위치를 확고하게 다졌다.

휴지판매액은 2012년보다 11.6% 증가한 102억 400만 홍콩달러로 그룹 총매출의 48.2%를 차지한다. 2012년 49.4%에 비해 1.2%p 감소한 수치이다. 중국 내 휴지판매는 14.2%로 두 자릿수를 유지하였지만, 경쟁이 치열한 해외판매에서는 매출액이 감소하는 추세이다. 2013년 펄프 등 원자재가격 상승과 시장에 광고와 프로모션을 적극적으로 실시하면서 마진율이 34.1%를 기록했다. 이것은 2012년 35.4%에 비해 감소한 수치이지만, 2014년부터는 세계경기 회복과 펄프공급 증가로 인한 마진율 상승이 기대된다.

2013년에는 시장경쟁 과열로 인해 총 생산량이 2012년과 같은 90만 톤이었다. 2014년 하반기에 36만 톤급, 2015년에 12만 톤급 공장이 완공될 예정이다. 또한 2014년 2분기부터 적극적인 해외판매를 위해 해외판매 부서를 개선·확장하고 있다. 해외시장, 즉 한국, 일본, 유럽, 미국 등에 시장확대를 지속적으로 추진할 계획이다.

- 생리대사업

2013년의 생리대 판매수익은 21.5% 증가한 59억 7,200만 홍콩달러로 그룹 매출의 28.2%를 차지한다. 2012년의 26.5%보다 증가한 것이다. 이 증가로 휴지매출의 감소폭을 상쇄하고 있다. 또한 마진율이 66.3%로 0.5%p 상승하였다. 기존의 절대적 우위에 있는 저가시장을 유지하였다. 중국 여성의 위생관념 개선과 소득증가로 중·고급생리대의 신제품 출시가 매출상승에 크게 작용했다. 향후 기능성과 디자인을 특화한 제품을 지속적으로 출시하면서 그룹 매출상승에 큰 역할을 할 것으로 예상된다.

- 일회용기저귀사업

중국에 와서 거리를 걷다보면 아기들이 부모나 할머니, 할아버지와 길에서 즐겁게 있는 모습을 자주 본다. 외국인의 입장에서 이해할 수 없는 모습도 자주 목격되는데, 가장 경악한 모습은 아기들 바지 뒤로 구멍이 뚫어져 있다는 것이다. 이 구멍은 대소변을 자유롭게 보고 통풍이 잘되게 하기 위해서라고 한다.

초창기 중국의 기저귀는 외국산 제품이 주를 이루었다. 자녀들에게 기저귀를 채우기 시작한 것도 30년이 채 되지 않는다. 아기들이 기저귀를 차는 환경은 도시화율이 높은 대도시의 중국인 가정이나 외국인 가정이었다. 비싼 기저귀 가격도 있지만 기본적으로 중국인들은 기저귀가 불필요하고 민감한 아기 피부에 좋지 못하다고 생각했다. 여기에 중국인의 안전불감증으로 유해성 재료로 만든 기저귀가 염가로 전국에 유통되어, 아기들의 아토피와 건강에 악영향을 미치기까지 했다. 이러니 기저귀산업은 더디게 발전할 수밖에 없었다.

하지만 2000년 이후에 대도시를 중심으로 기저귀산업이 지속적으로 발전하고 있다. 농촌과는 다르게 기저귀는 점점 필수용품으로 바뀌었고, 대기오염·수질오염으로 아이를 보호하기 위해서라도 기저귀 사용은 필수가 된 것이다. 2013년부터 기존의 소황제(1자녀 정책)에서 2자녀 정책으로 전환하면서 기저귀 소비량은 지속적으로 성장할 전망이다.

2013년 항안그룹의 기저귀 판매수입은 29억 3,800만 위안으로 9.4% 증가하였고, 그룹 내 매출의 13.9%를 차지한다. 2013년 4분기에 신규 출시한 중고가브랜드 라라쿠拉拉裤의 매출이 17.9% 증가하였지만, 시장 저가상품의 치열한 경쟁으로 매출이 10.6% 감소하였다. 대신 중고가 제품의 마진율이 높기 때문에 저가제품판매의 감소를 상쇄하여 마진율이 44.5%를 기록했다. 이는 2012년 42.9%보다 상승한 것이다.

중국 기저귀 관련 기업들은 대부분은 미국과 유럽의 선진기술을 도입하고 있다. 제품품질은 큰 차이가 없다. 그래서 광고와 프로모션이 매출 증진에 중요하다. 2012년부터 개설한 전자상거래 홈페이지와 알리바바 산하 B2C 자회사 톈먀오天猫, 징둥상청京东商城, 이하오뎬一号店에 판매를 실시하고 있다.

■ **식품제조업**

식품제조업에서 항안그룹의 매출액은 16억 400만 홍콩달러로 15.7% 증가하였고, 이것은 그룹수익의 7.6%를 차지한다. 2013년 원재료인 설탕과 기름가격의 하락으로 마진이 2012년 38.2%에서 42.3%로 증가하였다.

향후 중국의 소득과 도시화율 상승으로 위생 관련 분야의 시장이 성장할 것이다. 우리나라만 보더라도 1990년대 이후 휴지와 생리대 사용이 급격히 증가하였다. 항안그룹은 휴지·생리대업계 1위로, 중국 내 높은 시장점유율과 신뢰를 발판으로 꾸준히 상승할 것으로 보인다.

● **항안국제그룹 재무제표**

재무년도	2013. 12	2012. 12	2011. 12	2010. 12
유동비율^{CR}	161.50	149.60	137.30	176.90
당좌비율^{QR}	135.60	114.20	108.00	131.50
장기부채 대비 순자산비율	37.40	26.90	3.30	14.30
총부채 대비 순자산비율	117.50	79.80	58.50	50.60
자본 대비 부채비율^{DR}	83.40	61.10	54.20	42.50
자기자본이익률^{ROE}	22.50	25.00	21.50	23.20
투하자본순이익률^{ROIC}	16.00	19.10	19.90	19.50
총자산순이익률^{ROA}	9.30	12.00	11.40	13.10
경영자본이익률^{OER}	24.00	25.60	19.30	22.30
세전이익률	23.70	24.50	19.10	22.60
매출액이익률^{ROS}	17.60	19.00	15.50	18.20
재고품회전율	4.831	4.836	5.811	4.866
배당률	0.612	0.594	0.625	0.651

최고가^{HKD}	99.7	83.45	75.5	79
최저가^{HKD}	70.4	66.8	54.1	49.8
최대^{PER}(배)	32.97	29.148	34.954	39.579
최저^{PER}(배)	23.28	23.332	25.046	24.95
최고배당수익률	2.628	2.545	2.495	2.61
최저배당수익률	1.856	2.037	1.788	1.646

14장

명품업계의 새로운 시장, 중국

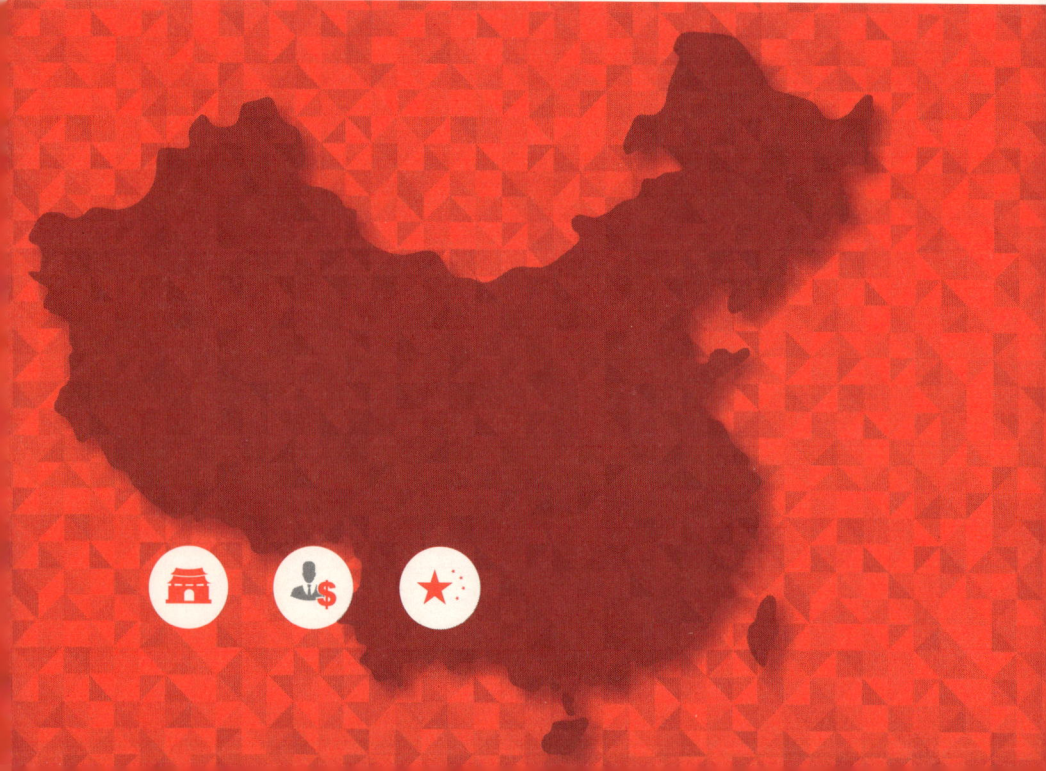

1. 명품업계 환경분석

🔸 우량기업의 증거, 홍콩거래소 상장

중국 홍콩증권거래소는 아시아의 여러 거래소 중 미국과 유럽기업의 상장이 활발한 곳이다. 증권거래소는 개인에게는 주식을 매매할 수 있는 공간이지만, 기업에게는 부족한 자본을 조달하고 기업 이미지를 제고시키는 곳이다. 중국계 타이완기업과 홍콩기업을 제외한 해외기업들은 홍콩거래소에 독자적으로 기업을 상장시키고 자금을 조달해왔다. 서양 기업들은 중국의 독특한 시장과 문화 때문에 단독으로 진출하기보다 중국기업과 합작을 통해 진출해왔다. 하지만 2008년 8월 베이징올림픽을 기준으로 해외기업들도 중국시장에 적극적으로 진출하기 시작했다. 중국을 포함한 아시아시장의 소비 수준과 규모가 증가함에 따라, 기존의 상품무역과 생산을 통한 매출증가보다 중국시장 진출을 주요 성장동력으로 인정하고 있는 것이다.

1987년 중국의 개혁개방 이후 서양기업들은 아시아시장의 문을 부단히 두드렸다. 하지만 애국주의나 신토불이, 덤핑·반덤핑·고관세 등 보수적인 아시아시장은 성장하는 데 늘 제동이 걸렸다. 그럼에도 서양기업들이 끊임없이 아시아시장에 진출하려는 것은 이미 서양시장은 성장동력을 상실한 지 오래이기 때문이다. 서양기업의 아시아 진출은 불가피한 선택으로, 특히 아시아에서 가장 영향력이 큰 중국시장에 적극적으로 진출하는 것이 목표이다.

숱하게 아시아 진출에 실패한 끝에 아시아시장에서의 생존법을 터득한 해외기업들은 현재 중국시장에서 종횡무진하고 있다. 그 전략은 바로 현지화이다. CEO, 제품, 회사, 직원, 자본까지 모두 현지에서 조달하는 전략이다. 코카콜라, 맥도날드, 인텔과 같은 막강한 기업의 핵심부서 CEO 및 직원들 모두 동양인이나 자국인들이 담당하고 있다. 특히 자본조달에서 현지화 추세가 강하다.

인텔, 코카콜라, 프라다, 록시땅, 샘소나이트, 코치 등 유명기업들이 홍콩거래소에 상장해 있고 아시아시장에서 자금을 직접 조달받고 있다. 중국 내 외국기업의 가장 선진화된 경영방식이다. 중국에는 세계 500대 기업 중 478개의 기업이 진출해 있고, 그 외에도 수만 개의 기업들이 진출해 있다. 그래서 그런지 중국기업과 중국인들조차도 어느 기업이 우수한지, 어떠한 경영실적을 보이는지 의아해하는 경우가 많다. 명확하지 않은 일시적인 신문기사나 지인들의 추천을 통해 제품을 구매하거나 백화점에 입점시키는 황당한 현상도 많이 일어난다. 2010년 이전만 해도 중국시장에는 "외국제품이면 다 좋다, 외국제품이 최고다"라는 인식이 만연했지만, 2014년 현재는 그러한 맹목적인 현상이 사라진 지 오래이다. 중국 내 외국 카피제품이 늘어나고, 제품의 품질 또한 지속적으로 상승했기 때문이다. 현명한 투자를 하는 중국기업과 개인이 늘고 있다.

중국에서 기업이 홍콩거래소에 상장되어 있다는 것은 '고급브랜드, 우량기업'과 같은 의미로 해석된다. 홍콩거래소의 안정성과 엄격함은 전 세계적으로도 정평이 나 있다. 중국기업 중 상하이거래소에 상장된 제1의 부동산종합업체 만과그룹은 2010년부터 해외투자 자금조달을 위해 홍콩거래소 상장을 여러 차례 시도한 끝에 2014년 6월에야 비로소 상장되었다. 기존의 기업들이 상장심사에 1, 2년 걸리는 데 비해 현저히 긴 기간이었다. 만과그룹이 홍콩거래소에 상장하게 되면 홍콩거래소 시가총액이 5% 이상 상승하고 규모 면에서 월등히 커질 수 있다. 그럼에도 불구하고 홍콩거래소 자사의 자부심과 정보공개의 투명성을 문제 삼아 중국 최고의 부동산기업과 상장 줄다리기를 한 것이다. 상장 전 만과그룹은 홍콩거래소가 요구하는 기업의 대주주와 자산운영 공개를 거부하였다. 실제로 만과그룹의 대주주에 중국 고위관료가 있기 때문에 정보공개를 꺼렸다는 추측도 많았다.

그래서 중국인들 사이에서 홍콩거래소는 제한적으로 투자가능한 시장이지만 QDII2 믿을 수 있는 거래소이다. 부실과 비리 문제의 온상으로 1년째 신규상장을 정지한 상하이거래소보다 홍콩거래소를 높게 쳐준다. 따라서 홍콩거래소에 상장했다는 것만으로도 기업의 가치를 인정받는다. 홍콩거래소의 H주에는 중국 본토기업들, 규모가 크고 우수한 텐센트, 인수보험, 동방항공 등이 상장되어 있다.

또한 2014년 10월 후강통 실시를 시작으로 홍콩거래소에 상장된 해외명품 판매 기업들은 일제히 주가가 10% 이상 상승하기 시작했다. 본토 A주에 없는 명품기업들은 점진적으로 홍콩주식을 구매할 수 있게 된 중국인들이 눈여겨보는 주식이다. 중국 자국민은 아직도 중국산 제품에 대한 불신이 팽배하다. 우리나라가 한때 국산을 못 믿어 외국제품을 격렬히 선호하던 때와 비슷한 상황이다. 중국의 연휴만 되면 한국에 수십만 명씩 들어오는 요우커游客(관광객)들이 가장 선호하는 물건은 다름 아닌 면세점제품이다. 가격도 자국보다 싸고, 무엇보다 한국에서 사면 무조건 진짜일 것이라는 믿음 때문이다. 명품에 대한 수요와 관심은 꾸준히 증가할 것이다. 향후 중국정부에서 해외제품의 통관관세를 줄이고 신용도를 확립하게 되면, 중국 내에서도 해외명품판매는 더욱 활발해질 것으로 전망된다. 아마도 주가를 올리는 중요한 기점이 될 것이다.

2. 프라다

- 한글명 : 프라다그룹
- 중문명 : 普拉达国际集团
- 영문명 : Prada S.P.A
- 코드번호 : 01913
- 홈페이지 : www.prada.com
- 매출액 : 55억 8,700만 유로(2013년)
- PER : 20.783
- 업계위치 : 세계 명품순위 6위(2012년)
- 업종 : 명품가방, 의류, 신발 제조
- 시가총액 : 1,226억 홍콩달러
- CEO : 카를로 마치 Carlo Mazzi

전 세계 명품의 대명사

설립자 마리오 프라다 Mario Prada 의 이름에서 유래한 프라다는 의류, 가죽 액세서리, 신발, 가방 등을 제조·판매하는 이탈리아 명품 브랜드이다. 1919년에 이탈리아 사보이 왕실의 공식 납품업체로 지정될 만큼 품질을 인정받은 것은 유명하다. 1977년에는 마리오의 손녀 미우치아 프라다 Miuccia Prada 가 혁신적인 소재와 독창적인 스타일로 세계적인 브랜드로 성장시켰다. 마리오의 손녀 미우치아 프라다는 패션을 전공하지 않았지만, 기존의 고정관념을 깨고 검정 색상의 나일론 소재를 활용하기 시작했다. 그녀는 이 소재로 1979년에 백팩과 토트백 세트를 출시했는데, 이 제품은 전 세계 백화점과 부티크에서 판매될 정도로 인기를 끌었다.

브랜드 인지도가 높아지자, 프라다는 이를 활용하여 1993년에 세컨드 브랜드로 10~20대 여성들을 겨냥한 '미우미우$^{Miu\ Miu}$'를 출시했다. 미우미우는 미우치아 프라다의 애칭을 딴 것으로 우리나라에서도 많은 사랑을 받고 있는 제품이다. 그 외에 1999년에 프라다가 인수한 영국 명품 신발 브랜드 '처치스'와 2001년에 인수한 신발 브랜드 '카슈'가 있다. 프라다의 고유 기술 중 가장 유명한 것은 사피아노 가죽 처리 방법이다. '철망'을 뜻하는 사피아노 가죽은 내구성이 뛰어나고 오염에 강한 특징이 있다. 그 외에 가죽을 실크처럼 부드럽게 하는 나파 기술 등이 있다. 대표적인 제품으로는 사피아노 럭스백, 포코노 나일론 백팩, 나파 고프레 백 등이 있다.

  2014년 1월 31일 기준으로 프라다그룹의 총 매출액은 55억 8,700만 유로로 동기대비 8.8% 증가하였다. 마진은 26억 4,800만 유로로 2012년 23억 7,600만 유로보다 11.4% 증가하였다. EBITDA(법인세 이자 감가상각비 차감 전 영업이익)는 10억 5,200만 유로로 8.6% 증가하였다. 순이익은 6억 2,800만 유로로 2012년 6억 2,500만 유로와 큰 차이는 없다.

  소매판매를 통해 29억 9,600만 유로의 매출을 올려 2012년 26억 6,200만 유로보다 12.5% 증가하였다. 2013년 기준으로 전 세계에 분포해 있는 매장의 영향으로 전체 매장의 매출은 7% 증가하였다. 신규매장이 93개로 늘었고 폐점된 매장은 14개이다. 2014년 2월을 기준으로 전 세계에 540개의 직영점을 보유하고 있다. 직영매장의 매출은 그룹 총매출의 84.5%로 2012년에 비해 2.7%p 상승한 수치이다. 간접판매(도매판매)는 매출의 15.5%를 차지하며 5억 5,100만 유로의 매출을 올렸다. 2012년 5억 9,200만 유로에 비해 6.9% 감소한 수치로 마진율이 높은 직접판매로 매출의 구조가 옮겨가고 있다.

  아시아에서의 매출은 12억 9,200만 유로로 11.4% 증가하였고, 31개의 점포를 신설하고 4개의 점포가 지속적으로 적자를 보여 폐점되었다. 한국과 대만, 싱가포르에는 면세점 계약을 맺었다. 특히 중국·홍콩·대만에서의 매출이 아시아 매출의 주를 이루는데, 8억 2,600만 유로로 12.3%가 증가하였다.

유럽시장의 매출은 7억 7,600만 유로로 5% 증가하였고, 14개의 매장신설과 1개의 폐점이 있었다. 유럽 경기의 하락과 소비시장의 위축으로 도매판매가 대폭 감소하는 등 향후 매출상승이 둔화될 전망이다. 이탈리아의 매출은 5억 5,200만 유로로 4.7% 증가하였고, 안정적으로 성장하고 있다.

북미와 남미에서는 4억 4천만 유로의 매출로 10.9% 증가하였다. 특히 전자상거래의 발전으로 백화점 매출이 지속적으로 감소하고 있어, 기존 16개의 프라다 백화점 매장과 하위 브랜드인 미우미우 매장 5곳을 로드숍으로 전환하였다.

일본에서의 매출은 3억 4천만 유로로 1% 증가에 그쳤다. 엔화의 약세로 일본 내에서는 수입상품인 프라다 제품이 가격 상승되어 그런 것이지만, 일본 내의 프라다 충성 고객 덕분에 엔화 평가절하에도 매출증가가 마이너스로 떨어지지는 않았다. 중동지역에는 16개의 직영점을 보유하고 있고, 2013년에는 5개의 매장을 신설하였다. 9,100만 유로의 매출로 2012년 매출액 4,400만 유로보다 2배 이상 성장하였다. 매출이 상승하는 중동시장은 중국시장과 함께 중요한 판매거점으로 성장하고 있다.

매출현황과 로열티 수입

- **상품별 매출현황**

가죽제품의 매출액은 23억 3,200만 유로로 2012년 20억 3,800만 유로보다 14.4% 증가하였다. 환율의 영향으로 작년대비 19.6%보다 낮아졌지만, 그룹 내 총 매출액에서 차지하는 비중은 65.7%로 기존 62.6%보다 높아졌다.

의류제품의 매출액은 5억 8,100만 유로로 3.2% 증가하였고, 소매유통망의 증가와 도매유통망의 감소가 매출증가에 큰 요인으로 작용했다. 하위 브랜드 미우미우는 두 자릿수 성장을 기록했지만, 가죽제품 매출이 급상승해 총매출액에서 차지하는 비중은 17.3%에서 16.4%로 감소하였다.

구두제품에서 매출액은 5억 9,400만 유로로 4.99% 감소했고, 도매판매 감축의 직접적인 영향으로 신발제품에도 감소가 있었다. 하지만 미우미우의 강력한 성장으로 감소폭을 다소 상쇄하였다.

- **브랜드별 매출현황**

프라다 브랜드의 매출액은 29억 4,300만 유로로 총매출의 83%를 차지한다. 2012년 26억 4,900만 유로보다 11.1% 증가하였고, 특히 기존 매장과 신규매장의 매출확대가 성장의 주요동력이다. 또한 2013년 이탈리아에서의 매출이 가장 많이 증가하였다. 하위 브랜드 미우미우의 매출은 5억 1,900만 유로로 1.2% 증가하였다. 매출증가는 신규매장 개설을 통한 요인이 크게 작용한 것으로 보인다.

구두 브랜드 처치스의 매출은 6,800만 유로로 2012년과 비슷한 매출을 올렸다. 이 브랜드 매출의 59.5%는 유럽에서 이루어지고 있는데, 유럽 경기의 침체로 기존 매출 수준을 유지하고 있다. 한편 캐주얼화 브랜드 카슈의 매출은 1,900만 유로이다. 이 브랜드는 주로 도매판매를 했는데, 도매판매망이 감소하여 매출이 소폭 감소했다. 2013년에 이탈리아에 1개의 점포를 개설했다.

■ 로열티 수입

프라다의 로열티 수입은 3,900만 유로로 2012년 4,800만 유로보다 4% 감소하였다. 한국 LG전자 프라다폰 로열티 수입인 5,400만 유로는 2012년 매출로 집계되었는데, 그래서 2013년은 매출감소로 나타났다. LG전자의 프라다폰 수입을 제외한다면 총 로열티 수입은 9.3% 증가하였다.

프라다는 2014년부터 점차 회복되는 세계 경기와 아시아지역의 매출 증가로 인해 기대해볼 만하다.

● 프라다 재무제표

재무년도	2014. 1	2013. 1	2012. 1	2011. 1
유동비율^{CR}	206.90	187.00	155.90	116.80
당좌비율^{QR}	143.20	140.60	103.60	74.30
장기부채 대비 순자산비율	7.70	3.40	9.90	25.40
총부채 대비 순자산비율	10.10	11.00	19.00	41.90
자본 대비 부채비율^{DR}	8.50	9.70	15.60	29.60
자기자본이익률^{ROE}	23.40	27.00	23.70	20.80
투하자본순이익률^{ROIC}	19.70	23.70	19.40	14.70
총자산순이익률^{ROA}	16.10	18.50	14.70	10.60
경영자본이익률^{OER}	25.70	26.80	23.60	19.20
세전이익률	25.70	26.80	23.60	19.00
매출액이익률^{ROS}	17.50	19.00	16.90	12.30
재고품회전율	7.974	9.59	6.819	7.299
배당률	0.449	0.367	0.294	–
최고가^{HKD}	84.75	75.95	50.9	–
최저가^{HKD}	55	37.2	27	–
최대^{PER}(배)	32.68	29.496	29.297	–
최저^{PER}(배)	21.208	14.447	15.54	–
최고배당수익률	2.117	2.543	1.893	–
최저배당수익률	1.374	1.245	1.004	–

3. 록시땅

- 한글명 : 록시땅국제그룹
- 중문명 : 欧舒丹国际集团
- 영문명 : L'occitane International S.A.
- 코드번호 : 00973
- 홈페이지 : www.loccitane.cn
- 매출액 : 10억 4,300만 유로(2013년)
- PER : 21.516
- 업계위치 : 천연화장품 업계 1위
- 업종 : 화장품
- 시가총액 : 260억 홍콩달러
- CEO : 라이놀트 가이거 Reinold Geiger

◆ 프랑스 천연화장품 1위

　록시땅은 1976년 프랑스 프로방스지역에서 시작한 천연화장품 브랜드이다. 스킨케어부터 남성용 제품까지 다양한 상품을 제조·판매하는 회사이다. 한국에서는 시어버터 핸드크림으로 유명한데, 이 제품은 고급제품으로 분류되어 많은 사랑을 받고 있다. 록시땅은 서양권 국가에서는 보편적인 제품이다. 2000년부터 줄곧 수출을 통해 아시아에 제품을 공급해왔다. 그러다가 아시아시장의 소비와 수요가 늘어나자 본격적으로 진출해 2010년 5월 7일에 중국 홍콩거래소에 상장하기에 이른다.

　록시땅의 창립자 올리비에 보쏭은 1953년 프랑스 프로방스지역에서 태어났는데, 록시땅 제품의 주 원료인 라벤더, 로즈마리 등이 잘 자라는 곳이다. 프로방스지역은 이런 작물을 이용한 산업이 발달했는데, 나중에는 아프리카의 시어열매에서 추출한 시어버터로 보습제를 출시하게 된다. 1992년에는 현 CEO인 라이놀트 가이거를 영입해 세계적인 기업으로 성장시켰다.

록시땅은 천연재료로 인체에 유해한 성분이 없는 천연화장품 제조회사로 유명하다. 주요 제조기술 중 대표적인 것이 이모르뗄 제조기술이다. 노란색 야생 식물인 이모르뗄을 이용해 22가지 스킨케어제품을 개발하였고, 2004년에는 대규모 농장을 건설해 재배·생산하고 있다. 또한 고유의 라벤더 제조기술과 특유의 포장용기를 보유하고 있다. 대표적인 상품으로는 시어버터와 꿀, 아몬드 추출물들을 이용한 시어버터 핸드크림이 있다. 그 외에 이모르뗄 크림 마스크, 아로마 리페어 헤어마스크, 바베나 샤워젤 등이 있다.

2013년은 록시땅그룹의 매출액이 10억 유로를 처음 넘어선 해이다. 이것은 동기대비 14.2% 증가한 것이다. 백화점, 점포, 인터넷을 통한 직접판매와 중간상을 통한 간접판매의 비율은 각각 75.2%, 24.8%이다. 직접판매 매출은 11.8%, 간접판매 매출은 9.7% 증가하였다. 록시땅 제품 소매판매처는 전 세계에 2,364개가 있다. 이는 2012년보다 13.5% 증가한 것이다. 직영점은 1,198개로 작년대비 145개 늘었고 아시아 50개, 유럽 67개, 북미 및 남

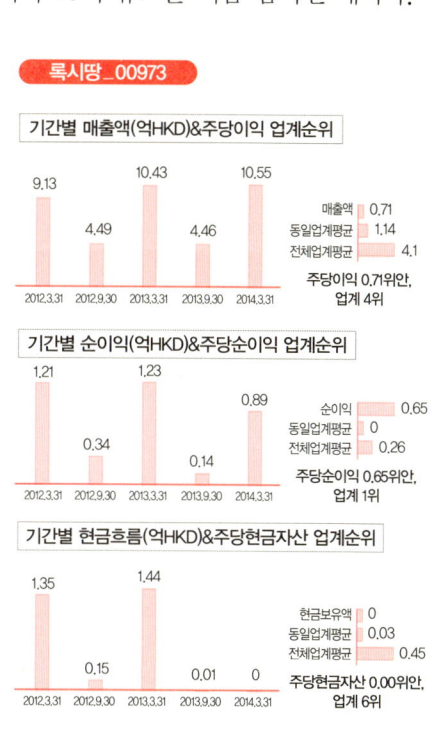

미 28개로 신규점포가 확장되었다. 각 점포의 매출평균은 12.2% 증가하였고, 직접판매와 간접판매는 총매출에 64.8%, 21.7% 기여하였다. 홍콩, 중국, 미국, 러시아 등이 2013년 매출흑자에 기여하는 주요 국가이다.

판매방식에 따른 매출현황

■ 직접판매

직접판매는 점포, 백화점, 온라인판매를 말한다. 직접판매의 매출은 그룹 매출의 75.2%를 차지하며, 2013년 매출액은 7억 8,400만 유로이다. 2012년보다 14.8% 증가하였다. 신규 직영점은 2013년에 145개로 증가하였다. 중국 26개, 러시아 23개, 미국 16개, 일본 10개, 한국과 스페인 8개, 브라질과 독일 7개, 영국 5개, 프랑스와 이탈리아 4개이다. 또한 2012년 7월에는 아일랜드에 10개 점포를 인수하였다.

2013년의 직접판매가 총매출 증가에 78.3%의 영향을 끼치고 직영점 64.8%, 인터넷판매와 기타판매가 13.5%를 차지한다. 특히 인터넷판매가 30.7%로 대폭 증가하였고, 총매출의 6% 이상을 차지한다. 향후 인터넷판매의 안정적인 증가가 예상된다.

■ 간접판매

간접판매는 중간상인을 통한 판매이다. 록시땅그룹은 말레이시아와 아일랜드 중간상을 인수하였고, 간접판매는 12.6%로 두 자릿수 증가를 보여주고 있다. 특히 여행 관련 상품과 함께 판매할 때 매출이 눈에 띄게 증가하는 현상을 보였다. 국가별 판매순위와 매출액 및 증가율은 다음과 같다.

1위 일본 2억 1,900만 유로, 1.8% 증가

2위 미국 1억 2,400만 유로, 19.2% 증가

3위 홍콩 1억 1,100만 유로, 20.4% 증가

4위 프랑스 8,200만 유로, 5.9% 증가

5위 중국 6,700만 유로, 33% 증가

6위 러시아 5,600만 유로, 32% 증가

7위 영국 5,600만 유로, 20.7% 증가

8위 브라질 4,400만 유로, 3.3% 감소

9위 대만 3,600만 유로, 11.2% 증가(중화권 중국, 홍콩, 대만 매출액 2억 1,400만 유로, 매출액 순위 2위)

10위 기타국가 매출총액 2억 4,400만 유로, 총 19.7% 증가(한국 15.6%, 독일 22.7%, 스페인 8.4%, 캐나다 20.2%, 이탈리아 16.8% 증가)

➡ 2013년 해외 각국 판매현황

■ 일본

 록시땅 제품은 일본에서 가장 사랑받는 브랜드이다. 일본은 습한 섬나라 특성상 목욕문화가 발달되어 있는데, 목욕 후 건조해지는 것 때문에 보습제 판매량이 가장 많다. 보습제로 유명한 록시땅 제품이 인기 있는 것은 당연하다. 일본 내 100개의 매장이 있고, 평균 매출상승률은 4.9%에 이른다. 2013년만 해도 신규매장이 10개가 개설되었다.

- **홍콩**

홍콩의 매출액은 전 세계 3위로 다른 나라보다 높다. 홍콩이 아시아권 유일 면세국이어서 홍콩을 여행하는 각국 여행객들이 몰려들기 때문으로 보인다. 중국 본토의 관세는 17~20%로, 홍콩여행이나 밀수를 통해 중국으로 판매되는 양이 상당하다. 홍콩의 매출 절반 이상을 본토 매출로 보는 것이 일반적이다. 2012년에 7개, 2013년에 2개의 점포가 신규·개설되었다.

- **중국**

중국의 총매출은 6,700만 유로로 5위이나 중국 내 매출증가 속도는 세계 어느 나라보다 빠르다. 중국 고유의 문화는 외국기업이 중국 내에서 직접 매장을 열어 운영하기가 쉽지 않다. 그래서 간접판매(대리상을 통한 도매판매) 위주의 운영을 하고 있다. 직접판매와 간접판매의 매출공헌도는 각 3.1%, 7.9%로 간접판매가 주를 이루고 있다. 하지만 마진폭이 높은 직접판매의 비중도 지속적으로 늘어나고 있다. 2013년에 26개의 신규매장을 열었고, 매장당 평균 매출증가율은 10.8%로 일본보다 높다. 2013년 크리스마스 프로모션과 한정판 판매가 매출상승에 긍정적인 효과로 작용했다.

- **프랑스, 미국, 영국**

프랑스는 록시땅의 본고장으로 기본적인 소비층이 형성되어 있어, 매장확대보다 기존의 우수한 이미지를 배경으로 인터넷판매를 늘리고 있다. 직접판매 매출이 9.2% 증가하였는데 대부분 인터넷판매를 통한 매출상승이다. 2013년에 4개 점포를 신설해 총 70개의 매장을 보유하고 있다. 미국과 영국도 마찬가지이다. 록시땅은 서양권 국가에서 이미 잘 알려진 제품으로 지속적으로 매장을 확대하고 있지만 성장폭은 낮다. 그래서 인터넷을 통한 매출증가가 큰 역할을 하고 있다.

- **브라질**

브라질은 록시땅이 유일하게 마이너스 성장을 하고 있는 국가이다. 매출이 3.3% 감소하였는데 주요 원인은 브라질 경기의 악화이다. 매장평균 7%의 감소가 있었다. 하지만 2014년 브라질월드컵을 통해 경기가 호전되어 매출상승이 기대된다. 이에 따라 2012년에 17개, 2013년에 7개 점포를 신규·개설했다.

록시땅은 향후 두 자릿수 매출성장을 목표로, 매출증가폭이 가장 높은 미국, 중국, 러시아, 홍콩을 중심으로 영업망을 확대해나갈 예정이다. 신규유통망 중 인터넷판매가 매출증가의 31%를 가져왔는데, 지속적으로 인터넷프로모션이나 광고를 통해 매출액을 증가시킬 것으로 예상된다.

● **록시땅 재무제표**

재무년도	2013. 3	2012. 3	2011. 3	2010. 3
유동비율^{CR}	340.70	338.40	335.20	90.50
당좌비율^{QR}	263.50	262.10	266.60	58.00
장기부채 대비 순자산비율	10.50	10.00	9.60	31.80
총부채 대비 순자산비율	11.30	10.60	10.70	39.30
자본 대비 부채비율^{DR}	9.70	9.30	9.40	27.00
자기자본이익률^{ROE}	16.80	18.60	17.80	51.90

투하자본순이익률^{ROIC}	14.30	16.30	15.60	35.70
총자산순이익률^{ROA}	11.90	13.30	12.70	18.70
경영자본이익률^{OER}	15.20	16.70	17.10	18.00
세전이익률	14.90	17.10	16.50	18.30
매출액이익률^{ROS}	11.80	13.30	12.90	13.30
재고품회전율	7.606	7.226	7.621	9.073
배당률	0.352	0.301	0.199	–
최고가^{HKD}	27.6	22.3	24.45	–
최저가^{HKD}	18.12	13.76	13.8	–
최대^{PER}(배)	33.487	26.25	32.569	–
최저^{PER}(배)	21.985	16.197	18.382	–
최고배당수익률	1.6	1.86	1.08	–
최저배당수익률	1.051	1.147	0.61	–

4. 샘소나이트

- 한글명 : 샘소나이트 인터내셔널그룹
- 중문명 : 新秀丽国际有限公司
- 영문명 : Samsonite International S.A.
- 코드번호 : 01910
- 홈페이지 : www.xiandaimuye.com
- 매출액 : 20억 3,700만 달러(2013년)
- PER : 25.232
- 업계위치 : 고급 & 준명품 가방업체
- 업종 : 가방 및 액세서리

- 시가총액 : 352억 홍콩달러
- CEO : 팀 파커 Timothy Charles Parker

🔻 이름만큼 단단한 기업

　샘소나이트의 주요 브랜드는 아메리칸투어리스터, 하이시에라, 하트만 및 라코스테 등으로 준명품으로 취급받는다. 우리나라 이정재, 김수현 같은 스타들이 광고했던 제품으로 유명하기도 하다. 초등학생부터 20대까지, 남녀 구분없이 다양한 제품을 판매하고 있다. 주로 여행가방, 서류가방, 컴퓨터 케이스, 화장품 가방, 숙녀용 핸드백 등을 생산한다. 본사는 미국 콜로라도주 덴버에 있고, 잠재구매력이 높은 아시아시장에 본격적으로 진출하기 위해 2011년 6월 16일에 중국 홍콩거래소에 상장하였다.

　샘소나이트Samsonite라는 이름은 성경에 나오는 초인적인 힘의 소유자 삼손Samson에서 따온 것으로, 1974년에 세계 최초로 바퀴가 부착된 여행가방을 내놓으면서 폭발적으로 판매되었다. 샘소나이트 캐리어는 내구성이 강하기로 유명하다. 트럭이 샘소나이트 캐리어를 밟고 지나가도 멀쩡한 광고가 유명하다. 여행할 때 쉽게 부서지기 쉬운 캐리어의 내구성을 강화하여 브랜드 인지도를 얻은 제품이다.

　샘소나이트는 여러 차례 많은 기업에 인수합병되었다 분리되는 등의 과정을 거치다가 아스트럼 인터내셔널에 합병되었다. 그러다가 1993년에 아스트럼이 가방회사인 아메리칸투어리스터를 인수했고, 1995년에는 회사를 2개로 분리하여 샘소나이트는 처음으로 독립회사가 된다. 그 후 2007년 유럽에서 2번째로 큰 사모펀드 회사인 'CVC 캐피털 파트너스ᶜⱽᶜ ᶜᵃᵖⁱᵗᵃˡ ᴾᵃʳᵗⁿᵉʳˢ'에 17억 달러에 인수되어 현재까지 실질경영권을 보유하고 있다. 이후 2012년에는 미국 가방브랜드인 하이시에라를 1억 1천만 달러(약 1,250억 원)에, 여행가방 업체인 하트만을 3,500만 달러(약 400억 원)에 인수하였다. 미국에 약 130개, 세계에 900개가 넘는 특허를 가지고 있다. 세계 100개국에 200개 이상의 본사직영매장을 소유하고 있다. 미국과 전 세계의 고급가방시장에서 두각을 보이고 있는 기업이다.

샘소나이트는 주로 대리판매상에게 도매로 판매하고, 자사의 직영점이나 전자상거래를 통해서도 판매를 하고 있다. 특히 대리판매상은 백화점, 전매점, 대형마트, 창고형 마트에 납품한다. 우리나라와 중국뿐만 아니라 미국, 캐나다, 유럽, 브라질 등 100여 곳에 4만 6천 개의 판매점이 있다. 4만 6천 개 판매점 중 절반이 아시아에 있고, 2000년부터 아시아시장에 적극적으로 투자하여 매장 및 거래업체주가 매년 증가하는 추세이다.

2013년 말에는 미국 양적완화축소로 인한 달러 가치하락이 긍정적인 요소로 작용했다. 주로 중국과 동남아에 생산공장을 보유하고 있는데, 달러 가치하락으로 기존 20억 3,700만 달러에서 순이익이 1.1% 증가하였다. 2012년 순이익인 17억 7,100만 달러보다 15% 증가하였고, 환율의 영향으로 총 16.1% 순이익이 증가하였다.

샘소나이트 브랜드 매출액은 1억 1,100만 달러로 9.1% 증가하였고, 그룹 매출의 69.4%를 차지한다. 2012년 73.1%에 비하면 낮아진 수치인데, 2012년 인수합병한 하트만의 영향으로 판매비율을 안정적으로 분산시키고 있다. 아메리칸투어리스터 브랜드 매출액은 7,440만 달러로 21.1% 증가하였다. 특히 우리나라와 중국 등 아시아지역의 판매액이 6,310만 달러로, 투어리스터제품군의 84.5%가 판매되고 있다. 이 두 제품은 샘소나이트의 주력 제품으로 구매력이 높은 아시아에 광고를 집중해 판매하고 있다. 또한 다양성을 위한 전략제품인 하이시에라와 하트만은 각각 7,200만 달러, 1,550만 달러의 매출을 올렸다.

여행 캐리어를 비롯한 여행 관련 상품의 매출액은 2억 6,600만 달러로 12.8% 증가하였으며, 각 국가와 지역의 특성과 환경을 집중적으로 분석한 제품을 제조한다. 여행 관련 상품의 매출증가율은 샘소나이트 전체 매출의 상승을 이끄는 동력이다.

여가상품의 매출은 88.8% 증가하였다. 특히 2012년의 하이시에라 인수 영향으로 그룹의 여가상품 시리즈인 샘소나이트 레드가 아시아에서 폭발적인 성장세를 보이고 있다. 특히 샘소나이트 레드 백팩은 〈별에서 온 그대〉로 아시아 최고의 스타가 된 김수현이 광고한 제품으로, 우리나라뿐만 아니라 13억 6천만 인구의 중국과 동남아시아에서 폭발적인 반응을 일으켰다. 이 백팩은 가격이 15만 원에서 30만 원대로 고가이지만 스타마케팅과 높은 품질로 초중고생들과 20~30대 전후의 젊은이들에게 인기가 높다.

그 밖에 하이시에라 및 샘소나이트의 여가브랜드 매출은 4,460만 달러로 45.3% 증가하였고, 북미와 유럽에서도 각각 13.2%와 13.7%로 매출이 늘어났다. 사무용가방, 악세사리 등의 기타상품 매출도 8.2% 증가하였다.

🎯 지역별 판매현황

- 아시아

2013년 아시아지역 매출액은 7억 6,800만 달러로 2012년보다 6억 8,200만 달러, 12.3% 증가하였다. 아시아지역에서 주로 판매되는 브랜드인 아메리칸투어리스터의 2013년 매출액은 6,310만 달러로 75% 증가하였다. 이것은 아시아에서 판매된 샘소나이트 제품 매출의 26.6%를 차지하고, 아시아 전체 매출의 43.1%를 차지한다. 또한 2012년 39.2%보다 증가한 것으로 기업의 효자상품이다. 하이시에라의 매출은 550만 달러로 매출이 순조롭게 증가하고 있다.

2013년 여행 관련 제품군 매출은 5,490만 달러로 10.6% 상승하였고, 달러 가치상승을 고려하면 14% 상승한 것이다. 특히 샘소나이트 레드가 시장 반응을 성공적으로 이끌어내면서 여가상품의 매출은 3,110만 달러, 83.4%로 폭발적으로 증가하였다. 샘소나이트 제품군 중 새로운 성장동력이다.

도매판매는 5,120만 달러, 8.6%가 증가했다. 직영점, 가맹점, 인터넷 판매 등의 직접매출은 3,300만 달러로 37.5% 증가했다. 아시아에 500개 판매처를 늘려 기존 매장까지 총 6,900개의 매장이 있다. 아시아지역의 폭발적인 성장은 판매처를 늘린 것 이외에도 광고와 프로모션을 집중한 투자전략이 성공을 거둔 것으로 보인다. 광고와 프로모션으로 자사 상품의 인지도와 수요를 대폭 증가시킨 것이다. 이것이 매출상승의 주요 원인으로 꼽힌다.

아시아지역의 판매 중 25%는 중국에서 판매된 것이다. 2013년 중국 매출은 중국의 소비심리 침체에도 5.3% 증가했다. 또한 성장속도가 둔화되고 있는 인도시장에서도 지속적인 신제품 출시를 통해 공격적인 전략을 펼칠 계획이다. 우리나라에서도 아메리칸투어리스터와 샘소나이트 레드가 성공적으로 판매량이 늘고 있고, 일본 또한 매출이 18.6% 상승하였다. 또한 홍콩과 마카오에서도 1,030만 달러의 매출을 올리며 18.2% 성장하였다.

■ 북미

북미 매출액은 2012년보다 1억 2,180만 달러가 늘어난 6억 2,170만 달러의 수익을 올렸다. 이것은 매출이 24.4% 상승한 것이다. 2012년 하반기에 인수합병한 하이시에라와 하트만의 매출액은 6,660만 달러로 14.05% 상승하였다. 샘소나이트 브랜드의 매출은 5,190만 달러로 12.7% 증가하였고, 아메리칸투어리스터 매출은 7,700만 달러로 13.6% 증가하였다.

여행상품군의 매출액은 6,320만 달러로 15.3% 증가하였고, 여가상품군의 매출액은 5,510만 달러로 171.1%의 폭발적인 상승세를 보였다. 사무용제품의 매출은 480만 달러로 13% 증가하였다.

도매루트를 통한 매출액은 1억 560만 달러로 27.5% 증가했고, 소매판매액은 1,620만 달러로 14% 증가했다. 소매판매 성장은 온라인상 거래의 역할이 컸는데, 온라인매장의 매출이 101.9% 폭발적으로 증가한 것이 크게 작용하였다. 2013년에 10개의 점포를 신규·개설하였다. 2013년 4분기에 미국 경기가 회복세로 들어서면서 소매판매의 매출이 꾸준히 증가하고 있다.

　북미의 매출증가는 아시아처럼 광고와 프로모션을 통한 확대전략보다 이미 성숙한 시장에 연구개발을 통한 신제품을 꾸준히 출시한 데 있다. 하이시에라와 하트만 브랜드의 신제품 출시가 매출상승에 크게 작용한 것이다. 샘소나이트 브랜드 제품의 예약판매도 지속적으로 상승하고 있다.

- 유럽

　유럽시장은 침체되었지만 샘소나이트는 흑자경영으로 2013년 매출액이 5억 1,520만 달러를 기록했다. 2012년보다 10.7% 상승한 것이다. 이탈리아와 스페인의 매출은 12.5% 상승하였고, 러시아·남아프리카·터키에서도 평균 25%대의 고속 매출성장을 이어오고 있다. 유럽에서도 샘소나이트와 아메리칸투어리스터는 인기리에 판매되는 브랜드이다. 두 제품의 매출액은 각각 4,400만 달러(10.2% 증가), 3,800만 달러(15.4% 증가)를 기록했다. 여행상품과 여가용품의 매출도 10%의 증가세를 보이고 있고, 사무용제품 판매는 5,300만 달러로 15.9% 증가하면서 매출폭이 크게 상승하였다.

- 남미

　남미의 매출액은 1억 2,360만 달러로 11.7% 증가하였다. 전 세계에서 샘소나이트 제품 판매량은 지속적으로 증가하고 있는데, 이는 우수한 제품과 국가별·지역별로 차별화된 마케팅전략이 정확하게 맞아떨어졌기 때문이다. 특히 시장잠재력이 큰 아시아시장에서 제품구매 민감도가 가장 높은데, 적극적으로 한류스타 마케팅을 하고 있다. 이것은 아시아의 의류, 가방, 악세사리 시장의 추세를 정확하게 이해한 마케팅으로 보인다. 한류스타를 기용한 광고는 한국뿐만 아니라 중국, 동남아, 일본 등 아시아 주요 국가에 직접적인 영향을 미치기 때문이다.

● 샘소나이트 재무제표

재무년도	2013. 12	2012. 12	2011. 12	2010. 12
유동비율^{CR}	166.50	144.50	159.40	173.40
당좌비율^{QR}	107.00	88.30	97.60	119.90
장기부채 대비 순자산비율	–	–	–	33.30
총부채 대비 순자산비율	1.10	3.10	1.30	35.00
자본 대비 부채비율^{DR}	1.00	2.40	1.00	20.70
자기자본이익률^{ROE}	14.80	14.10	9.40	48.00
투하자본순이익률^{ROIC}	12.30	11.20	7.50	28.40
총자산순이익률^{ROA}	9.10	8.20	5.60	21.30
경영자본이익률^{OER}	13.80	13.60	13.40	44.70
세전이익률	13.30	12.70	8.90	42.30
매출액이익률^{ROS}	8.60	8.40	5.50	29.20
재고품회전율	6.83	6.384	6.605	5.457
배당률	0.454	0.254	0.353	–
최고가^{HKD}	23.95	16.693	17.14	–
최저가^{HKD}	15.053	10.793	9.1	–
최대^{PER}(배)	24.711	20.512	36.784	–
최저^{PER}(배)	15.532	13.262	19.53	–
최고배당수익률	2.926	1.917	1.809	–
최저배당수익률	1.839	1.24	0.961	–

5. 코치

- 한글명 : 코치그룹
- 중문명 : 蔻驰控股有限公司
- 영문명 : Coach, Inc
- 코드번호 : 06388
- 홈페이지 : www.coach.com
- 매출액 : 35억 8,700만 유로(2013년)
- PER : 32.75
- 업계위치 : 미국 내 여성 명품가방 제조
- 업종 : 가방, 액세서리 제조
- 시가총액 : 83억 7천만 홍콩달러
- CEO : 류 프랭크포트 Lew Frankfort

▶ '쉽게 소비하는 명품'의 대명사

코치^{COACH}는 1941년 미국 뉴욕에서 시작한 명품브랜드이다. 주로 여성용 핸드백, 의류, 신발, 액세서리 등을 제조·판매하는데 2000년대에 들어서는 남성제품도 지속적으로 생산하고 있다. 코치는 부드럽고 유연하면서도 두툼한 가죽인 글러브 탠드 카우하이드$^{Glove\ Tanned\ Cowhide}$ 가죽으로 유명하다. 이 가죽은 코치의 설립자 마일스 칸이 낡고 오래된 야구 글러브일수록 가죽이 부드럽게 마모되었다는 것에서 힌트를 얻어 만든 것이다. 코치 특유의 가죽가공공법이다.

또한 코치의 상징인 C패턴$^{C\ Pattern}$은 코치의 수석디자이너였던 리드 크라코프가 2001년에 디자인한 것으로, 코치 로고의 앞 글자 'C' 2개를 대칭시키고 반복적용하여 만든 패턴이다. 20~40대 여성들에게 사랑받는 디자인이다. 또한 오늘날 어느 명품에서나 쉽게 볼 수 있는 턴락 클로

저, 행태그, 도그 리스클립 또한 코치가 처음 고안한 디자인이다. 코치의 대표 상품으로는 더플백, 메디스 새첼백, 필드백, 트윌리 스카프, 리스틀릿이 있다.

코치는 어폴더블 럭셔리$^{affordable\ luxury}$로 대변되는 명품브랜드이다. 북미를 중심으로 아시아와 유럽시장에 자사제품을 직접·간접(도매)판매한다. 기업의 주요 성장동력인 중국시장은 2013년 시진핑정권의 반부패 및 절약을 강조하는 사회풍조 때문에 고급주류업계와 호텔업계가 직접적인 타격을 받았다. 하지만 명품가방은 일명 백테크(가방 재테크로 한정판 명품가방이 시간이 지날수록 가치가 상승하는 것)로 불리며 중국시장에서 40% 이상 매출이 증가하는 폭발적인 수요를 보였다. 특히 코치 제품은 가격대가 중·고가여서 중국 소비자들이 고가명품보다 쉽게 접근할 수 있고, 우수한 품질로 여성 고객들을 사로잡았다.

코치의 2013년 매출액은 35억 8,700만 유로로 8.8% 증가하였다. 순이익은 6억 2,700만 유로로 2013년 7월과 비교하여 41%로 대폭 상승했다. 대신 감가상각액이 2억 8,500만 유로로 2012년 1억 3천만 유로보다 119% 이상 상승했다. 이것은 오프라인매장 위주 사업에서 인건비와 임대료가 상승했고, 지속적으로 매장을 확장했기 때문인 것으로 보인다. 마진은 37억 달러로 73% 증가하였다.

북미지역 총 판매액은 34억 8천만 달러이며, 영업이익은 8억 2,500만 달러이다. 이것은 각각 5%, 6% 증가한 것이다. 온라인판매액은 5% 증가하고 백화점의 판매량은 소폭감소하였지만, 고마진상품 매출은 증가하는 모습이다. 일반점포판매는 1.7% 감소하였다.

온라인상의 글로벌 판매액은 3억 8,600만 달러로 17% 성장하였고, 중국에서의 매출이 35% 증가하면서 급상승하는 모습을 보였다. 특히 점포판매액이 두 자릿수로 성장하면서 아시아 국가 중에서 강한 면모를 보이고 있다.

오프라인상 글로벌 판매액은 15억 4천만 달러로 10% 증가하였고, 특히 중국지역의 매출은 4억 3천만 달러로 40% 이상 급상승하는 모습을 보였다. 특히 기업의 인기를 실감하게 하는 점포판매액이 두 자릿수로 성장하면서 중국 내에서 강한 면모를 보이고 있다. 글로벌 도매판매의 출고량과 각 판매처의 판매량은 지속적으로 상승하고 있다. 특히 일본에서 4%의 매출상승이 있었지만 엔화의 가치하락으로 실질매출은 9% 감소했다. 하지만 일본시장이 차지하는 비중이 낮기 때문에 전체 매출에는 영향은 끼치지 못한 것 같다.

2013년 북미지역에 3개의 신규매장을 개설하였고, 4개의 매장은 매출감소로 폐점하였다. 2개의 아울렛과 1개의 남성 아울렛을 신규로 개설했다. 2013년 9월 기준으로 북미지역에 351개의 매장과 193개의 아울렛이 있다. 중국에는 8개의 매장이 신규·개설되었고, 총 126개의 매장이 있다. 일본에는 7개의 신규매장을 개설하여 총 191개가 있다.

한국 48개, 대만 27개, 말레이시아 10개, 싱가포르 7개의 매장을 보유하고 있다. 유

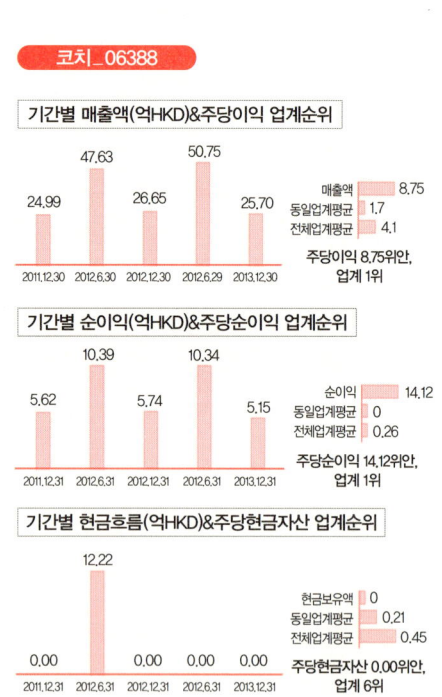

럽에서는 영국·스페인·포르투칼·프랑스 등지에 18개의 매장이 있다. 코치그룹의 향후 전략은 지속적으로 아시아시장, 특히 중국시장 개척이다. 중국을 중심으로 아시아에 매장을 확장하고, 플래그십 스토어를 중심으로 온라인판매를 해 마진율 증가와 인건비·임대료 상승 등으로 인한 감가상각폭을 줄여갈 예정이다. 하지만 제품의 품질을 직접 보고 느낄 수 있는 백화점과 일반매장은 기업 이미지 제고에 큰 역할을 한다. 그래서 3년간 마진율 감소를 감수하면서도 매장수를 늘리고, 중국시장 내 고급 이미지를 확고하게 다지겠다는 전략이다.

● 코치 재무제표

재무년도	2013. 6	2012. 6	2011. 6	2010. 6
유동비율^{CR}	286.60	251.30	244.90	246.20
당좌비율^{QR}	214.00	181.00	173.80	177.60
장기부채 대비 순자산비율	–	–	1.40	1.60
총부채 대비 순자산비율	–	1.20	1.50	1.70
자본 대비 부채비율^{DR}	–	1.00	1.20	1.30
자기자본이익률^{ROE}	42.90	52.10	54.60	48.80
투하자본순이익률^{ROIC}	36.80	43.50	43.10	37.90
총자산순이익률^{ROA}	29.30	33.50	33.40	29.80
경영자본이익률^{OER}	30.00	31.70	31.40	31.90
세전이익률	30.00	31.60	31.30	32.10
매출액이익률^{ROS}	20.40	21.80	21.20	20.40
재고품회전율	967.30	944.20	985.80	993.10
배당률	0.348	0.292	–	–
최고가^{HKD}	57.2	–	–	–
최저가^{HKD}	43.45			

최대^{PER}(배)	2,015	-	-	-
최저^{PER}(배)	1,531	-	-	-
최고배당수익률	22,761	-	-	-
최저배당수익률	17,289	-	-	-

15장

왕초보도 쉽게 따라 하는
중국 투자공식

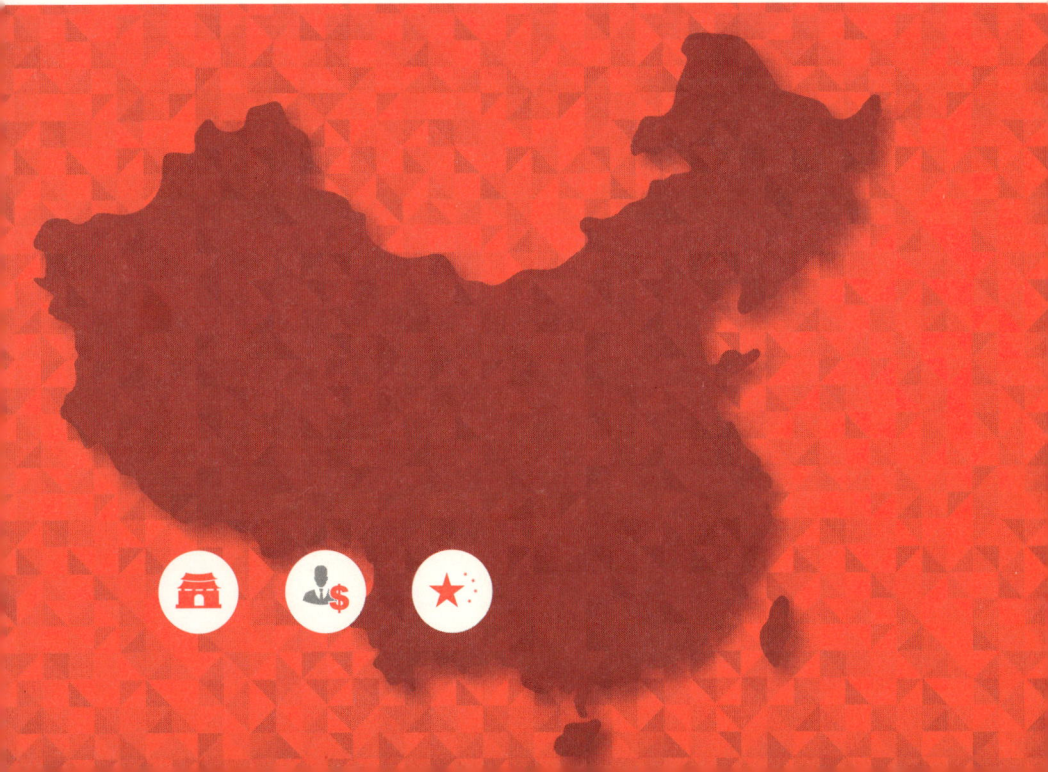

1. 중국 투자를 시작하기 전에

🔻 높은 수익률을 위해서 얼마나 노력하는가?

중국 주식을 사려면 적어도 1천만 원이 필요하다. 연봉이 3천만 원 이상이라도 1년에 1천만 원 모으기가 쉽지 않은 물가 높은 나라에 사는 게 우리의 현실이다. 중국 주식도 엄연한 해외 주식이다. 만약 수익이 나면 세금도 내고 환전도 해야 한다. 번거롭고 비용도 많이 든다. 그럼에도 다수의 투자자들이 G2 중 하나인 중국, 13억 6천만 인구의 중국, 중국이 최고라며 중국이 아니면 안 된다며 유망한 중국기업을 찾는다. 찾아서 베팅을 한다.

주식투자기한을 구분할 때 1년은 단기, 1년 이상 5년 미만을 중기, 5년 이상을 장기투자로 하는데 대다수가 장기간 투자할 것을 생각한다. 그런데 목돈을 5년씩이나 투자하고 기다리려니 궁금하기도 하고, 여기저기서 좋다 안 좋다 이야기를 많이 들어 변심하는 경우가 부지기수이다. 솔직히 관심을 가지지 않는 것이 더 이상하다. 그래도 한 번 투자를 결정했다면, 그것이 단기든 중기든 장기든 자신에게 맞는 투자를 선택한 것이라 할 수 있다. 부정하지 말고 받아들이는 자세가 중요하다.

중단기 투자자일수록 전문적으로 공부를 하는 것이 좋다. 중국 주식은 기업도 많고 시장의 변수도 크기 때문에 수익을 내는 사람과 손해 보는 사람으로 나눠진다. 공부를 하고 기업분석을 한다고 해서 단기간에 수익이 나는 것은 아니다. 10가지 종목에 투자를 하고 한 가지 종목도 수익을 내지 못하는 경우가 많다. 하지만 투자에 앞서 자신이 정한 포트폴리오 종목들을 1~2년 추적하면서, 어떤 이유로 주가가 내리고 올랐는지 분석을 한다면 주식에 대한 감각을 얻을 수 있을 것이다.

✈ 중국 주식, 투자대상이 아닌 공부대상으로 생각하자

가지고 있는 자금 중 현재 필요 없는 잉여자금을 유용한 곳에 투자하는 것을 재테크라고 한다. 재테크의 수단은 다양하다. 국내 주식, 부동산, 해외 주식, 펀드, 채권, 파생상품 등 종류도 많고 다양하다. 그렇다면 투자수단으로써 해외 주식, 그것도 전 세계 국가 중 왜 굳이 중국 주식을 공부해야 할까?

우리나라의 GDP 중 50% 이상이 무역 관련 분야에서 나온다. 그만큼 우리나라 경제가 무역에 의존한다는 뜻이다. 그 무역에서 중국과의 교역이 제일 많고, 내일 당장 중국산 제품이 없으면 우리가 생활하는 데도 많은 불편함이 따른다. 중국물가가 1% 오르면 우리나라의 물가는 0.5% 오른다고 한다. 그만큼 중국경제는 이미 우리 일상 속에 깊숙이 침투해 있다. 부동산을 사도 금리가 오르고 내리고, 국내 종합지수도 오르고 내리고 한다.

이러한 사정을 생각했을 때 투자를 위해 중국 주식을 공부하고 중국을 공부한다는 것은 우리가 생활할 때나 회사업무를 볼 때 엄청난 메리트가 될 것이다. 매일 보던 중국 철강기업의 주가가 떨어졌다면 중국 내 자동차시장 경기가 하락할 것이고, 중국 자동차시장의 하락은 우리나라 현대자동차 주가의 하락을 뜻한다. 현대자동차 같은 큰 기업의 매출이 줄어드니 국내 경기 또한 하락할 것이다. 국내 경기가 하락하면 투자가 줄어드니 국가에서는 2%대의 금리도 유지하지 못해 더 낮추려고 안간힘을 쓸 것이다. 이렇게 금리가 낮아지면 부동산 경기가 조금이라도 살아날 테고, 내가 소유한 아파트도 가격이 상승하겠다라는 예측이 가능해지는 것이다.

혹은 철강업계에서 일한다면? 중국 철강주가 떨어지면 중국 철강회사는 박리다매 전략으로 나올 가능성이 클 것이다. 가격이 싼 중국산 철강이 우리나라에 많이 들어오면 철강회사에 다니는 사람의 연봉은 동결될 가능성이 크다. 이렇게 우리나라 경제와 밀접한 연관성을 가진 중국 주식은 주식투자가 아니라도 공부할 가치가 있다.

우리는 물건을 살 때 아무리 작은 거라도 인터넷과 동네마트의 가격을 비교하면서 산다. 밖에서 점심을 사먹어도 어떤 것이 더 영양가 있고 가격은 어떤 게 저렴한지 꼼꼼히 따져보고 살 것이다. 하물며 중국 주식은 최소 1천만 원의 자금이 든다. 그리고 이 1천만 원도 한 달 안에 사라지는 경우가 허다하다. 주식은 꼼꼼히 기업을 따지고 평가해서 매입하는 것이지 무작정 남을 따라서 사고, 언론매체에서 봤다고 투자하는 만만한 것이 아니다. 그렇다고 전문가들에게 물어보고 샀다가 손해 봤다고 따질 수도 없다. 결국 롱런하기 위해서는 스스로 열심히 분석하고 공부해야 한다. 실제로도 그렇다.

🔺 반드시 여유자금으로 투자하자

중국 주식은 매력적이다. 하지만 앞에서도 충분히 설명했듯이 투자에 앞서 자신을 돌아보고, 자신의 정신건강과 가족의 안녕을 위해서라도 많은 고민을 해야 한다. 좋은 주식이라고 해서, 99%의 확률이라고 해서 투자해도 0.01%의 손해 볼 가능성이 있는 것이다. 얼마든지 문제가 생기는 곳이 주식시장이다.

젊을 때는 공격적으로 투자하라고 한다. 필자인 나도 20대라면 크게 베팅을 걸어보고 싶기도 하다. 젊기 때문에 가능한 것이다. 무리한 대출을 받아서 투자하는 것이 아니라면 괜찮을지도 모른다. 하지만 지금 이 책을 읽는 독자들은 대부분 30대 이상일 것이다. 이때는 신중에 신중을 기해 투자해야 한다. 집이 있고, 여유자금이 5천만 원쯤 있고, 따로 정기 적금이 있다면 투자를 권한다. 하지만 제대로 된 자금이 없음에도 투자를 한다면 무리한 투자이고 기피해야 할 대상이다. 우선은 여유자금을 만들어야 한다.

2. 중국 투자공식 1_선공부 후투자

■ 세계경제와 중국경제를 읽어라

세계경제, 중국경제의 현황에 대해 "경기가 좋아진다, 나빠진다"하면서 전체적인 흐름을 보도하는 뉴스나 칼럼들이 매일 쏟아져 나온다. 기사는 자주 읽으면 읽을수록 좋다. 또한 짧은 뉴스에 의존하지 말고 장문의 칼럼과 경제서적 독서를 한다면 시야를 넓히고 생각의 깊이를 더할 수 있을 것이다.

■ 업계의 분위기가 주가의 등락을 판가름한다

전자, 기계, 식품, 항공, 숙박, 운송 등 수백 가지의 업계가 있다. 경기가 좋으면 오르는 업종, 떨어지는 업종 등 다양하게 분포하고 있다. 아무리 우량기업의 주식을 매수했더라도 해당 업계의 경기가 좋지 않으면 주가는 떨어지고 수익률도 낮다. 업계의 분위기를 살피는 것이 중요하다.

■ 투자시점과 투자기업 선정

투자기업을 선정하기에 앞서 투자시점이 제일 중요하다. 아무리 우수한 종목이고 미래에 유망하다고 하더라도, 비쌀 때 사서 더 오르지 않는다면 투자의 본질을 잃어버린다. 즉 이미 오를 대로 오른 1등주를 매입해 수익을 내기가 쉽지 않다. 각광받지 못한 숨어 있는 기업들의 추세를 잘 파악하는 것이 중요하다. 이 책에도 수십 개의 기업들을 소개하고 있다. 필자가 운영하는 투자 관련 카페 같은 중국 주식 투자자 모임을 통해서도 쉽게 정보를 얻을 수 있다.

- **중국 경기보다 유럽 경기가 중요하다**

우리가 투자하는 기업은 중국 주식이다. 주식시장 역시 상품처럼 수요와 공급으로 운영되는 시장이다. 주식이 상품화되는 것이다. 즉 하나의 주식이 유망하다고 판단되어 인기가 많아지면 수많은 투자자들이 몰려들고 주가가 올라간다. 이것은 기업이 사업을 잘한 것일 수도 있지만, 대부분은 현재가치가 아닌 미래가치를 근거로 삼는 경우가 많다.

홍콩은 예전에 영국의 식민지였다. 홍콩시장은 영국과 유럽국가가 안전하게 중국과 아시아 쪽에 투자하는 믿을 만한 투자처이다. 영국, 프랑스, 독일, 네덜란드, 이탈리아 등 유럽 다수 국가들의 중앙은행, 대형증권사, 사모펀드 등이 홍콩거래소에 투자하고 있다. 홍콩거래소 전체 투자에서 차지하는 비중이 40% 이상으로, 거대한 영향력을 끼치고 있는 것이다.

유럽의 기관투자자 역시 개인들의 자금을 모아서 홍콩시장에 투자를 한다. 그렇기 때문에 유럽의 경기가 좋아서 여유자금이 많아지면 투자를 늘리고 줄이고를 한다. 우리나라 뉴스를 통해 유럽 경기에 대한 정보를 쉽게 얻을 수 있을 것이다. 만약 점차 회복하는 중이라면 홍콩시장에도 반드시 훈풍이 불 것이다.

- **중국어를 공부하라**

　중국기업들의 중문 홈페이지를 번역하거나 따로 있는 영문 홈페이지를 통해 중국 주식에 대한 많은 정보를 알 수 있을 것이다. 하지만 막상 중국어를 할 줄 아는 상태에서 들어가 보면, 실상과 공고와는 다른 게 태반이다. 중국어를 모르면 손해 보는 장사일 수밖에 없고 도태되는 것은 시간문제이다. 그러니 중국어 학원도 좋고, 전화 중국어도 좋다. 공부를 하려고 마음먹은 순간 중국 주식에서 승리할 확률이 높아질 것이다.

- **인터넷모임을 적극 활용하라**

　중국경제투자연구소와 같은 인터넷 카페나 모임에 적극적으로 참여하고, 주식에 대해 같이 공감하고 정보를 얻어보라. 그렇게 한다면 안정적인 투자에 한걸음 더 나아갈 수 있을 것이다. 수많은 중국 주식 고수들에게 자신의 부족한 것을 질문하는 것도 추천한다. 주식투자로 수익률을 올리려고 장기투자하는 투자자가 많다. 하지만 현실은 투자에 대한 두려움과 걱정으로 정신적으로 피폐해지는 경우가 많다. 그렇기 때문에 모임을 통해서 서로의 정보도 공유하고 격려하면서 건전한 투자를 지향해야 한다.

3. 중국 투자공식 2_분산투자, 제대로 알고 하자

　매년 농산물 가격은 오르고, 대표 서민음식인 삼겹살이 금겹살이 된 지 오래이다. 중국 주식이 현재 가장 매력적인 투자처라는 것은 전 세계가 공감하는 이야기이다. 7% 이상의 경제성장률, 13억 6천만의 인구와 세계에서 4번째로 큰 국토, 안정된 정치체제, 늘어나는 소비력 등 강한 펀더멘털을 보유한 국가이다. 이것을 바탕으로 중국경제가 발전하고 중국 주식도 한껏 상승세를 타는 것이다. 하지만 달도 차면 저물고, 고점이 있으면 저점도 있는 것이다. 그것이 경제와 주식의 큰 흐름이다. 향후 10년간 중국 주식과 경제가 갑자기 주저앉는 일은 없겠지만, 시간이 흐를수록 경제성장률과 주식수익률이 떨어질 것이라는 전문가들의 예측은 그냥 하는 말이 아니다. 모두가 공감하고 있다.

중국 주식투자도 재테크의 일부분이다. 우리나라 사람들에게 재테크는 주로 은행 예·적금, 부동산, 국내 주식, 펀드에 한정되어 있지만, 사실 재테크 종류는 무궁무진하다. 이 책에서는 경제성장률이 더딘 국내시장이 아닌 해외시장, 그리고 그 중에서도 가장 매력적인 중국시장을 다룬다.

재테크의 대세는 항상 변한다. 국내 부동산투자는 부동산가격이 주춤하여 매매나 월세소득이 줄어들면 매력이 떨어진다. 국내 주식이나 펀드는 엔저와 국내 성장동력 감소 및 각종 안전문제로 매력이 떨어진다. 코스피와 부동산으로 이미 재미 볼 건 다 봤다는 의견들이 분분하다. 펀드 역시 몇몇 소수들의 노림수에 높은 수수료와 자금만 대주고 손해 보는 경우가 허다했다. 이것이 2014년 현재 우리나라 금융재테크의 현실이다. 하지만 줄곧 이랬던 것은 아니다. 우리나라 주식도 연일 상한가를 칠 때가 있었고, 부동산에서는 미친듯한 열기가 있었으며, 아파트를 분양받기 위해 사람들이 끝없이 줄을 섰던 시절이 있었다.

이 책을 접하는 투자자들은 우물 안의 국내투자에서 벗어나 해외투자라는 새로운 세상을 경험하기를 바란다. 다방면으로 투자하는 투자자들

역시 중국 주식이라는 새로운 투자수단으로 더욱 안정적인 분산투자를 할 수 있기를 바란다.

예를 들어보자. 지금 수중에 1억 원의 여유자금이 있다. 이것으로 투자를 하려고 한다. 중국 주식, 그 중에서 레노버, 시노펙, 제일채널, 텐센트, 동인당 등에 골고루 투자하려고 한다. 좋은 기업이니 다양하게 투자하려는 것이다. 하지만 아니다. 아무리 매력적이라도 2개 정도만 집중적으로 분석해서 투자해야 한다. 분산투자라고 무조건 분산한다는 것이 아니다. 분산투자의 개념도 잘 알아야 한다.

보편적으로 계란을 한 바구니에 담지 말라고 한다. 바구니에 금도 넣고, 원유도 넣고, 중국 주식도 넣고, 국내 주식도 넣고, 부동산도 넣는 것이다. 중국 주식이 유망하다고 중국 주식만 투자하는 것은 계란을 한 바구니에 모두 담는 것이나 마찬가지이다. 진정한 분산투자는 각 투자대상의 투자속성을 잘 알아야 한다. 중국 주식이 대세라고 중국 주식 안에서 분산투자하는 것은 절대 하지 말아야 한다.

전통적으로 금과 은, 원유를 안전자산이라고 생각한다. 이것들은 안정적인 자산이기는 하지만 매번 만족스러운 수익률을 가져다주는 투자는 아니다. 하지만 전쟁이 일어나거나 국내 정세가 불안정한 경우 금과 은의 가치가 빛난다. 높은 인플레이션 앞에서도, 화폐가치와 주가가 폭락해도 금과 부동산의 가치는 지속적으로 유지된다. 반대로 안정되어 있고 전쟁이 없는 오늘날과 같은 시대에는 금의 가치와 투자수익률은 주식만도 못한다. 극단적으로 전쟁과 평화로 나누었을 때, 투자처 역시 극단적으로 금과 주식으로 양분됨을 알 수 있다.

경제학에서는 안정기, 수축기, 침체기가 70년 주기로 돌아가고 있다고 한다. 안정된 시기에는 수요가 많고 공급이 부족해서 물가가 오르고,

침체기에는 공급은 늘었지만 수요가 줄어서 물가가 떨어지는 것이다. 하지만 이런 경제 싸이클도 유효기간이 지난 지 오래되었고, 현실과 미래에 부합하지 않는다.

현재 우리는 공급과잉과 고물가·저소득 속에서 살아가고 있다. 소득은 낮고 물가가 높고 공급이 충분하면, 물가가 떨어지고 소득도 늘어야 하는 게 정설이다. 하지만 그렇지 못하다. 이것은 경제원론이 틀렸다는 아니라 국내경제의 상황이 갈수록 침체되어 간다는 이야기이다. 현재 상황은 경제원론에 맞지 않는 상황이므로 채권, 부동산, 주식에 분산투자하여도 계란을 한 바구니에 담는 것이나 마찬가지이다.

분산투자의 목적은 한 부분의 투자종목이 문제가 생겼을 때, 다른 종목이 상승함으로써 손해를 상쇄시키기 위함을 주된 목적으로 하는 것이다. 국내경기가 침체되고 성장동력을 잃어가는데 국내투자만으로는 만족스러운 수익을 올리기가 힘들다. 이제 우리는 더 넓은 세상으로 눈을 돌려야 한다. 국내투자가 향후에도 계속 유망하지 않다는 이야기가 아니다. 현재 시점에서 국내투자의 성장동력은 힘이 많이 빠졌다. 지금은 중국 주식으로 눈을 돌려야 한다.

하지만 중국 주식투자가 아무리 유망해도 리스크가 존재하는 투자상품이라는 것을 잊지 말아야 한다. 중국 주식 초보자라면 일반적으로 전체 투자금 중 30%를 투자할 것을 권한다. 나중에 중국 주식에 대한 노하우도 생기고 공부를 통해 확신하는 종목이 생기면 그때 투자를 늘리는 것이 좋다.

중국 증권사에서는 투자금을 총알에 비유하고 주식투자를 전쟁이라고 한다. 아무리 좋은 종목이 있더라도 총알이 없으면 전쟁에서 승리하지 못한다. 품 속에 총알을 품고 때를 기다리며 열심히 중국 공부를 하

자. 때를 기다려 쏘는 한 방, 유능한 스나이퍼는 기다릴 줄 알고 연구할 줄 알아야 한다.

4. 중국 투자공식 3_매매타이밍을 읽어라

주식에서 매매타이밍에 대한 원칙은 칼같이 지켜야 한다. 이것은 많은 투자자들이 어려워하는 대목이기도 하다. 우리나라 주식투자에서도 가장 중요한 부분이고, 이 때문에 대다수의 투자자들이 손실을 입는다. 매매타이밍의 원칙은 다음과 같다.

1. 세계 정세의 판도를 읽을 줄 알아야 한다. 세계경제에서 미국과 유럽의 경제가 살아나면 중국경제도 호황이다.
2. 투자기업의 업종을 잘 살펴봐야 한다. 식품, 의약, 전자, 환경 등 중국정부가 주도하는 사업인지, 해당 업계가 하락세인지 상승세인지를 알아야 한다.

이것은 일반적으로 적용되는 사항이고 중국 주식에서는 한 가지가 더 추가된다. 바로 기업의 부정부패에 대해 잘 알아야 한다.

중국인민재산보험은 중국 최고 규모의 화재보험회사이다. 중국인들이 자동차를 구매할 때 70% 이상이 중국인민재산보험을 통해 자동차보험을 계약한다. 소득증가로 중국인들의 자동차 구매율은 더욱 증가할 것이고, 중국인민재산보험은 더욱 발전할 것이 명백하다. 하지만 2011

년 8월 말에 국유기업의 부정부패가 문제가 되면서 중국인민재산보험은 더 이상 정부의 도움을 받을 수 없는 지경에 이르렀다. 항저우지사를 비롯하여 여러 지역 지사장들이 공금을 횡령하고 투자자들에게 제때 보험금을 지급하지 못한 것이다. 이에 여론이 들고 일어나니 아무리 일당독재의 중국이라도 막아줄 수가 없었다. 언론을 통제하고, 인터넷 기사를 삭제해도 전체 자동차보험가입자의 70%가 이 회사의 가입자들이니 문제가 커질 수밖에 없었다. 결국 중국정부에서도 중국인민재산보험의 문제를 인정하고 개혁하기로 했다. 이런 일이 일어난 동안 주가 역시 절반 이하로 폭락하는 참사가 일어났다.

이러한 문제들은 경영이념이 확고한 CEO가 아닌 중국정부에서 배정한 인사들을 주축으로 발생하는 경우가 많다. 국유기업인 중량그룹의 사례도 비슷하다. 중량그룹의 CEO 위쉬보는 중량그룹에서 20년 이상 근무한 베테랑이지만, CEO를 제외한 각 요직에는 공산당 간부의 자녀·친척이나 매관매직을 통해 자리 잡은 인사들이 무척 많다.

정부에서는 국유기업을 보호할 수 있을 만큼은 보호하려고 한다. 하지만 언론을 통제하는 중국에서 국유기업의 부정부패가 보도된다는 것은 보호할 수 없을 만큼 통제 범위를 벗어났다는 것을 뜻한다. 이런 사건이 생길 때마다 해당 기업의 주가가 하락하는 것은 당연한 일이며, 심지어는 시장퇴출까지 염려해야 한다.

중국기업의 이러한 정보는 국내 증권사를 통해서는 쉽게 접할 수 없다. 그러면 직접 관련 기업의 중문 홈페이지나 뉴스를 봐야 한다. 중국어를 모른다면 텐센트증권(http://finance.qq.com/hk/) 사이트를 구글 번역기로 돌려서 해당 기업의 동태를 실시간으로 파악할 수 있다. 번역 오류가 많아 매끄럽지 않지만, 최소한 무슨 일이 있는지는 알 수 있다. 투자기업 관련 기사 중에 부패와 문제가 발생했다는 기사를 발견하고 폭락이 시작되었다면, 최대한 단기간에 매도를 고려해야 한다.

우리가 투자하는 중국의 홍콩거래소는 중국인들이 직접 투자하지 못하는 곳이다. 중국 기관투자자, 해외 기관투자자, 해외 일반투자자들이 각축을 벌이는 시장이다. 수십조 원의 사모펀드가 범람하는 곳이며, 당일 주가등락폭도 무제한이라 처음 해외 주식에 투자하는 사람들은 태평양에서 조그마한 낚시배로 물고기를 잡는 것처럼 불안할 것이다. 홍콩거래소의 주식 대부분은 거대 중국과 해외 펀드매니저들의 전쟁터이다. 이 고래싸움에 새우등이 터지지 않으려면, 해외 펀드매니저들의 심리를 잘 이용할 필요가 있다.

앞에서 언급한 중국의 부정부패 문제는 우리보다 금융에 정통한 펀드매니저들이 더욱 잘 알고 있을 것이다. 시장의 추세와 각 기업의 내부사정까지도 말이다. 우리보다 절대 우위에 있는 것이다. 하지만 해외 펀드매니저들도 중국기업의 보고서를 영문으로 읽지 중문으로는 읽지 않는다. 득과 실을 따져 투자자금을 유지할지 팔지를 염려하는 단편적인 논리는 우리의 매매방식과 같다. 그들의 움직임을 잘 살펴야 한다. 또 많은 투자자들로 구성된 펀드의 자금은 그 내용을 공개하도록 되어 있다. 다수의 투자자를 관리해야 하는 만큼 문제가 될 만한 주식을 포트폴리오에 넣는 펀드매니저는 없다. 만약 있더라도 문제가 발생하기 전에 매도 준비를 한다.

중국의 일반투자자들 또한 마찬가지이다. 중국의 개혁개방과 주식거래 역사는 우리보다 짧지만 이러한 부정부패 문제에 대해서는 단순하게 판단한다. 매도가 정답임을 잘 알고 있으며, 이는 대다수가 동의할 것이다. 그러므로 우리는 문제시되는 주식을 보유하면서 언젠가는 오를 거야 하는 것 같은 희망은 삼가야 한다.

5. 중국 투자공식 4_고배당주, 놓치지 말자

중국 주식에 투자하는 것이 아닌, 중국 주식배당에 투자한다고 생각하자. 중국 주식이 아무리 유망하다고 해도 주식투자이다. 주식에 투자하는 것은 자산에 투자하는 것이다. 이것은 부동산 구매 후 무작정 부동산 가격이 오르는 것을 기다리는 것과 같다. 단기로 투자하는 기관투자자와 큰손들은 고급정보를 바탕으로 주식을 단타로 매매하지만, 일반 투자자들은 고급정보도 얻기 힘들고 대량의 자금을 신속하게 투입하기도 힘들다. 절대로 기관투자자나 큰손투자자는 될 수 없다. 일반적으로 중국 주식투자자는 평균 최소 6개월 이상은 매입한 주식을 보유한다. 주식 관련 새로운 정보도 접하기 힘들뿐만 아니라 수수료와 세금 때문에라도 신중하게 주식매매를 하게 된다.

하지만 중국의 우량주식에 투자하면 되면 우리나라 주식투자와 마찬가지로 매년 중반이나 말에 일정한 배당이 나온다. 식품 관련주의 배당률은 주가의 0.3% 수준이다. 예를 들어 왕왕그룹의 주가가 1주당 10홍콩달러이다. 그러면 배당은 1주당 0.03홍콩달러로, 1만 주를 매수하게 되면 연말에 300홍콩달러의 배당을 받게 된다. 국내은행 이자율이 2%보다 낮지만, 0.3% 이상의 기업들도 쉽게 찾아볼 수 있다. 통일기업의 경우 주가는 6홍콩달러 수준이지만 매년 1주당 0.062달러의 안정적인 배당을 하고 있다. 최소한 1%의 배당을 받을 수 있는 것이다.

그렇다고 모든 중국 주식들이 매년 꼬박꼬박 배당을 주는 것은 아니다. 그 해에 적자가 심하면 배당액을 낮추거나 아예 배당을 하지 않기도 한다. 이는 매분기 주주총회에서 결정하는 사항이기 때문에, 소액주주인 우리는 결정권이 없다. 기다리는 수밖에 없다. 하지만 배당 여부는 쉽게 판단할 수 있다. 바로 주가 그래프를 보면 된다. 주가 그래프에서 주가 변동폭이 작다면 배당이 안정적으로 이루어질 것이다.

2007년에 중국 주식투자의 묘미는 주가상승보다 무상증자에 있었다. 배당 대신에 주식을 늘려준 것이다. 이때는 중국시장까지 호황이라 1년 이상 투자하는 것만으로도 자산가치가 상승하는 재미가 있었다. 하지만 2008년에는 중국도 세계 금융위기를 겪으면서 주식시장에 각종 제재가 가해진다. 무상증자 대신 현금배당을 전면적으로 실시하게 된 것이다. 현금배당은 앞에서도 알아보았듯이 은행이자율에도 못 미치는 수준이다. 결국 중국증권감독위원회가 의도하는 것은 현금배당으로 주식을 재구매하라는 것이다. 현금배당은 확실히 무상증자만 못하고 장기투자에서도 불리한 점이 많다. 오히려 단타매매를 즐기는 전문 투자자나 기관 투자자에게 유리하다.

일각에서는 일반투자자들도 현금흐름을 늘릴 수 있어 분산투자와 안정적인 투자에 힘쓸 수 있다고 한다. 일반투자자들에게 현금배당이 주식배당보다 유리하지 못한 것은 사실이나, 시장도 그만큼 성숙되어 있고 지속적으로 안정적인 투자가 가능하기 때문에 대세는 현금배당으로 움직이고 있다. 우리가 투자하는 곳이 아시아에서 시스템이 가장 완벽하게 갖춰진 홍콩거래소라는 것을 생각하면, 현금배당으로의 전환은 당연한 추세로 보인다.

6. 중국 투자공식 5 _ 재무제표는 중문판이 제일 정확하다

아시아에서 가장 선진적인 주식거래시스템을 보유한 곳은 홍콩이다. 홍콩은 150년간 금융선진국 영국의 식민지로 일찍부터 금융산업이 발전했고, 우리나라와 같이 국제회계기준 IFRS^{International Financial Reporting Standards}를 도입하고 있다. 아무리 우수한 중국기업이라도 홍콩거래소 기준에 맞지 않으면 상장하기도 어려운데, 2011년부터 홍콩거래소에 상장을 시도해온 만과그룹이 대표적인 예이다. 중국 부동산업계 1위인 만과그룹은 중국정부를 배경으로 두고 엄청난 자금력을 갖추고 있지만 3년 넘게 상장하지 못하다 2014년 8월에야 비로소 상장하였다. 홍콩거래소의 엄격함과 신뢰도를 보여주는 사례이다.

홍콩거래소에 상장된 기업 대부분이 중국기업이고 중국식 회계법을 따르고 있지만, 국제화된 홍콩거래소에 상장하면서 국제표준인 IFRS를 따르고 있다. 즉 우리나라 주식의 재무재표와 동일한 형식으로 회계처리를 하기 때문에, 보다 쉽게 접할 수 있게 되었다. 그러므로 기본적인 재무제표 공부는 필수적이다. 중문판 재무제표를 보는 가장 대표적인 곳은 텐센트의 주식 관련 부분(http://finance.qq.com/hk/)이다. 5억 명의 중국 투자자들이 보는 곳이며, 정부에서 관리감독을 한다. 이곳에서 재무제표 보는 법을 공부하는 것이 좋다. 이용하는 방법은 다음과 같다.

1. 검색란에 기업의 코드번호 5자리를 입력한다.
2. 구글 크롬과 같은 홈페이지 번역기를 통해 쉽게 재무제표를 확인할 수 있다(신문기사나 장문의 글의 경우 번역기의 수준이 떨어져 대략적인 내용만 확인할 수 있지만, 일반적인 단어는 확실하게 번역되기 때

문에 재무제표 확인에 유용하다).

3. 매분기마다 업데이트되는 내용을 확인하자. 즐겨찾기를 하면
   더욱 좋다.

각 주식마다 재무제표 안정성 분석수치가 있다. 개인이 보유한 주식이

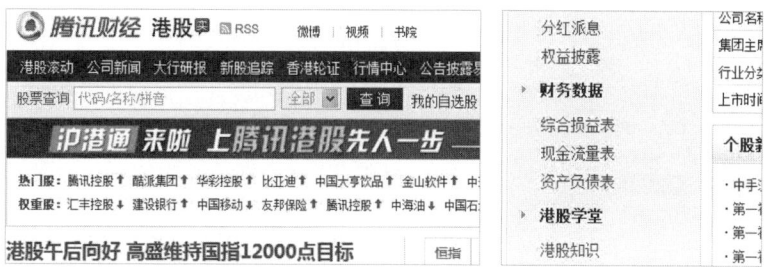

텐센트 증권 메인화면 검색란과 재무제표 메뉴

종합손익표

15장 왕초보도 쉽게 따라 하는 중국 투자공식 449

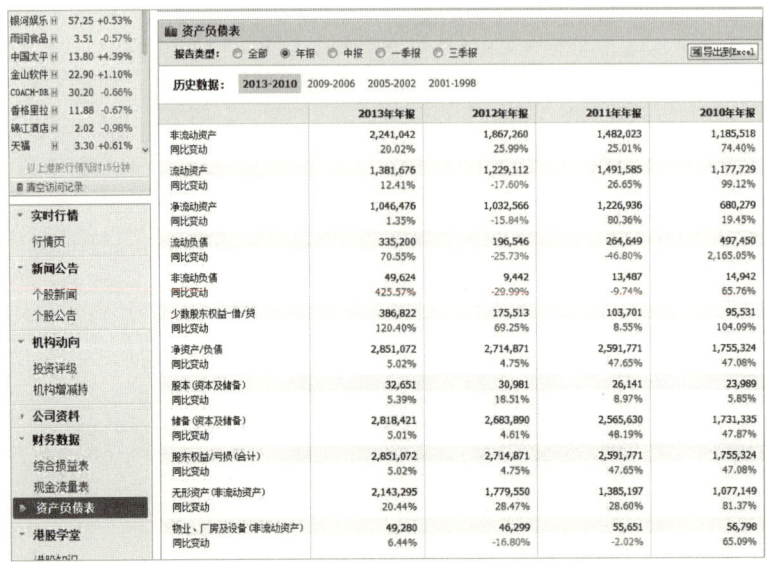

자산부채표

나 보유할 예정인 주식의 재무제표 비율분석을 통해 안정성·수익성·효율성 여부를 판단할 수 있다.

🔻 안정성 분석

▪ 유동비율

유동비율을 통해 자산의 현금화 정도를 판단할 수 있다. 유동비율이 높으면 자산을 쉽게 현금화하여 단기채무변제에 대응하기 쉽다. 갑작스러운 재무위험에 적극적으로 대응할 수 있는 것이다.

$$\text{유동비율} = (\text{유동자산} / \text{유동부채}) \times 100$$

- **당좌비율**

당좌비율은 재고자산에 의존하지 않고서도 단기채무를 변제할 수 있는 것을 의미한다. 보통 100% 정도를 적정 수준이라고 본다. 유동비율과 당좌비율이 비슷해질수록 재고자산이나 선급비용이 없음을 의미한다. 외부환경 변수에 많은 영향을 받는 철강, 전자, 선박 같은 대형제조업은 유동비율과 당좌비율의 차이가 크다.

$$당좌비율 = (당좌자산 / 유동부채) \times 100$$

- **레버리지비율_자본 대비 부채비율**[DR]

부채비율은 기업이 지급불능 상태에 빠졌을 때 채권자의 채권이 보호받을 수 있는 정도를 판단하는 것이다. 부채가 많으면 이자부담이 커져 기업의 재무위험도가 높다. 일반적으로 부채비율이 낮을수록 기업의 재무가 건전하다고 보는 것이다. 그래서 이 비율이 100% 이하일 경우에는 자기자본이 상대적으로 더 많음을 의미하므로 채권자의 채권은 더 많은 보호를 받을 수 있다.

하지만 부채가 많더라도 수익성이 높은 사업에 투자하여 좋은 성과를 내고 있다면 기업의 이익창출과 주가상승에 긍정적인 요인으로 작용한다. 그렇기 때문에 부채비율이 높다고 해서 꼭 나쁜 기업이라고 할 수는 없다.

$$자본 대비 부채비율 = (부채 / 자기자본) \times 100$$

✈ 수익성분석

■ 자기자본이익률

자기자본이익률$^{ROE,\ Return\ on\ equity}$은 투자된 자본을 사용하여 어느 정도 수익을 올리고 있느냐를 판가름하는 수치이다. 자기자본이익률이 20%라면 주주가 1천 원을 투자하여 1년 만에 200원의 수익을 올렸다는 것이다. 자기자본이익률이 높은 기업일수록 주가도 높게 형성되어 있다. 시중금리보다 높아야 투자자금의 조달비용을 넘어서는 순이익을 낼 수 있으므로 의미가 있다. 시중금리보다 낮은 기업이라면 기피해야 한다.

$$자기자본이익률 = (이익/자기자본) \times 100$$

■ 투하자본순이익률

투하자본순이익률$^{ROIC,\ Return\ on\ invested\ capital}$은 기업이 영업에 투입한 자산으로 얼마의 영업이익을 거뒀는지 나타내는 지표이다. 기업의 수익창출 역량을 측정하는 데 활용된다. 실제 영업활동을 위해 투입된 유형자산과 순운전자본 등을 집계한 것이다.

$$ROIC = NOPAT / IC \times 100$$
$$세후순영업이익\ NOPAT = 영업이익(1 - 법인세비용/세전이익)$$
$$IC = 총자산 - 투자자산 - 매입채무 - 장기성매입채무$$

■ 총자산순이익률

총자산순이익률은 경영자가 기업의 영업활동을 수행하기 위해 보유하고 있는 총자산을 얼마나 효율적으로 운영하였는지 나타내는 수익성 비율이다. 이 비율의 변동요인을 분석하기 위해서 매출액순이익률과 총자산회전율로 나눌 수 있다. 즉 총자산순이익률은 '매출액순이익률×총자산회전율'이다.

$$총자산순이익률 = (순이익/총자산) \times 100$$

■ **경영자본이익률**

경영자본이익률$^{OER,\ Operating\ earning\ ratio}$이 높을수록 기업수익은 양호한 것으로, 경영자본은 사용총자본에서 사업목적에 사용하지 않는 토지나 기타 비영업용 같은 감가상각과 자산을 뺀 것이다. 기업의 진정한 경영 효율을 보기 위해서는 당기 경영자본을 사용한다.

$$경영자본이익률 = 영업이익/영업자본(평균) \times 100$$

■ **매출액순이익률**

매출액순이익률$^{ROS,\ Return\ On\ Sales}$은 투자자들이 즐겨 사용하는 것으로, 대차대조표와 손익계산을 할 때 특정 부분에 관한 수익률을 계산하여, 이 중 매출액에 대한 수익의 비율을 나타낸 것이다. 매출액수익률이라고도 한다. 이 비율은 회사의 최종적인 수익률을 나타내며 높을수록 좋다. 매출액순이익률은 경상적·비경상적인 모든 경영활동의 결과가 반영된 최종적인 경영성과를 측정하는 척도가 된다.

$$매출액순이익률 = (당기순이익/매출액) \times 100$$

효율성분석

■ 재고자산회전율

활동성비율을 나타내는 재고자산회전율$^{Inventory\ turnover\ ratio}$은 회계기간 내에 재고자산이 몇 번 판매되었는지를 나타내는 지표이다. 재고자산 보유 수준의 과부족을 판단하는 데 가장 적합한 지표이기도 하다.

연간 매출액을 평균재고자산으로 나눈 것으로써 재고자산의 회전속도, 즉 재고자산이 당좌자산으로 변화하는 속도를 나타낸다. 이 비율이 높으면 자본수익률이 높아지고, 매입채무가 감소되며, 상품의 재고손실을 막을 수 있어 기업 측에 유리하다. 그러나 과대하게 높을 경우에는 원재료 및 제품 등의 부족으로 지속적인 생산 및 판매활동에 부정적인 영향을 끼칠 수 있다.

재고자산회전율 = 매출액/재고자산

부록_1

중국 주식 초보자를 위한 질문 베스트 10

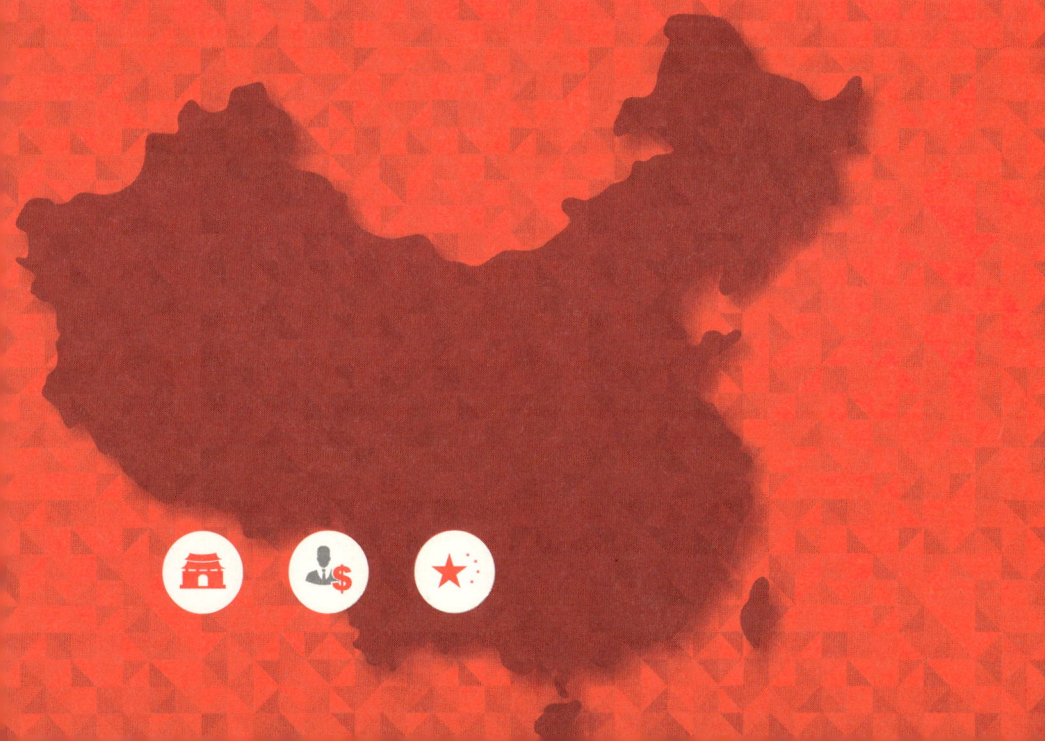

Q1 중국 주식 왕초보입니다. 중국은 경제성장 속도도 빠르고 주위에서 중국 주식이 유망하다고 많이 들었습니다. 하지만 막상 투자하려고 보니 어떻게 주식을 구매하고, 어떻게 투자해야 할지 모르겠습니다.

중국 주식투자에서 가장 중요한 것은 막무가내식의 주식 매수가 아니라 중국과 중국 주식에 관해 공부하겠다는 자세입니다. 증권사에 전화해서 중국 주식에 투자를 하겠다고 하면 자세하게 방법을 알려줄 겁니다. 제일 간단한 방법이죠. 하지만 전화를 걸기 전에 다음의 기본적인 사항을 알고 있다면, 좀 더 이해가 빠르고 도움이 될 것입니다.

① **증권사 선택하기** : 증권사는 중간거래기관이니 수수료가 저렴한 곳이나 대형 증권사이면서 든든한 모회사가 있는 기업이 좋습니다. 이런 기업이라면 애널리스트, 상담원 등의 실력이 더 좋을 것입니다. 특히 중국어를 잘하는 중국 주식 담당자가 있다면 금상첨화입니다.

② **이체입금**(자금입금) : 1~2천만 원 정도의 돈은 투자해서 돈을 벌겠다는 생각보다는 종목에 투자한다는 생각을 해야 합니다. 정말 마음에 드는 종목을 선택해 1~2천 주 정도 매수하는 것을 추천합니다. 안전하게 하겠다고 1천만 원을 나누어서 투자하다 보면 오히려 원래 금액을 훌쩍 넘겨 불필요한 주식에 투자하는 오류를 범할 수 있습니다.

③ **실시간 환전** : 컴퓨터든 모바일이든 HTS시스템을 통해 환전할 수 있습니다. 증권사와 은행 간에 연결이 잘 되어 있어 따로 은행을 방문할 필요는 없습니다. 환전할 때도 중요합니다. 쌀 때 사서 비

싸게 파는 주식매도처럼 환전도 시기를 잘 타면 환차익까지 얻을 수 있기 때문입니다.

홍콩거래소 모든 종목들의 거래 화폐는 홍콩달러입니다. 홍콩달러는 미국달러에 묶여 있는 페그제를 실시하는데, 미국달러 환율이 오르면 홍콩달러도 같이 상승합니다. 그러므로 미국달러 환율에 주목해야 합니다. 2008년 세계 금융위기 이후 미국이 양적완화로 달러를 대량유통시키자, 시중에 흘러넘치던 달러들이 부동산 시장에 흘러들어갔습니다. 이로 인해 미국과 홍콩의 주가가 대폭 상승하였습니다.

④ HTS를 통한 실시간 매수주문 체결 : 우리나라 주식은 1주, 10주 등 최소단위로 매수매도가 가능하지만 중국 주식은 1천 주, 2천 주 등 천 주 단위로만 매수가 가능합니다. 가끔 500주 단위도 있지만 대부분은 부실한 기업이므로 피해야 합니다. 칭다오맥주나 신오에너지 같이 한 종목만 투자해도 1천만 원을 훌쩍 넘는 종목부터 제일채널, 보리홈에너지 같이 30만 원대에 매수할 수 있는 종목까지 다양합니다. 싸다고 매수하기보다 시간을 두고 마음에 드는 종목을 연구하면서 투자하는 것이 좋습니다.

⑤ 매도대금 입금 : 매도 후 이틀 뒤에 수익금이 입금됩니다.

 중국 주식은 세금이 많고, 신고도 해야 하고, 복잡하다고 하던데… 어떤가요?

가장 쉽고 정확한 방법은 가까운 세무서의 세무공무원을 찾아가는 겁니다. 친절하게 알려줄 겁니다. 이렇게 전문가를 찾는 것도 좋지만 그래도 투자자 본인이 아는 것이 힘입니다. 무작정 지급하다보면 언젠가는 착오가 생길 수 있기 때문입니다.

중국 주식으로 수익이 발생하면 국내 주식투자와 마찬가지로 자산증가로 인한 일정 금액을 양도세로 내야합니다. 양도세 20%와 주민세 2%를 내는 것이죠. 단, 1년에 250만 원 이상의 양도수익에 대해서만 세금이 붙으며, 그 이하는 면제대상입니다.

> 양도소득 = 매도금액 - 매수금액 - 수수료 및 비용

순이익에서 250만 원을 뺀 나머지 금액에 대하여 22%의 세금을 부과하는 것입니다. 예를 들어 1천만 원을 투자해 2천만 원의 수익을 올렸습니다. 여기서 순이익은 1천만 원이고, 1천만 원에서 250만 원을 뺀 나머지 금액인 750만 원의 22%인 165만 원이 세금이 되고, 최종 순이익은 835만 원입니다.

양도소득세는 매도를 할 때 발생하는 차익에 대한 세금이기 때문에 계속 보유한다면 부과되지 않습니다. 1년 동안 여러 차례 매도를 하였다면 모든 차익을 합산하여 전체 주식에 대한 양도소득세를 한 번만 내면 됩니다. 예를 들어 한번은 500만 원의 이익을 내고 한번은 300만 원의 손해를 보았다면, 순이익은 200만 원이므로 양도소득세 부과 기준인 250만 원보다 작습니다. 그렇기 때문에 양도소득세를 내지 않아도 됩니다. 이 경우는 직접투자 시에 해당되고, 한국투자증권에서 하는 중국 A주식 ETF(상장지수펀드)를 구매하시면 양도세가 이미 지급되고 남은 금액만 입금되니 편리할 것입니다. ETF가 유망주와 주가를 구성하는 대표종목으로 펀드화되었지만, 투자 관련 카페의 정보를 이용해 직접투자하는 것도 괜찮은 방법입니다.

해외 주식을 직접 보유하여 배당을 받아도 우리나라에서는 세금신고를 해야 합니다. 국내증권사를 통해 외국법인 주식에 투자하여 배당금을 수령할 경우, 국내증권사는 국내 세법에 의해 14%의 세율을 적용하여 산출한 세액(해외 현지에서 배당소득에 대하여 이미 원천징수하였다면 국내세법에 의한 세율 14%에서 현지 원천징수세율을 차감하여 산출한 세액)을 원천징수하게 됩니다. 또한 국외에서 받은 금융소득이 원천징수되지 않았거나, 연간 금융소득이 4천만 원을 초과하면 다른 소득과 합산하여 종합소득세 확정신고를 해야 합니다. 만약 해외 주식 매도에서 손해를 봤다면 세금은 없습니다.

과세기간은 1월 1일부터 12월 31일까지입니다. 양도소득세 신고 납부에서 1.1~3.31 양도분은 5월 말까지, 4.1~6.30은 8월 말까지, 7.1~9.30은 11월 말까지, 10.1~12.31은 다음해 2월 말까지 예정신고를 합니다. 그리고 최종적으로 다음해 5월 말까지 1년 동안의 양도소득을 확정신고하면 됩니다.

 'AH주, A+H주'는 무엇인가요? 상하이거래소와 홍콩거래소 동시상장되어 있는 주식이라던데, 잘 모르겠습니다.

AH주 혹은 A+H주는 중국기업이 상하이거래소 A주와 홍콩거래소 H주, 두 곳에 동시에 상장한 경우를 말합니다. A/H, AH주라고도 읽습니다. 중국기업이 중국 내 2개의 거래소에 상장되어 있는 것이 의아할 수도 있을 겁니다.

중국은 금융시장을 완전개방하지 않았습니다. 이는 금융시장의 역사가 짧고, 아직은 해외의 공격적인 거대 사모펀드나 헤지펀드가 중국경제에 영향을 끼치는 것을 방지하기 위해서입니다. 증권거래소는 기업이 상장을 해 자금을 조달하는 조달처이고, 13억 6천만의 인구만큼 많은 수천만 개의 중국기업들이 모여 있는 것입니다. 중국의 거대한 땅덩어리와 인구를 감당하려면 1개의 증권거래소로는 합리적인 운영을 할 수 없는 것입니다. 그래서 중국경제가 가장 발달한 상하이, 선전, 홍콩에 3개의 증권거래소를 설립하였습니다.

상하이거래소와 선전거래소는 중국인들만 직접투자하는, 즉 개인이 종목 하나하나를 골라가며 투자할 수 있지만 외국인은 펀드를 통해 간접투자만 가능합니다. 반면에 홍콩거래소는 중국인 중 자본금이 10억 이상 되는 개인과 기관만 거래가 가능하고, 외국인들은 자유롭게 거래를

● 상하이거래소와 홍콩거래소에 동시상장된 주식

구분	기업명	업종	홍콩거래소 코드번호	상하이거래소 코드번호
1	칭다오맥주	주류	00168	600600
2	시노펙	석유화학	00386	600028
3	페트로차이나	석유화학	00857	601857
4	백운산	제약	00874	600332
5	상하이의약	제약	02607	601607
6	태평양보험	보험	02601	601601
7	중국인수보험	보험	02628	601628
8	중국해양유전	석유화학	00883	601808
9	중국평안보험	보험	02318	601318
10	복성제약	제약	02196	600196
11	동강환경보호	환경	00895	002672
12	중싱통신	전자	00763	000063 (심천거래소)

할 수 있는 곳입니다.

A+H주는 상하이거래소와 홍콩거래소에 동시상장된 기업으로 중국인은 상하이증권거래소를 통해서, 외국인은 홍콩거래소를 통해서 자유롭게 투자가 가능합니다. 기업 입장에서도 중국인과 외국인 양쪽에서 자금을 조달받으니 상대적으로 상하이거래소, 홍콩거래소 중 하나만 상장된 기업보다 자금조달이 용이합니다. 이런 기업들은 재무건전성이 높습니다. 또한 외국인이 직접투자하지 못하는 상하이거래소의 종목들은 A+H주를 통해 홍콩거래소에서 투자가 가능해져 외국인 입장에서도 폭넓은 선택이 가능해집니다.

홍콩거래소는 100년 이상의 역사와 영국식 선진금융시스템으로 근무하는 직원들의 자부심이 높습니다. 개인의 이익보다는 거래소의 명예를 중시하는 영국 풍습으로 기업의 평가와 관리감독이 엄격하고, 기본과 원칙을 철저히 준수합니다. 중국 공산당 지도층의 커넥션이 통하지 않는 곳이기도 합니다. 반면에 서서히 발전하는 중이지만 상대적으로 과도기적 상태에 놓인 상하이거래소는 건전한 자본거래시장으로서의 역할에 지속적으로 빨간불이 켜지고 있습니다. 분식회계, 부정부패, 기업기밀공개 등의 문제가 대두되고 있는 전혀 다른 성격의 자본시장인 것입니다. 때문에 2008년 금융위기 이후 홍콩거래소 항생지수는 기존의 23000포인트를 회복하였지만, 상하이종합지수는 2008년 금융위기 때 3000포인트보다 더 떨어진 2000포인트를 헤매고 있습니다. 상장된 기업의 경영부실도 원인이겠지만, 가장 큰 문제는 높은 신용도와 정확한 정보공개를 요구하는 증권거래소의 시스템이 제대로 갖춰지지 못했다는 것입니다. 한때 유행했던 국내 금융기관의 중국 펀드 수익률이 떨어진 것도 상하이거래소에 투자가 많았기 때문이지요. 그래도 다행 중의 다행은 현재의 투자처는 상하이거래소가 아닌 홍콩거래소에만 가능하다는 것입니다.

하지만 중국의 경제가 지속적으로 성장하고 소득이 증가하자, 부동산 경기침체와 은행금리 하락으로 적절한 투자처를 찾지 못한 중국 투자자들이 다시금 주식시장으로 눈을 돌리고 있습니다. 이와 더불어 2012년부터 중국정부가 홍콩거래소를 모델로 하여 상하이·선전거래소에 각종 정보공개과정 투명화, IPO기준강화, 관리감독강화, 비리부패 엄중처벌을 내세우며 개혁을 하고 있습니다. 실제로 2013년에는 상하이거래소의 IPO 신규상장기업이 1개에 그쳤는데, 이는 새로운 기준을 만들고 있어 상장에 제한을 두었기 때문입니다. 편법을 통해 우회상장하는 기업들이 늘어 사회적 이슈가 되기도 하였지요.

중국인의 주식투자가 날개를 달면서 움츠러든 중국 주식시장이 각광을 받고 있습니다. 특히 후강통沪港通(상하이거래소와 홍콩거래소 간 교차매매)을 통해 홍콩거래소에 상장된 기업에 투자할 수 있는 기회와 금액이 늘어나자, 기존의 A+H보다 홍콩거래소에만 단독 상장된 기업들이 주목을 받고 있습니다. 하지만 상하이와 홍콩, 2곳에 상장되었다는 것은 기업의 재무상태가 건전하고 금융능력이 뛰어나다는 것입니다. 기본적으로 이 책에 나온 A+H주만 보더라도 해당 기업들의 펀더멘털이 우수한 것을 알 수 있습니다.

기업들이 A+H주에 모두 상장한 것은 중국과 해외 양쪽에서 자금을 용이하게 조달하기 위해서이지만, 까다롭기로 유명한 홍콩거래소에 상장되어 있는 것만으로도 중국인들 사이에서는 신용도가 높습니다. 중국 내에서는 A+H주를 통한 차익거래가 즐비합니다. 예를 들어 칭다오맥주가 상하이거래소에서는 40위안이고 홍콩거래소에서는 50위안입니다.

그러면 상하이거래소의 칭다오맥주에 투자를 하고, 홍콩거래소가 더 낮다면 주식이 고평가되어 있다고 여겨 매도하는 것이 일반적입니다.

또한 A+H주는 기업들이 어디에 먼저 상장하는지에 따라 주가 가치가 달라집니다. 한 논문에 따르면 A주에 먼저 상장하고 H주에 상장하면 주가변동이 5% 내외로 적지만, H주에 먼저 상장하고 A주에 상장한다면 35% 이상의 주가폭등이 되었다는 내용입니다.

중국의 지속적인 금융개방으로 A+H주 수가 더욱 늘어날 것으로 예상됩니다. 기존의 A+H들은 펀더멘털이 강한 국유기업과 대형 민간기업으로 구성되어 있습니다. 기업이 성장할수록 중요한 금융부분에서 우위를 점해 주가상승에 긍정적인 요인으로 작용하고 있습니다.

Q4 상하이종합지수를 보니 2007년 이후로 줄곧 떨어져 2000포인트를 벗어나지를 못하고 있습니다. 수년간 하락세인데 주식투자를 해서 수익을 볼 수 있나요? 제가 알기로는 개미투자자들 같은 경우 전체 주식시장의 가치가 올라가야 조금이라도 재미를 본다던데요?

중국은 넓은 대륙만큼이나 증권거래소도 3개나 있습니다. 우리나라로 치면 코스피 시장이 3개인 것이죠. 상하이거래소, 홍콩거래소, 선전거래소입니다. 2007년에 중국 주식이 6000포인트까지 올랐다가 지금은 2000포인트대에 머무르고 있다는 뉴스를 많이 들어보셨을 겁니다. 이때 국내 언론사에서 말하는 주식시장은 상하이증권거래소의 종합지수입니다. 우리나라 증권사가 중국의 QFII(적격외국인투자자)제도를 통해서 상하이종합지수에 펀드투자하는 주요 거래처이기도 합니다. 하지만 앞으로 우리가 투자할 곳은 상하이거래소가 아닌 홍콩거래소입니다. 종합적인 지표를 봐도 상하이종합지수가 아닌 항생지수를 보는 것이 정확합니다.

항생지수는 홍콩 주식시장의 전체적인 흐름을 판단하는 기준입니다. 2007년에 24964포인트까지 최고점을 찍었다가 2011년 10월에 16250포인트까지 떨어졌지요. 하지만 2012년 말 이후로는 중국 상하이종합지수와 정반대의 길을 걷고 있습니다. 2007년 최고점인 24000포인트에 근접한 23000포인트 내외를 지속적으로 유지하고 있고, 여러 투자수익들 또한 살아나고 있습니다. 반면 상하이 종합지수는 2007년에 6000포인트로 최고점을 찍고 2011년 3000포인트를 유지하면서 반등하나 했지만, 지속적으로 하락하면서 2013년 6월에는 최저점인 1950포인트까지 떨어지고 있습니다. 현재도 2000포인트 내외로 전전긍긍하고 있지요.

상하이종합지수와 항생지수는 계산방법이 다릅니다. 상하이종합지수는 우리나라 코스피 지수와 같은 방식으로 상장된 모든 기업들 실적의 평균이고, 항생지수는 상위 우량기업 20%의 평균으로 움직이는 미국 다우지수와 비슷합니다. 두 지표계산에서 비교대상이 다른데 어떻게 오르고 내리고를 평가할 수 있냐고 하겠지만, 두 증권거래소에 상장된 기업들의 전반적인 시가총액, 매출액 규모 등을 평균하여 증권거래소에 적합한 지수계산방식을 적용한 것입니다.

상하이거래소에 상장된 중국 내륙 대부분의 기업들은 증권거래 역사가 짧고, 규모는 크지만 상장초기 기업들이 많아 경영과 재무에 리스크가 많습니다. 때문에 상하이거래소에서 항생지수와 같은 계산을 통해서 지수를 산출해내면, 매번 주식시장의 지표가 되는 대표지수가 등락을 반복하면서 불안정해질 것입니다. 반면에 홍콩거래소는 역사가 오래되고 튼실한 기업들이 많고, 상위 20%가 전체 시가총액의 80%를 차지하기 때문에, 상위 20%만의 실적을 전체 주가에 반영하는 것입니다. 만약에 상하이종합지수처럼 하위 80% 기업까지 포함한다면 이것 또한 등락이 심할 것입니다. 현재 우리가 투자하는 홍콩거래소는 상하이거래소의 종합처럼 하락장이 아닙니다. 중국경제 성장에 대한 프리미엄을 받으며 쭉쭉 성장하고 있습니다.

Q5 증권사에 전화도 해보고, 책도 사서 읽어보고, 인터넷으로 검색도 해보고… 여러 가지로 찾아봤습니다. 중국이 큰 만큼 기업도 많고 종목도 너무 많습니다. 식품, 전자, 화학, 자동차, 에너지, 여행, 제약 등의 분야가 유망하다고 하는데 어느 업종, 어느 기업에 투자해야 할지 모르겠습니다. 어느 기업에 투자해야 높은 수익률을 낼 수 있을까요?

가장 높은 수익률을 낼 수 있는 종목은 현재 유망한 업종인 1등주가 아닙니다. 1등주는 주가반등으로 인해 오히려 가장 많은 손해를 볼 수 있는 종목이기도 합니다. 중요한 것은 투자하려는 종목의 업종에 대해 자세히 아는 것입니다. 전문가가 된다면 더욱 좋지요.

주식투자를 하면서 가장 범하기 쉬운 오류는 재무제표를 보고 '건전하다', 주가그래프를 보고 '향후에 오르겠지'라고 막연하게 판단하고 기다리는 것입니다. 우리나라 사람들이 중국 주식에 투자할 때 유리한 점은 문화적 동질성과 중국과 가장 가까운 나라라는 지리적 이점입니다.

현재의 한국인은 중국인들이 향후 소득증가를 통해 변모할 인간상의 미래입니다. 중국은 유교사상과 휴일, 생김새까지 우리나라와 매우 흡사합니다. 소득이 증가하면서 소비추세, 해외여행, 교육열 등이 우리와 비슷한 양상을 보이고 있고, 상하이와 베이징은 한류를 통해서 우리의 선진적인 문화를 흡수하고 있습니다. 더욱이 동양철학을 기반으로 하는 명절 휴일인 춘절(설날), 중추절(추석), 얼통제(어린이날), 성탄절(크리스마스), 모친절(어머니날), 부친절(아버지날)이 매우 흡사합니다. 지리적으로 가까워서 교류가 빈번하고 중국 내 유학생이나 교민은 전 세계 어떤 나라보다 많습니다. 더욱이 국내 100대 기업 모두가 중국에 법인이나 대표처를 두고 있습니다. 중국으로 출장을 가거나 중국에서 현지채용하는 것을 우리 주변에서 쉽게 찾을 수 있습니다.

이것 뿐만이 아닙니다. 중국에 있는 업종은 우리나라에도 있습니다. 두산중공업의 굴착기·삼성전자의 스마트폰과 같이 서로 공존하는 관계이거나, 현대중공업의 조선업과 같이 경쟁하는 입장에 있는 업종도 있습니다. 가장 유망한 투자업종 선택은 자신이 지금 종사하고 있는 업종일 것입니다. 그렇지 않다고 해도 관련 정보를 쉽게 접할 수 있는 환경에 있다면, 일반투자자들이 알 수 없는 고급정보와 종목평가에 대한 판단이 설 것입니다.

철강업계에 종사한다면 향후 철강 시세를 통해 주가의 등락을 예상할 수 있고, 음식점 같은 자영업을 한다면 자주 쓰는 중국산 고춧가루, 중국산 배추가격 등락을 통해 중국 내 식품업체들의 등락을 예상할 수 있을 것입니다. 그만큼 우리는 중국과 긴밀하게 연결되어 있습니다. 이렇게 생업과 관련된 주식투자를 통해서 더 높은 만족도와 높은 수익률을 예상할 수 있습니다. 극단적인 예로 취업이나 이직을 앞두고 있다면 구인구직 포털 사이트의 채용정보로 업종을 예상할 수도 있습니다. 보통 이런 구인구직 사이트의 채용정보에는 기업이 확장을 위해서 고용을 늘리고, 신규로 시작한 사업의 결과가 나타나기 때문입니다. 만약 채용정보 중에 중국 관련 인재를 채용하는 업종이 있다면 유심히 지켜볼 필요가 있습니다.

Q6 중국 주식 관련 서적을 읽고 중국 주식을 약 1,500만 원 정도 매수했습니다. 그런데 주변 지인들 이야기나 인터넷을 검색하니 더 많이 사야할 것 같고, 지금 안 사두면 왠지 후회할 것 같습니다. 도대체 얼마 정도를 투자해야 할까요? 처음에는 1천만 원 정도만 하려고 했는데, 이제는 멈출 수가 없습니다.

중국 주식투자가 유망한 투자로 각광받는 것은 중국경제의 발전속도 때문입니다. 매년 7%대의 성장을 기록하는데, 우리나라를 비롯해 세계 어느 선진국과 신흥국보다 높습니다. 경기가 활황이면 주식시장 또한 활황이기 때문에 중국 주식에 관심이 많은 것입니다. 대신 높은 세금과 정보 부족으로 허덕이는 것 또한 중국 주식입니다. 여유자금을 모두 투자하기에는 리스크가 많습니다.

중국 주식을 시작하신 지 3년 미만이면 여유자금의 20%, 예를 들어 3천만 원의 20%인 600만 원 이하로 투자할 것을 추천합니다. 600만 원이면 우량종목 2개 정도를 투자하기에 적당한 자금이고, 주가가 낮은 종목의 경우에는 분산투자가 가능하지만 빈번한 매매로 수수료 부담이 높을 수도 있습니다. 초기 중국 주식투자에 많은 자금을 투입하는 것은 옳은 투자행위가 아닙니다. 우선은 투자하려는 종목의 정보를 찾아 분석하고, 국내기업들과 비교해보면서 투자하는 것이 건전한 투자로 가는 길입니다.

만약 600만 원도 부담스럽다고 생각하면 투자를 하지 않는 것이 좋습니다. 아무리 "지금이 적기이다!"라는 말이 많다고 해도, 중국 주식시장은 10년이 지나도 20년이 지나도 건재할 것입니다. 그때 가더라도 내릴 주식은 내리고, 오를 주식은 오를 것입니다. 대신 지금부터라도 투자하고 싶은 종목의 자료나 재무제표를 모아두고 공부할 것을 권합니다. 개인 블로그나 컴퓨터에 스크랩해 자료를 모아두고 주식추세와 현황을 공부한다면, 나중에 자금이 모아졌을 때 훨씬 더 높은 수익률을 낼 수 있는 기초를 마련할 수 있습니다.

다신 한 번 냉정하게 말합니다. 절대 빚을 지면서까지 투자할 필요는 없습니다. 노련한 사냥꾼은 기다릴 줄도 알아야 합니다. 중국 주식투자를 하면서 여러 중국 관련 서적을 두루 접하고, 관련 기업 홈페이지나 카페 등을 통해 공부한다면 자신만의 관점이 생길 것입니다.

 중국 주식을 공부하다보니 A주, H주라는 용어가 나옵니다. 우리나라의 코스피, 코스닥과 비슷한 의미인가요?

주식시장은 한 나라의 경제를 보여주는 지표이지만, 중국과 같이 경제규모가 크고 땅도 넓고 인구가 많으면 거래소 1개로는 부족합니다. 13억 6천만에 이르는 인구이니 기업은 얼마나 많겠습니까?

증권거래소는 우리와 같은 투자자에게는 주식을 구매하고 거래할 수 있는 곳이지만, 기업에게는 부족한 자금을 조달할 수 있는 거래처가 되고 있습니다. 중국은 상하이, 선전, 홍콩에 각각 거래소가 있습니다. H주가 있는 홍콩은 1997년 1월에 반환되기 전까지 금융선진국인 영국에 속해 있었기 때문에 아시아 제일의 안전하고 선진화된 금융시스템과 정책을 갖추고 있습니다. 이 거래소는 상장조건도 까다롭지만 상장유지도 어려워 전 세계 어느 기업이든 개인이 안전하고 자유롭게 투자할 수 있습니다. 지리적으로 가깝고 우수한 중국기업들이 많이 포진되어 있는데, 우리가 직접 투자하는 대부분의 중국 주식이 홍콩거래소에 상장되어 있는 기업입니다. H주는 중국인들이 직접투자하지는 못하고 기관투자자들만 투자할 수 있는 시장이기도 합니다.

A주에 우리가 투자할 수 있는 방법은 펀드형식으로 간접투자하는 방법뿐인데 이를 QFII, 적격기관투자자라고 합니다. 중국기업의 대다수가 A주에 상장을 하는데 상장절차와 관리감독이 H주보다 느슨합니다. 금융시스템 수준이 대외개방을 할 정도는 아닌 것입니다. 해외의 핫머니(대량의 자금)가 들어오면 국내시장 교란의 우려가 있어, 우수한 해외 종합금융회사나 증권회사에게 펀드형식으로 자금을 모아 중국 A주에 투자하는 것입니다. 실제로 우리나라는 중국과 지리적으로 가깝고 중국 투자가 많아, 18개의 증권사들이 QFII자격을 획득해놓았습니다. 펀드는 수익률에 따라 채권과 주식을 섞어 판매하기도 하고 여러 주식을 한데 모아 투자하기도 하는 방식입니다. 하지만 국내에는 중국 금융시장과 실물을 아는 전문가가 적고 주식시장 전체 분위기가 다운되어 있습니다. 그래서 중국 주식을 하는 사람들은 직접 종목을 찾고 공부해서 개별 종목 모두를 투자할 수 있는 H주를 많이 매수합니다.

A주에서 해외 기관투자자 이외에 나머지 투자자들이 중국인들이어서 중국의 성장을 한 번에 느낄 수 있는 주식시장입니다. 하지만 상장하기도 쉽고 퇴출도 많이 되는 불안정한 시장이기도 하지요. 이러한 불안요소를 제거하고자 기업은 홍콩과 미국 나스닥에 상장하기도 합니다. 실제로 2008년 주가가 대폭락한 주요 원인도 A주에 있습니다. 당시 6000포인트까지 올라갔던 중국 주식이 아직까지 2000포인트에서 헤매는 것도 주식시장 시스템이 안정화되지 못했기 때문입니다.

현재 중국정부는 상하이 자유무역지구 등을 건설하면서 향후 금융을 통한 발전을 위해 사력을 다하고 있지요. WTO에 가입한 후 2001년부터 모든 분야에 점진적으로 개방을 하고 있는 상태이기 때문에 A주가 개방되는 건 시간문제일 뿐입니다. 2008년 당시 홍콩주식 또한 22000포인트에서 10000포인트까지 떨어지는 최악의 상태에 처했지만, 선진화된 금융시스템 덕분에 2008년 이전 호황일 때보다 더욱 오른 24000포인트로 정상궤도에 머무르고 있지요. 그래서 우리는 홍콩거래소의 H주를 A주보다 더 관심 있게 봐야 합니다. 그렇다고 A주에 직접투자할 방법이 없는 것은 아닙니다. 홍콩거래소에 A+H주라는 주식이 있습니다.

Q8 홍콩거래소의 H주를 상하이 A주보다 유심히 지켜봐야 한다고 알고 있습니다. 그런데 홍콩거래소에는 항생지수, H주, 레드칩이 있던데 이것은 무엇인가요?

홍콩거래소에는 중국기업이 가장 많지만 중국기업뿐만 아니라 코카콜라, 인텔과 같은 외국기업도 아시아에서 자본을 조달하기 위해 다수 상장되어 있습니다. 항생지수는 홍콩 제일의 은행인 홍콩상하이은행 HSBC이 자회사 항생은행을 두고, 미국 다우지수(상위 30개)와 비슷하게 홍콩거래소에도 상장된 종목들 중 상위 우량종목 33개를 가지고 지수를 만든 것입니다. 33개의 상위 종목은 홍콩 주식시장 총 시가총액의 80%를 차지하고 있는 기업입니다. 여기에 시장가치, 매출액, 영업이익, 자산을 평가하여 선정하는 것입니다. 즉 최고의 기업들만 선정하고 있지요. 항생지수에 들어간 기업들은 중국에서 각 분야 1위라고 할 수 있는 기업들이고, 세계 500대 기업에 들어갈 만큼 시가총액과 브랜드 가치가 있는 기업입니다.

대표적인 기업이 중국 내 석유업계 1위이자 세계 5위인 중국석유

(00857), 은행업계 세계 1위이자 중국 1위인 중국공상은행(01398), 통신업계 1위 차이나모바일(00941), 보험업계 1위 중국생명보험(02628), IT업계 1위 텐센트(00700), 아시아 최고의 증권거래소 홍콩거래소(00388)가 있습니다. 모두 아시아의 쟁쟁한 최고 기업이자 세계에서도 영향력이 큰 기업들입니다.

여기서 유심히 볼 것은 H주입니다. H주는 세계 여러 기업이 상장되어 있는 홍콩거래소에서 중국기업만 모아둔 것을 말합니다. H주를 지표로 나타낸 것을 'H주 지표'라고 하지요. 홍콩거래소의 다른 주식과 달리 중국증권관리감독위원회의 감독을 받습니다. 상대적으로 감독이 느슨하지만 상장조건은 A주보다 엄격해 우량한 기업이 아니고서는 H주에 상장할 수 없습니다.

특히 중국 부동산업계 1위인 만과그룹이 홍콩거래소에 상장하려고 2012년부터 노력했던 것이 대표적인 사례입니다. 상장 시 파급효과는 텐센트를 능가할 것으로 알려져 있었지만, 만과그룹은 모든 대주주들이 자본공개를 꺼리고 홍콩거래소에 상장하기 위한 조건에 부합하지 않아 거래소와의 신경전이 2년이나 계속되었지요. 만약 A주에 속해 있는 만과그룹이 홍콩 H주에 상장하면 상하이 A주 또한 대박날 것이 뻔해서, 만과그룹 담당자가 상장을 위해 홍콩거래소에 전화만 걸어도 주가가 3배에서 심지어 5배까지 상승한다는 이야기가 나올 정도였습니다. 중국 기업에게 H주에 상장한다는 것은 자본획득 이외에도 기업 이미지 상승에 큰 영향을 끼칩니다. 그러다가 2014년 8월에 만과그룹은 3년간 홍콩거래소 문을 두드린 끝에 상장을 했고, 주가가 최대 1.5배까지 상승하였습니다. 최근에는 다소 하락하면서 안정을 찾고 있는 것 같습니다.

마지막으로 레드칩은 H주와 다르게 중국증권감독위원회가 아닌 홍콩거래소의 관리를 받는 종목입니다. 홍콩은 세계금융의 중심이던 영국의 통치 아래 150년간 아시아 금융허브 역할을 해왔고, 관리기준의 정확성과 엄격성이 아시아 최고입니다. 레드칩주의 회계 투명성은 H주를 능가합니다. 그래서 기업 이미지를 상승키기 위해서라도 레드칩주에 들려고 노력합니다. 대표적인 레드칩주로는 중국 모바일 1위 차이나모바일(00941)과 2위 차이나유니콤(00762), 세계 1위은행 중국공상은행(00349)과 중국은행(02388)이 있습니다. 또한 IBM의 데스크탑 사업을 인수합병한 련상그룹(00992), 와인업계 3위 왕조와인그룹 등 굵직굵직한 기업들이 포진하고 있습니다.

Q9 음·식료 주식들은 오를 만큼 오르지 않았을까요? 예전에 우리나라의 롯데제과나 남양유업 등의 기업도 PER은 낮았던 걸로 기억합니다. 왕왕, 칭다오맥주 등의 고PER을 보면 기업들의 상승폭이 어떻게 이렇게 커질 수 있는지 의문입니다. 오히려 PER이 낮은 보험주들이 나중에 상승폭을 키워나갈 수 있지 않을까요?

강스푸·멍니우·왕왕·칭다오맥주의 PER을 보면 향후 상승폭이 급격히 증가하지 않을 거라는 것이 현재의 공론입니다. 질문한 기업들은 중국의 대표적인 식품기업들임에는 틀림없습니다. 지속적인 성장과 주가상승으로 오를 만큼 올랐다고 해도 과언이 아니죠.

PER이 주식투자자들의 주요 관건이고 주로 이용하는 지표이지만, PER이 높고 낮다고 해서 주식이 좋을 것이다 나쁠 것이다 판단하기에는 이른감이 있습니다. 2014년에 실시되는 2자녀 정책과 무역에서 내수로 경제 포인트를 옮기려는 중국의 거시적인 관점에서 본다면 보험주도 좋고, 식품주도 좋습니다.

　개인적인 관점으로는 중국 주식시장도 2008년 금융위기 이후 지속적으로 정비해나가고 있고, 투자의 질도 향상됨에 따라 더욱 복잡하게 흘러가고 있습니다. 예전 같으면 '내수주, 수출주'라면서 투자를 했다면, 현재는 국내 주식과 마찬가지로 테마주(중국에서는 개념주라고 합니다)라고 합니다. 이것은 중국 주식시장이 제도적으로 나날이 견고해짐에 따라 거시적인 전망에 각 기업의 기업가치, CEO 마인드, 경영성과, 시장추세를 반영하고 추구하고 있는 것입니다. 보험이든 식품이든 모두 향후 내수발전이 더욱 커질 것이라 예상하는 유망 아이템이자 종목입니다. 각 기업 간의 적자생존 경쟁에서 어떤 기업이 흥하는지를 중점적으로 봐야 할 것입니다. PER를 이야기할 때 중장기투자를 보고 PER의 높고 낮음을 따지는데, 모두 알다시피 PER가 아무리 좋고 우수한 회사도 경기의 흐름에 따라 투자자들의 눈물을 글썽이게 하지요. 보험주가 좋다고 생각되지만 우수한 기업이면 더욱 좋겠습니다.

 2014년 10월에 실시되는 '후강통'에 대해 자세히 알려주세요.

　후강통沪港通은 '후구통'과 '강구통'의 합성어로, 간단히 말해 우리나라 사람(중국인을 제외한 외국인)이 중국 본토주를 살 수 있고(후구통沪股通), 중국인도 홍콩주식을 살 수 있다(강구통港股通)는 뜻입니다.
　2014년 10월부터 실시되는 후강통은 중국정부의 자본시장확대 주요 정책으로, 이 정책은 홍콩거래소의 주식과 상하이거래소의 중국 본토 주식을 연동하는 제도입니다. 2007년 원자바오 전 총리의 주도하에 실시될 예정인 금융정책이었지만, 2008년 미국발 세계 금융위기로 금융시장이 축소되자 중지되었습니다. 그후에는 QFII(해외 기관투자자를 통한 중국 주식매매), RQFII(위안화를 통한 해외기관의 매매)를 통해 다소 소극적인 자세로 임했었죠.

하지만 금융위기 7년 후인 2014년 10월 현재, 중국은 후강통을 실시해 자본시장의 개방에 적극적인 행보를 보이고 있습니다. 후강통의 가장 큰 특징은 기존의 기관이나 증권사만이 중국 증권을 구매할 수 있었던 것을 확대해, 개인도 기존 홍콩 주식에 상장되어 있지 않던 중국 본토 주식을 매매할 수 있는 길이 열린 것입니다. 중국 본토 주식 구매의 효과는 양질의 정보와 확신이 적어 당분간 기대할 만한 분야는 아니겠지만 중국인들 또한 홍콩 주식을 직접 구매할 수 있는 길이 생겨서 홍콩 주식 시장이 제일 먼저 긍정적인 효과를 볼 것 같습니다.

● 후강통 매매대상 비교

구분	홍콩 → 중국 본토 (후구통, Northbound trading)	중국 본토 → 홍콩 (강구통, Southbound trading)
매매대상	SSE 180, SSe380 & 본토-홍콩 동시상장 기업(67개)	항생 중대형주, 홍콩-본토 동시상장 기업
대상기업수(개)	568	266
시가총액(조 위안)	18	24
시가총액 대비 비중	상하이종합지수의 90%	항생지수의 80%
전체종목수 대비 비중	상하이종합지수의 60%	항생지수의 20%
거래대금 대비 비중	상하이종합지수의 80%	항생지수의 80%
평균 P/E(배)	9.0	11.0

• 자료 : 중신증권

● **후강퉁 매매 진행과정**

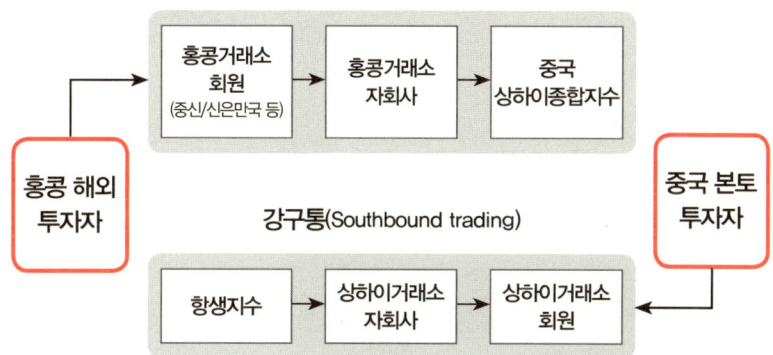

 후강퉁 실시 이후 홍콩 주식에 투자하고 있는데 어떤 영향을 끼치나요?

결론부터 간단하게 말하자면, 후강퉁 실시 이후 본토의 자금이 홍콩 주식으로 들어가 홍콩 주식이 활황을 유지할 가능성이 높습니다.

홍콩 주식의 대부분은 중국 본토기업이 홍콩거래소에 상장한 H주로 구성되어 있습니다. 중국과 홍콩은 같은 나라이지만 엄연히 다른 성격이기 때문에 홍콩 주식을 특성을 알기 위해서는 홍콩에 대한 약간의 이해가 필요합니다.

홍콩은 중국의 영토임에 불구하고 영국의 식민통치로 자치권이 행사되는 몇 개 되지 않는 지역입니다. 행정·입법·사법이 중국의 체제에서 분리되어 자율적으로 이루어질 뿐만 아니라, 홍콩 독자적으로 경제·금융영역에서 단독으로 국제기구와 관계를 유지하고 있습니다. 요즘 식으로 말하면 중국인 듯 중국 아닌 중국 같은 홍콩이라 할 수 있겠습니다. 그래서 홍콩거래소는 중국인 개인이 직접 이용하지 못하고, 국외 투자하는 방식으로 국내 적격외국인투자기관^{QDII}을 통해 투자가 가능했습니다. 해외주식에 투자하는 것과 같은 것이죠. 즉 증권사나 은행의 펀드를 통해서만 홍콩 주식을 구매할 수 있었습니다. 하지만 후강통 실시로 개인들도 홍콩 주식을 직접 구매할 수 있는 길이 열린 것입니다.

중국인들은 IT, 명품, 내수주, 우량주투자에 목말라 있습니다. 2008년 상하이 A주의 거품이 빠진 이후 중국인들의 자산이 폭락했습니다. 또한 H주에 비해 거래소의 역사, 관리, 체계가 부실한 중국 주식에 대한 불신과 불만이 증가했습니다. 빈번히 발생하는 분식회계, 비도덕적 행위는 중국인들이 해외투자로 눈을 돌리게 하는 계기가 되기도 하였지요. 여러 해외 주식 중 중국기업이 상장되어 있는 홍콩거래소 주식은 투자 1순위 대상으로, 기존의 QDII에서도 중국인의 홍콩투자 비율이 70%일 정도로 높았습니다.

중국 투자가들을 보면 본토투자에서 개인투자자의 비중이 80%가 넘습니다. 이는 중국 주식투자가들 대부분이 직접투자를 하고 있다는 것입니다. 이러한 것을 볼 때 후강통 실시 후 중국 본토 자금이 홍콩거래소로 유입되어 시장에 긍정적인 영향을 끼칠 것으로 보입니다.

Q 10-2 그동안은 증권사를 통해 줄곧 중국 본토 주식 A주 펀드를 매입했습니다. 그런데 후강통이 실시되어도 중국 본토 주식을 살 수 있다고 하는데… 뭐가 다른가요?

중국의 증권시장은 크게 본토 주식과 홍콩 주식으로 나눌 수 있습니다. 본토 주식은 중국 상하이거래소, 선전거래소에서 거래되는 A주를 말하고, 홍콩주식은 중국 우량기업이 상장한 H주 및 외국기업의 주식을 말합니다.

　기존에 우리의 중국투자는 크게 중국 주식펀드투자와 홍콩 주식을 통한 직접투자로 나눌 수 있습니다. 직접투자는 개인이 종목을 직접 선택해서 하는 투자를 말하고, 펀드투자는 증권사 판단하에 여러 중국 주식 종목의 포트폴리오를 구성해 펀드로 묶어 파는 것을 말합니다. 홍콩거래소에도 우량한 중국 주식이 많이 상장되어 있지만 중국 주식의 본고장은 본토주라고 할 수 있습니다. 하지만 중국은 개혁개방의 역사가 짧고 금융시장이 안정되어 있지 않아서 해외투자자들이 개인 자격으로 투자를 한다면 큰 손실을 볼 수 있습니다.

　그리하여 중국정부에서는 중국 본토주를 투자하려는 경우 해당 국가 대형증권사를 통해서만 펀드투자를 할 수 있게 해놓았습니다. 하지만 10월부터 실시되는 후강통으로 인해 외국인도 직접 상하이거래소에서 주식을 매입할 수 있게 되었지요. 중국정부 또한 외국자본이 국내 주식시장으로 유입되어 활기를 불어넣기를 원하고 있습니다. 우리나라의 주가가 외국인 투자로 폭등한 경우와 비슷하겠습니다.

　그렇지만 당장 본토 주식을 매입하여서 높은 승률을 보는 것은 한계가 있을 것으로 보입니다. 우리나라 국내외 중국 본토 주식에 대한 저평가 우량주에 대한 연구 수준이 기존의 홍콩 주식 종목보다 낮고, 아직까지는 리스크가 존재하기 때문입니다. 중국정부가 직접 운영하는, 역사가 짧은 본토 주식의 기대와 수익률은 기대할 만한 수준이 아닙니다. 대신 홍콩 주식에 대한 기대치는 높을 것으로 보입니다.

Q 10-3 후강통을 후구통·강구통해서 기존의 홍콩 주식 말고도 중국 본토 주식을 직접 매입할 수 있다고 하는데, 홍콩 주식과 본토 주식 중 어느 것이 수익률이 높을까요?

홍콩 주식과 본토 주식 간의 수익률 차익거래는 중국 주식에서 빠질 수 없는 거래방식입니다. 후강통을 통해 본토 주식을 구매하는 방식 외에도, 홍콩거래소와 상하이거래소에 동시 상장된 A+H주를 통한 차익거래가 주를 이루었습니다. 외국인 투자자에게만 개방·선진화된 홍콩 주식과 상대적으로 금융시스템을 갖추지 못한 본토 주식 간 괴리가 일어난 것입니다. 발 빠른 외국자본이 두 거래소에 동시상장된 종목 중 홍콩 주가를 올려놓으면 일주일 내외로 해당 본토 주식도 상승한다는 것입니다. 외국인 매수가 주가를 올리는 우리나라의 외국인 효과와 비슷하다고 할 수 있습니다.

두 거래소 중에서 본토 주식이 92.8% 비율로 홍콩 H주에 비해 가격이 저평가되어 있습니다. 즉 같은 기업의 주식이라도 상하이거래소 주가가 저렴합니다. 이것은 기존에는 외국인이 본토 주식을 매매하려면 QFII를 통해 기관매매 형태로 대형주만 매입이 가능했기 때문입니다. 또한 중국 내 주식투자에 대한 신뢰도가 낮은 것이 본토 주식시장을 침체시켰기 때문입니다. 중국정부는 후강통을 통해 본토 주가를 올리고 선진금융을 받아들여 더욱 발전시키겠다는 의지를 표명한 것입니다.

이것은 요즘 국내 증권사나 뉴스를 통해 쉽게 접할 수 있는 내용입니다. 결국 홍콩 주식에 투자하냐 본토 주식에 투자하느냐가 관건이겠죠. 필자 개인적으로는 홍콩 주식에 힘을 실어주고 싶습니다.

2008년 세계 금융위기 이후 미국은 양적완화, 즉 시중에 돈을 풀어서 경기를 부양했습니다. 경기부양의 최대 수혜 투자처는 단연코 주식입니다. 홍콩 주식의 주거래 화폐는 홍콩달러와 미국달러로 서로 연계된 페그제를 실시하고 있습니다. 미국 증시가 상승하면 홍콩 증시도 덩달아 상승하는 구조입니다. 그만큼 중국보다도 해외 경기에 영향을 많이 받습니다. 홍콩 주식의 주요 기관투자자는 미국, 유럽, 일본으로 하나같이 양적완화를 통해 화폐유동성을 늘린 국가들입니다. 유럽도 화폐유동성을 통한 양적완화를 준비 중입니다.

선진국의 자금이 홍콩으로 들어오는 이유는 중국 경기가 나날이 좋아지는 것보다는 전 세계에서 중국만큼 안정적으로 고속성장을 하는 국가가 없고, 중국만한 투자처가 없기 때문입니다. 향후 중국으로 향하는 자금이 늘어나겠지만, 후강통의 초기 단계에는 제한적으로 해외자본이 본토에 투자될 것입니다. 후구통沪股通을 통해 투자할 수 있는 한도는 3천억 위안으로 기존 해외투자RQFII보다 995억 위안이 증가한 액수입니다. 즉 완전히 개방하는 것이 아니고 상황에 따라 늘렸다 줄였다 할 수 있는 구조입니다. 중국의 경제팽창으로 자금을 줄이는 일은 없겠지만, 투자액수에 제한을 둔 것과 중국 본토 주식에 대한 연구와 분석이 초기단계인 점이 중장기 본토투자에서 리스크가 될 수 있습니다. 대신에 13억 6천만 인구가 눈여겨보고 있는 선진 금융시장이면서, 후강통을 통해 재인식된 홍콩시장의 크기는 더욱 늘어날 것입니다. 파이가 커져야 먹을 것이 많은 법이죠.

 10-4 어느 종목이 후강통의 수혜주가 될까요?

일반적으로 보면 개방되는 본토 주식이 홍콩 주식보다 저평가되어 있습니다. 홍콩거래소에 상장되지 않은 본토 주식 중에는 여행, 중약, 주류, 미디어, 헬스케어 등이 각광을 받고 있습니다. 홍콩 주식에는 통신 서비스, 게임주, 내수주, 대형기업이 주목됩니다. 또한 후강퉁은 기존의 중국 본토에 해외기관투자자만 투자하던 QFII나 RQFII와는 달리 개인도 직접 중국 본토 주식을 매매할 수 있게 되었습니다. 개인 투자자 입장에서는 기존의 홍콩 주식뿐만 아니라 본토 주식도 직접 매입해 다양한 포트폴리오를 구성할 수 있는 이점이 있습니다.

하지만 본토 주식이 이제 막 외국인에게 개방되었고, 중국 경기 영향을 직접적으로 받는 것을 감안할 때 경기하락에 직격타를 맞아 주가가 하락할 염려가 큽니다. 개방 초기에는 외국자본이 중국 경기를 호황시킬 것이라는 기대로 주가가 상승할 것이기 때문입니다.

이 책에서 주로 다뤘던 히든챔피언 종목들에 대한 전망은 다음과 같습니다. 후강퉁의 실시로 내수주 위주로 구성된 히든챔피언 종목들은 장기적으로는 긍정적인 영향을 받을 것으로 보입니다. 특히 IT, 마트, 에너지회사와 같은 대형 기업들은 단기간에 급등할 가능성이 크고, 내수주는 꾸준히 상승할 것입니다. 또한 명품제품 관련 주식은 대부분 외국 기업으로 홍콩거래소에만 상장할 수 있고, 명품에 대한 관심과 외국기업에 대한 신뢰로 중단기 투자에 적합해 보입니다.

식품주인 우윤식품, 련화마트, 천복녹차는 홍콩 주식투자에서 빛을 보지 못한 종목입니다. 재무제표를 위주로 분석하는 경우가 많은 홍콩 주식시장에서 만족할 만한 주가를 보여주지 못했습니다. 중국 내에서는 매우 인지도 높은 기업이나 주가가 낮게 형성되어 있어 향후 주가상승을 지켜볼 만합니다. 또한 식품주는 후강퉁과 같은 정책적인 요소보다 중국경제가 꾸준히 성장하면서 동반성장하는 양상을 보일 것입니다. 우리나라의 오리온과 롯데칠성과 같은 선상에서 고려하시면 됩니다.

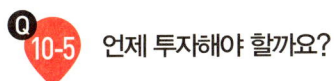
10-5 언제 투자해야 할까요?

후강통 실시 이후 중국 주식, 특히 홍콩 주식은 2007년 이후 최고의 전성기라고 할 수 있습니다. 2007년 홍콩 주식의 지표인 항생지수가 30000포인트로 역대 최고점을 찍은 이후, 2014년에는 25000포인트를 돌파했습니다. 2014년부터 2016년 초까지 홍콩 주식을 보유하고 있거나 매입을 하는 것이 좋을 것으로 보입니다.

중국 본토 주식은 거래제한액이 3천억 위안으로 조기에 마감될 가능성이 높고, 중국 경제성장률이 매년 낮아지는 상황에서 주가에 악영향을 미치게 될 것입니다. 반면에 홍콩 주식의 주거래 대상은 미국과 유럽, 일본 등의 강대국입니다. 이러한 나라들은 저성장·고자본으로 자국의 성장률은 낮지만 우월한 자본력을 바탕으로 성장률이 높은 시장을 공략하고 있습니다. 바로 중국입니다. 그중에서도 외국인 거래가 자유로운 홍콩 주식이 공략 대상일 것입니다. 향후 중국정부가 자국 경기부양을 위해 통화량을 늘리거나, 유럽연합에서 유럽 경기안정을 위해 유로화의 통화를 늘린다면 홍콩 주식이 가장 큰 수혜를 받을 것입니다.

통화량 증가시기를 놓고 경제학자들 사이에서 의견이 분분한데, 중국의 경우 장기간의 부동산 경기침체가 시장 전체의 경기침체로 이어지고 있습니다. 중국 부동산 또한 우리나라와 마찬가지로 국가경제와 개인 재산에서 70% 이상을 차지하고 있어서 당연히 부양해야 하는 분야입니다. 다만 중국의 부동산 경기침체에도 중국 경제성장률 증가에 대한 기대치가 높기 때문에 물가는 매년 2% 이상 증가하는 추세입니다. 물가상승률 때문에 함부로 부동산부양책을 내놓지 못하는 상황입니다. 하지만 장기 부동산침체는 물가상승률을 억제하는 효과도 있기 때문에 부동산 경기 부양을 위한 통화량 증가는 유효해 보입니다.

부록_2

중국 중장기투자를 위한
체크 포인트

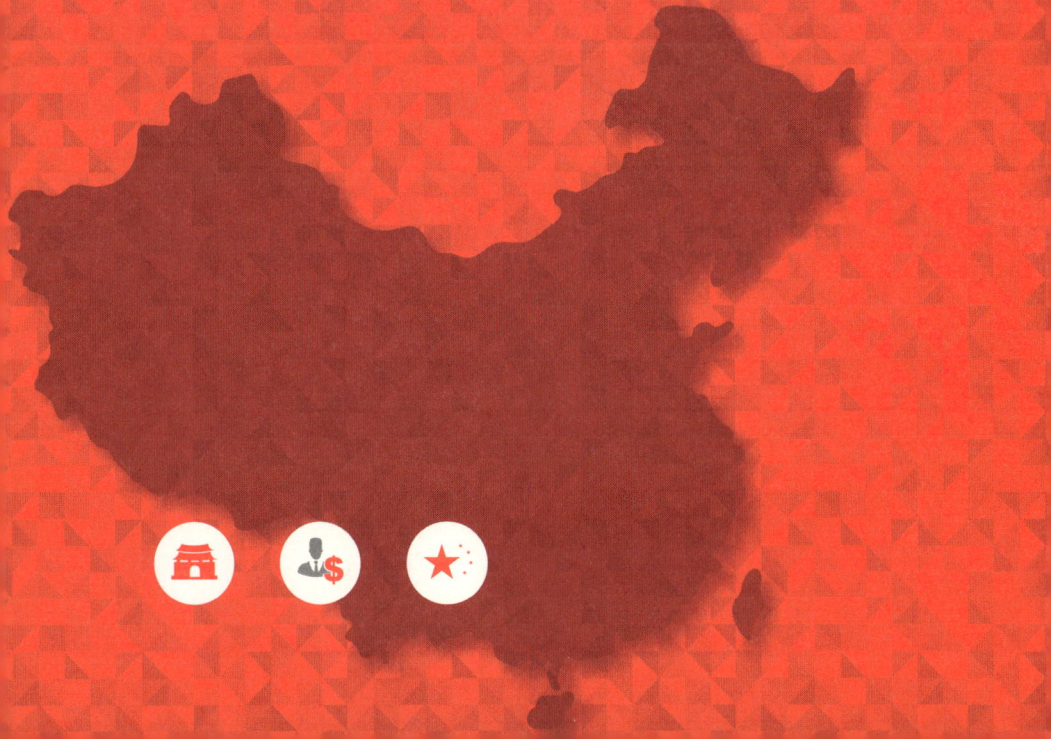

중국은 매월 정기적으로 경제수치를 발표한다. 이 경제수치들은 주가에 절대적인 영향을 미치기 때문에 중장기투자자는 필수적으로 숙지해야 하는 부분이다. 또한 이를 통해 빠른 시간 내에 매수매도 판단을 내릴 수 있어야 높은 수익률을 올릴 수 있다.

- **1일** : 중국물류구매연합회가 PMI 구매자지수와 HSBC PMI지수를 공표하는데, 시장에 지난달 제조업 상황을 알려준다. 이것만 알고 있어도 중국 경기의 흐름을 알 수 있다.
- **10일** : 중국해관이 수출입 및 무역손차데이터를 발표한다. 이것으로 해외시장의 중국상품 수요와 중국시장의 원자재 수요에 대해 알 수 있다. 원자재시장은 중국 철광석과 원유 수입데이터에 집중한다. 매월 무역손차는 중국의 위안화 평가절상에 대한 압력을 판단하는 데 도움을 준다.
- **10~15일** : 중국중앙은행인 인민은행이 증가한 위안화대출액과 위안화저축액 및 화폐공급량 수치를 발표한다. 이 데이터들은 시장 생산에 각기 다른 영향을 끼치는데, 단기적으로는 대출증가가 시장의 화폐유동성을 증가시키는 작용을 하고, 장기적으로는 신용대출 수준의 변화와 화폐공급량 및 경제증가 속도와 인플레이션의 관계를 긴밀하게 나타내어 시장에 영향을 끼친다.
- **11일** : 중국 통계청에서 공업증가치, 고정자산투자 및 소매액수치를 발표한다. 이것으로 시장 및 중국경제증가의 동력에 대해 판단할 수 있다. CPI와 생산자가격지수^{PPI}는 인플레이션 같은 경제의 장애물 여부를 판단하게 한다. 공업증가치는 전체 경제성장의 대명사로 불릴 정도로 중요하고 CPI는 전체 인플레이션을 판단하는

도구로 변동에 대해 주시해야 한다.
- **18일** : 중국 통계청이 부동산가격 수치를 발표하며, 시장의 부동산 가격 동태를 판단할 수 있다.
- **연초 GDP 발표** : 발표가 있는 달에는 앞에서 언급한 경제수치 일정이 조금씩 달라진다. 연초에는 중국 통계청이 1~2월 공업증가치와 고정자산투자 및 소매액수치를 동시에 발표한다. 평년 1월과 2월의 춘절 영향이다.
- **분기별 GDP 발표** : 통계청은 분기별 GDP 수치를 11일에 발표하는 데이터와 같이 발표한다. 일반적으로 1월 20일 전후로 제4분기 GDP 수치를 발표하는데, 4월 15일에 제1분기, 7월 15일에 제2분기, 10월 15일에 제3분기 수치를 발표한다.

다음은 중국의 월별 데이터이다. 월별 데이터에서 중국의 공휴일이 어떠한 영향을 미치는지 알 수 있다.

- **1월과 2월, 춘절의 영향** : 춘절은 중국의 명절 중 제일 중요한 날이다. 미국의 추수감사절이나 크리스마스와 비슷하다고 생각하면 된다. 일반적으로 춘절의 휴일 기간은 1주일이다. 공항과 기차역은 고향으로 돌아가기 위해 모인 사람들로 터져나간다. 건설현장도 시공을 멈추고, 공장 및 금융시장도 정지된다.

  중국의 춘절은 우리나라와 마찬가지로 1~2월경으로 음력 기준이다. 춘절로 인해 1월과 2월의 데이터가 영향을 받기 때문에 통계청은 이 두 달의 수치를 합산하여 발표한다. 만약 각 달의 수치를 발표하면 데이터 오류가 크게 발생한다.

춘절은 금융시장에도 영향을 주는데, 이것은 사람들이 세뱃돈을 주거나 기차표를 구매할 때 대량의 현금이 필요하기 때문이다. 은행의 자금이 줄어들어 단기금리는 상승하고, 중앙은행은 시장에 자금을 공급하여 유동성 부족을 보조한다. 뿐만 아니라 겨울 폭설과 같은 천재지변이 발생하면 경제활동에 영향을 끼치고, 이는 GDP와 CPI에 영향을 끼친다.

- **3월과 4월, 양회를 통한 경제정책 결정** : 춘절 휴일이 끝나면 3월에는 양회兩会(전국정치협상회의와 전국인민대표대회의 통칭)가 열린다. 현실상 중요한 결정은 10월경의 중앙전회에서 나오지만 그렇다고 전국인민대표대회가 중요하지 않은 것은 아니다. 총리의 업무발표에서 정부의 전체 경제정책에 대한 입장 및 해당 연도의 업무중점을 발표한다. GDP와 CPI 및 화폐공급량 등의 목표도 정한다. 뿐만 아니라 발전개발위원회에서는 무역, 고정자산투자 및 소매판매액 목표를 정한다.

예산안은 정부의 중점 지출항목과 올해의 재정이익과 손실에 대한 목표를 정하는 것이다. 전국정치협상회의의 중요성은 전국인민대표대회보다 낮지만 양회가 동시에 열리기 때문에 매체는 결정자들의 문제점을 판단하는 기준이 된다.

4월 이후에는 춘절 영향이 사그라들면서, 제1분기 GDP는 시장의 확실한 경제상황을 반영한다. 그전에 국무원 총리는 국무원회의를 열어 각 부처 장관들을 소집한다. 국무원은 데이터 발표 전에 데이터 검증을 거치고 다음 분기의 경제정책 방향을 정하는데, 때때로 금리와 같은 중요한 정책적 도구도 토론을 거친다. 실제로 2010년 4월에 국무원회의에서 결정하여 부동산시장의 거품을 잡기로 결정하기도 했다.

- **5월과 6월, 노동절의 영향** : 2007년 이전 중국노동자들은 5월에 일주일간 공휴일을 즐겼지만, 2008년부터는 하루 밖에 쉬지 않는다. 이러한 변화는 역사적 데이터의 분기별 변동에 영향을 끼쳐(암묵적으로 휴식), 5월경의 작업일수는 4월과 6월보다 낮아 전월비교에 영향을 끼친다.

- **6월, 중국의 수능** : 2014년 6월 중국 수능에 990만 명의 수험생이 참가하였다. 이것은 중국 국내외에 중국의 존재감을 다시금 확인시켜주는 계기가 되었다. 중국의 수능이 다가오자 6월에 지출이 많아지면서 주식시장이 하락세를 보인 것이다. 주식의 현금전환율이 높아졌기 때문이다. 전국 각 지역으로 시험을 보기 위해 이동하고, 먹고, 숙박을 하느라 식품주, 저가형 호텔, 철도, 운송업 등의 주식은 오른다. 반면에 여행, 고급호텔, 기계 등의 주가는 상대적으로 약세이다.

- **7월과 8월, 정치 휴식기 및 자연재해** : 베이징의 여름 폭염은 40도 이상까지 올라간다. 덩샤오핑과 장쩌민이 중국 주석으로 집권하고 있을 때는 베이따이허에서 피서를 즐겼지만, 후진타오정권은 검소와 절약하는 생활을 제창하였기 때문에 베이따이허 경기가 안 좋아졌다. 7~8월 두 달 동안 정부에서는 중요한 경제정책을 결정하지 않는다. 7월 초 GDP 발표 전에 국무원이 정식회의를 열긴 하지만 일반적으로 여름은 정치적으로는 비성수기에 속한다.

7~8월은 중국 천재지변의 달이기도 하다. 물론 천재지변이 여름에만 나타나는 것은 아니다. 폭설과 지진도 많다. 하지만 역시 여름에 자연재해가 많이 발생한다. 폭우로 인한 홍수는 인프라시설

을 파괴하고 공업과 농업의 생산치를 떨어뜨린다. 또 7월 1일은 중국 공산당 건립기념일인데, 이 또한 민감한 날이다.

- **9월과 10월, 국경일과 중앙전회** : 중추절(추석)과 국경일은 경제지수에 영향을 끼친다. 가을의 이 두 행사는 춘절에 비해 중요성은 떨어진다. 도시에서 일하는 농민공이 이때 귀향하는 일은 드물고, 건설업과 상업은 계속해서 활발하다. 그러나 일주일 이상 지속되는 휴일로 인해 근무일수는 줄어든다. 특히 사무직의 근무시간이 줄어드는데, 이 때문에 9월과 10월의 경제 데이터가 영향을 받는 것이다.

  10월 중순에는 중국 공산당이 중앙전회를 개최한다. 시진핑 국가주석의 지도 아래 전회는 새로운 경제정책을 제정하고, 내년 3월 전국인민대표회의의 중요한 기틀을 세운다.

- **11월과 12월, 중앙경제업무회의** : 12월의 보름 전에 중앙경제업무회의가 실시되는데, 국가주석과 총리 및 각 성과 직할시에서 모두 참석하여 3일 동안 회의를 한다. 회의내용은 내년 경제정책의 기초를 정하고, 화폐와 재정정책의 전체적인 방향을 정해 경제구조 개혁의 중점을 확립하는 것이다.

부록_3

전격 분석,
히든챔피언 기업의 CEO들

CEO 1. 궈쿵청, 샹그릴라

_ 덩리쥔의 남자이자 궈씨그룹의 실질적 리더

궈쿵청郭孔丞은 1947년생으로 호주 모나쉬Monash대학 경제학과를 졸업했다. 현 말레이시아 재벌그룹인 가리그룹(말레이시아 최고의 기업으로 호텔, 광산, 부동산, 금융, 식료품 등 말레이시아 경제의 중심이 되는 기업) 회장이다. 궈쿵청은 중국의 국민 여가수 덩리쥔邓丽君과 사적인 관계로 이슈가 되기도 하였다.

궈쿵청의 궈씨가문은 말레이시아 최고의 기업으로 식품, 호텔, 금융, 전자, 농업, 부동산, 광산, 사료 등의 경제뿐만 아니라 정치권과도 밀접한 관계를 가지고 있다. 궈쿵청의 아버지 궈허녠은 1923년 10월생으로 2014년 기준으로 91세이다. 궈씨가문 전 계열사의 지주그룹인 궈씨그룹의 실무는 궈쿵청이 도맡아 하고 있지만, 그룹의 인사와 대규모 프로젝트 등 중점사업은 궈허녠이 아직도 큰 영향력을 행사한다고 알려져 있다.

궈허녠의 집안은 대대로 화상집안으로 중국 푸젠성 궈씨촌에 뿌리를 두고 있다. 궈허녠의 아버지 궈친젠郭钦鉴은 1909년 중국대륙이 서양과 일본의 침략으로 정국이 혼란스럽자 육형제 중 막내로 부모를 잃고 친형들이 있는 말레이시아로 건너왔다. 중국에서 장자는 일찍 출가하여 돈을 벌거나 출세하여 동생들을 끌어주고, 막내는 집을 지키며 부모님을 보살피는 문화가 있기 때문이었다. 궈친젠이 말레이시아에 오기 전 넷째 형인 궈친런郭钦仁이 말레이시아에서 동승회사를 차려 쌀·대두·설탕 장사를 하고 있었고, 회사가 커지면서 다른 형제들에게도 사업을 전담하게 하였다.

1920년 궈친젠은 동향인 정거루鄭格如와 결혼하여 막내 궈허녠을 비롯한 3명의 아들을 낳았다. 궈허녠이 태어날 때는 이미 가정은 부유한 상태였고, 부유한 가정환경 아래 당시 영국 식민지였던 말레이시아에서 고급교육을 받으며 성장했다. 1942년에 일본군이 말레이시아를 점령하면서 동승회사의 실질적인 업무를 담당하던 궈친젠의 형 두 명이 사망하고 동승회사의 모든 권한은 궈친젠이 떠맡게 되었다. 1946년에는 궈친젠이 사망하고 능력이 특출했던 막내 궈허녠이 동승회사를 물려받게 된다.

　　궈허녠은 부모님에 대한 효도가 극진했다고 한다. 궈허녠의 장남 궈쿵청과 덩리쥔의 결혼을 반대했던 것도 그의 어머니 정거루 때문이었다. 동승회사를 물려받기 전인 1947년에 궈허녠은 10만 달러를 가지고 싱가포르로 가서 운송회사를 운영해 능력을 검증받았다. 아버지 궈친젠 별세 후에는 어머니 정거루의 제안으로 말레이시아에 돌아와 현재 궈씨그룹의 모태가 되는 궈씨형제회사를 세운다. 궈씨그룹은 철저한 가족경영으로 주주들 대부분이 모친 정거루와 형제, 사촌, 조카들로 구성되어 있다.

　　1957년 말레이시아가 영국으로부터 독립되면서 영국자본이 빠진 말레이시아의 산업발전에 제동이 걸리게 된다. 말레이시아 정부는 궈허녠에게 해외자본 유치를 부탁하였고, 어릴 적부터 영국식 고등교육을 받아온 궈허녠은 미국에서 적극적으로 자본을 끌어오기 시작한다. 1970년에는 가업인 설탕 가공업을 발전시켜 쿠바의 사탕수수를 수입해 말레이시아에서 재배하는 데 성공하고, 세계 설탕시장의 20%를 장악하게 된다. 1974년 1월에는 중국 홍콩에 진출하여 가리무역회사를 설립하였다. 1987년 중국의 개혁개방에서 화상의 역할은 절대적이었는데 덩샤오핑이 직접 궈허녠을 초청해 중국 본토시장에 투자를 요청하기도 했다.

궈허녠은 1970년부터 고급호텔사업의 전망을 밝게 보고 적극 투자하기 시작하였다. 1971년 싱가포르 샹그릴라호텔을 시작으로 베이징, 필리핀, 인도네시아, 두바이, 밴쿠버, 도쿄, 파리 등 전 세계에 19개의 5성급 고급호텔을 건설했다. 2013년에는 프랑스의 샹그릴라 VVIP전용호텔을 보유하고 있다.

궈씨가문의 실질적인 계승자이자 샹그릴라의 대표인 궈쿵청은 기존의 호텔과 설탕제조업뿐만 아니라 미디어 산업에 직접 뛰어들어 사업을 지휘하였다. 1988년에는 홍콩무선방송 최대 주주로 등극하면서 한창 유행하고 있던 홍콩영화를 전 세계로 수출하면서 성공을 이끌었다. 궈쿵청은 2014년 7월 현재 가리그룹 회장, 샹그릴라그룹 회장을 겸직하면서 궈씨그룹의 모든 권한을 보유한 후계자이다. 1947년생으로 건강하고, 부친 이상의 능력을 보여줄 것으로 기대하고 있다. 부친인 궈허녠이 아시아에서의 최고였다면 그는 세계 최고의 기업으로 거듭나기 위해 글로벌화에 힘쓰고 있다.

CEO 2. 궈광창, 복성의약그룹
_ 중국의 워렌 버핏, 강남회의 실권자, 중국부자 31위

뉴욕 맨해튼 원 체이스 맨해튼 플라자, 하난성 7성급 리조트 아틀란티스호텔, 프라메리카푸싱 생명보험, 프랑스 클럽메드, 이탈리아 카루소, 그리스 폴리폴리, 포르투갈 카이샤 세구로스 에 사우데 등이 중국의 워렌 버핏으로 불리는 궈광창이 지분을 소유한 기업이다.

궈광창은 세계적인 리조트업체인 프랑스 클럽메드를 인수해, 이미 중국에서 2개의 리조트를 운영하고 있다. 헤이룽장성 하얼빈에서 남동쪽

으로 200㎞ 떨어진 야부리에 스키 리조트가 있고, 광시좡족자치구 구이린桂林에도 올해 새 리조트가 문을 열었다. 클럽메드는 중국 내에서 계속 늘어날 전망이다.

이탈리아 명품 남성복 브랜드 카루소의 지분도 35% 보유하고 있으며, 그리스 액세서리 전문 브랜드 폴리폴리의 지분도 보유하고 있다. 2012년 영국 푸르덴셜 금융과 50 대 50의 합작으로 프라메리카푸싱 생명보험을 설립했다. 지난해에는 4억 6,800만 달러(약 4,942억 원)로 홍콩 피크 재보험 지분 85%를 사들였다. 2011년에는 포르투갈 국유 은행 '카이샤 제랄 데 데포시토스'의 보험 계열사인 '카이샤 세구로스 에 사우데'를 10억 유로(약 1조 4,430억 원)에 인수했다.

동양의 하와이로 불리는 중국의 휴양도시 하이난다오에 두바이와 같은 7성급 리조트 아틀란티스호텔을 건설 중이다. 운영은 두바이와 중미 카리브해 바하마에 초호화 7성급 호텔을 운영하는 커즈너그룹이 맡고, 투자개발은 푸싱그룹이 맡는다. 2016년 완공예정으로 직원수 3,500명에 객실수 1,300개의 초호화 호텔이다.

궈광창은 1967년 중국의 저장성 둥양시에서 빈농의 자식으로 태어났지만, 부모님의 열성적인 교육열에 힘입어 중국 최고의 명문 상하이 푸단대학교 철학과와 MBA를 마쳤다. 1987년 중국의 개혁개방 실시 이후 창업붐이 일기 시작했는데, 1992년 당시 국가주석 덩샤오핑이 상하이와 광둥성을 경제개발을 위한 특별지역으로 지정하고 순찰한 남순강화가 실시되었다. 어려서 빈곤에 맞서 성공의 의지가 강했던 궈광창 회장은 대학동기들과 컨설팅회사를 차렸다.

개혁개방 이후 외국기업과 자본이 중국에 물밀듯 들어와 사업은 나날이 호황을 이루었다. 시장조사와 전략수립을 주 업무로 하는 이때의 컨설팅 경험이 향후 궈회장의 투자가 성공하는 큰 밑거름이 되었다. 중국의 경제발전 속도가 빠르고 시장규모가 커서 해외기업들의 주요 투자처가 되고 있지만, 실상은 이타적인 문화와 정확하지 않은 시장조사로 망하는 기업이 속출하고 있었다. 중국과 같이 큰 나라의 시장조사는 무엇보다 중요하며, 중국 내 성공한 외국계 기업들도 시장조사에 마케팅비용 절반 이상을 사용한다.

컨설팅회사의 성공으로 부동산으로 사업을 확장하고 해외유학파를 적극 채용하였다. 서양의 선진 마케팅기법인 부동산 분할판매, 예약판매, 대출방식 개선을 통해 사업의 귀재다운 면모를 보여주었다. 1년 만에 초기투자금의 10배인 1천만 위안의 이익을 얻었다. 1993년에는 모교인 푸단대학과 기술협약을 통해 복성의약을 설립하고, B형간염진단시약 등 각종 신약을 개발했다. 미국과 유럽의 특허권이 만료되는 복제약을 적극생산하면서 2013년 100억 위안 규모의 중국 5대 제약업체로 만들었다. 복성의약은 복성그룹의 총 매출 65%를 차지하는 중점 성장 자회사로 의약품 유통과 진단시약 제조, 헬스케어 분야에서 두각을 보이고 있다. 중국 국내에 있는 병원 74%에 의약품을 공급하고 있다.

궈광창 회장이 손대는 사업은 10배 이상의 수익을 얻는다는 속설까지 있다. 그만큼 업종과 기업 선택에서 장기적인 가치투자를 중시하고 있는 것이다. 또한 그는 중국 최대 전자상거래업체 알리바바의 마윈과 호형호제하는 사이로, 매주 태극권을 함께 연마하는 것으로 알려져 있다.

중국 최고의 경제계 모임, 강남회

우리나라를 포함해 전 세계에는 재벌과 정계 거물들의 사교모임이 있다. 서로의 이권을 보호하고 정보를 공유하면서, 2세 혹은 3세를 위한 정기적인 모임을 갖는다. 중국도 중국을 대표하는 민영기업 총수들의 모임인 중국기업가클럽, 타이산회, 쟝난회, 화샤동창회, 야부리포럼, 창안클럽, 징청클럽, 아라산SEE생태협회 등이 있다. 그중에서도 저장상인, 양저우상인으로 대표되는 강남회는 기업인 모임에서는 으뜸으로 꼽는다. 강남회의 회원 명단은 다음과 같다.

- 중국 최대의 전자상거래 업체인 알리바바의 마윈
- 중국의 워렌 버핏으로 불리는 복성그룹의 궈광창
- 나스닥에 상장된 중국 최고의 인터넷신문업체 '왕이丁磊'의 창시자 딩레이丁磊
- 텐센트를 위협하는 게임업체 2위 성다盛大网络의 천톈차오陈天桥
- 중국 최고의 백화점 인타이 백화점银泰百货과 인타이투자그룹银泰投资의 CEO 선궈쥔沈国军
- 중국 대륙의 리자청으로 불리며 부동산업계를 주름잡는 민간 부동산업계 10위 기업 뤼청그룹绿城集团의 송웨이핑宋卫平
- 중국 자동차업계 8위로 자동차부품생산업체 완샹그룹万向集团의 루웨이딩鲁伟鼎
- 화동지역의 중약업체인 칭춘바오그룹青春宝集团의 펑건성冯根生

강남회의 가입조건은 각 분야의 최고이면서 중국 강남지역 출신이어야 한다는 것이다. 중국의 양쯔강 이남은 강남이라고 해서 주로 저장성, 쑤저우성, 상하이의 화동지역을 일컫는다. 이 모임은 2006년 알리바바의 마윈과 복성그룹의 궈광창이 중심이 되어 설립한 모임으로 저장상인들의 상도와 긍지를 후손에게 물려주는 취지에서 설립되었다.

강남회는 중국 청나라의 최고 거상이었던 후쉐옌의 후예로서 "눈은 먼 곳에 두되 가까이에 있는 인연에 충실하다 보면 장차 드넓은 천지를 만나게 될 것이다"의 상도정신을 중시하고 서로의 힘을 합쳐 위기를 극복한다. 강남회의 힘은 강호령부터 나오는데, 강호령은 서로의 관계를 중시해 함께 어려움을 극복할 뿐만 아니라 복수까지 대신 해주는 정신을 말한다. 강호령이 내려지면 일사분란하게 합심해서 어려움에 처한 동료를 돕는데, 강호령을 유지하기 위한 회원비만 한화로 5천만 원에 이른다고 한다. 하지만 강호령을 한 번 사용해서 위기에서 탈출하면 즉시 강남회에서 퇴출당한다는 조건이 있다. 함부로 사용하지 말고 절제절명의 위기 때에만 사용하는 생명보험과 같은 것이다.

CEO 3. 니우건성, 멍니우

_ 입양아에서 1등 기업 창업주까지

중국 1등 유제품 생산기업인 멍니우유업그룹의 설립자이자, 가장 존경받는 기업인인 니우건성은 단돈 50위안(8천 원)에 입양되었다. 이렇게 비운의 입양아였던 그가 연매출 8조 원의 그룹 회장 자리까지 올랐다.

니우건성은 1958년 1월 25일 베이비붐 시대에 중국의 대초원으로 유명한 네이멍구성 후허하오터 빈곤한 가정에서 태어났다. 여느 자수성가한 CEO들과 마찬가지로 가난한 가정에서 태어났는데, 그를 낳아준 부모는 우회장을 키울 능력이 되지 못해 목장 근로자에게 단돈 50위안을 받고 팔았다. 그는 양부모의 차별과 구타로 힘든 어린 시절을 보낸다. 25세가 되던 1983년에 양아버지를 따라 당시 중국 최고의 국유기업인 이리유업의 목장에서 우유병을 닦는 말단 직원으로 유제품업계에 발을 내딛게 된다.

양아버지의 가르침과 중국 역사서, 경전을 탐독하던 니우건성은 조금씩 두각을 나타내기 시작한다. 중국의 1990년대 아이스크림은 우리나라 1970년대와 비슷하게 단일한 단맛을 내는 설탕, 사카린과 팥 등을 혼합한 제품 위주였다. 이에 니우건성은 우유와 설탕을 배합한 제품을 만들기 시작하였는데, 이게 중국에서 대박이 터졌다. 몇 년 뒤 그는 이리그룹의 생산과 영업부서의 수장으로 진급하였고, 이리의 매출은 80% 이상 급등하게 된다. 당시 폐쇄적이고 보수적인 국유기업에서 우유로 아이스크림을 만든다는 발상은 매우 독창적인 선택이었고, 니우건성은 '아이스크림 대왕'이라는 별명까지 얻는다.

1998년 우유 아이스크림으로 대박행진을 하던 그는 큰 시련을 겪는다. 그 당시 니우건성은 아이스크림으로 이리유업을 업계 1위로 올려놓았고, 이리그룹의 유일한 차기회장으로 자타공인된 상태였다. 하지만 공산주의 사회에서 국유기업은 학연과 인맥이 실력보다 중시되었다. 니우건성은 직원들의 신망이 낮다, 학벌이 낮다 같은 엉뚱한 이유로 퇴사당한다. 결국에는 니우건성이 아닌 고위 공산당 자녀가 신임회장에 임명되었다. 이리유업의 자산규모와 매출액이 커지고 향후 유제품업계의 전망이 밝다는 것에, 공산당 당원이 아닌 니우건성이 요직에 있는 것을 탐탁지 않게 보는 사람이 많았다.

이리에서 퇴사당한 니우건성은 다시 밑바닥 신세가 되었지만 포기하기 않았다. 어릴 적 부모에게 버림받을 때에 비하면 아무것도 아니었다고 한다. 이리그룹에서의 경험을 토대로 1999년에 멍니우유업을 창업하였다. 창업 당시 멍니우는 업계순위 1116위로 매출은 커녕 빚만 200만 위안이었다. 어느 업계와 마찬가지로 신규기업인 멍니우에게 경쟁업체인 이리와 차오위안싱파草原兴发 등의 견제가 매우 심각했다. 빈약한 재정으로 간신히 광고판을 제작해놓으면 경쟁업체들이 무자비하게 부숴버리는 일도 흔했다.

이에 니우건성은 좌절하지 않고 새로운 전략을 세운다. 광고판에 멍니우뿐만 아니라 이리와 차오위엔싱파 등의 기업을 같이 광고한 것이다. 자사의 광고판에 타사의 광고를 같이 싣는다는 것은 오늘날에도 매우 이례적인 결단이었다. 하지만 이를 통해 경쟁업체의 비도덕적인 행위를 사전에 방지하였고, 업계 1000위대였던 멍니우가 이리와 견줄만한 비슷한 제품이라는 것을 중국인들에게 간접광고함으로써 멍니우의 위상을 올리게 되었다.

결국 이 광고 하나로 멍니우는 업계 2위로 성장할 수 있는 디딤돌을 얻게 된다. 1990년대 중국 유제품업계는 이리기업의 독무대였다. 중국 유제품시장 전체 80% 이상을 이리그룹이 장악하고 있어, 국민 건강에 절대적으로 중요한 유제품가격이 이리의 독점으로 들쭉날쭉했다. 그러면서도 여타 국유기업과 마찬가지로 제품품질이 낮고, 고위층부터 직원들까지 부패로 썩어 있었다. 유통기간이 생명인 유제품이 방만한 경영으로 대량 부패하여 폐기하는 일도 비일비재했다. 그러다가 1987년 중국의 개혁개방 이후 고속성장을 꿈꾸던 중국의 지도층에게 건강식품 문제가 사회적 이슈로 떠올랐고, 정부의 무능력은 비판받게 되었다.

이후 중국정부는 다른 대형 유제품기업을 육성하여 이리의 독점을 막고, 경쟁을 통해 제품품질의 상승과 가격하락을 꾀하게 된다. 이때 멍니우의 광고에 주목한 중국정부는 니우건성의 능력과 경영마인드, 비공산당원인 점을 높게 평가해 멍니우를 이리의 경쟁업체로 키우기 시작한다. 정부의 혜택으로 멍니우는 5년 만에 업계 1116위에서 2위의 기업이 되었고, 매일 4,500톤, 연간 150만 톤의 유제품을 성장하는 기업으로 성장하였다. 2010년에는 2008년 베이징올림픽 스폰서기업으로 승승장구하던 이리그룹을 제치고 당당히 1위로 자리매김한다.

2011년 6월 10일에 멍니우를 반석 위에 올려놓은 니우건성은 멍니우 회장직을 사퇴하고 집행이사직으로 경영일선에서 물러났다. 더 이상 중국 내에서는 멍니우의 성장세가 불필요하고, 국제화시대에 걸맞는 글로벌 인재가 CEO를 맡아야 앞으로 그룹이 나아갈 길에 더 유리하다는 판단이었다. 경영일선에서 물러난 니우건성은 빈곤자녀와 고아들을 위해 기금을 설립했고, 매년 수만 명의 학생들이 그 혜택을 받고 있다. 이를 통해 기업 이미지를 제고하고, 자신이 어릴 적 입양되고 서러웠던 마음을 후대는 겪지 않기를 바란 것이다. 2010년에는 중국 내 가장 존경받는

10인에 뽑혔다. 이 명단에는 정치가, 교수, 소방관 등이 주를 이루는데 기업인으로는 최초로 이름을 올렸다.

중국인이면 니우건성이라는 이름을 모르는 사람이 없을 정도이다. 니우건성의 멍니우우유는 중국인들에게 우유 그 이상의 의미가 있다. 2008년 베이징올림픽 스폰서로 수백억 위안의 광고를 쏟아부은 이리유업과는 달리 멍니우는 기부와 제품품질 향상에 노력하기 때문이다. 멍니우는 성공, 사랑, 희망의 메시지로 대변되고 있다. 또한 중국 부모들도 자녀들이 니우건성과 같이 성공하고, 사람을 사랑할줄 아는 사람으로 자라기를 바라기 때문에 이리보다 멍니우를 즐겨 마신다고 한다.

CEO 4. 레이쥔, 금산소프트
_ 중국의 스티브 잡스

레이쥔은 1969년 허베이성 셴타오시 湖北仙桃에서 태어났다. 2014년 중국 내에서 삼성과 애플을 제치고 스마트폰 판매량 1위를 달성한 샤오미 스마트폰의 창시자이면서, 텐센트를 위협하는 유일한 종합 소프트웨어회사 금산소프트의 CEO이다. 2012년에는 우리나라의 국회의원격인 베이징시의 인민대표로 선정되었고, 1998년에는 우한대학 명예교수로 임용되었다. 2014년 2월에는 개인보유자산 280억 위안으로 중화권 부호 57위에 랭크되었다.

레이쥔은 2010년 4월에 샤오미를 설립하고 고가가 판치는 중국 스마트폰시장에 고성능 중저가 스마트폰을 출시하면서 대박행진을 걷고 있다. 2013년 매출액은 316억 위안이었고, 2014년에는 800억 위안 돌파를 앞에 두고 있다. 레이쥔 회장은 앞으로 5년 이내에 상장할 계획이 없다고 하지만, 샤오미의 시가총액은 100억 달러(10조 2,600억 원)를 넘을 것으로 보인다.

레이쥔은 1987년에 중국의 상위 10위권에 속하는 우한대학의 컴퓨터공학과를 졸업하였다. 그 후 도스프로그래밍, 백신프로그램, CAD, 안전보호프로그램 등을 개발하였다. 한때 해커로도 활동했을 만큼 우수한 컴퓨터 실력자이다. 대학교 4학년 시절 중국의 실리콘밸리, IT붐이 일어나자 1991년에 동급생 왕췐궈王全国, 리우융李儒雄과 컴퓨터의 핵심부품인 인터페이스 복제품을 개발하기 시작하였다. 얼마 뒤 대기업에서도 염가의 복제 인터페이스를 만들어내기 시작하자 문을 닫게 되었지만, 이때의 실패가 그 후의 행보에 지대한 영향을 끼쳤다.

1992년에 보잘것없던 중소기업 금산소프트의 베이징 개발팀장으로 입사하여, 1998년에 사장으로 취임하였다. 22세에 금산소프트에 입사하여 16년 동안 금산을 홍콩거래소에 상장하는 대기업으로 바꾸어 놓았다. 2007년에 금산소프트의 실적이 나빠지자 CEO에서 물러나 구글 출신 린빈林斌, 모토로라 중국 개발대표 저우광핑周光平과 함께 샤오미 스마트폰회사를 설립하였다. 샤오미는 2014년에 중국 스마트폰판매량 1위를 차지하였다. 2011년에는 금산소프트 이사회의 결정으로 다시 CEO에 취임하였다. 금산소프트와 샤오미의 결합으로 금산소프트는 제2의 전성기를 맞이하고 있다. 2014년 3월 7일에는 샤오미를 싱가포르 증권거래소에 상장하였다.

그 외에도 수많은 벤처사업에 투자하고 있는데 쥐유에왕卓越网, 샤오야오왕逍遥网, 샹핑왕尚品网, 러쉰소셜네트워크乐讯社区, UC-요스优视, 둬왈게임왕多玩游戏网 등 중국 굴지의 게임업체와 전자상거래업체를 만들어냈다. 레이쥔과 애플의 스티브잡스는 공통점이 많다. 소프트웨어 전공, 휴대폰사업, 독창적 아이디어로 다수에게 배척당해 회사에서 강제 사퇴당하고, 우수한 실력을 토대로 본래 근무하던 기업으로 복귀한 것이 그렇다. 레이쥔은 인민대표로서 공산국가 안에서 정치 커넥션과 능력으로 기업을 중국 최고의 회사로 키우고 있다.

CEO 5. 마이클 카두리, 홍콩상하이호텔
_ 중화권 재벌 4위

중화권의 재벌 중에는 해외재벌도 많다. 마이클 카두리는 아시아 최고급 호텔인 페닌슐라호텔의 오너인 동시에, 세계에서 가장 큰 화력발전소로 뽑히는 중화전기유한공사의 오너이기도하다.

재벌기업은 우리나라에서도 전체 산업과 정치, 경제, 문화 등에 막강한 영향을 끼친다. 재벌기업의 독점과 만행에 대한 비판적인 견해도 많지만, 주식투자에서 유능한 오너가 지배하는 기업은 정권에 따라 사장이 바뀌는 국유기업보다 훨씬 더 안정적이고 장기적인 경영을 할 수 있다. 또한 재벌 오너의 책임 있는 경영과 자금동원능력, 각 국가의 정치권과의 커넥션을 통한 대규모 프로젝트 수주는 주가에 매우 긍정적인 요인으로 작용한다.

마이클 카두리는 이라크 국적의 유태인으로 중화권의 리자청, 리자오지, 궈씨형제 다음으로 부유한 중화권 부자 4위이다. 카두리가문은 1880년대 이전의 중국 청나라 시절부터 바그다드와 영국의 동인도회사에서 사업을 하였다. 1899년에 마이클의 할아버지인 엘리 카두리[Elly Kadoorie]와 아버지 로렌 카두리는[Lorraine Kadoorie]는 영국계 유태인으로 홍콩으로 건너와 중화전기회사 외에 선박, 건축, 부동산, 호텔 등 전 분야로 사업을 넓히며 중화권 최고의 가문으로 거듭났다. 아버지 로렌은 1993년에 94세의 나이로 별세할 때까지 업무에서 손을 떼지 않았는데, 로렌의 아버지가 1940년 일본의 홍콩침략으로 별세하면서 남긴 카두리를 굴지의 가문으로 키우라는 유지를 따른 것으로 보인다. 엘리와 로렌은 부자관계인 동시에 사업의 동반자로서, 유럽에서 유태인이라는 이유로 박해를 받자 홍콩으로 이주한 후 줄곧 생사를 같이했다.

현재의 카두리가문은 마이클의 아버지인 로렌이 대부분 이룩한 것으로, 제2차 세계대전과 중국의 내전을 겪으며 최고의 기업으로 성장했다. 전쟁 당시 각종 보급물자를 지원하면서 막대한 자금을 벌어들였고 이를 토대로 중화권에 카두리왕국을 건립할 수 있었다. 또한 혈통이 유태인인 만큼 이스라엘과 각별한 관계를 유지하고 있다. 모국이라 할 수 있는 이스라엘에 투자와 협력을 아끼지 않고 있다. 카두리가문은 이스라엘의 명문 히브리대학교$^{\text{The Hebrew University of Jerusalem}}$의 설립자로서 현재의 이스라엘 대통령 또한 히브리대학교 출신이다.

1980년대 중국의 개혁개방 초기에는 덩샤오핑이 직접 카두리가문을 찾아가 해외자금과 해외기업이 중국에 진출할 수 있도록 적극적인 지원을 부탁하기도 했다. 보수적인 공산주의사회였던 중국에서 홍콩의 카두리가문은 해외자금 통로일 뿐만 아니라 전 세계 정치인, 경제인들과 이어주는 연결고리 같은 존재였다. 현 CEO 마이클은 영국 왕실로부터 기사작위를 받았고, 100년 역사의 가문인 만큼 전 세계에 자산과 인맥이 형성되어 있다. 향후의 사업에도 긍정적인 요소로 작용할 것이다.

CEO 6. 주이차이, 우윤그룹

_ 무일푼에서 그룹의 오너로

주이차이祝义才는 중국 육가공업체 1위인 우윤식품과 모기업 우윤그룹의 CEO이자 실질적인 지배권을 가진 오너이다. 자수성가형 기업인으로 무일푼에서 중국의 식품, 물류, 여행, 부동산, 금융업 등 다방면에서 두각을 보인다. 직원 10만 명, 연매출 647억 위안(약 11조 6천억 원), 중국 기업순위 135위, 제조업기업순위 60위, 민영기업순위 7위, 육가공업 1위의 업체이기도 하다. 우윤그룹의 수장인 주이차이는 자수성가한 중국 기업인들 중 하나이다.

주이차이는 1964년에 안후이성 퉁청시에서 출생했다. 1996년에는 상업이 제일 발달한 중국 화동지역에서 국유기업 난징퉁조림공장을 최초 인수한 민영기업 회장이기도 하다. 그는 1989년 안후이성 허페이공업대학을 졸업했다. 대학졸업 후 마땅한 직장을 찾지 못하여 안후이성 허페이시에서 부모님의 가업인 수산물 장사를 시작한다. 특유의 언변과 경영능력으로 소매로 시작한 장사가 2년 만에 도매업으로 전환하고, 3년째 되는 해에는 자금 200만 위안으로 중국 화동지역 난징시에 작은 공장을 임대하게 된다.

당시의 중국은 개혁개방 이후 외국식품에 대한 관심이 높았는데, 특히 햄과 소시지시장 경쟁이 치열했다. 주이차이는 햄과 소시지시장에서 기존의 가공방식을 철저히 배제하고 블루오션이던 서양식의 저온가공육을 출시하여 대박행진을 한다. 1996년에 국유기업이 경영부실로 퇴출당하고 중국정부의 국유기업개혁에 속도가 붙자, 이를 기회로 전국 30개의 국유기업을 인수하였다. 화동지역의 소규모 기업에서 중국 전역으로 확장하는 기회를 맞이한다. 이후 중국 최고의 육가공업체로 성장해 막강한 자금력을 토대로 부동산, 금융, 물류, 여행업까지 사업영역을 확대하였다.

주이차이의 경영 스타일은 독특하다. 매일 아침 우윤그룹의 관리층은 조찬미팅을 가지면서 각 사업분야의 진행과 성과를 보고받는다. 그는 무식할 정도로 노력하는 CEO로도 유명하다. 1년 365일 하루도 거르지 않고 출근하고, 아침 8시 30분에 출근해 새벽 2시에 퇴근하는 일상을 반복한다. 몸이 아프거나 병에 걸려도 출근하면서 전 직원의 모범이 되고 있다. 2012년에 폐기 돼지고기 사용으로 우윤식품의 경영과 주가에 치명타를 받았을 때도, 그의 리더십은 시장퇴출 위기에 있었던 우윤기업을 기사회생시켰다.

2012년 육가공업체들은 치열한 경쟁과 저성장의 덫에 걸리게 된다. 우윤식품 또한 마찬가지로 시장에서 높은 점유율을 차지하기 위해 비위생 육고기로 육가공품을 만들었고 경쟁사한테 고발당하는 일이 벌어졌다. 매출하락은 물론이고 절반 이상의 공장이 문을 닫고 유통업체들이 등을 돌렸다. 소비자들의 우윤식품에 대한 신뢰가 떨어져 주가도 10분의 1 수준으로 폭락하여 상장폐지 위험까지 갔다.

기업이 위기인 순간 거대한 자금이나 정부의 비호는 도움이 되지 않는다. 기업의 오너가 발 벗고 나서야 하는 것을 잘 알고 있는 주이차이는 문제가 터지고 사태를 확인하자마자, 사실을 은폐하기보다 기업의 부조리를 인정하고 대국민 사과와 향후 개선방안을 공식발표했다. 비록 사건이 일어난 지 2년이 지난 2014년에도 주가는 바닥을 치고 있지만, 우윤그룹의 모태가 되었던 우윤식품만은 지키겠다는 의지이다. 중국의 여론도 우윤식품에 기회를 주자는 식으로 바뀌고 있다. 2010년 이후 줄곧 적자였던 우윤식품은 2013년부터 매출액과 순이익이 살아나고 있다. 기존의 1위 업체였던 만큼 유통장악력이 뛰어나고, 우윤식품의 시리즈 제품을 출시하여 브랜드보다는 품질을 강조하고 있다.

식품기업에게 비위생은 치명타이지만, 그 위기를 어떻게 극복해나가느냐는 더욱 중요하다. 우육식품의 주가하락 추세는 계속 이어지고 있지만, 향후 자수성가 CEO 주이차이가 어떻게 회복시킬지는 관망할 만하다.

CEO 7. 스원보, 항안그룹
_ 중국 생리대의 아버지

생리대로 중국 위생용품시장을 제패한 스원보施文博는 '중국 생리대의 아버지'라는 짓궂은 별명이 있다. 그는 중국 최고의 위생용품업체인 항안그룹의 최고경영자이자 지분 22%를 보유한 오너이다. 스원보는 2013년 개인재산 140억 위안으로 중국부호 41위에 올랐다. 항안그룹은 생리대, 기저귀, 휴지 등 위생용품에서 중국 1위로 매출과 순이익이 매년 두 자릿수 이상 상승하는 최고의 기업이다. 하지만 1985년 창업 당시에는 사업이 순조롭지만은 않았다.

스원보는 1950년 중국의 화교들의 영향력이 큰 푸젠성 취안저우泉州에서 태어났다. 1980년대 초 기성복 사업에 뛰어들었지만 주요 수출국인 미국이 자국산업 보호를 위해 섬유 및 의복제품의 일정량만 수입하거나 할당해주는 섬유 쿼터제를 실시하면서 경영에 적신호가 켜진다. 사업 초기에는 공장설립과 자재구입은 물론이고 직원들에게 월급을 주기 위해 주변에 돈을 빌리지 않은 사람이 없었다고 한다. 하지만 사업이 망하고 빚을 청산할 방도가 없자 세상과 작별할 생각까지 했다고 한다.

그러다가 1985년 고향친구이자 현 항안국제의 최대 주주인 쉬롄제 회장을 도움을 받게 된다. 스원보의 경영능력과 쉬롄제의 자금력이 만나 생리대사업 아이디어로 항안국제를 설립해 날개를 달기 시작한다. 1997년 항안그룹은 중국 중부 내륙지역인 후난성 창더에 항안제지회사를 설립하여 생리대에서 위생휴지·기저귀시장까지 진출한다.

우수한 품질과 정부와 커넥션을 통해 2005년 화장지 브랜드 '신샹인 心相印'은 중국 품질검사국의 품질검사 면제판정을 받게 된다. 일반적으로 식품, 위생용품은 화학성분 및 독성 때문에 정부기관에서 검사를 받아야 한다. 기관의 검사를 통과하려면 적으면 6개월에서 많으면 1년이 걸린다. 이 과정에서 신제품 정보가 누출되는 등 경쟁력이 하락하는 원인을 제공하기도 한다. 이러한 상황에서 항안의 브랜드인 신샹인은 별도의 검사 없이 신제품을 출시할 수 있는 자격을 얻은 것이다. 또한 중국 고유브랜드로 선정되면서 중국인들에게 높은 신뢰를 받고 있다.

스원보 회장은 중국시장에 안주하지 않고 아시아를 넘어 세계시장으로 사업영역을 확대하고 있다. 특히 항안국제의 '안러 安乐', '신샹인', '러우잉 柔影' 등 여성 생리대 및 유아용 기저귀제품은 중국 내에서 높은 시장점유율을 차지하는 P&G, 유니레버, 존슨앤존슨과 같은 세계적인 다국적 기업과 견줄 만큼 높은 품질과 가격경쟁력이 있다. 이것으로 중국시장뿐만 아니라 아시아시장에도 수출하고 있다.

2014년 6월 현재 항안국제의 주가는 80홍콩달러 이상으로 높은 편이다. 업계 1등에 초점이 맞춰져 높게 평가되어 있다. 하지만 소득상승은 위생용품 소비증가로 직결되기 때문에 가치투자하기에 좋은 종목이기도 하다.

스원보 회장은 2014년에 64세를 맞이했는데, 중국 CEO 중에서도 고령에 속한다. 그의 60세까지 목표는 중국 최고의 기업을 만드는 것이었다. 중국 최고의 목표를 이룩한 현재는 70세까지 세계 최고의 기업으로 우뚝 서는 것이라고 한다.

CEO 8. 왕위쉬, 신오그룹
_ 자수성가형 재벌, 중국 가스계의 대왕

왕위쉬王玉锁는 1964년 3월생으로 허베이성 출신이다. 중국인민대학을 졸업했으며, 톈진재경대학에서 MBA과정을 마쳤다. 왕위쉬가 졸업한 중국인민대학은 당시 중국정부 산하의 관료를 육성하기 위한 중점대학이다. 졸업생 대부분이 공직자의 길을 걷고 있어 공직의 등용문과 같은 역할을 한다. 그만큼 대학 수준이 높고 입시경쟁률이 치열한데, 왕위쉬가 인민대학에 들어가려고 삼수한 이야기는 아직도 중국인민대학 경영학과에서 전설처럼 내려오고 있다. 3번이나 인민대학에 낙방하자 한때는 학업을 포기하고 맥주장사, 채소장사, 가스통 배달 등 안 해본 일이 없다고 한다.

하지만 일을 할수록 학업과 대학졸업장에 대한 필요성은 나날이 커져갔고, 대학신입생으로는 많은 나이인 20대 중반에 다시 인민대학에 도전해 합격하였다. 대학졸업 후에는 본격적으로 가스통사업을 하게 되었다. 1990년대 초 사회주의 체제였던 중국의 가스가격은 정부가 공급해주는 가격과 시장가격의 차이가 심했다. 왕위쉬는 정부에서 분배를 통해 저렴하게 공급한 가스로 시장상인들에게 판매하면서 큰 차액을 벌어들였다.

이렇게 모은 돈으로 사업을 확장하던 중에 중국정부의 국유기업개혁이 실시되었다. 국유기업의 사업이 민간에 이전되기 시작한 것이다. 왕위쉬는 1992년에 화북지역의 유전사업에 뛰어들어 허베이성 랑팡시에 가스를 공급하는 최초의 민간기업이 되었다. 이 역시 관료 인맥이 넓은 인민대학 선후배들이 큰 작용을 했는데, 민간업체 입찰과정 심사위원 10명 중 9명이 인민대학 출신이었다는 소문이 있었다.

최초로 민간가스공급자로 선정된 왕위쉬의 ENN^{Energy Holdings Limited}은 1998년 중국정부의 '서기동수'를 통해 사업확대의 절대적인 호기를 마련한다. 이 사업은 중국 서북방의 풍부한 가스를 경제가 발달한 중국 동쪽 연해지역으로 보내는 배송관을 설치하는 것으로, 10년 이상의 기간과 10만km 이상의 배송관을 건설하는 국책사업이다. 이로 인해 이미 우수한 설비와 인재를 보유하고 있던 ENN의 사업에 날개를 달게 된다. 그리고 마침내 설립 20년 만에 300억 위안이 넘는 자산을 보유한 중국 최대 민영가스기업으로 성장했다.

2004년에는 천연가스 공급 이외에도 청정에너지 사업을 시작하여 30억 위안을 투자해 관련 기술을 개발했고, 현재는 고기술에너지 기업으로 널리 알려져 있다. 중국 내 100개 도시에 천연가스 사업을 실시하고 있고 부설한 파이프의 총길이만 1만 7천km에 이른다.

왕위쉬 회장은 매년 시진핑주석이 미국을 방문할 때 동행하는 기업인으로도 유명하다. 2012년 미국 경제무역포럼에서 미국 네바다주 청정에너지생태센터에 50억 달러를 투자하였는데, 중국 민간에너지회사가 미국에 투자한 것 자체가 매우 이례적이라고 한다. 또한 2013년부터 미국에 50개의 천연가스 충전소를 건설하고 있고, 미국 최대 에너지사인 듀크에너지^{Duke Energy Corporation}의 전략적 동반자로 미국과 중국 내에서 사업을 확장하고 있다.

CEO 9. 리웨이허, 천복녹차
_ 중국의 녹차는 내 손 안에 있다

리웨이허李瑞河는 타이완 출신의 화교로 1935년 타이완 난터우현台湾南投县의 녹차농장에서 출생하였다. 그의 부모는 중국 본토의 푸젠성이 고향인데, 푸젠성은 타이완과 가장 가까운 위치에 있는 성으로 타이완 거주자의 상당수가 이 지역 출신이다. 화교들의 주 투자지역이기도 하다. 리웨이허의 조부는 푸젠성에서 찻잎재배와 가공을 가업으로 했는데, 그의 부모 역시 가업을 계승받았다. 리웨이허는 천복녹차의 7대 제조 전수인이다.

7~8세부터 찻집을 운영해온 조부모님 가게에서 찻잔 닦기를 시작해 17세부터 아버지와 함께 차 매장을 경영하였다. 26세에 미국 유학에서 돌아온 후 독립하여 본격적으로 찻잎제조와 연구개발, 사업확대를 통해 중화권을 아우르는 대기업으로 성장시켰다. 초창기 타이완시장에 40개 이상의 분점을 내면서 타이완시장에서 제일 가는 고급찻잎 매장으로 성공했다. 리웨이허는 푸젠성 출신 화교들의 도움을 받아 중국 대륙에 본격적으로 진출하게 된다.

리웨이허 회장은 중국정부가 타이완을 경제적으로 포용하려는 정책의 흐름에 맞추어 타이완 정치권과 중국 정치권을 연결하는 민간외교 사절단으로도 잘 알려져 있다. 특히 2010년에는 후진타오 전 국가주석이 리웨이허를 직접 찾을 정도로 중국과 타이완 사이에서 정치적으로 중요한 역할을 하고 있다.

리웨이허 회장의 인생 역시 여느 기업인들과 마찬가지로 희로애락이 많았다. 특히 1988년에는 타이완의 금융시장 붕괴로 30억 달러 이상의 손해를 보면서, 채권을 막지 못해 천복녹차가 외국 금융자본에 매각될 위기까지 가기도 했다. 리웨이허 회장은 천복녹차는 이씨 종가의 근간이 되는 기업으로 수백 년을 내려왔고, 부모님과의 추억이 남아 있는 유일한 유물이라고 말한 바 있다. 자신보다 소중히 여기는 천복그룹을 위해 미국에 있는 개인 소유의 부동산과 주식 등을 모두 매각하여 위기를 막았다. 당시 중화권 개인자산순위 20권이었던 이회장은 다음해에 500위에도 들지 못하는 수모를 겪는다.

리웨이허 회장이 개인자산을 매각하면서까지 그룹에 헌신하자 이를 긍정적으로 생각한 투자자들이 천복녹차에 대한 투자를 늘렸다. 2013년에는 중국 내에만 1,315개의 매장을 보유한 기업으로 성장했다. 뿐만 아니라 푸젠성에 위치한 1,500헥타르의 찻잎농장까지 보유하고 있다.

천복녹차는 2001년 상하이와 2005년 부산의 APEC회의에서 공식 녹차공급상으로 선정되었다. 또한 중국 농업부가 AAAA급 명승지로 지정한 천복녹차의 녹차역사 박물관이 있으며, 2007년 설립되어 차에 대한 지식과 가공법을 교육하는 천복녹차 직업기술전문대학도 설립했다. 그 야말로 차 업계의 1인자로 독보적인 길을 걷고 있다.

CEO 10. **가오칭위안과 뤄즈쉬안**
　　_ 통일기업 창업주와 현 그룹 CEO

현 통일기업의 CEO 뤄즈쉬안은 통일그룹 창업주 가오칭위안 高清愿의 사위이다. 가오칭위안은 중국 푸젠성 출신으로 타이완으로 건너와 소장사를 하는 부모님 밑에서 태어났다. 통일기업을 타이완 최고의 식품기업으로 만들었지만, 1987년 중국의 개혁개방 당시 중국 진출을 망설이는 안일한 경영으로 당시 2위 기업이었던 캉스푸에게 1등 자리를 내주게 된다.

뤄즈쉬안은 통일기업 2세대 경영인으로 1956년 타이완의 타이난台湾台南 출신이다. 1986년 통일기업 해외사업파트에서 근무하기 시작하여, 1990년 미국 통일기업 지점에서 근무하며 캘리포니아 대학에서 MBA를 수료했다. 창업주 가오칭위안의 외동딸 가오슈링高秀玲과 결혼하면서 승승장구하게 된다. 통일기업은 전형적인 가족경영 방식을 고수하고 있다. 1993년에는 회장실 비서와 상하이 지점을 담당하였고, 2007년 7월부터 통일그룹의 CEO를 맡고 있다.

뤄즈쉬안이 CEO에 오르기 전까지 임원의 90% 이상이 창업주 가오칭위안의 사람들로, 사업에 잔뼈가 굵은 노령의 경영자가 대다수였다. 그래서 경영에 차질이 많았고, 뤄즈쉬안의 능력에 대해 못미더워하는 분위기가 강했다. 당시의 가오칭위안이 고령의 나이로 CEO 자리를 물려주었는데, 물러난 이유는 캉스푸와의 경쟁에서 참패한 책임 때문이다. 캉스푸는 통일기업보다 30년이나 역사가 짧고, 제품군이 다양하지 못했으며, 1990년대 초반만 해도 중소기업에 불과했다. 그런 캉스푸가 이제는 통일기업의 라면과 음료를 모방한 제품과 저가정책으로 시장을 장악한 것이다.

2007년에 뤄즈쉬안이 CEO에 취임하면서 낡은 경영방식을 탈피하고 미국에서의 MBA 경력을 토대로 기업경영 정상화에 착수하기 시작한다. 불필요한 임원과 직원을 과감히 구조조정하고, 선택과 집중을 통해 신제품개발에 힘쓴 것이다. 이런 뤄즈쉬안의 개혁은 성공적으로 진행되어 2010년에는 짠지를 이용한 라면을 개발하였다. 이로 인해 매출이 300% 증가하였고, 그룹 전체 매출도 매년 30% 이상 성장하는 기염을 토한다. 중국 라면시장의 절대강자이고 시장점유율 50%인 캉스푸라면의 매출이 통일기업의 신제품으로 인해 절반 이하로 뚝 떨어졌다. 시장점유율이 5%대로 미미했던 통일기업의 라면은 단숨에 업계 2위로 올라서게 된다. 이후 캉스푸는 제살 깎아먹기 식 적자경영과 끼어팔기로 매출이 소폭 감소하였다. 통일기업이 1인자 캉스푸의 간담을 서늘하게 만들어준 사건이었다.

이후 통일기업은 이미지 상승으로 라면뿐만 아니라 음료, 과자, 식품 등 전 분야에서 매출이 상승했다. 출시하는 제품마다 빅히트를 치면서 음료업계 1등 자리도 찾아왔다. 2년 전만 해도 특색도 없고, 맛도 별로이고, 디자인도 구식이었던 통일기업 제품이 매력적인 제품으로 탈바꿈한 것이다. 엄청난 변화였다.

중국 언론과의 인터뷰에서 뤼즈쉬안은 자신의 경영능력보다 통일그룹의 오랜 전통과 역사가 단숨에 업계 2위로 성장시키는 원동력이 되었다고 말한다. 통일그룹의 총 매출은 캉스푸보다 낮지만, 마진율에서는 캉스푸를 뛰어넘고 있다. 또한 뤼즈쉬안은 식품회사를 경영하는 데 있어 인재 한두 사람보다 엄격하고 철저한 제도가 중요하다고 말하고 있다. 창업주 가오칭위안의 사위이면서 우수한 능력을 검증받은 뤼즈쉬안 회장의 향후 행보가 기대된다.

중국 주식,
저평가된 강한 기업에 투자하라

초판 1쇄 발행 2014년 11월 17일
초판 3쇄 발행 2015년 1월 20일

지은이 정영재
펴낸이 이형도

펴낸곳 (주)이레미디어
전화 031-919-8511
팩스 0303-0515-8907
주소 경기도 고양시 일산동구 무궁화로 20-38 로데오탑 302호
홈페이지 www.iremedia.co.kr
카페 http://cafe.naver.com/iremi
이메일 ireme@iremedia.co.kr
등록 제396-2004-35호

편집 유소영, 김현정, 최연정
디자인 박정현
마케팅 신기탁

저작권자ⓒ정영재, 2014
이 책의 저작권은 저작권자에게 있습니다. 서면에 의한 허락 없이 내용의 전부 혹은 일부를 인용하거나 발췌하는 것을 금합니다.

ISBN 978-89-91998-94-0 13320
가격은 뒤표지에 있습니다.

이 책은 투자참고용이며, 투자 손실에 대해서는 법적 책임을 지지 않습니다.

이 도서의 국립중앙도서관 출판예정도서목록(CIP)은 서지정보유통지원시스템 홈페이지(http://seoji.nl.go.kr)와 국가자료공동목록시스템(http://www.nl.go.kr/kolisnet)에서 이용하실 수 있습니다. (CIP제어번호 : CIP2014029910)